世界の終焉

今ここにいることの論理

ジョン・レスリー
松浦俊輔 訳

青土社

目次

世界の終焉

今ここにいることの論理

序論　滅亡の危険性

人類はごく近いうちに絶滅するだろうか。危険は過小評価されていて、何とかすべきなのだろうか。

序論では、本書の主要な論点、とくに宇宙論学者のブランドン・カーターが考え出した「終末論法《ドウームズディ・アーギュメント》」を提示する。自分がこれから生まれる人々も含めたすべての人類の中できわめて例外的なほど早い時期、たとえば最初の〇・〇〇一%の中に入っているとは、なかなか考えにくいはずだ。こう考えれば、人類はあと何世紀も生きることはなく、まして銀河に植民するなどありえないと考えてもいいということになるかもしれない。

終末論法を単独に取り上げて考えても、人類があとどれくらい生きることになるかがわかるというわけではないだろう。ただ、「終末は近い」という可能性は、他の考え方をするよりずっと高いということにはなるかもしれない。ここでの「他の考え方をする」の中には、汚染や核戦争など、よく知られている危険を考えることも含まれている。

ほとんど考えられることのない危険は他にもたくさんある。たとえば、将来の物理学者がとてつもなく高いエネルギーの実験をしていて、空間を満たしている「スカラー場」をめちゃくちゃにし、世界を破壊する危険性というのがある。この可能性については、一部の先進的な物理学者が真剣に考えている。

哲学的な議論に由来するものさえある。たとえばこんな論法がある。将来に存在する可能性のある人類が実際には決して生まれなかったとしても、それで彼らが損するということにはなりえない。実際に何か損をする前に、まず生まれなければならないからだ。

カーターの終末論法

二一世紀末のある光景を想像しよう。一二〇億の人類が地上にうごめいているが、皆もうすぐ死のうとしている。オゾン層がなくなったことによるのかもしれないし、汚染による中毒かもしれないし、核戦争でもいいのだが、ここではそうでなく、細菌戦争によるものとしよう。この致命的なウイルスは症状に出ない潜伏期が長く、検出されないうちにあらゆるところに広がる。攻撃をしかけた側の、自分たちを守るためのワクチンも効かなかった。

最期が迫った人類の一人は、自分はこんなに遅く生まれてしまい、あまりにも不運だと嘆いている。「人類の歴史が始まってから一万五〇〇〇世代もの先祖がいる——それなのに私はこの、もう次はない唯一の世代のところにいるのだから」。この考え方にはおかしなところがないだろうか。終末が西暦二〇九〇年頃にやって来るとすれば、人口増加があるため、終末が襲ったときには、これまで生きてきた人類の、あるいは一〇分の一がまだ生きていることになるかもしれない。すると、人類の一〇人に一人が占める時期に生きているのであれば、特にどうということはないとも考えられる。

ここで「終末論法《ドゥームズデイ・アーギュメント》」(1)を考えよう。知性をもって、どれもだいたい同じ大きさをした何千、何万という種族が、我々のいる宇宙で進化することになっていたとしよう。自分たちがその最初のものであるとは、とうてい考えられないのではないか。まったく同様に、あなたも私も、銀河に植民した何千億――あるいは何兆――もの人類の中で、自分がその最初の人々の中にいるとはまったく期待できないとも思われる。我々は、自分が時間の中での自分の位置を観測したすべての人類のうちの最初の〇・一%の中にいると期待することはまったくできないし、まして最初の〇・〇〇一%の中にいるとはとても思えない。

技術の進歩によって巨大な人口爆発が促進される一方で、その技術の進歩が、核戦争、産業汚染などによって突然に集団が崩壊する新しい危険ももたらす。人類が物理や化学を少々おぼえたとたんに終わりになるとして、それで何か特別なことがあるだろうか。我々が、人類には長い未来があると信じきっていたとしよう。そうすると、あなたも私も、これから生まれる全人類の中で例外的なほどに最初の方にいるということを認めなければならなくなる。しかし自分のことを、あらゆる人類の、たとえば一〇%の人々と同じ時期に生きていると考える方が、納得がいきやすいかもしれないではないか。こう考えてくると、我々が人類の未来についてもっている不安が大きくなり、我々の危険の評価がもっと悲観的になるのではないだろうか。

終末論法のねらいは、生まれてくる人類すべての中で自分は例外的なほど最初の方にいるとするような理論は、すんなりとは受けいれられないはずだということを示すところにある。しかじかの理論が我々が例外的なほどに最初の方にいることになるだけでも、それを退ける根拠が、少なくとも強化されることにはなるだろう。ではどのくらい強化するのだろう。それは競合する根拠――人類がまだまだ何世紀も生き延びて、もしかすると銀河全体に植民するかもしれないと考える根拠――がどれだけ強力かによる。それぞれの根拠の間の競争が、数理的にモデル化されることもあるかもしれない。そして一九八〇年頃、まさに、ケンブリッジの宇宙論学者で、その応用数学の研究が認められてロイヤル・ソサイエティの会員に選ばれたブランドン・カーターの頭に、終末論法がはじめて現れたのだ。

念頭に置いておかなければならないのは、カーターの終末論法が、それだけでは危険の評価をまったく生み出さないということである。これは、我々がいろいろな可能性のある危険を考えるときに我々が生み出す評価を検査するための論法なのだ。そこで、これからいくつかの危険について考察し、序論の終わりの方になってから、あらためてこの重要な論法に戻ることにしよう。

人類の生存に対する脅威

人類がまもなく滅亡する可能性を推定するというのは、人気のある仕事になっている。多くの人々が、核戦争や汚染の危険といったことを考えて書いている。本書はこのような高度に複雑な問題の詳細について専門的な見解を述べようというものではない。本書が言おうとしていることは、むしろ、専門家でなくても危険は無視できないことがわかるということである。どの程度危険かを念頭に置けば、その危険を無視してはならないことになる。[2] おまけに、「全危険度」(個々の危険を組み合わせて得られる)が非常に小さく見えたとしても、カーターの終末論法は、あらためてその危険は大きいと評価しなおすべきだと唱えることができる。それがやはり小さいと見えるようにするには、危険を減らす努力を活発に行なわなければならないということになる。

だからこそ、本書は当然のこととして、危険、とくに、我々の努力で減らすことのできる危険についてのかなり細かい議論にかかることになる。さしあたりは、多岐にわたるその危険を、簡単な解説つきで挙げるだけにしておこう。

すでによく認識されている危険

1　核戦争。核爆弾の作り方についての知識を根絶することはできない。小国、テロリスト、資金力があって、世界を人質にとることでさらに稼ごうとしている犯罪者は、すでに非常に破壊的な爆弾を手に入れることができる。生産にかかる費用は下がり、世界には大金持はいくらでもいる。大規模な核による破壊の影響は、ほとんど知られていない。地球全体の放射能汚染は？　塵が太陽光線を遮って、どこもかしこも気温がぐっと下がることになる「核の冬」は？　木や草が枯れてしまうことは？　海のプランクトンは？

2　生物兵器を用いた戦争、テロ、犯罪。生物兵器は実は核兵器よりも危険かもしれない。値段も安く、自己増殖する生物を兵器とするため、撃滅する範囲を制限するのも難しい。

3　化学兵器を用いた戦争、テロ、犯罪。

4　フロンなどの物質による**オゾン層の破壊**。地表に到達する紫外線量が大きく増加する。癌がはびこるだろうか。木や草やプランクトンが死滅するだろうか。

5　「温室効果」。大気中に二酸化炭素、メタンなどの気体が蓄積されるせいで、入ってくる放射熱を再び宇宙に放射して戻すことが簡単にはできなくなり、地球表面の温度が上昇する。この影響は正のフィードバックであるために、累進的なものになると考えられる。たとえば、北極圏の凍土が融けて湿地になり、大量の二酸化炭素やメタンが放出され、さらに凍土が融けるのを促進し、それがさらに放出を増やす。二酸化炭素のレベルが一%のレベルに――ふつうは起こりそうにないことと考えられている――達すると、すぐに地球は、隣にある金星のようなことになるかもしれない。金星では、温室効果による温度が鉛も溶けるほどのものになっている。地球なら水の沸点に近づくかもしれない。

6　汚染による中毒。すでに、たとえば衣服に穴をあける酸性雨の形で広がっている。毎年、何百という新しい化学物質が環境に入っていく。その影響は予測しにくいことが多い。殺虫剤のＤＤＴを禁止しなければならなくなるとか、腋の消臭スプレーがオゾン層の破壊を進めることになるといったことを誰が考えただろう。汚染はとくに、精子に影響したり、癌を引き起こすこともありうる。多くの淡水魚がすでにそうなっている。こちらも正のフィードバックとなる危険がある。汚染された環境の腐敗がさらなる有害物質を生むのだ。そして、野放図な人口増加と、納得できる生活水準を維持する要求とが一体になると、少なくとも短期的に重大な汚染が生じるのは、ほとんど避けられないようである。

7　病気。中世のペストで示されたように、病気はそれに曝される人々の多くを殺してしまうことがある。今では飛行機のおかげで、病気も急速に世界中に広まりうる。多くの病気はまだ治療ができない。すでに毎年三〇〇万人もが犠牲になっている結核は、知られている薬すべてに耐性をもつ系統を生み出してしまった。抗生物質も、ウイルス性の病気には効果がない。

認識されていないことが多い危険

第一群　自然の災害

1　火山の噴火。恐竜の絶滅はそのせいだと言われることもある。噴煙による雲は、戦争による「核の冬」ならぬ「火山の冬」をもたらすかもしれない。

2　小惑星や彗星の衝突。恐竜の絶滅は小惑星によって引き起こされた可能性が非常に高い。宝くじで一等があたるよりも、大陸も破壊するような衝突で死ぬ可能性の方がずっと高い。このような死に方をする可能性は二万分の一と推定されているのだ。宇宙に生命を宿した惑星がたくさんあるとしても、もしかするとその大半が、知的生物が進化するようになる前に、壊滅的な衝突を受けているかもしれない。

3　星間ガス雲をくぐり抜けることによる極端な氷河期？　今後数十万年くらいの間は起こりそうにない。ただ、その雲の密度が地表に達する日光の量を直接に大きく減らすには低すぎても、荷電粒子による「太陽風」に変化が生じて、気候に対する劇的な効果をもつかもしれないという論はある。(3)

4　近くの超新星――一兆メガトンの一兆倍のさらに一〇万倍の水爆が爆発するのにも匹敵するかもしれないような恒星の爆発。

5　その他の大規模な天文学的な爆発。ブラックホールが完全に蒸発してしまうとき（スティーヴン・ホーキングによる理論的研究で発見された現象）、あるいは二つのブラックホールや二つの中性子星やブラックホールと中性子星が融合するときにもたらされる。

6　「カオス理論」によって研究されているような、**複雑系の基本的に予測できない不調。**そのような系には地球の生命圏も入るかもしれない。そこにある空気、土、水、生物は、きわめて入り組んだ相互作用をしている。非常に長い目で見れば、太陽系そのものがそうかもしれない。惑星運動もカオス的である可能性があるからだ。(4)

7　何だかわかっていない何か。我々が自然界でありうる大災害をすべて予測していると考えるとすれば愚かなことだろう。

第二群　人間が起こす災害

1　子供を育てたがらなくなる？　人類の危機として言及されることがあるものの、深刻に考えにくいかもしれない。一万人の人が子供を望めば、その子孫だけでも地球はすぐにいっぱいになりうる。とはいえ、豊かな国の一部では、現在、人口が減少している。

2　遺伝子操作による災害。もしかすると遺伝子操作を受けた生物がとてつもない速さで生殖し、すべてを覆いつくしてしまう「青潮」の事故かもしれないし、人体を侵す生物に関するものかもしれない。一九

九三年一一月二日、トロントの『グローブ・アンド・メール』紙は一面で、セントルイスにあるワシント
ン大学で、サルモネラ菌の遺伝子を操作して、「精子の遺伝子成分に対する抗体を、この菌に継ぎ足してお
き、その抗体を起動する、無害で一時的な感染を腸に」起こし、受け取った女性を不妊にしたことを報じ
ている——ただし、ありうる事故についてはまったく触れていない。この「産児制限ワクチン」を一回服
用すれば、「数か月あるいはそれ以上の間、妊娠を防ぐかもしれない」。その効果を「元に戻すことはできる
だろう」。ワシントン大学の研究者は、「追加の抗原を服用しなければ、だいたい一年以内に、再び妊娠でき
るようになる」と言ったと報道されている。しかし、他の人からの感染で追加の抗原をもらったら——あ
るいは最初の抗原をもらったら——どうなるのだろう。何と言ってもサルモネラ菌は、地球全体でも優勢
な感染源である。もしかすると最初に遺伝子を操作された菌ならこの種の問題を起こさないかもしれない
が、進化による変化を受けたらどうなるだろう。そして、世界の女性の大部分がお互いに感染させあって、
いつも感染しているということになったらどうなるのだろう。

3　ナノテクノロジーによる災害。非常に小さな、自己再生する機械——リチャード・ファインマンによ
って触発された研究を通じて、間もなく開発されるかもしれない——が、一か月もしないうちに世界中に
広まって、「灰色のねばねばしたもの」〔2章一四二頁〕の災厄となるかもしれない。

4　コンピューター関連の災害。コンピューターが核戦争を始めるというのがよく論じられるが、そうで
なくても、人間の日常の生存に死活的な重要性をもってしまったコンピューター・ネットワークが故障す
るというのもあるかもしれない。それに、まったくの空想とはいえ、我々にとって代わるコンピューター

18

を描いた作家が何人もいる。それは、(a)生産の方法がどんどんコンピューター制御されるようになった国家間の競争の意図せざる結果だったり、(b)これもまた意図しないまま、コンピューターを設計する仕事がコンピューター自身に委ねられるようになったり、あるいは、(c)進んだコンピューターの生命と知性の方が人間の生命と知性よりも上だと見る——いつまでも死なないからという理由がありうる——科学者によって意図的に企てられたりというふうに描かれている(三番めの可能性が「災害」になるかどうかは、もちろん、その科学者が正しいかどうかによる。進んだコンピューターが、最初は脳と密接につながって動いていて、その結果、人間の特徴を多く受け継いでいるとしたら、それを「人類の滅亡」の中に入れるべきかどうかというところからして議論の余地があるかもしれない)。

5　それ以外の、人間の生存を左右するようになった科学技術のある部門、可能性としては他ならぬ農業部門での災害。現代農業は、危険なほどに汚染をもたらす肥料や農薬に依存しており、遺伝的なばらつきもだんだん小さくなっている。カオス理論は、非常に複雑な系は何であれ、とくに、相互作用のしかたが複雑な新しい技術を含む系は、基本的には予測できない故障のしかたをする可能性があると警告している。アメリカで起きた、広い範囲でのブラックアウト——停電——や通信システムの故障が、そのことをわかりやすくしてくれた。

6　実験室で新しくビッグバンが作られる?　物理学者はこの可能性を探ってきた。二〇キロほどの物質——あるいはそれと等価のエネルギー——を、実際にはありえないほど小さな体積に圧縮することが必要だということが広く言われているが、宇宙論学者のアンドレイ・リンデは手紙をくれて、正しい数字は一〇万分の一グラムだと教えてくれた。とはいえ、とてつもない圧縮をしなければならず、こうして工作されたビッグバンは、独自の空間へと拡大する可能性が非常に高い。できたものは、我々から見れば、小さなブラックホールのようなものになるだろう。

7　すべてを破壊するような相転移が作られる可能性。こちらの方がずっと深刻かもしれない。相転移とは、水が氷になることになぞらえられる現象である。一九八四年、エドワード・ファーリとロバート・ジャッフェは、物理学者が「奇妙《ストレンジ》なクォーク物質」を作る可能性があると唱えた。これは通常の物質を引き寄せて、それを、地球全体が変換される（「食べられる」）まで、自分と同類に変えて増やすというものである。逆に、きわめて高エネルギーの実験による真空の不安定性という非常に現実味のある危険もあるかもしれない。我々が暮らしている空間は、まっすぐ立ってつりあいをとっている塑像のような、つまり、ちょっとつつかれたくらいなら安定しているが、大きな衝撃だと倒れることのあるような力場――専門的に言えば、スカラー場となるだろう――で満たされた「偽真空」の中にあるかもしれない。高エネルギーの実験による刺激が「本当の真空」の泡を生むと、これがほとんど光の速さで拡大し、すべてを破壊する。小さな氷の結晶が、過冷却された大量の水を氷の結晶に変えてしまうのとよく似ている。我々が安全でいられるのは、実験のエネルギーが、宇宙線の衝突なら軽く達するエネルギーよりも低いところにあるからにすぎない。しかし一九八九年、デヴィッド・シュラムと、シカゴの国立加速器研究所の元所長でノーベル賞もとったレオン・レダーマンは、二一〇〇年になれば、まったく新しい技術を用いてその（何が起きるのかわからないほどの）エネルギーに達するかもしれないと書いている。

8　地球外生命による絶滅？　意図的な場合と、前項でも述べた、高エネルギー実験を彼らが行なってもたらされる真空の不安定性の類の災害の場合がある。地球外生命はまだ一つも見つかっていないが、これまでの探査は原始的なもので、地球のような文明が地球の近くの星々の中に存在したとしても、それが見つかる可能性はあまりなかった。それでも、非常に発達した文明があるとしても、それがいずれも、きわめて強力な発信機を使って存在を知らせる放送をしているようには見えないという「大沈黙《グレート・サイレンス》」の現象を説明しようとして、どの文明も耳はすましていても、敵対的な関心を引くのを恐れて自分からは発信しないからだと唱える科学者もいる。地球外生命は、我々を脅威と見るかもしれない――たとえば我々が真空の不安定性による災害をもたらしかねない存在と見えれば。アレシボ電波望遠鏡が出している間欠的な電波が探知されれば、あちらが先に我々の存在に気づくかもしれない。この電波は、今後四〇〇〇年の間に六万個の星に届くのだ。あるいは軍事目的の早期警戒レーダーの電波でもいい。しかしもしかすると、地球外生命の知能が進化することはほとんどなく、ほとんどの場合はすぐに自滅してしまうのかもしれない(我々の望遠鏡が探れる範囲では、不安定な真空をひっくりかえすほどの高エネルギーに達する実験を行なった存在がいたことはありえないことには留意しよう。少なくとも光がまだその知らせを我々に届けるだけの時間がないほど最近に起こったのでなければ、ありえない。その知らせが届いたときには、地球の生命もそこで終わりになるからだ)。

9　我々にも何だかわからない何か。　技術の進歩がもたらすかもしれない危険をすべていちいち想像できるとは考えられない。

もちろん、右のリストに挙げた危険の多くには、確固たる証拠のようなものはない。他方、そういったものがないことの確固たる証拠もない。こうした問題の大半については、手探り状態といったところである。

哲学に由来する危険

この分類に入る様々な危険については、4章と7章で論じる。

1　**宗教がらみの脅威**は、「哲学に基づく脅威」の中に入ることが多い。ただし、非常に貧しい哲学ということもある。たとえば、誰が何をしようと、最後の審判の日がやってきて、間もなくこの世は終わりだと信じ込んでいる政治家を環境省長官に選ぶのは、危ないことになりかねない。神は世界を永遠に安全に守ってくれると思っている人や、我々が世界を破壊したとしても、それに代わる世界がいくらでもできると思っている人というのも、やはりまずいだろう。

だからといって、宗教的な世界モデルや、複数世界あるいは宇宙が存在するという考え方を攻撃しようというのではない。拙著『価値と実存』（*Value and Existence*）は、新プラトン主義的な構図を縷々擁護し、神とは抽象的な創造の力である、あるいはもしかすると、新プラトン主義的な存在理由をもった、世界を創造する人格《パーソン》をもった存在であるとしている。そのようなパーソンは、存在すべきだから存在する、すなわち神の存在が創造的倫理的要請とでも呼べるものを有していたから存在するということになる。あるいはそうでなければ、そのような要請を有していた[5]のは世界そのものということだろう。『複数宇宙』（*Universes*）など、筆者が書いたいくつかのものは、こうした考え方を、神の作用を通じてかもしれないし、盲目的な物理的機構によるのかもしれないが、いずれにせよ多くの世界が存在するという考え方に立って、あらためて擁護したものである。ただ、神についての理論、あるいは複数世界についての理論が正しいということを知ることはできない。他の世界が存在して、我々が自ら創り出した混乱を埋め合わせてくれると断言することは、決してできないのだ。

2　ショーペンハウアー的悲観論。多くの人は、宗教を攻撃するときに、〈悪の問題〉——毒蛇や地震や伝染病や癌やナチスの収容所などの存在——に力点を置くあまり、結局、我々の惑星が月のような、生命のない塊でありつづけていたらもっとましだったろうと書いたショーペンハウアーに賛成していることになる。地球を生命のないものにすべきだと考えるところまではあと一歩だ。

3　倫理上の相対主義、道徳情緒論《エモーティヴィズム》、規範主義《プリスクリプティヴィズム》などの説は、何かがそのために闘うだけの値打ちが現実にあるということを否定する。「現実に《リアリー》」という意味は、二足す二は現実に四であるとか、アフリカは現実にアイスランドよりも大きいというときの意味である。(a)相対主義は、たとえば、生きた人を焼き殺すのが悪いのは、特定の道徳的なコードに相対的なことで、舌を出すことはチベットでは礼儀正しいあいさつであっても他のところでは不作法だというのと同じようなものだとする。(b)道徳情緒論は、人を焼き殺すのが「現実に悪い」ということは、人を焼き殺すという現実の行動についての事実を記述するものではなく、単に現実に生じる不快感を表すにすぎないという。(c)規範主義も、それがいかなる事実も記述しないということに同意する。「人を焼き殺すのは悪いのは事実だ」とは、「私はそれによって、誰も人を焼き殺すべきではないということを定めている」ということでしかないというわけだ。(d)最近、人を焼き殺すなという義務の感情は、社会的に定められた規則を「内面化」することから生じるという説が人気を得たことがある（ジャングルの中で一人で食事をするときに上着を着るイギリス人というのを考えよう）。このような系における規則は、他人があなたと取引するときに、その他人も従うと期待される規則である。あなたが、この系を真に内面化して自分の行動を実際の選択を通じて支配するようにしていなければ、周囲の人々もあなたにこの系に対する熱心さが足りないことを察知し、あなたを避けることになる。念を押すと、人を焼き殺すことは間違っているということは、「世界の中にある」事実として、誰かがそれを証明できるかどうかとは関係なしにあるわけではないとされるのが通例である。

これはいろいろな哲学の教説を戯画化しただけのものなのだろうか。筆者はそうでないと思う。それらは現にある教説であり、広く擁護されている。確かに、それを擁護する人々が、とことん親切だということも多い（人は現実に事実として何かが善と思うときだけ、つまり二足す二は四になるという事実と同様、世界にある事実として、何かが善と思うときだけ、しかじかの行動をするというような心理的な規則はない）。ただ、こうした教説のいずれでも受けいれるとなると、どうして親切な人間であり続けなければならないのかというような精神的肉体的苦痛に耐えてまで、あるいは拷問に耐え、あるいは大きな誘惑を拒むということになるかもしれない。あなたの拷問を止めさせるために一〇〇〇万人の人を死に追い込んだとして、そこにおいて現実に間違っていることとはいったい何だろう。「現実に私が、避けるよう規定している類のものである」という意味ではなくて、日常的な意味で現実に間違っているのだろうか。

おうむ返しの内面化——あなたが私とのつきあいで、しかじかの行動の掟を内面化すれば、私もあなたとつきあうときに同じことをしよう——を力説する「契約主義的」立場は、ロバート・ハイルブローナーが立てたような問い、つまり「遠い未来の人々が、私の利益のために何をしてくれたのか」という問いを

突きつけられると困ったことになることには目を向けておこう。(6)

4 **「負の功利主義」**は、善を最大にするのではなく、主として、あるいは全面的に、悪を減じることを考える。さて、人類がこれからも続くとすれば、少なくとも一世紀に一人くらいの不幸な人が出てくることは、ほとんど避けられないだろう。そういう人が生まれて苦しんでも「他の幸せな人々が生まれるための代価だと考えるべきではない」と宣言する方が――だからこれ以上子供を産むのをやめることが道徳的だと結論する方が――気高く見えることがあるかもしれない。この種の考え方の危ないところの多くは、それが間違っていることを証明することは実際には不可能であるところによるのかもしれない。

5 **すでに生まれている人や、いずれ必ず生まれてくる人に対してのみ倫理的な重みを与える哲学者**もいる。とすれば、(a)子供をもつことが面倒だと思っても、人類を存続させることは別に義務ではなくなるし、(b)実際、人類を滅亡させることが道徳的に必要らしいということにもなってくる――かわいそうな子供を作らないという義務は、幸せな子供を作る義務によってつりあいをとることはできないからだ。「生まれてこなければ不当に扱われることもない」とも言われる。

6 **たとえ世界が滅びるとも尊重されなければならない「絶対的権利」を言う哲学者**もいる（もしかすると、人口過剰で息もできなくなろうとも、好きなだけ子供をもっていいという親の権利があるかもしれない）。

7 **囚人のジレンマ。**多くの人は、この、他人の協力をあてにしていいかどうかを考えるときに遭遇するジレンマを処理するある特異な方法（たとえば、核戦争がまさに起ころうとしているときにも、二つの国が、お互いに相手が先制攻撃をかけずにおとなしくしていると信頼しなければならないかもしれない）に、あまりに信頼を置きすぎているようだ。哲学者の間では、自己犠牲の傾向をもっている人でもなければ、協調的でない行動がもたらす利益が推論を支配していると言われるのは珍しいことではない。

8　「報復の正義」あるいは「合理的整合性」。哲学者の中には、たとえば核攻撃に対して報復するという脅しを実行することは、誰かがそこから利益を得られるかどうかとは関係なく、適切と言いうるとする人々もいる。

地球上の生命がすべて絶滅するのは大した悲劇ではないと言われることがある。他の知的存在がすぐにどこかで進化して、それが銀河全体に広がるだろうと言われる。しかしこれは、惑星が理想的にぴったりだったとして、そこでどのくらいの頻度で知的生命が進化すると期待できるかということについて、ほとんど何もわかっていないという事実を見過ごしている。地球上の生命が間もなく終わりを迎えたとしたら、天の川銀河だけでなく、宇宙全体が以後、永遠に生命のない世界になるかもしれない。

我々の銀河に多くの科学技術文明ができているということは、あまりなさそうである。というのも、エンリコ・フェルミが言っているように、もしそうだったら、電波による信号や実際の移住でなくても、その存在を示す明確な兆候があると期待できるだろうからだ。何と言っても、人類が生き延びている場合、数百万年もたてば、銀河全体に植民しているということはおおいにありうるのだ。(7)

観測選択効果によって、我々が今日まで生き延びたことが説明できるかもしれないということに留意しよう。たとえば、たとえ知的生命が進化した惑星の大部分が、病気や小惑星の衝突ですべての知的生命が絶滅した惑星からなるとしても、我々は自分がそういう惑星にいるということは、観測できないだろう。知的生物は、自分が知的生命のいない場所にいるということを見いだすことはありえないのだ。観測選択効果は、もちろん我々が今いるところにいるということの原因ではない。それでも、それはある意味で我々が今いるところにいるということを説明する助けにはなる。別に神秘的なわけではないとすることはできるのだ。

*

どういう危険がありそうかということをいくつか見たので、これで晴れてブランドン・カーターの、それらの危険が、他の考え方をしていたときよりもさらに危険だと考えるための「終末論法」に戻ることができる。ふりかえっておくと、終末論法は、我々は、自分がこれから生まれる分も含めてすべての人類の最初の方にいる——たとえば最初の〇・〇一%に属する——とは期待できないというものである。他方、最後の方の一〇%にいるとしてもそれほど驚くことではないだろう。この値は、人類がもうじき終わるとした場合にいることになる位置だ(人口増加のおかげで、すでに生まれている人類すべてのうち、相当の割合の人が今この時点で生きていることになる)。そこで、突然あなたがそのことに気づいたとしよう。すると、以前より人類の滅亡が近いと予測する方に傾くはずだ。何はともあれ、それがカーターが唱えていることである。

この宇宙の歴史の中で、何百万、何千万もの知的種族が進化するとしよう。すべての知的存在の中で、相当の割合のものが、自分たちが急速に成長する種族で、自分の環境を新しい化学物質で汚染したり、新しい形態の武器を開発したり、あるいはそうでなくても、急速な成長を可能にした科学を濫用したりして、滅亡しようとしているのを見ているのではないか。カーターの推理は、そのような想定を真剣に取り上げる根拠をさらに与えてくれる。

終末と人間原理

カーターはとくに「人間原理」で知られている。この原理は、観測者、たとえば人間は、知的生命が存在しうる場所と時期においてのみ、自分の存在に気づくことができるということに注意を向けさせる。観測者が太陽の中心にいることはありえないと考えられるし、とてつもなく熱いビッグバンの最初の数秒にもありえないだろう。宇宙が何十億年かたたないうちは、知的生命が現れる可能性は非常に低いかもしれない。知的生命が現れるまでには何十億年もの進化が必要だということもありうるのだ。

筆者が『複数宇宙』で多くの例を用いて解説し、編著である『物理学的宇宙論と哲学』(*Physical Cosmology and Philosophy*)に寄稿してくれた人の何人かが論じたように、カーターの人間原理は、しばしば、空間と時間における我々の位置が、実は異例のものであるという気にさせてくれる。

(a) たとえば、我々の宇宙にほとんど惑星がなかったとしよう。それでも、知的生命は惑星の上でのみ生じうるもので、恒星の内部や恒星間空間ではないとすれば、我々は自分がある惑星の上にいること、少なくとも我々の最初の先祖たちはある惑星の上で進化したと見ることにならざるをえないだろう。

(b) 我々の宇宙が終わりに向かう中で、知的生命が可能な時間の「幅」は比較的わずかしかないとしよう

――初期は生命ができるには熱すぎ、終わる頃は冷たすぎるからだ。それでも、あなたも私もその狭い幅の中にいるということにしかなりえない。

(c) あらためて、宇宙が何十億もの巨大な領域を含んでいて、それぞれが大きくあるいは完全に離れていて、したがって「複数宇宙」と言うにふさわしいものになっているとしたらどうだろう。これらのうち五、六個だけが知的生命が進化できるようにする特性をもっていたとしたらどうだろう。そうすると、我々はその五、六個のうちの一つにいるのでなければならない(カーターの人間原理のおもしろいところの大半は、最近の三つの発見に由来する。まず、非常に真実味のある物理的機構からは、いくつもの宇宙の存在につながる可能性があったこと。次に、根本を規定する特性が、宇宙ごとにランダムに異なるものと思われること。さらに、我々の宇宙の実際の特性は、知的生命の進化にとって、見事なほどにぴったりになっている――微調整されている――らしいということ)。

我々は、今いる場所と時間、この宇宙が、かなり例外的なものだということを、相当の根拠をもって信じることができるようだ。知的生命が、まれな、普通とは異なる状況でのみ存在しうるのだとしても、我々は自分がそういう状況の一つにあることはまったく驚くべきことではないと、カーターの人間原理は教えてくれる。我々がいられそうなところは他にはないということだ。

しかし、人間原理はこういう形で、我々がまれで普通とは異なることを信じるよう促すことができるにしても、それは同時に、それが生命と知性の存在にとって必要以上にまれで普通とは異なるとは信じないようにすることができる。我々のいる状況が、少なくとも知性をもった観測者が存在しうる状況の中ではきわめてあたりまえだと思うようにするのだ。「人間原理」的な推理を用いれば、一〇億度もの温度ではないといった、生命や観測者の存在の絶対の（と考えられる）前提条件は何かと考えるのではなく、観測者が見る状況として可能性の高いものは何かということは十分問うことができる。

たとえば、観測者の九九％の体温は水の沸点より低いと想像しよう。だとすれば、あなた自身の環境がこの温度以下だということになっても驚くことはない。リチャード・ゴットは、「宇宙の空間や時間の中でのあなたの生まれる位置は、あなたが知性をもった観測者であるという事実が意味する範囲でのみ特権的（あるいは特殊）だ」という原理が使えると言っている。逆の証拠がないかぎり、「あなたの知的観測者の間での位置は、何も特別なものではなく、ランダムに拾われたものだ」と想定すべきだと彼は言う。[8] この方向で考えて、彼は自分なりの形の終末論法に達する。これは、カーターが最初にそれをしていることをまったく知らずに展開されたものである。しかし、これら二人の先進的宇宙論学者が同じ考えに独立して達したとしても、それほど驚くことではない。宇宙論は、確率論、とりわけ観測者がいる確率が高い位置に関係する確率論が、しばしば決定的に重要なのだ。

ゴットは、『ニューヨーク・タイムズ』紙の一九九三年七月二七日号で、エリック・ラーナーによる少々見当はずれの攻撃的批判に答えている。ラーナーは、たとえば彼自身をランダムなものとして扱うことは実際にはできないと唱えていた。ゴットは「こんなことを言われると驚いてしまう。筆者の論文は、彼に適用されれば正しいということがわかる予測をたくさんしているのだ。彼は、(1)電話帳の中央九五％の中に入っている、(2)一月一日生まれではない、(3)人口が六三〇万人以上の国で生まれた、さらに重要なことに、(4)これから生きることになる人類の最後の二・五％の中には生まれない（これが正しいのは、彼が生まれてから後すでに生まれている人々の数からそうなるからだ）。ラーナー氏は、自分で思っているよりランダムな存在かもしれない」とコメントしている。[9]

近年、宇宙論学者のスティーヴン・ホーキングは、次のようなおもしろい事実を指摘した。十分に大きな宇宙では、いかなる進化論的前提がなくても、わずかな観測者が存在しうるだろうということである。彼らはいかなる先祖ももたない。なぜか。それは、ホーキングが示したように、ブラックホールは完全にはブラックではないからだ。ブラックホールはあらゆる種類の粒子をランダムに放射している。したがって、ある程度大きなブラックホールの集合をとれば、いずれはそのいずれかのブラックホールが、たとえば一冊の本、あるいはこれと指定したい特定の本——あるいはシェイクスピアの全戯曲を含むものであってもいい——のいずれでも、たまたまそれを作っているような物質粒子を出すことになるだろう。これはまさに、まったくランダムにタイプライターをたたいている猿が、いずれは詩の一編を打ち出すという論の一変種である。さて、あるブラックホール——十分な数があれば、実際にはいくつかのブラックホールでもいい——から実際に出てくるかもしれないものには、猿だってありうるし、原始的な観測者がいてもいい。ブラックホールがシェイクスピアその人のような観測者を放出することを止めることはできない。しかし、我々の宇宙にどれほどブラックホールがあろうとも、いかなる観測者も、自分がこのような奇妙ないきさつで存在するようになったということになるものとは期待すべきではない。

まったく同様に、カーターは、いかなる観測者も、自分が自分の属する種の歴史の中で例外的に早い時期に生まれたことがわかると期待すべきではないと説く。まずカーターを、それからゴットを、終末論法につなげたのは、この単純な論点である。

人類は何万年も存在してきたので、人類がたとえばあと一〇万年たったら終わるとしても、あなたも私も、通常の時計で考えれば、特別早いというふうには見えないかもしれない。しかし、新しい人間が一人生まれるごとに針が一目盛り進む人口時計を考えると、我々が異例なほど前の方にいるということは、すぐに明らかになるだろう。今度は、誰もが多くの点で普通ではないということが避けられなくなる一方で、それは、我々がごくあたりまえの存在であるとするような、正しそうな理論がいくらもあるのに、我々はきわめて異例な存在だと見るのは、根拠が貧弱だということになりうる。そして核戦争のようなものを考えれば、人類の集団の歴史がまもなく終わり、我々の人類の中での位置が実際ごくあたりまえのものになるというのは、きわめてありそうなことではないだろうか。カーターとゴットが正しければ、人類があと何世紀も生きるという可能性は、別の目で見るべきだろう（図1を見よ）。時間の中で観察された我々の位置を考えると、人類という種が直面している危険を評価しなおすべきだろう。

終末論法は簡単に論駁できるか

カーターは他の方面ではすでに論戦を行なっているが、終末論法は講演やセミナーでのみ出し、活字にはしていない。しかし、筆者はそれを『複数宇宙』の二一四頁に、長い註の形で公にした。それ以後、筆者はそれをいくつかの論文で検討している。この論法には、確かに議論の余地がある。しかしこれまでのところ、それを疑う根拠として成り立つものは、やっと一つ見つかっただけである。宇宙が、たぶん量子物理学を根拠にして、とことん非決定的であるとしよう。また、非決定論は人類が生き残る長さに影響を与える可能性が高いとしよう。すると、人類がどのくらいもつかについて、意味のある確固とした事実というのは、「世界の中にも」、現在の世界の粒子の配置について十分なことを知っている人によって予測できる理論の中にもない――裏返されているカードの中には一定数のエースがあって、あなたはその数を推定しようとしているとか、くじを入れた容器の中には、あなた自身の名札は引き出されたあとで、名札がまだ九枚あるのか六〇枚あるのかといった事実とは違う。しかし、終末論法が実際に破綻なく進むためには、この種の確固たる事実の存在を必要とするのではないか。[10]

ただ、ほんのざっと進めてみたとしても、終末論法には相当の意義がありうる。とくに、それは人類が何万年も生きることになる可能性が高いとする理論には、重大な疑問を投げかけるかもしれない。とことん非決定論的な因子があることを信じながら、それでも何かが「起きる可能性は非常に高い」と言う人は、そうした因子がその何かが起こるのを妨げる可能性は低いと言っていることになるではないか。

終末論法を信じない理由については多くのことが唱えられている。筆者自身も、少なくとも十何回かは、これに対するぐうの音も出ないような反論はどういうものか、想像している。そういう反論には、いかにそれに自信があっても、疑い深くなければならない。確率論が曲者なのだ。まず頭に浮かぶ「誰が見ても

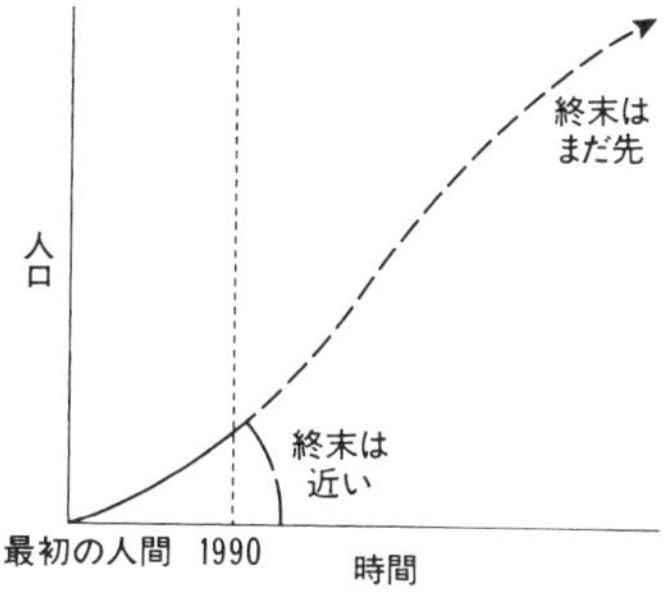

図1　人類がこの先長生きして、銀河に植民する運命にあったとしたら、あなたは自分が2000年頃という早い段階に存在するものと予想することができただろうか。J. Leslie, 'The Doomsday Argument', *The Mathematical Intelligencer*, Vol. 14, No. 2 (1992), pp. 48-51より、シュプリンガー＝フェアラーク社の許諾を得て再録。

明らかな反論」に十全の信頼をおかないこと。終末論法は、これまでに、何人かの優れた頭の持ち主によって、相当厳格に検討されている。どうやら、単純な反論には簡単には倒されないということになっているようだ。

もしこの論法がやられたとしたら、ほとんどすべての「人間原理」的推理——観測者がともかくもいると思われる時と場所に注目する推理——は、重大な困難に陥ることになるだろう。すでに見たように、観測者が存在する前提が全面的に定まっているということはまずない。観測者がビッグバンの初期に、ブラックホールからランダムに出される粒子のパターンとして存在していた可能性はあるかもしれない。だから人間原理を用いる人々は、観測者が存在する確率の高い空間的・時間的位置について問うているのだ。さて、終末論法の批判はたいてい、確率の高い時間的位置を、確率の高い空間的位置を論じるときには誰も思いもよらないような形で論じている。これは、時間も空間も等しく扱えると見ている人間原理的な推理の伝統全体に反している。そして、ここで伝統に反することに根拠があるようには見えない——我々はすでに、未来はとことん非決定論的かもしれないという、終末論法が、だめにはならなくても、弱くはなるような重大な譲歩をしているのだ。

よくある批判を一つ見てみよう。遠い未来の人口が多いとしても、そこにいる人は、まだ生まれていない。したがって、我々が、我々は小さな村にいるよりもどこかの人口の多い都市にいる方が可能性が高いというような意味で、その中にいるということにはなりえない。我々は今、つまりだいたい西暦二〇〇〇年頃に、終末論法のことを考えている。我々は自分が西暦二〇〇〇年頃にいることを知っている。人類が後にどのくらいの数存在するかについての我々の理論がどうあれ、そのことは確かだろう。我々は二〇〇〇年頃に生きているから、西暦二〇〇〇年頃までは人間は安全にやってきたと言うことはできるが、それがどれほど先まで行くことになるかは言えない。我々が人類が直面している危険についてもっている証拠は、西暦二〇〇〇年頃にある証拠であって、何千年も後に集められた証拠ではない。

さて、そうした見解はどれも正しいが、ただ、それがどう終末論法を無効にすることができるのだろう。ブランドン・カーターは、今が西暦二〇〇〇年あたりであるということを疑ったりはしない――彼は本当にそのあたりにいるのであって、その確率は一〇〇％だ。彼が考えるのは次のようなことである。すべての人間のうち、ほんのわずかを除いた全員がこれから後に生きることになるとしたら、人間の観測者が自分はそこにいると見る可能性はどのくらいになるだろうか。もちろん、あなたと私の命は、今生きている人類すべての中でとくに早いものではなく、もちろん、これまで生まれているすべての人類の中でもとくに前の方にいるわけではないが、この点を言い続ければ、カーターの論点をとらえそこねることになる。

今後の人類はまだ生きていないという反論が無効であることは、単純な物語で示すことができそうだ。次のような設定の実験を想像しよう。ある時点で、三人の人間がそれぞれエメラルドを一個ずつ与えられる。何世紀かたって、生きている人間がまったく入れ代わってしまったところで、五〇〇〇人の人々が、またそれぞれ一個ずつエメラルドを与えられる。次に、この実験であなた自身がエメラルドをもらったとしよう。しかしあなたは、それがエメラルドをもらったのが三人だけのときなのか、後の五〇〇〇人がもらったときなのかは知らない。自分がいるのが早い方の時期であれば、五〇〇〇人の方はまだ生きていないことになり、したがってその人たちの中にいる可能性はないと思うだろうか。それをもとに、自分が早い方の時代に生きている方に賭けるのが当然だという結論を出すだろうか。

実際にそちらの方に賭けたとしよう。この実験でエメラルドをもらった人がみな同じように賭けたとすると、五〇〇〇人が負けて、勝つのは三人だけということになる。したがって、分別のある賭け方は、逆に自分は後の方の時代にいるとするものである。

　実験の設定で、後の方の時代で前の時代よりも多くの人がエメラルドをもらうことになっているかどうかがはっきりしていないとしたらどうだろう。エメラルドをもらっても、自分が後の方の時代にいる方に賭ける根拠は弱くなる。今度は自分が実は前の方の時代にいることがわかったとしたら、後の方の時代に配られるエメラルドの方がはるかに多いということを疑う理由が強まることになる。どこまで行っても、もちろん、まだ生まれていなかった人が何も観測してはいないというのは真である。しかしこれが真であるということは、まったくどうでもいいことなのだ。

その他の反論の試み

　終末論法そのものは、妥当で素直なものである（「我々が例外的なほど最初の方にいる人類だということになるような理論は信じないようにすべきである」というのは、わかりにくい考えではないだろう）。この論法が非常に込みいっているように見せるものがあるとしたら、それは、いくつもの批判から守らなければならないということである。そうなるといろいろとやっかいなことがあるので、この領域についての詳細な議論は5章と6章まで先延ばしにする。

　それでも多くの人は、自分がもっている目をつぶっていてもわかるような反論がどう退けられるのか知りたいと思うかもしれない。そこで以下に、よくある反論をいろいろと簡単に紹介し、それにどう答えるかを示しておこう。

(a)　自分の遺伝子はきっと紀元二〇〇〇年頃にのみ見つかるもので、その結果、そのあたりにのみ存在しえたのだという反論は成り立たない。カーターが問うているのは、人間の観測者が自分が二〇〇〇年頃にいて、したがってその時期に典型的な遺伝子をもっていることがわかる可能性はどのくらいかということだからだ（エメラルドの話で言えば、早い方の時代の遺伝子が、遅い方の時代の遺伝子とはっきりと異なるとしても、話の意味は変わらないだろう。自分の遺伝子が五〇〇〇個のエメラルドの時代に典型的なものではないかと思う根拠はきわめて強力だ）。

正確にしかじかの日付のときに自分が生まれる可能性が、後の日付の日に他の人がどれだけ生まれるかという事実によって高くなったり低くなったりすることはありえないという反論もだめだ。「多くの人が家庭で事故に遭うという事実があるからといって、どうして他ならぬ私が、一九九五年三月一七日に階段で転ぶことになったのか」と文句を言うのと似ている（これは、他の人の事故がもしかすると自分の特定の事故を引き起こすかもしれないと言っているのだとは見てはならない。いつか階段で転ぶことが、別に不思議なことはなく、おおいにありうることなのかどうかという問題なのだ）。

(b)　終末論法は確率に関するものである。自分の名札がくじ引きの容器に入っていることはわかっているが、他に何人の名札が入っているかはわからないとしよう。しかし、一〇〇〇人分の名札が入っている可能性と、一〇人分だけの可能性とは五分五分だと推定する。そして、自分の名札が容器から三番目に出される。自分の推定を見直すかなり強い根拠にならないだろうか。まだ引かれていない名札があと九九七枚あるというのは、非常に確率が低いことだと考えるべきではないか。

自分の生まれた時がくじで決められたわけではないという反論もしないこと。それではくじのたとえは統計学の広大な領域で成り立つものだということを忘れていることになる。誕生は実は確率論の問題でありうるということも忘れている(あなたは九月二五日の午前一一時から一二時の間の生まれではないはずだ)。

また、くじにはすべて当たりとはずれがあるはずだという論点にも、あまり目を奪われないようにすること。一〇〇万ドルがかかったゲームでスペードが一三枚そろった手が配られたのを見るとしよう。スペードが一三枚というのは他のどの一三枚の組み合わせよりも可能性が低いわけではなく、実際の手はつねに何らかの手にはならなければならないとしか思わないだろうか。初めはいかさまがあるかどうかは五分五分の可能性だと思っていても、何かいかさまがあったと思いたくなるのではないか。初めにいかさまがある確率は五%だけだと考えていたとしても、いかさまがあったと信じたくなるのではないか。

(c) 終末論法を、「安楽椅子から、将来の人類がすでに生まれている人類とほぼ同数であると予測しようとする」ものだと規定しないようにすること。この論法は、人類がきわめて長い未来をもっていて、銀河全体に植民すると考えることも立派に成り立つ可能性を否定はしない(初めから自分の名札が入っているくじの箱には全部で一〇〇〇枚の名札が入っていて、一〇枚ではないということをほぼ確信しているとすれば、自分の名札が箱から引かれる最初の三枚に入っていた後でも、そのことを確信しつづけるかもしれない。ただ、前よりはその確信の度合は下がっているはずだ)。

(d) カーターの推理を用いれば、石器時代の人が、人類はすぐに終わるという誤った結論に達したことになるという反論もしないこと。この反論に対する答え方の一つは、石器時代の人は人口爆発によってもたらされる人口危機には直面していなかったということがある。また、ほとんどありえないほど都合のいい状態にある人の頭に、たとえば、たまたま、生まれてくるすべての人類のうちの最初の一%あるいは〇・〇一%あるいは〇・〇〇〇一%になった人の頭に誤った結論が出てくるのを助けるからといって、それは確率論による推理の欠陥とは言えないというのもある(終末論法が成り立たないのは、「それが人類の歴史のどの時点でも使え、かつ、たいていの時点では確かに成り立たないから」なのだろうか。念頭においておかなければならないことは、人類の歴史のたいていの時点の人々にとっては、誤った予測を述べるからということで「成り立たなかった」推理でも、人類の数が滅亡する直前に急速に拡大したとすれば、それを用いることのできる人類のほとんどに対しては正しい予測を唱えることになる可能性はあるということである。ただ、終末論法は危険の高さの推定を上方修正するための論法にすぎないということを思い出そう。「終末は近い」可能性が高いとまでは言っていないかもしれない。したがって、石器時代からこのかた、これまでいかなる災厄も起こっていない事実があっても、それだけでは、この論法による推理がこれまで何らかの意味で成り立たなかったということになるわけではないのだ)。

(e) 宇宙が二つの人類をもっていて、一方が長生きして銀河植民を行ない、もう一つが短命だとし、また両者がたとえば西暦二一五〇年頃までぴったり同じ人口だったとすると、自分が西暦二〇〇〇年頃にいるということは、自分がどちらの人類にいるかということについて手がかりとなるものはないという反論はしないこと。このような反論に対する答え方は、この奇妙な想定においては、人は西暦二一五〇年の後の、長生きする方の人類にいることになる可能性が非常に高くなるとすることである——ただ私もあなたもそちらにはいないということだ。

(f) 長生きする人類の中に生まれてくる可能性の方が高く、その人類の初期に生まれる可能性が低いことの埋め合わせになるだろうという反論はしないこと。これに対する答え方は、短命な人類の中にいる確率は自動的に低くなるわけではないというものだ(全部で一〇人の人間しか生まれないとしよう。自分がその一〇人の中に入っているからといって驚くべきなのだろうか。そんなことはない。生まれる人だけが、自分が何らかのものだということがわかるからだ)。

(g) 人類の全人口、つまりこれからも含めて生まれてくるすべての人の数についてのいろいろな数字の可能性については、まったくの恣意的な推測しかできないとは反論しないこと。我々は終末論法を考える前に、人類が西暦二一五〇年までに滅亡する確率は少なくとも二%はあったと言っても、きっと相当の真実味はあるだろう——そして、そのときまでに滅亡していなかったとしたら、銀河に植民することによって大きく成長する可能性がかなり高くなるかもしれないと言ってもやはり相当の真実味はあるだろう。

これは、我々がこのようなことを言うのを助長するような「単に安楽椅子で行なう哲学的理論化」ではない。そのようなことの側に立つ現実の証拠もありうる。たとえば、汚染で中毒する危険性の証拠、あるいは核戦争や生物戦争の危険性の証拠である。しかし、終末論法は、危険についての他の議論と同様、危険を減じる努力についての新しい証拠も考慮に入れることができる。実際の体験をすべて無視して、それだけでは危険の高さの推定値は出てこないので、絶望のメッセージではないのだ。

1章と2章では、我々の前にある危険を少々細かく検討し、それが実際にどれほど大きいかを推定する基礎を示そう。

1

戦争、汚染、病気

本章と次章には、多くの危険が挙げられていて、人類がこれほど長く生き延びてこられたというのは驚くべきことに見えるかもしれない。実際、驚くべきことなのかもしれない（もちろん人類が生き延びていなかったら、ここにいてこの問題を見て論じるということもなかったのだが）。他方、滅亡の危険性はこれまではきわめて低かったということかもしれない。とすれば、心配しなければならないのは、様々な危険が突如として増大することである。

本章は、序論で触れた、よく知られた危険性についての論点を敷衍する。これまで続いた人類の歩みが、化学・生物・核戦争によって、オゾン層の破壊と温室効果による過熱によって、陸と海の砂漠化と汚染によって、生物の多様性の喪失によって、病気によって、危険にさらされている。環境の劣化の主要な原因である人口過剰は、世界戦争にもつながる可能性がある。

それほど知られていない危険性のいくつかは、2章で論じられる。また当面は、人類が滅亡するということは、本当は災厄でも何でもないだろうという哲学の学説——哲学者の言うことに耳を傾けてもらえるとしても——によって出てくる危険については何も言わない。そういう説については4章で論じる。

ジョン・フォン・ノイマン（コンピューターのパイオニア、一九五七年没）は、⑴核戦争が起こること、および、⑵それでみんなが死んでしまうことは、「絶対に確実」と言った。[1] この点は今日、どのくらいの力をもっているだろう。

核爆弾

広島で炸裂した爆弾は、おおざっぱに言えば一〇キロトン級だった。つまり、爆発力の高い化学物質であるTNT火薬一万トンほどのエネルギーがあったということである。現代の「戦略核」は、普通、その一〇〇倍から一〇〇〇倍の力がある。しかし一九六一年には、当時のソ連が五八メガトン(TNT火薬五八〇〇万トン)の核爆弾の実験をしており、それよりずっと大きいものも可能だ。核融合爆弾は、融合を引き起こす分裂装置があれば、事実上どんな規模のものでもできる。冷戦のときには、米ソとも何万個もの核弾頭を貯蔵し、世界の核保有数は、広島型爆弾百万発分にもなった。「退屈な午後の間、一秒に一回第二次世界大戦ができる」とは、カール・セーガンの言葉である。[2] 一九八二年には、世界保健機関が、大規模な核戦争があれば、たちまち地球の人口の半分が死亡すると推定している。

その後、ソ連の崩壊は保有数の減少にはつながったが、基本的な成分であるプルトニウムの世界全体での供給量は着実に上昇して、二〇〇〇トンに達しようとしている。これは核弾頭に残っている量のおよそ一〇倍である。また、近年の爆弾設計の改良により、商用の核反応炉――複雑な過程ではあるが、多くの国の科学技術で手の届く範囲にある――の使用済み燃料棒から再生されたプルトニウムを爆弾に使えるようになったらしい。そうなると、単に強力な汚染源となる「淬《フィズル》」ではすまない。アメリカ科学アカデミーによる最近の研究を主宰した物理学者のW・パノフスキーは、このような燃料には、設計者が望むプルトニウム二三九以外の同位体が含まれているが、それで核爆弾を作ることはできると確信している。詳細は機密だが、米軍はそれで作った試験用爆弾を爆発させたようで、この物質が七キロあれば、長崎に投下されたものに匹敵する爆弾ができると言われている。[3] しかし、いずれにせよ、今の弾頭に用いられているような最高の品質のプルトニウム二〇〇トンから三〇〇トンが、二〇〇〇年までには民間の手に入ることになる。

フランスのスーパーフェニックスのような高速増殖炉は特に危険だ（一九九八年の段階では閉鎖されている）。それがウランの最も豊富にある同位体である非放射性のウラン二三八からプルトニウム二三九を生産できるということは、高速増殖炉がウラン一トンから、従来型の反応炉の六〇倍の電力を生み出すことができるということであり、その結果、使用済み燃料棒にあるエネルギーは、「世界の燃料資源を倍増する」可能性があると、D・アダムソンは指摘する。たとえばイギリスでは、その量は「全国の石炭埋蔵量に匹敵する」ものである。現時点では、高速増殖炉が直面している技術的困難のせいで、それによる電気は高価になっているが、これも変わるかもしれない。ただ、環境保護主義者の中にも、従来型の原子力発電なら制御できるようになって、比較的汚染のないエネルギー源になるかもしれないと考える人はいても、『パワー・イン・ヨーロッパ』の編者であるA・ホームズは、イギリス下院の委員会に対して、プルトニウムは簡単に武器になりうるので、高速増殖炉にとことん反対しない環境保護主義者には会ったことがないと述べている。(4)

全面核戦争は人類の終わりを意味しうるだろうか。世界の人口の半数がすぐに失われるということは、それ自体、石器時代のような状況への後戻りをもたらすということは考えられる。地球はその場合、およそ五〇〇万人程度の狩猟採集民を養えるだけだろう。人類は他の大型哺乳類とともに滅亡に向かう可能性が高い。しかしもっと可能性のある筋書きは、放射能の影響による滅亡である。癌、免疫の低下による感染病の蔓延、出生時の障害などがある。健全な環境にとって重要な微生物も死んでしまうかもしれない。そのうちのいくつかが、セーガンが記しているように、「我々が頂上でふらふらしている巨大な生態学的ピラミッドの基礎をなしているかもしれない(5)」。

そうした可能性はあるが、米科学アカデミーのある委員会は、一九七五年、一万メガトンの戦争が生態系の大半に及ぼす影響は最初から小さく、その後三〇年たつと無視しうるという判断を出した。今日では、そういう気安めは見当違いに見えるかもしれない。「核の冬」の研究で、世界の気候への影響が非常に重大なものになる可能性があるとされているからだ。あるいは一億トンにもおよぶ塵が空気中に巻き上げられ、間もなく、森林火災、草地の火災、都市の火災でできる三億トンの煤まじりの煙と合体する。重さあたりで言えば、煙は日光を遮蔽する効率が塵のおよそ一〇〇倍ある。その結果、何日、何週間にわたって、世界全体が真暗になり、数か月あるいは一年にわたって薄暗い状態が続くかもしれない。温度は一五度あるいはそれ以上も下がるかもしれない。この点については科学者の間で見解は大きく異なり、温度が下がるのではなく上がるとする人もいる。(6) 気温低下がもたらされるかどうかにとっては、煤の粒子の形が重要かもしれない。望みがもてる点は、哺乳類は、恐竜がおそらく、核戦争よりもはるかに多くの塵が大気中に巻き上げるような小惑星の衝突で死んだ時にも、すべてが絶滅したわけではなかったということである。しかし明白だと思われるのは、全面核戦争の影響（核の冬になるのか、「核の秋」程度なのか、気温低下は数日で終わるのか、それとも何か月も続くのか）は、極めて予測しにくいということである。さらに、核爆発が大気圏上層の窒素を燃やしてできる窒素酸化物による危険もあるかもしれない。これはオゾン層の大部分を破壊するかもしれず、暗闇が終わるというのは、今度は紫外線の照射が始まるだけのことになりかねないのだ。

核戦争の影響が不確かであることの他にも、長期的に見てそういう戦争が防げるかどうかということについての不確かさもある。ソ連が崩壊しても核爆弾が消えたわけではない。それによって『ブレティン・オヴ・ジ・アトミック・サイエンティスト』誌の裏表紙にある「終末時計」の針は、一九九〇年三月に午前〇時一〇秒前に戻されただけだ。一九六三年、核実験禁止条約に調印されたときには午前〇時一二秒前まで戻ったこともあった。第二次大戦の後も一二〇〇万人以上の人が戦争で死んでいるとはいえ、核の平和は実際に保たれてきた――しかしそれは主に、⑴交戦国の人口の少なくとも四分の一が死ぬことを意味する「相互確証破壊」の恐怖、および、⑵こちらは自分の目標を断念するよりも破滅の危険性が高い方を選ぶと相手側に思わせようとする努力である「チキンゲーム」を通じてのことである。残念ながら、道路のセンターライン上を二台の車が相対して突進して、避けた方が負けというもともとのチキンゲームについては、勝つことが見込める戦略は、自分のハンドルをはずして窓から放り投げる――そうして手遅れにならないうちに、相手がやはりハンドルを投げ棄てるのではなく、これに気づくことを期待するというものだった。一九六二年のキューバミサイル危機のときには、しばらく両方ともハンドルを投げたように見える場面もあった。ソレンセン大統領補佐官の報告するところでは、ケネディ大統領はある時点で、ソ連との戦争の可能性は「三分の一と五分五分の間」まで上がったと見ていたという。[7] ただ当時の国防長官のR・マクナマラは、キューバにミサイルがあっても、アメリカに対する核の脅威はほとんど増大しないと判断していた。さらに、アメリカ側のジュピター型ミサイルをトルコから引き上げることを提案するという手が、ソ連がそれに着目してからも実際には使われなかったとはいえ、明らかに取引材料としてあった。ジュピター型ミサイルは、キューバのミサイルがワシントンをねらっているのと同じ距離のところからモスクワをねらっていた――発射から着弾までの時間が危険なほど短い。ソ連側で誤った警報が出ても、時間内にそれが誤りだとはっきりするのが難しくなり、「なくすよりも使う」原理によってミサイルを発射してしまいかねないほどの近さである。情緒的に不安定なフルシチョフ書記長にとっては、強烈ないらだちのもととなった。彼の夏の避暑地は黒海をはさんだ対岸にあった。いずれにせよ、車のハンドルを切ったのはフルシチョフの方だった。[8]

チキンゲームのもう一つの戦略は、最高速まで加速すること――H・キッシンジャーが勧めるように、相手が実験をする余裕がないところまで急速かつ容赦なくエスカレートすることである。[9] それ以外にも、自分で目隠しをして、道路の中央をでたらめに蛇行することもできる。T・C・シェリングが勧める「偶然に任せる部分を残すという脅し」[10]を極端に用いた例である。このような戦略は非倫理的だと言う前に、それが実際に衝突が生じる危険を十分下げるのではないかということを考えよう。核戦争の研究は、倫理的な逆説で悩まされている。その最大のものは、第二撃つまり核による報復をするぞと脅しをかけたり、それを実行したりすることが正当でありうるかどうかについてのものである（7章を見よ）。とりわけ、先制攻撃をかけることは、とくに敵が警告に応じて発射する、なくすより使うという危険な手法をとっていないときには有利だという事実に目を向ける人は多い。以下の論点を考えてみよう。

(1) 自国民のためにシェルターを建造することは明らかにいいことだと考えられるかもしれない。それでも、国がシェルターを所有すること自体が、その指導者に先制核攻撃を行なう気にさせるということもありうる。自分に従う人々はシェルターに守られていて、危険が少ないように見えるかもしれないからだ。また、シェルターを建造することは、敵の指導者に、自分たちは攻撃されようとしていると思わせ、攻撃をしかける気にさせるかもしれない。

(2) 立派な指導者なら、全面的な核の応酬ではなく、限定的な戦争――核兵器を用いないか、そうでなくても威力の小さい「戦域」兵器によるか――を立案するだろうと思われるかもしれない。ただ、このような計画は、これなら戦争をしてもいい、あるいは先制攻撃をしてもいいと思わせかねず、そうなった後、全面的な応酬へのエスカレートが避けられなくなる可能性も十分ある。C・ワインバーガーは、アメリカ国防長官としてエスカレートするのを抑えられるかと問われて、「まったくわからない」と答えている。[11]

(3) 高度に正確なミサイルを開発し、都市にいる民間人ではなく、サイロにある敵のミサイルを破壊するようにするというのであれば、人道的に見えるかもしれない。ところが、これもまた、先制攻撃をかけようという気にさせて戦争をもたらす可能性がある――もしかすると、ミサイルの設置準備が進むにつれて、それを恐れる敵の側がその気になるかもしれない。したがって、アメリカ陸軍がミサイルの精度を上げようと長い間努力してきたのは、危険なことだったのだ。後にアメリカ海軍が一〇〇メートル以内の精度を陸軍と合同で開発するようになったのはさらに悪かった。アメリカの先制攻撃によって弱体化したソ連の応戦で死ぬのはわずか二〇〇〇万人ないし一五〇〇万人であり、これで核戦争に「勝てる」[12]と説くタカ派の戦略家の力が強まることを意味するし、実際そうなった。しかしソ連が模範的に抑制するわけがない。ソ連も精度を上げるために全力をあげた。

(4) 同種の議論が、(今のところ少なくとも一時的に放棄されている) 戦略防衛構想(SDI)——レーガン大統領が一九八三年に発表した、「レーザー兵器(あるいは粒子線、さらに後には賢い岩《スマート・ロック》や輝く小石《ブリリアント・ペブル》)による盾を作って核兵器を時代遅れにする」という「スター・ウォーズ計画」——にもあてはまる。研究すればするほど、SDIによる防御はほとんどまったく機能しないことが示された。すべて技術的な困難によるものであり、効果的な反撃の方がはるかに安上がりに開発できるからだった。ただ、うまく行くということがわかっていたとしても、もしかすると事態はさらに悪かったかもしれない。完全配備されたときには完全な防御になることが予測されたとしよう。ソ連が、アメリカ側には何の損害も出ないような戦争で自分の方は全滅する危険が生じるくらいなら、その前に予防攻撃をしようと思う圧力が強くなったかもしれない。部分的に防御できるという予測であっても、同様の結果になったかもしれない。マクナマラが説明したように、「穴のあいた傘でも小雨には有効だ」——だからそういう傘、つまり「アメリカの先制攻撃で生き残った弱体化したソ連の軍事力に適切に対応できそうな」傘を立てようとするアメリカの努力は、戦争を始めようとしているという意志を表していることになったかもしれない。マクナマラはさらに加えて「ロシア人は、先制攻撃がアメリカの戦略思考から抜けているわけではないということを知っている」と言っている(13)。

アメリカの防御用光線を開発しようとする努力が完全に放棄されたわけではないということは銘記しておこう。空軍は、数百キロ先でミサイルを破壊でき、しかも飛行機に搭載できるレーザーの設計を発注している(14)。

(5) 核戦争は人々に死や恐ろしい苦痛をもたらすと教えてもらったり、冷戦が、地球にいる人間一人あたりにしてTNT五トンに相当する核兵器を貯蔵し、それが広い範囲にまんべんなく行きわたれば、人類は何度も滅亡させることができるという計算をするのに、医学に携わる人々の協力はほとんどいらない。大事なのは、核兵器の保有量が減ったことは、ハーバード大学核研究グループによって論じられたように[15]、先制攻撃が魅力的に見えるようになって、破滅の可能性が実際に増大したのかということである。

第二撃を行なう陣営は、攻撃力の九〇%を失うことを見込まなければならないとしよう。すると当然、残った一〇%による反撃でも全国的な損害をもたらせるというのでなければ、警報による発射——つまり敵のミサイルが爆発するのを待ってからではなく、それがやってくるのを察知したらしいという段階で報復の核ミサイルを発射する——という政策をとりたくなるだろう。不確かな証拠でも、敵の攻撃を示すものがあれば、それを信用しなければならないように見えるかもしれない。まさに冷戦が終わる前には、両超大国によって膨大な兵器が作られたのだ。しかしそれもいずれの陣営も相手の先制攻撃によってもたらされる損害を吸収できるほどの量ではない。先制攻撃後もサイロにはミサイルがまだ残っており、爆撃機はまだ滑走路上にあるなどしても、なお抑止力戦略の中心をなす「確証破壊」の呪縛は残った。B・G・ブレアが説明するように[16]、結果は両陣営を、重大な危険があるにもかかわらず、警報によって発射する方向に強く動かしたということである。雲に当たった日光の模様が、センサーにはロケットの排気ガスだと解釈される危険があるし、下級の指揮官が、警報によって発射するという、あらかじめ与えられている権限を濫用するという危険はほとんど避けがたいし、偶発的に数発のミサイルが発射されてしまい、弾頭があるかどうかわからないまま、全面攻撃と解釈される危険もあるし、他にもいろいろ出てくる。

一九六九年、ソ連は中国に、とくにその核実験場と核兵器基地を核攻撃をするという脅しをかけた[17]。一九六七年、一九七三年、一九九一年には、イスラエルが核部隊を出動態勢にしたと言われ、一九八四年、一九八七年、一九九〇年には、インドとパキスタンが、世界規模の大量殺人になる可能性は低かったらしいとはいえ、核兵器が使われる可能性も十分にある戦争に突入する寸前まで行った[18]。アメリカもロシアも条約によって参戦せざるをえなくなったかもしれないし、人類の生存に対する主要な核の脅威と言えば、何と言ってもこの超大国が衝突するというものだった。このような衝突は、一九七三年のヨム・キプール（アラブ‐イスラエル）戦争のときには、いつ生じてもおかしくないほどだった。ソ連軍部隊がエジプトに進駐するおそれは、米軍が警戒態勢をとることで回避された。これは、一方が断固として自動車道路のセンターラインを走り続ければ、相手は道路に出ようという気がしなくなるという例かもしれない。

とはいえ、ロシアの水爆の開発以来、おそらく人類に対する最も差し迫った危険として考えられてきたのは、アメリカとロシアとの偶発的核戦争だった。この言明は今日でも、これまでと同様に成り立つ。ソ連の分裂は、ミサイルを発射することがあるとすれば、権限なしで発射することを容易にしたと考えられるし、連隊レベルの攻撃でも、三〇〇発の核爆発になる可能性がある[19]。

「偶発的核戦争」という用語は広く使われるようになった。機械や電子回路の故障の結果だけでなく、人為的なミスあるいは狂気によってもたらされるものについても使われる。核戦争に関する演習も、相手側には本物の攻撃を準備していると見えるほどの規模になったり、何よりも過誤によって本物と偽物の区別ができなくなると、危険になりうる。ブレアは、「アメリカがミスによって演習の命令ではなく、実際に発射する命令をばらまくことになることがありうる[20]」と報告している。もちろん実際には発射まで行ったことはないのだが（もしそんなことがあれば、皆がそのことを耳にしているだろう）。最もよく知られた機械的な故障が、一九六一年、ノースカロライナで起きた。B52爆撃機一機が故障して二発の二四メガトン爆弾を投下し、そのうち一発については、六つある安全装置のうち五つが効かなかった。残ったわずか一個のスイッチで爆発を防いだのだ。[21] しかし、もしかするともっと危なかったかもしれないのは、ソ連の核弾頭つき弾道ミサイルが、通常の保守点検のときに偶発的に発射された（日時は明らかにされていない）ということかもしれない。幸いにもこのミサイルは、爆発するようセットされていた目標地域には達しないで、発射台の近くに墜落した。[22] もう一つの目を引く事故は、一九八〇年、アーカンソー州で起きた、燃料もれによる爆発で、九メガトンの弾頭が二〇〇メートル上空に吹き飛ばされた事故である。[23] セーガンは、「統計資料が整っている一九五〇年から一九六八年の間に、平均すると、一年に数件、核兵器がらみの事故があった」と書いている。[24]

危険のもととしては、攻撃探知システムに欠陥がある場合の方がよく知られている（他と同様、それなりの量のデータを入手できるのはアメリカである。ソ連がどうなっていたのかは、誰にもわからない）。一九八〇年六月、NORAD（北米防空総司令部）のコンピューターの集積回路に欠陥があり、ソ連の攻撃に対する警報を出した。NORADは核攻撃警戒態勢が宣言され、司令官は翌日、適切な判断を即座に出せなかったということで、更迭された。[25] その七か月前、B52爆撃機が離陸準備をし、大陸間弾道弾要員は、発射準備手順をとりはじめ、ほとんど発射のキーを差し込むところだった。[26] 事故でシミュレーション用のテープがNORADの警戒用主画面を支配することになってしまったからだ。ソ連のミサイルが潜水艦と地上から発射されたということを示す画面が映された。上院の調査団は、それに加えて、一九七九年一月から一九八〇年六月の間に一四七件の「重大な」誤報があったことを明らかにした。[27] 当時もそれ以後も、「いつもの」警報（NORADの司令官が戦略空軍司令官あるいは国防総省と話せばいいということになっていた）は、日に数件生じており、年に一回か二回は、核攻撃警報に入れるほど長時間にわたって警報が続いた。[28]

誤った警報は、それを確かめるのに使える時間が短くなれば、さらに深刻になる。今日の大陸間弾道ミサイルの飛行時間はおよそ一時間半である。潜水艦から発射されたミサイルなら、一〇分以内にやってくる。「スターウォーズ」宇宙防衛網でも、SS18型ロケットの燃焼時間である六分以内、あるいはロシアが「高速燃焼」ロケットをすでに配備していたとすれば、一分以内で起動しなければならなかっただろう。細心の探知システムを信頼している司令官が、十分な速さで決定を下せるのはコンピューターだけだからということで、発射をコンピューターに任せたがるかもしれないというのもうなずける。軍部は偶発的核戦争の危険は重々承知しているし、そうでなければとっくに偶発的核戦争は起こっていただろうが、それでも軍部は、安全面での改善の提案にしばしば抵抗する。その理由に、「望まない発射の可能性を下げるための方策は、正当な発射命令が遂行されない可能性を増大するかもしれない」という点が挙げられることがある。これはブレアとケンドールの報告である。[29] ソ連の外務次官だったV・カルポフが、ミサイルを発射後に無害にすることができるシステムを大陸間弾道ミサイルに導入したと明言したにもかかわらず、アメリカ軍部はそのような装置には何の関心も示さなかった。[30]

ブレアの調査が明らかにするところでは、アメリカで一九八〇年代半ば頃、「事実上、警報に基づいて発射する方式が採られた」ことは、とくに緊張時には、誤報が危険になりうるということを意味した。敵の核攻撃が進行中であるという確信が高まるためには、「もはや核爆発があったかどうかはどうでもよく、NORADが下す確度が高いという判断は、戦略的な警戒心がクロだと言っていること」——政治的な危機があって、それがソ連の核兵器の動きを探知したことと結びつくといったこと——と、「戦術上のセンサーの機能停止」、つまり偶発的な電子的干渉によるものかもしれないのに、意図的な妨害と誤解されやすい類

の故障――とが「結びついた上に成り立っていたことも、おおいにありうる」ということになる。(31)

上層部の政治家からの許可なしに軍部が独断専行して核兵器を応酬することがありうるだろうか。ブレアは「ロシアでもアメリカでも、軍の制度によって、まずそれぞれの大統領からの必須の暗証が手に入らないことには、核攻撃にかかることは物理的にできないと広く信じられているが、実際には全面戦略攻撃を命令するのに必要な暗証はすべて軍の管理下にある」と答える。(32)ここには二つの方向での危険がある。(1)何よりも、アメリカでは危険なほどに指揮権が散らばっていて、核戦争が下級の指揮官によって始められる可能性がある。たとえば、「アメリカの弾道ミサイル潜水艦が、艦長と士官の決定でミサイルを発射することを防ぐ物理的な安全装置はない」と言う人もいる。(33)当然のことながら、指揮権が散らばっているということは、危機のときにはとくに重大なことになりがちだ。ヨム・キプール戦争のときには、米軍の個々の核兵器担当の指揮官が、発射のためのキーと大統領からの発射命令の暗証を各自の金庫から出しておくよう命じられた。(34)(2)逆に指揮権が集中していると、現場の指揮官が発射を阻止することができなくなるかもしれない。ロシアでもアメリカでも、ミサイルを自動的に発射する信号を同時に多方面に出すことができる。(35)

このようなことが完全に自動化されるまでには、かなりの時間がかかると考えられるだろう。それでも、一九八七年の段階ですでに、軍事史家のJ・キーガンが、「核に関する指揮・管理の機密は、奇襲先制攻撃が可能かどうか計算」できるようにするため「敵が最も手に入れたいものだ」と書いている。それで、侵入防止の壁は、「たとえば、発射手順がコンピューター化されたかどうか」、すなわち、機械が「今、監視システムにある他の機械から、あらかじめ定められたように警報が出ていることに基づいてミサイルの発射を命令するようプログラムされている」かどうかも「我々にはわからない」ほどのものになっている。アメリカでは、これ以上明確に憲法に違反していることはありえないが、「大統領と議会は宣戦に関しては公開の会議で議論をしなければならない」というような憲法の原則が、実際のあるいは起こると思われる核攻撃の際には守られないということは、秘密でも何でもない[36]。

発射の決定に関していちばん信頼できるのは誰か、あるいは何か――コンピューターか指揮官か政治家か――というのは、なかなか難しいことかもしれない。故障することがあるのはコンピューターの集積回路だけではない。ブレアとケンドールの記すところによれば、一九八九年、「米軍で核兵器や関連する部品にアクセスできるおよそ七万五〇〇〇人のうち、二四〇〇人近くが任務を解かれなければならなかった。七三〇人はアルコールや薬物を濫用しており、残りは心理的情緒的に問題があり、命令に従わなかったり犯罪に加担したりしていた[37]」。S・ブリッテンはさらに、「転任の権限は、中には『良い兵士』とは、酒をいくら飲んでも平気でいられることと並んで、自分が麻薬を使っていることを隠すことのできる兵士のことだという見解をとる人もいるような、部隊長のところにある。明らかに不安定な人間が、その意に反して核兵器任務につけられたことがある」としている。多くの一見正常な人々が、「破壊を喜び」、「自分の感情や計画を隠す」ことに熟達しているという事実によって、問題は複雑になる[38]。しかし、政治家が合理性のお手本だとは限らないということは念頭に置いておこう。アルコールあるいは麻薬は、医者に処方をしてもらっても自己管理しても、一般には非常に尊敬されている人々を含め、世界の指導者たちの頭を曇らせてきた。

政治家は政治家で、別の問題があってもおかしくない。ニクソン大統領が辞職に追い込まれる直前、精神的に追いつめられていたとき、「彼が総司令官としての権限において非合理なふるまいに及ぶ可能性があるからと、複数の政府高官が用心していた[39]」。フランスのジスカール・デスタン大統領はテレビで、自分は一人で、誰の助けも助言もなく（したがって当然、突然精神がおかしくなった場合にも止めることができないまま）フランスの核兵器を使用する決定を下すと発表しているとき、それを見た人の中には、ここまでうれしそうにしなくてもと思った人もいた。ゴルバチョフ大統領に対するクーデターがあったとき、その首謀者たちは、核戦争のための暗証と通信装置の入ったブリーフケースを手にした。彼らはいきり立っており、またすぐに自暴自棄になったことは、将軍たちがお互いの間で、いかなる発射命令も受けいれないことに合意するのを促す因子となった。

　近未来は我々に対して何を約束できるだろう。核兵器の拡散を止める努力はほとんど失敗している。[40] 中国、イギリス、フランスを合わせると、米ソ両大国が試験的に削減に合意した後も維持することになる核保有量（二〇〇三年までにアメリカが三五〇〇発、ロシアが三〇〇〇発の核弾頭）の四分の一もの力を有している。インドも近いうちに水爆の実験を行なうだろう。もしかすると、すでに核兵器をもっている（たとえばイスラエル）か、核兵器開発計画をもっているか、いずれかである国が、さらに十数か国——核拡散防止条約に調印したイラクのような国も含まれる——あるかもしれない。こうした計画のいくつかは今なお生きているし、それ以外も、中断されているからといって復活しないことが保証されているわけではないのはもちろんだ。さらに何か国かは、核反応炉をもっているだけでなく、プルトニウムを備蓄するために用いることのできる再処理工場ももっている。また、他にも、プルトニウムあるいは核弾頭を確保したり買ったりしたいと希望する国が出てくる可能性は十分ある。テロリストや犯罪者にしても同じ可能性がある。ソ連崩壊に伴う混乱を見たとなると、次のような話も十分信じられる。「一九九一年、環境保護団体グリーンピースは東ドイツの兵士から核弾頭を買う手はずをつけた。同団体は、それを突然の記者会見で使うためにベルリンへ輸送しようと計画した。この異例の売買は、この兵士の仲間が早くロシアに撤退したことによって、かろうじて止められた」[41]。

J・ハサードが指摘するように、核爆弾を目的地に運ぶ方法としては、「弾道ミサイルである必要はない。難民で一杯のトラックが一台あれば間に合う」[42]。

実を言えば、こうした話の中には、超大国の保有する核兵器がもたらす類の人類生存への直接の、間近な脅威に匹敵するようなものはない。それでも、世界の平和が何らかの都市を破壊する核爆発によって脅かされることがありうる時代においては、だんだん、国家だけでなく個人も核兵器を使うことができるようになりつつある。技術に関する知識は広まり、その多く――水爆を作るための詳細なマニュアルまである――が、町の書店やコンピューターで見られるインターネットでも、実際に手に入る。一九九五年三月に東京の地下鉄に神経ガス攻撃をかけたオウム真理教は、一六億ドルの資産をもつと言われ、核兵器の作り方についての多くの資料を蓄積していた。四万人の信者の中には物理学者もいたし、ロケット科学者までいた。

最後の、もしかすると非常にやっかいな点は、小型の核融合型爆弾なら、引き金としてプルトニウムも濃縮ウランも使わずに作ることができるかもしれないということだ。ただし、「赤色水銀《レッドマーキュリー》」――核反応炉で照射を受けて合成されるアンチモンと水銀の化合物で、高性能爆薬のTNTよりも数百倍もの化学エネルギーを放出する――が単なる神話でなければ。これはストックホルム国際平和研究所の元所長で、有名な核兵器研究家であるフランク・バーナビーが最近唱えているものである。彼は一般には否定されている噂をいくつか調査したこともある。バーナビーは今や、「可能性をすべて考慮すると」、この物質は存在し、ロシアの中性子爆弾に組み込まれているかもしれないと言っている。中性子爆弾（衝撃波ではなく、主に放射線によって人を殺す）を発明した核物理学者であるサム・コーエンは、さらに先へ行き、「赤色水銀は実在するし、それは恐ろしいものだ。秩序ある社会の終わりを告げる可能性を秘めたテロリストの武器の一部になると思う」とまで言っている。コーエンは、これが野球のボール程度の大きさの中性子爆弾の中心にある、トリチウム原子の融合を引き起こすのに使え、それで六〇〇メートル以内にいる人を全員殺すことができるかもしれないと言っている。ただ、この点については非常に懐疑的な専門家もいる(43)。

化学戦争、生物戦争

第一次世界大戦においては、一〇〇万人を超える兵士が、塩素、フォスゲン、マスタードガスの被害に遭い、九万人以上が死亡した。神経ガスのタブン、サリン、ソマンは、第二次大戦中に発見された。これらは使用こそされなかったものの、致死量ははるかに少ない。さらに効力の大きいVX――アメリカは一九六七年に四〇〇〇トン保有していた――は、ほんの数ミリグラムが人の皮膚に達しただけで死にいたらしめるものだった。ただ、一列に並んでいる人々に使用してそれぞれの人が致死量分ずつ浴びれば、中国の人口に匹敵する人数をすべて殺せるほどの量でも、実際には、わずか一平方キロの戦場を「制圧」することができるだけだ(44)(皮肉な人なら、だからこそ多くの国が最近、進んで化学兵器の製造を禁止する条約に調印したのだと言うかもしれない――ただし、この条約が発効するには六五か国が批准しなければならない)。自然の毒物は、今や遺伝子の複製によって安く製造できるようになっているが、これはさらに致死的だ。三〇〇トンあれば、ある時点で超大国が八万トンにまで増やして保有していた化学兵器にとってかわるかもしれない(45)。シガという毒物は、タブンよりも一〇〇万倍以上の殺傷力になっている。これを作るための遺伝子は、アメリカ陸軍によって、公式には「ワクチンを作るために」、したがって「平和目的」で、複製が生産されているし、同じアメリカ陸軍は、以前、ジフテリアの毒に対応する遺伝子の複製を、「皮膚癌の一種、黒色素細胞腫の新しい治療法を開発するために」生産していた。

とはいえ、きちんと防護された部隊であれば、このような物質に対抗するためのだぶだぶの服とガスマスクが必要なために、進軍の速度が落ちるくらいですむだろう。民間人には多数の死傷者が出るだろうが、人類の滅亡ということになれば、自己再生するようなものが必要だと思われる。バクテリア、リケッチア、ウイルス、かびなどの生物兵器である。Q熱は、病原体を一個吸い込むだけで死につながることがある。

一九一八年から一九一九年にかけて世界的なインフルエンザの流行がもたらされたのも、もとはと言えば、一個の遺伝子的に新しいウイルスである。このウイルスの子孫は、少なくとも六億数千万の人に感染し、第一次世界大戦で死亡していた人数よりも多くの人が死亡した。

一三四六年、カファの町を包囲したモンゴル軍は、ペストに感染した死体を町に投げ込み、逃げた住民が、黒死病を広めるのを助長した。当時のヨーロッパの人口のおよそ三〇%に相当する二五〇〇万人が死亡した。

一七六三年、イギリスは天然痘の病院で使った毛布を、結果を承知でアメリカインディアンに贈った。

第一次大戦のときに細菌戦が行なわれたとする説もいくつか出されている。その上で、「使用するために」アメリカに五〇万発を発注した。チャーチルが記すところによれば、「そのような様式の戦争が我々にしかけられたときに備えて」だという。イギリス統合参謀部は、このような武器を先制使用すれば、連合軍は勝利を早めることができるかどうか検討するよう指示された。一九四五年には、五〇〇ポンド細菌爆弾の開発が進んだ段階に達しており、このような爆弾四万発でアーヘン、ベルリン、フランクフルト、ハンブルク、シュツットガルト、ヴィルヘルムスハーフェンの市民の半数を炭疽で死亡させることができると推定された。[50] アメリカでは、四〇〇〇人にもふくらんだ部隊が、炭疽、黄熱病、ペスト、ボツリヌス中毒など、穀物や家畜まで含めた何十もの病気についての仕事に従事していた。インディアナ州の製造工場は、一九四五年にはいつでも稼動できる状態になっており、実際に使用されることはなかったとはいえ、月産五〇万発の炭疽爆弾を製造する能力があり、戦争が終わって六年後には、空軍用の農作物に病気をもたらす爆弾が生産された。[51]

一九三五年、日本は、ロシアが水源にコレラ菌攻撃をかけてくるという説に応じて、コレラ菌をはじめ、ペスト、チフス、腸チフス、出血熱、天然痘などを大々的に研究するようになり、[52] 炭疽とガス壊疽の爆弾が開発された。中国侵略の間に、少なくとも一一の都市で実験的に攻撃がかけられた。航空機から、ペストで汚染した紙、綿、小麦、米を投下したのだ。[53] さらに、炭疽とパラチフスの菌を一三〇キロ散布した。[54] 数千人の捕虜が実験台になり、そのうち三〇〇〇人が死亡した可能性があるが、アメリカは実験データと引き換えにその死者に目をつぶり、その後二五年にわたって、ロシアによる事件の全貌についての報告を否定しつづけた。ロシアはこうしたことを、自分たちでも研究をするようにという誘いと見なしたかもしれない。一九七九年には、アメリカの議会委員会が、スヴェルドロフスクでの炭疽の大発生が、生物兵器工場の爆発によって引き起こされたものだと報告している。[55]

戦後のアメリカの活動には、黄熱病を広めるための蚊を月に一億三〇〇〇万匹養殖することのできる工場の計画などがある。蚤、だに、蝿も、ペスト、野兎病、炭疽、赤痢を媒介する可能性があるものとして、フォート・デトリックで養殖されたとも言われる。ブルセラ熱、オウム病、ロッキー山紅斑熱、リフト・ヴァレー熱、Q熱、脳脊髄炎の系列なども、戦争で使えるように開発された。[56] 一九五二年、朝鮮戦争の際には、国際的な科学者委員会が、「朝鮮半島と中国の人々が、現実に細菌兵器の標的となった」と、きっぱりと言明した――それに劣らずきっぱりと、アメリカは否定した。何年もたってから、この声明を出した一人であるイギリス人が、「私にわかるかぎりでは、それは実験的な仕事」で、「あまりうまく行ったとは思えない」と述べている[57]。しかし、米軍によるサンフランシスコ、ニューヨーク、ウィニペグへの秘密模擬攻撃では、絶望的なほどに有効だった。一九五〇年に行なわれたそのような模擬攻撃の一つでは、二隻の掃海艇上空に吹いた風が、無害な菌を、サンフランシスコ市民ほとんど全員の肺に、一人当たり五〇〇〇個も送り込んだ。一九四八年から一九五九年にかけてのイギリスの秘密実験も、同様に恐ろしいものだった。バハマ沖とスコットランド西岸沖のいかだに載せられた数千匹の実験動物が、風に乗った細菌にさらされ、一方無害な硫化亜鉛カドミウムがイギリスの沿岸を飛ぶ航空機から散布された。その結果、細菌を空中散布されるとイギリスはほとんど無防備だということが示されたという[58]。

こうした活動は、二つの条約――一九二五年にはジュネーヴ議定書ができて、ガスや細菌を実戦に用いることを禁じているし、一九七二年の条約では、さらに、生物兵器を開発し、貯蔵することを禁じている――ができたにもかかわらず、行なわれていた。まず、多くの国々はこの条約に調印できなかったかったし、そうでなくても批准するまでにはならなかった。ジュネーヴ議定書を日本が批准したのは、やっと一九七〇年になってからであり、アメリカは一九七五年になるまで批准しなかった。一九八五年には、開発途上国の半分が、いずれの条約も受けいれていなかった。次に、議定書を批准しても、しばしば二つの限定がついていた。先制攻撃だけを禁じるということ（最初に使ったかどうかは確認が非常に難しい）と、批准しなかった国々は、いくらでも攻撃していいということである。条約も、研究は無制限に許容しており、「防御あるいは平和目的の」生産も許容している――それで「ワクチンを作るために」大量の兵器が生産可能である。一部は実際に自国民のためのワクチンに利用できるが、残りは攻撃用に用いることができる。

さらに、検証方法の研究が始まったのは、やっと一九九一年になってからで、あたりまえと言えばあたりまえだが、そういうことをしないことには条約違反がほとんど探知不可能だろう。こうしたことを背景にすれば、他国からの脅威を推定し、ワクチンや抗生物質を開発し、兵器をすばやく製造できるようにして攻撃をかけにくくするためには、聖者のような政府さえ生物戦争を研究する必要があるように見えてもおかしくはない。一九九四年、アメリカは、北朝鮮、イラン、イラクなど二五か国もの国が生物兵器を開発しており、ロシアは条約に違反して強力な攻撃用の計画を立てていたと発表した。

遺伝子工学が到来しても、最初には大勢には影響はないと判断された。一九八三年になっても、アメリカ軍部のスポークスマンが、世界にはもともと、たとえば炭疽などの立派な生物兵器の素材が満ちあふれていると言っている。このような反応は、今日ではばかばかしく思える。遺伝子操作の技術は急速に進歩しており、致死的な、感染力の高いウイルスも、危険すぎて使えないとは見なされていない(炭疽ワクチンは、「死亡率を二〇％以下に抑えているし、炭疽はとくに感染力が強いわけではない)。基本的には、生物のDNAあるいはRNAの特定の領域に化学物質を送り込み、通常は変異しないような遺伝子を変性させる「部位特異的突然変異」や、種類の異なる生物の遺伝子を結合させる「組み込み」によって、新しい病気をつくることができる。一九八五年、サッチャー首相が、生物兵器は潜在的には核兵器と同じくらいに危険になったと述べた。⁶⁰

正常な細菌は「殺したいわけではない」。自らの宿主を殺せばその代償として支払わなければならない進化論的な不利が生じるので、たとえば新しいペスト菌の変種は、広がるにつれてだんだん致死力が下がる傾向がある。ところがこの点を切り抜けるために、毒素を生産する遺伝子を意図的に加えることが可能だ。

こうすると、誰の消化器にもいる無害な大腸菌が、ボツリヌス毒を生産するように変わることもあるかもしれない[61]。自然の抵抗力やワクチンは、有毒な生物の表面の構造を変え、その生物を「認識不能」にすることによって無効にすることができる。認識不能という性質は、インフルエンザやエイズのウイルスについてすでにわかっている。突然変異しやすくなる性質を与える遺伝子によって維持することができる。ある国が、自国の部隊を細菌や一部のウイルスについて免疫にすることがあるかもしれない。攻撃する際に利用するのがその意図だ。その国の人々も、ひそかに風によって運ばれるエアロゾルによってワクチンを与えられるかもしれない[62]。しかし、防御の試みも、攻撃する側がどういう生物を使用しようとしているかが正確にわかっていなければ無駄になる——ところが実際には、おそらく攻撃があってから数日たってはじめて、どういう攻撃があったかがわかるのだ。

「人種的」生物兵器も唱えられたことがある。リフト・ヴァレー熱の患者の中では、白人は黒人よりも死亡率が一〇分の一も低いし、エプスタイン゠バー・ウイルスは、アフリカの黒人や南アジアの人々には癌を引き起こすが、白人ではまったく発癌性は見られない[63]。このような病気、あるいは遺伝子工学によって生産される新しい病気で攻撃している国でも、敵の領土で死亡率が高くなっているのに自国では低いということには不自然なことはないと答えるかもしれない。同様の「否認」は、もちろん、標的とされた領土でどんな伝染病が発生しても可能だ。遺伝子工学で生産された新しい致死的系統も、自然の突然変異だと言うことができるからだ。

検証の難しさは、生産方法の進歩によってさらに悪化する。抗生物質やワクチンを作るための小さな平和目的の設備が、すぐに逆に細菌を作るためのものに転用できるのだ。生産に要する時間も数千分の一にまで短縮され、また、今や哺乳類の細胞が小さなビーズの表面で培養できるので、小さなびんが一本あれ

63　　1　戦争、汚染、病気

ば、かつては大きな生産施設を必要とした量のウイルスを生産できる。細菌は急速に貧者の原爆となりつつあり、小さなテロリスト組織や世界を滅ぼすことにしようとしている犯罪者の手にも入るようになりつつある。

こうしたもののうちどういうものが人類を滅ぼすことになるのだろう。第二次大戦中、鶏ペストが集中的に研究され、イギリスは五〇〇万個もの炭疽入り飼料を製造したが、それなら人間は肉食をやめれば生き延びられる。これに対し、ウイルスやバクテリアやかびは、米、麦、とうもろこし、じゃがいもなどを攻撃するために研究される。しかし、人間を滅亡させるほど多くの種類の穀物がだめになるというのは可能性が低いようだ。主な危険はきっと、特に人間向けに作られた細菌にあるだろう。攻撃する側が自らを守るためのワクチンは、すぐに役に立たなくなる。「人種間」生物戦争の病原体が突然変異するかもしれず、そうすればどの人種も殺すことになるかもしれない。たとえば生物に手を加えてそれが何回か細胞分裂すれば死んでしまうようにするといった巧みな安全対策も、やはり、突然変異したり、手を加えられていない生物との間で遺伝物質を交換したりすることによって、無効になるかもしれない。テロリストや何十億ドルも要求する犯罪者が、いかなるワクチンでも対抗できないほど急速に変異する致死的生物で人類の未来全体を危険にさらすといったことがあるかもしれない。

ロバート・ワトソン゠ワットは、著書『人間が持つ人間を終わらせる手段』（*Man's Means to his End*）において、核戦争と生物戦争の可能性を調べた上で、人類が長い未来を享受できるとすれば、「独自の世界警察力」を、個々の国々での内部の秩序を維持するのに必要な量を超える武力をもった、世界で唯一の武力として確立することによるしかないと結論づけている。これは一九六一年に言われたことである。今日では、人類に対するテロリストや犯罪者の（政府どうしからのものは言うまでもなく）脅威が除去できるとすれば、隅々まで警察の目が行き届くことしかないのかもしれない。人のプライバシーは大事だ。ただ、

64

皆がいっしょに死んでしまうという大きな危険に比べれば小さいかもしれない。そのプライバシーを使って新しい病気を完成させている人々もいるのだから。

環境の悪化と人口危機

これは最大の危険を含む領域とも言えよう。多くのものはよく知られているが、以下の八五頁から九〇頁の節――累進的温室効果についてのもの――は、悪い方に意外な話かもしれない。

化学物質と放射能による汚染

空気、水、土は、汚染で脅かされている。まず、家庭廃水やごみがある。下水がそのまま川や湖や海に流れ込んでいるところは多い。工業国では、国民一人当たり毎年五〇〇キロのごみを出している。それは埋立て地に蓄積され、それが地下水を汚染したり、あるいは空気に汚染物質を送り込んだり、肺に汚染物質が濃縮されるような形で燃やされたりする。ごみの成分の多くは危険な廃棄物であり、おまけに、それよりはるかに多くの廃棄物が産業からもたらされる。アメリカでは、工場から、国民一人あたり少なくとも一トンにはなるほどの廃棄物が出る。そのうち、一〇〇〇万トンは有毒化学物質である。これはしばしば、有名なナイアガラ市のラヴ・キャナルのような、毒物の漏れるごみ捨て場に行き着く。貧しい国々では、ごみ捨て場にはあまり制約がないのがふつうだ。中国は毎年五億トンの産業廃棄物を出し、その大半は、ただ町の外に棄てるだけになっている。しかし、北アメリカでもヨーロッパでも、結局は不法な投棄場はあたりまえだ。狭いオランダでも、一回の調査だけで、不法な投棄場所がすぐに四〇〇〇か所も見つかった。

一九八〇年代の半ば、イギリスとフランスは、工業的に合成される八万種類の化学物質が環境にどう影響するかについてまったく知らないまま、毎年一二〇〇万トン近くの産業廃棄物を海洋投棄していた。DDTも鉛を加えたガソリンも危険であり、フロンのような不活性な物質でも、自然の過程によって分解されると大きな損害をもたらすことがあるということを人々に納得させるには、二五年かかった。

我々は燃料以外にも、年に二〇億トンもの鉱物を掘り出して、そこから商品を製造している。掘り出すときにも、製造のときにも、有毒金属が広く撒き散らされる。鉱業についての(林業や農業についても)経験則からすれば、最終生産物一トンができるまでには、製造の際に生じる廃棄物が五トンあり、最初に資源を抽出するときに生じるものが一二トンあるという。当の最終生産物も、多くはいずれはごみになる。鉱山の採鉱が進むと、抽出に用いられるエネルギーと、廃棄物となる鉱石くずとのいずれをも大きく増大させることがある。D・H・メドウズ、D・L・メドウズ、J・ランダースは、「モンタナ州ビュートの銅鉱の平均の品位が三〇%から〇・五%に下がるにつれて、銅一トンあたりの鉱石くずは三トンから二〇〇トンに上昇した」と記している。[67] 鉛は今や自然の速さの一八倍の速さで環境に入っているし、カドミウムは五倍、水銀、ニッケル、砒素、バナジウムは二倍である。アマゾンの生態系には、金鉱を探すだけで、二〇〇〇トンの水銀が加わっている。

多くの農薬、ポリ塩化ビフェニル(PCB)などの発癌物質、さらに危険なダイオキシンも、とくに心配のたねとなる。これらは自然の食物連鎖を上昇するにつれて、飛躍的に濃縮される可能性がある。北海では、海洋哺乳類の体内のPCBは、(環境の濃度に比べて)一〇〇〇万倍にまで濃縮されている。J・カミンズは、「第三世界が保有しているPCBだけでも、海に入れれば、おそらく海洋哺乳類が、全滅とは言わなくても、広い範囲にわたって絶滅することになるだろう」と書いている。[68] 一九七六年のセヴェソにおける化学工場の爆発で、ダイオキシンは国際的な注目を集めたが、このような目を引く事故も、問題のほんの一部にしかならない。一九八四年のボパールでは、農薬製造工場が爆発して二〇万人が負傷し、二〇〇〇人の生命を奪った――事故で農薬中毒になる場合は、さらに一年に一〇〇万人に及び、二万人が死亡している。

農薬と化学肥料は、土壌が衰え、害虫など（雑草、かび、線虫、だに、昆虫）が抵抗力を上げるにつれて、使用量がどんどん増えている一方、しばしば害虫の天敵まで絶滅させてしまう。さらに、薬品は土中に蓄積されたり川に流れ込んだりする。最も顕著な危険をもたらすのは農薬だ。実は、肥料の大きな短所は、土壌のバランスや穀物の生態を破壊することによって、農薬が欠かせなくなるということかもしれない。西洋の国々では、使用が禁止されている多くの農薬が、輸出用には製造されている。極めて発癌性の高いDDTをイギリスが輸出する量は、イギリスの農地からDDTが追放された直後と比べると七倍に上昇した。一九七二年には、アメリカでも使用禁止になったが、それでもアメリカは年に二万トンを、主に第三世界向けに輸出している。

大気汚染となるガスや微粒子は、都市において顕著である。息苦しくなると、自動販売機で酸素を買うこともできるような町もある。しかし、周辺の田園地域も、収穫高の減少に表れるような影響を受ける。この方面では、塵埃、一酸化炭素、オゾンが重きをなしているが、硫黄酸化物や窒素酸化物も、あるいは主犯格かもしれない。車や発電所からもたらされ、酸性雨となって魚や森林を襲う。酸性雨の影響は、これまでのところ主にヨーロッパと北アメリカで認められているが、酸性雨は、南アメリカ、アフリカ、アジアの薄くてやせた赤土にとくに害をなすおそれがある。酸性雨は栄養分を溶かして流し、水銀、カドミウムなどの有毒な金属の毒性を活性化する。

戦争や戦争のための準備も、汚染に強力に関与してきた。ベトナム戦争のときには、米軍が数十万トンの枯葉剤などの化学戦争用の薬剤を使用した。その中のオレンジ剤はダイオキシンを大量に含んでいた。サダム・フセインは、コーランの禁止を無視して、一九九一年の湾岸戦争での敗北に、クウェートの油田に火を放って復讐した。煤煙による雲は長さ九〇〇キロ、幅六〇〇キロにわたって広がった。火が消し止められてからも、原油で覆われた地域は何千平方キロにもわたり、それが有毒なガスの雲を放出した。それでも、フセインの行動が心配されていたよりも害が少なかったのは、主に煙がきわめて低いところまでしか上らなかったからだ。核兵器の開発製造のときには、それよりずっと大きな損害が生じている。一九四九年、シベリア南部のアルタイ地区で、数千人の人々が、一九四五年の核攻撃を生き延びた広島や長崎の住民たちが苦しんだのと同じような量の放射能を浴びた。その結果、この人々には白内障や癌などの病気が進んだ。スターリンがその最初の核爆弾の実験を命じていたが、地上近くの爆発で生じた放射性の塵が、近くに住んでいる百万以上の人々の上を吹きぬけるような風向きになっていたことを心配する人はいなかった——人々は実験の前にも後にも警告を受けず、それで汚染された畑の作物をせっせと消費していた。また、一九五七年の冬にはキシュチムで、ソ連の軍用原子炉から出て蓄積されていた廃棄物が爆発したときには、数百平方キロにわたって住民が恒久的に立ち退きを命じられた。ドゴール大統領が、核実験を早く見たいからと、風向きが変わるまで延期させることを拒否した——その結果、三〇〇〇キロ離れたところで暮らす人々にもきわめて高いレベルの放射能がもたらされた——といったことを考えるときも、このような地上での核実験が一九四五年から六一年の間に四六一回もあったことを忘れないようにしよう。残留放射能は、太平洋の多くの島々を、千年にわたって危険で住めなくするかもしれない。

一九八六年にチェルノブイリの原子炉が爆発するまでは、民用の原子力発電は、立派な記録をもっていて、原子力発電は火力や水力による発電よりもずっと環境にやさしいエネルギー源とされていた。その七年前のアメリカのスリーマイル島での炉心の部分的溶融《メルトダウン》では、周辺への放射能もれはほとんどなかった。一九五七年のウィンズケール発電所での火災ですら、直後に死亡した人はなく、長期的に見れば一〇〇人程度の人が癌で死亡した可能性が考えられるが、それにしても、炭坑事故、塵肺、ぜんそくなどがあるおかげで、大規模な火力発電による死者の方がはるかに多かった。チェルノブイリの事故も、そんな事故は二度と起こらないという希望を抱いてしまうような、馬鹿げた安全への無関心が関係していた。操作員たちは「原子炉に何をしようと爆発はありえない」と思っていたと報告されている[69]。しかしこの事故は、直後に三〇人の死者を出し、ソ連の公式報告によれば四万人、あるいは生物物理学者のJ・ゴフマンと放射線学者のE・スターングラスによれば[70]五〇万人が、事故がもとで死亡しており、原子炉の危険性に関する専門家のR・ウェッブによれば、さらに強力な――三キロトンものTNT火薬の爆発に匹敵するような――原子炉爆発もありうる[71]。それに劣らず、この分野には、諸国が核爆弾を手に入れるのに使われたり、原子炉が軍用機やテロリストや犯罪者によって攻撃されたり、何万年にもわたって高レベルの放射線を出しつづける核廃棄物を貯蔵しなければならなかったりという危険が、つねにつきまとっている。長期的地下貯蔵に地形的に適した場所はなかなか見つからないということがわかっており、一方では、地上での貯蔵はみじめな失敗の歴史でもある。一九四五年から七三年の間に、一五〇〇キロリットル以上の放射性廃棄物が、アメリカの主要な貯蔵センターであるハンフォードのタンクから漏れている。アメリカのエネルギー省は、二〇〇〇年までにアメリカの「使用済み燃料」は五万トン以上になると推定している（これはあまりにも放射能が高くなりすぎたために商用の反応炉から除去されたウランである）。そして不幸なことに、核融合を用いる原子炉が開発され、今の核分裂による原子炉に代わったとしても、それはそれで多くの放射性廃棄物を出し、反応室の壁はすぐに汚染されることになるらしい。

豊かな国々にある企業は、しばしばその工場を、環境規制があまり厳しくない貧しい国々に移転する。そうでなくても、少なくともそうすると脅して、それによって地元の規制を思いとどまらせようとする——世界全体として見れば同じことなら、どうして地元の仕事をなくす危険を冒すのかというわけだ。さらに、毎年およそ二〇〇〇万トンの有毒廃棄物が豊かな国々から貧しい国々へと送られている。結局不法投棄になることも多い。それでも、汚染の発生は豊かな国々の活動だけだと考えてはならない。土地を開拓するために、熱帯林、亜熱帯林を燃やし、草地を刈り取り、野火が毎年繰り返されることもしばしばであり、大量の煙とガスがもたらされる。たとえば塩化メチルは何百万トンにも達する。第三世界では、産業を制限するわずかな法律も、施行されることはめったにない。ある一群の貧しい国々、つまり旧ソ連は、世界で最も汚染されている国々である。T・ビアズリーは、チェルノブイリからの放射能など、「爆弾生産用に旧ソ連が用いていた、あるいはロシアが今用いている核反応による寿命の長い放射性の核種の恐るべき浸出に比べれば、取るに足らないもの」で、シベリア中部にあったトムスク7で何十年にもわたって生じている世界最大の環境への放出は、「約一〇億キュリー、つまりチェルノブイリ事故二〇回分の高レベル廃棄物」を垂れ流していると書いている。これはロシアにおける放射能の全放出量を、「アメリカの総量の約四〇〇倍にしている」[72]。一九九二年、旧ソ連国民三〇万人が、放射能による障害の治療を受けており、ウラル地方では、軍事・工業地域の有害なガスが、驚くほど多くの先天的な障害や、気管支炎、血液の病気、神経障害、知的障害をもたらしている。この地域の多くの都市は、人間が住むのにまったく適さない土地になってしまった。

共産主義の負の遺産は、各地に広がった。ポーランドでは、ヴィスラ川が工業用に使われて汚染され、ワルシャワには下水処理がない。チェコスロヴァキアでは、地方にある井戸の九〇％が汚染されている。ルーマニアでは、国境を越えて広がる塩素の放出があり、絶えず目や肺や皮膚の異常をもたらし、一九八七年には、何万人ものブルガリアの人々を反政府デモに向かわせた。

進行中の森林の乱伐も事態を悪化させるかもしれない。森林は重要な大気浄化装置である。また水酸基――主に二酸化硫黄、窒素酸化物、フロンなどの痕跡ガスの大気中の濃度を下げるはたらきをしている、極めて反応性の高い分子の部品――の濃度は、森林を燃やすことによる一酸化炭素のせいで大きく落ち込むかもしれない(73)。

もっと一般的には、環境のサイクルが、「正のフィードバック」、つまり変化がさらに変化を呼んで、壊滅的な変化を被る危険がある。J・E・ラヴロックの『地球生命圏』(*Gaia*)(一九七九)は、負のフィードバックの仕組み(サーモスタットに見られるような)が何十億年にもわたっていかに地球を健全に保ってきたかを強調していたので、それに劣らず「累進的な正のフィードバック」による「何十億人もの死」がありうることを警告してもいたにもかかわらず(74)、多くの産業人には、汚染する御墨つきを与えたかのように読まれた。後にラヴロックは、

人類は、掌中にある産業を用いて、この惑星の主な化学サイクルの一部を大きく変えてしまった。炭素循環は二〇％増大し、窒素循環は五〇％増大し、硫黄循環は一〇〇％増大した。我々は累進的な正のフィードバック、あるいは二つもしくはそれ以上の望ましくない状態の間の持続的な振動というサイバネティック的災厄を避けるよう、慎重に進まなければならないだろう(75)。

と書いている。一九八六年の段階で、メドウズらの述べるところでは、「地球全体（陸と海）の光合成生産量の二五％、陸上の光合成生産量の四〇％」を自分たちのために使っていると推定され、二〇年ないし三〇年先に人口と経済活動がさらに二倍になって」、八〇％以上が必要になったとき、世界はどういうことになるかという不吉な問題が生じているという。(76)

環境の崩壊が差し迫っていることを示す兆候と考えられるのは、アフリカ以外では、どこでも蛙の類が少なくなっているということである。この両生類は、部分的にはその湿った薄い皮膚を通して呼吸しており、炭坑に連れて行って、それが死ぬことによって危険なガスがあることの警告となるカナリアのようなことをしているのかもしれない。(77)また、人間の精子の数は世界中で明らかに半分になり、睾丸の癌が二倍ないし四倍に増えている。これらは人間のエストロゲン〔女性ホルモン〕と似たふるまいをする汚染物質の影響かもしれないし、他の多く有害物質が関与しているのかもしれない。(78)

とは言いながら、希望の根拠もある。ラヴロックは自分の非科学的に見える「ガイア仮説」――生命圏は自らを健康に保つことのできる超生命体と見るとうまく行くかもしれないという――が、地質学的記録からも、負のフィードバックが魔法を使わなくても生まれることができ、種が進化してそのフィードバックを利用する（さらにはそのフィードバックを強化してもっと利益をあげる）ところを見ることからも支持されると論じている。たとえば森林は、日光が多すぎると水分の蒸散量を大きくするという反応をし、それによって生じる雲が日光を宇宙空間に反射するようにする。(79)また、癌の数は急速には増えないことが信頼できる根拠をもって唱えられている。肺癌は増えているが、それは主に煙草のせいであり、消化器と脳の癌は以前に比べると無視できないほど少なくなっている。(80)さらに、一九九四年には、「ヨーロッパの森林生物量《バイオマス》は、膨大な汚染物質と酸性雨の負荷にもかかわらず、もしかすると損害をもたらす当の化学的汚染物質によって肥沃化することによるのか、維持されているどころか、おそらく上昇している[81]」と主張することもできた。そして酸性雨は、温室効果による温度上昇を減じるかもしれない。「海洋性の生物活動を増加させるかもしれず、それが今度は海が大気中の二酸化炭素を吸収するようにできるかもしれない」し、一方、雨に含まれる硫酸塩は、地球を冷やす雲を形成する種になる。[82]おまけに、微生物が汚染物質に負けずに生き延びて、汚染物質を無害な物質に換えるように進化しつつあるし、ジェネラル・エレクトリック社は、油膜を分解する遺伝子操作された生物の特許をとった。我々の状況は、メドウズらが指摘するところによれば、電話システムの何百本の銅線を、「髪の毛一本の細さの極めて純粋なガラス」に置き換えたり、2章で論じる「産業革命の始まり以来、製造過程の特徴だった高温、高圧、きつい薬品、乱暴な力[83]」の代わりに、バイオテクノロジーやナノテクノロジーを用いることによって、大いに救われるかもしれない。

楽観論の主な根拠は、環境運動が高まっていたり、環境に配慮した工場や機械、汚染された土や水の浄化処理は一兆ドル規模の市場になったり、政府部局や裁判所が、汚染を起こすと高くつくと思わせようとする気運になっていたりというところにあるのかもしれない。

オゾン層の破壊

成層圏のオゾンは紫外線を遮断する。このオゾンをすべて海水面にまで下ろしてきたとしたら、その層の厚さはわずか三ミリにしかならない。オゾン層は、一九七〇年代には、冷却材、スプレー用高圧ガス、工業用溶媒、発泡剤として、年に一〇〇万トン近くの割合で製造されるフロンによって無制限に攻撃されていた。フロンは、たとえば廃棄され錆びるままになった冷蔵庫からゆっくりと上昇し、いずれは成層圏に入っていき、日光によって分解される。するとそこに含まれる塩素がオゾンに接触して破壊する。一個の塩素だけでオゾン分子を何万個も破壊できる。主にフロンのせいで、成層圏の塩素は今、かつてのおよそ五倍になっていて、なおも増えつつある。地球の成層圏オゾンの平均のレベルは、四ないし八%減少したと考えられている。

喪失はとくに南極で顕著だ。毎年一〇月になると、「穴《ホール》」が現れ、その面積は、アメリカ合衆国なみになることもある。オゾンはホール全体でおよそ六〇%減り、中央部では九五%減っている。現在の傾向が続けば、二〇〇五年には、ホールにはほとんどオゾンがないということになるだろう。これほどまでにはあからさまではないが、第二のホール——オゾンのレベルが一〇%あるいはそれ以上減っている——が、間欠的に北極上空に現れ、南へ延びてヨーロッパや北アメリカの上空にまで達している。

フロンの脅威は、一九七〇年代初め、まだ南極のオゾン・ホールが見つかる前に初めて明らかにされた。ホールが見つかったときは、季節風がオゾンを吹き飛ばしているのだという説もあった。一九八〇年代初め、レーガン政権での環境保護局長だったA・G・バーフォードは、後に侮蔑的に「オゾン層を脅かすと言われたフロンが大ニュースだったほんの何年か前をおぼえているだろうか」と書いている。レーガン政権の内務長官だったD・ホーデルは、言われている危険に対しては、「個人による保護と生活様式の変化」が十分な対抗策となると唱えた。しかし牛がまぶしさよけに野球帽とサングラスを着け、皮膚癌を避けるための日焼けどめクリームを塗ったり、戸外に出ないようにする「生活様式の変化」を採用したりする漫画があったり、問題は本物で非常に危険だという科学的合意が高まったりで、一九八七年のモントリオール議定書にこぎつけた。最初は二七か国が調印したこの議定書は、フロンとハロン(これもオゾン破壊物質として大きい)の製造を、一九九一年までに半分に減らすことを求めている。後にこれでは不十分だということがはっきりすると、さらに五〇か国以上が増えた加盟国は、今世紀末までにこうした化学物質を段階的に撤廃することを求めた。

楽観論者は、成層圏オゾンが二〇五〇年には通常のレベルに近いところまで戻るだろうと期待している。しかし、唱えられている進行予定を加盟国が守ったとしても、その頃のオゾン破壊は少なくとも一九九〇年のレベルにあると考える人々もいる。彼らは、政府が実行する前に財政的援助が必要となって、議定書に批准できない場合が非常に多く、環境問題への取り組みを宣伝する会社は、そう言いながら、オゾン破壊物質の在庫を、調印していない開発途上国に売り払っていると指摘する。インドでは、一九九〇年に売られたハロンの総トン数は、一九八七年よりも八倍にも増えている。一九九三年までに、第三世界の国で放出量を下げていたのは、わずか九か国である。とくに、オゾン破壊物質の代替物を見つけるのがいかに容易だったかを見れば、こうしたことは、あまりにも行動が伴わなず、遅きに失する例と見ることができるかもしれない。

フロンとハロンだけが成層圏オゾンの脅威なのではない。飛行機雲を出す飛行機も、オゾン破壊の一〇分の一をもたらしており、予測されているような高空の飛行が増えると、さらに破壊をもたらすかもしれない(一九九〇年、イギリスとフランスは、新しい高々度超音速飛行機の共同開発を、以前アメリカで同じような飛行機に対する環境保護派の抗議があったにもかかわらず、高らかに提唱していた)。たとえば窒素肥料の使用によって生まれる窒素酸化物は、さらにオゾンの一〇分の一を破壊するかもしれない。穀物の農薬である臭化メチルはがやはりそのくらいの量を破壊するかもしれない。さらに貢献するのが塩化メチルである。先にも触れたように、これは森林や雑木林、草原が焼き払われると大量に出てくる。火山が塩酸を放出するので、その方が人間よりも成層圏に塩素を送り込むと言われたこともあるが、これは否定された。

実際には、塩酸は噴火に伴う雨で洗い流されてしまい、いずれにしても、最近のピナトゥボ火山の爆発でも、塩酸の量はわずか五万トン程度であり、同じ時期に放出されたフロンに比べると無視できる量だった。ただ、火山からの噴出物は、産業による汚染物質とともに、成層圏に雲を作るのを助け、これらが人間のもたらした塩素による損害を加速するような反応を起こすことになる。

その直接の結果として、オゾン破壊がこのまま続けば二一〇〇年までに、アメリカだけで皮膚癌による死亡者が二〇万人ないし（環境保護局が計算したところでは）三〇〇万人以上増えることなどが推定されている。目が見えなくなる人も増える（国連調査団によれば、成層圏オゾンが一％減れば一〇万人増える）とか、人間の免疫系が弱体化し、老化が早くなるといったこともある。それでも、最悪の帰結は間接的なものかもしれない。紫外線Bの光は陸上でも水中でも、主なタイプの生物いずれにとっても有害である。樹木をなどの植物だけでなく、肥料を大量に施さない場合に作物が依存している窒素を固定する細菌をも襲う。何よりも、それは動物プランクトン、植物プランクトンいずれに対しても深刻な脅威になるかもしれない。動物プランクトンと植物プランクトンは、海の食物連鎖の基本である。植物プランクトンは大気中の二酸化炭素を取り込む上で決定的に重要である。温室効果をもつ二酸化炭素は、植物プランクトンだけで除去される量の方が、他の因子すべてによって除去される量を合わせたよりも多い。

一部の植物プランクトンが紫外線に対してとくに抵抗力があり、他にも抵抗力を進化させているものがあるらしいということで慰めにはなるかもしれない。植物の中にも、たとえば大豆のいくつかの品種などのように、他に比べて抵抗力があるものもある。しかし科学者は、紫外線C――紫外線Bよりももっと急速な破壊力をもつかもしれず、これまでのところほとんどが成層圏で吸収されていた――が、間もなく南極で成層圏を突破するかもしれないというような事実に困惑している。[84] また、温室効果のあるガスが低層で熱を止めると成層圏を冷やし、そこで雲ができやすくすることによってオゾンの喪失を増大させる。そして紫外線が増えることで大気圏の低いところにある反応性の高い基《ラジカル》の量が増え、汚染物質の量が増えることになる。汚染物質には、作物にとっては大敵の大気低層のオゾンなどがある。

人間がオゾン層を破壊するよりも、ベテルギウスがそうするかもしれない。寿命を終えつつある赤色巨星であるベテルギウスは、もしかするとほんの数千年後には超新星となって爆発するかもしれない。天文学者のM・L・マッコールは、それによる紫外線とX線のシャワーがオゾンをはぎとってしまうと唱えている。(85) しかし他の天文学者の大半によれば、ベテルギウスはおよそ五二〇光年の距離にあり、それだけの距離があれば十分安全だという。人類を滅ぼしてしまうほどのオゾンの喪失は、やはり我々人間によってもたらされるのはほとんど確実である。科学的に不確実なところをすべて見込んでも、オゾンの喪失をもたらす危険はゼロか非常に小さいと断言するのは無謀というものかもしれない。

インドでは冷蔵庫の売り上げが急速に伸びているが、オゾンにやさしい冷蔵技術をめざそうとしていると言われる。ところがそれよりもはるかに豊かな工業国は、模範を示しておらず、中国は代替物質に切り替える前に、五〇〇〇万台の冷蔵庫にフロンを入れる計画である。

一九九五年四月、アリゾナ州の州議会は、連邦法に違反してフロンの製造を合法化する議決をした。知事は法律に署名するときに、「オゾンに関する無責任な理論は、人々から必要な技術を奪うための口実にはならない」と言ったと報じられている。(86)

温室効果

温室効果ガスは、日光は通しても、そのエネルギーが振動数の低い熱線に変わってしまうと、それが宇宙空間に脱出するのを止める傾向がある。水蒸気はそういう気体の最たるものだが、その他の三〇以上の気体、とくにCO_2（二酸化炭素）、窒素酸化物、メタン、フロン（CFC, HCFC, HFC）、大気圏低層のオゾンの占める割合が、だんだん大きくなっている。人間は毎年三〇〇億トン以上のCO_2を生産しており、そのうち三分の二は、一九五〇年以後でも四倍、一九〇〇年からだと三〇倍以上に増加した化石燃料の燃焼による。しかも窒素酸化物が肥料から生まれ、あるいは単に何かを燃やせばでき——自動車や航空機によって莫大な量が撒き散らされている——今ではしばしばCO_2とほとんど変わらない重みをもっていると考えられている。一方フロンは、CO_2の何千倍、何万倍の効果（分子一個あたりで比較して）があり、大気中の濃度も長年にわたって増加しているので、二〇三〇年頃には、水蒸気を除けば最大の温室効果ガスになるかもしれない。またさらに後になれば、CO_2のおよそ三〇倍の効力をもつメタンが、それ自身としても、また酸化されて成層圏に水蒸気をもたらすということからも、フロンよりも大きな地位を占めるようになるかもしれない。現時点でも、新しい温暖化の五分の一をもたらしているかもしれない。

CO_2は、発電所（一九七〇年には石炭二三億トンを燃やし、一九九〇年には五二億トンを燃やしている）、自動車（一九七〇年には二億五〇〇〇万台、一九九〇年には五億六〇〇〇万台）、野焼き（大量のCO_2を出すが、大半は新しい草が成長するときに再吸収される）によってでき、さらに森林を焼き払うことによってできる。森林が消えると、そこに蓄えられていた炭素が大気中に戻る。成長しきった樹木は「吸い込んだ」分を「吐き出す」ので、当然、全体としてCO_2を吸収するのは若木だけだ。それにもちろん、樹木は空気中の酸素を無限に増やしてきたわけではない。そうだとしたら何でもすぐ燃えてしまうだろう。一方、樹木がすべてなくなってしまったら、みんな窒息してしまうことになる。空気中にCO_2よりも酸素の方がずっと多くなるようにしてきたのは、やはり樹木などの緑色植物であり、それが消えてしまえば人類はほんの数千年で呼吸もできなくなるだろう（炎の中の鉄棒はずっと熱くなり続けるわけではないが、炎がなくなれば冷たくなるのと同じだ）。さて、一九五〇年から一九九〇年の間に、地球の森林面積は五〇億ヘクタールから四〇億ヘクタールへと減少した。熱帯樹林は一週間に四〇万ヘクタールの割合で減りつつあり、今の傾向が止まらなければ、二〇四〇年までにはすべてなくなるだろう――それより早いと言う人々もいる。ヨーロッパ圏のロシアにある巨大な森林は、汚染と、森林として維持できないほどの速さの伐採によって危機に瀕している。インドには森林はほとんど残っていない。他にもいろいろある（森林は大量の水分を蒸発させているということを銘記しよう。その水分が雲となり、日光を宇宙空間に反射しているのだ。森林を耕地に換えるというのは、「全地球規模の災厄を促進するかもしれない」とラヴロックは書いている）[87]。

緑色植物が陸上や水中に現れていなかったら、大気中のCO_2レベルは約九八%にまで達しているだろう[88]。現在の〇・〇三六%というのは、温室効果で温度を一℃上げている。しかし一八五〇年以降、濃度は上昇しており、今やこの一六万年で最高に達している[89]。二〇六〇年までにはさらに四分の三上昇している可能性が十分にある。

メタンもこの一六万年の間で最高の濃度にあるが、その濃度はCO_2の三倍の速さで上昇しており、一九〇〇年以後で二倍になっている。その温室効果は、濃度がさらに二倍になればCO_2の分に匹敵することになるだろう。おおまかには、半分が灌漑された土地、とくに稲を作る田から生まれ、残りの大部分は湿地から出たり、森林・草原を焼き払うときにできたり、家畜のガス、油田、炭坑、埋立てのごみ、天然ガスのパイプラインからの漏出によるものである。

CO_2は本当に強力な温室効果ガスなのだろうか。その効果の直接の証拠として主要なものは、岩石として残る記録や氷山の奥から取り出してきた空気の泡によるものである。温暖な時期にはCO_2の濃度が高いという関係があるように見える。ここのところ温暖化の効果が増大してきたと言うと議論の余地もあるが、最近の気候は温かくなる傾向になっている——(1)地球がミランコヴィチ周期を進み、ゆっくりと寒冷化に向かうと予測されていたり(温室効果が目を引く前は、多くの人は近い将来に小氷河期に入ると予測していた)、(2)産業、砂漠化、最近爆発した火山によって持ち込まれる塵や煙霧には冷却効果があったり、(3)海洋は一時的にCO_2の排出の増加分の半分と、新しい熱の半分を吸収できたりするのにもかかわらず。過去四五年にわたって、南極のワーディ氷床は急激に融けている。一九七〇年代の北極では、海氷がおよそ二〇〇万平方キロ減少している。

二一世紀についての予測は大きくばらついている。しかし、水蒸気を除く温室効果ガスの「CO_2換算」は、すべてをまとめると、二〇三〇年から二〇五〇年にかけての間のいつかには二倍になっていると予測されており、多くの専門家は一・五℃ないし五℃の気温の上昇(地球全体の平均をとった年間平均気温)を予測している。標準的なところでは、上昇は、とくに極地に集中し、そこでは気温の上昇が一二℃に達するかもしれないのに対し、赤道地方では上昇はわずか一℃と考えられている。これは最近では疑問視されるようになり、懐疑派が正しいとすれば、熱帯や、中緯度地方でさえ、度重なる旱魃に見舞われ、おそらく台風も数が増えて強力になるだろう。(90)

その後どうなるのだろう。世界資源研究所のI・M・ミンツァーによる二〇七五年における最悪の事態の想定では、気温は今より一六℃高くなっている。これはあまりに悲観的というものかもしれないが、それでも少なくともCO_2の濃度は著しく上昇するだろう。自動車の数はうなぎ昇りに増え続けているし、中国とインドが工業化しつつあり、すでに発見されている石炭や石油の埋蔵量からすると、現時点で大気圏にある量の五倍に相当する、四兆トンもの炭素がこれから燃やされることになり、今すぐ放出量を五分の四に減らしたとしても、大気中のCO_2が横ばいになるのは数十年たってからであり、「普通にしていても」その水準は、二〇一〇年には五〇％増えることになる。一九九二年、リオデジャネイロで、日本、アメリカ、ヨーロッパ連合によって、放出量を一九九〇年の水準まで下げる努力をするという合意ができたものの、この目標の達成を、求められているよりも「早める」べきだと主張していたアメリカが、エネルギーに課税することを断念した今となっては、達成されないのは確実である。カナダ政府は、アルバータの石油工業巨大プロジェクトに何億ドルも与え、選挙公約にしていた二〇〇五年までに二〇％の排出カットを、市民に責任をもって行動するよう求める計画に変え、二〇〇〇年までに一三％の増加になることが予測されている。ヨーロッパ連合もエネルギー税を先延ばしにしている。開発途上国については、ほとんどすべての国が問題について話すくらいのことしかしていない。かくて大気圏のCO_2レベルは、かなりの期間にわたって上昇を続ける可能性が高いようで、その結果、ほとんどの人が、気温は少なくとも二・五℃は上昇するということを認めている。

その結果として、おそらく多くの地域で旱魃などがもたらされるなどのことがあるだろう。一九三〇年代にアメリカの中西部が砂嵐の被害を受けた頃は、夏の平均気温が平年に比べて一ないし二℃高いだけだったが、作物の成長を左右する時期の雨量が五分の一にまで減った。温室効果が少しでも強くなれば、アメリカでは、ミシシッピ川の大部分が船が通れないほど浅くなり、穀物地帯一帯の作物が不作になった一九八八年のような年が何年も続く可能性がある。熱帯の貧しい国々では、大飢饉が起きるかもしれない。[91]実は、温室効果は強くなっており、すでに何百万人もが旱魃で死んでいるという信頼できる説もある。極地にさらに熱がたまると風が穏やかになることもあるが、おそらくは、一九七〇年にバングラデシュで何十万人もの人が死んだときのように、サイクロンが大きく増えることになるだろう。インドはその降水量の七〇％をモンスーンに依存しており、そのモンスーンが簡単に止んでしまうかもしれない[92]。また海が熱膨張したり氷山が融けたりして、カーター大統領の環境諮問委員会の想定した最悪の事態では、二〇五〇年までに海水面が一メートル上昇し、二一〇〇年には五ないし八メートル上昇することになる。今の時点では、驚くほどの人数が沿岸地域で暮らしている。アメリカ科学アカデミーは、一〇億もの人が暮らしている土地が、間もなく浸水したり、水面の上昇でもたらされる塩などによって、急激に条件が悪化したりすると予測している[93]。ベンガルとエジプトなどは人口密集地域であり、そこで多くの河口域の土地が失われることになる。海水面の一メートルの上昇となると、少なくとも七〇〇〇万人の中国人、一五〇〇万人のバングラデシュ人が移動しなければならなくなる。

変化は急速にやってくるかもしれない。グリーンランドの氷床のいちばん奥から引き出された岩石試料を調べたところでは、この八〇〇〇年ないし一万年の気候は並外れて安定しており、それ以前の気候は、おそらく海流の変化によって、わずか数十年以内にがらりと変わってしまったということが示唆される。

気象は複雑なので、懐疑的な人々がいてもおかしくない。環境研究の教授であるK・E・F・ワッツは、温室効果への恐怖心を、「世紀の大笑い」と呼んでいる。教授と元カリフォルニア州気象局長のJ・グッドリッチは、誤って温暖化を示すとされる数値は、拡大し、過熱する都市の近くで集められていると唱える(ワッツとグッドリッチは、アメリカについては正しいかもしれない。一時的に寒冷化したかもしれないのだ。汚染物質、とくに硫黄酸化物は、直接あるいは雲を作りやすくすることによって、大気が日光を反射しやすくすることがある[94])。また、気候学者のR・S・リンゼンは、放射は温室効果ガスによってとらえられることはあっても、熱はつねに対流によって上に運ばれ、いずれは排出されると論じる。最近の暑かった何年かは、ゆらぎとして無視したり、太陽の活動の増大のせいにしたりできる。一七五〇年から一八五〇年の間に見られた温暖化の大半は、太陽の変動によるものと見られる。人々は、水蒸気が最も強力な温室効果ガスの大部分で、それ以外は実質的な違いをもたらしえないとか、あるいは——これは今ではほぼ論駁されているらしいが——火山の方が人間よりもCO_2を多く生産するとか、あるいはフロンは温暖化だけでなく寒冷化ももたらすとまで論じられてきた(成層圏オゾンは有効な温室効果ガスであり、それをフロンで破壊するということは、無視できないほど冷却するかもしれない。さらに、オゾン層の弱体化によって大気圏低層まで届く紫外線が増えることで、雲の発生が促され、したがって、さらに冷却されるかもしれない。残念ながら、モントリオール議定書で二〇三〇年まで製造を認められた、比較的破壊力の弱いHCFCや、さらにオゾンにはやさしくHCFCに代わるかもしれないHFCは、CFCと同様、直接に温暖化をもたらす温室効果ガスである——もちろん、成層圏オゾンを攻撃することで達成される間接的な寒冷化の効果もない)。

非常に重要な負のフィードバックもあるかもしれない。リンゼンは、水蒸気がその一つだと唱えている。彼の見方では、温室効果による加熱が対流を増加させ、それが雨をもたらして、大気圏の水蒸気濃度が下がることになって、冷却されるという——これに対し、一般に受けいれられていることは、水蒸気がらみで頭抜けて強力なのは、正のフィードバックだというものであり、この点は、海面温度の調査によって確認されているらしい[95]。温室効果による加熱は水蒸気量を増やし、それがまた熱をこもらせるというわけだ。しかし水蒸気の増加は、雪の量を増やし、それによって地球が日光を反射して自ら冷える力に寄与することにもなりうる。雲も、一般には、全体として冷却する側にあると考えられている。それらはとくに夜間、熱を逃がさないが、おそらく、少なくとも当面は、雲がとどめている熱以上の熱を反射している。そして蒸発する量が増えれば雲も増える。また、その雲から雨が降れば大気中のCO_2の除去にも役立つ。そしてCO_2のレベルが上がると植物の成長が活発になる。これはCO_2レベルを下げる傾向がある。S・B・イゾは、一九八四年、『ジャーナル・オヴ・クリマトロジー』誌で、植物で覆われる部分が大きくなるなどで、上がったCO_2レベルとつりあうように地球が冷却され、地球温暖化にはならないという推測をするところまで行っている。

このような考え方を支持するために、太陽の光度が三〇％も増大したこの数十億年の間、累進的な温暖化や底なしの氷河期を地球は回避してきたではないかということを指摘することもできるかもしれない。これは強力な負のフィードバックがあるしるしではないか。あるいはそうかもしれない――しかしその場合、全体として負のフィードバックがずっと強力なまま続くということになるだろうか。合意されていることは、地球が特筆すべきほどに幸運だったということである。太陽の光度が増しても、光合成をする緑色植物によって、温室効果ガス（二酸化炭素、メタン、アンモニア）が減少することで、相当程度相殺された。

温室効果による温暖化が増大する方向にあるということを否定はしないが、何とそれが地球をいい方向に変えることを期待できるかもしれないと言う人もいる。地域が異なれば、暑くて乾燥していたり、湿潤で寒冷だったりすることがあるのは誰もが認める。ソ連の気候学者M・ブドゥイコは、サハラ砂漠の牛と、今は砂漠の中央アジアの穀物について、「温室天国」と言ったことがある。主な変化は、特定の植物や動物に適した地域が北へ移動することだというのだ。植物の成長はもっとさかんになり、生育期も雲で覆われる時期が増えるために長くなる。日中涼しく夜間が暖かくなって、旱魃も減る。ただ、それはありがたいとしても、人間や生態に対する潜在的に恐ろしい直接の影響を見逃してはならない。広大な地域が居住に適さないということになれば飢饉や戦争も予測されるし、動物や植物――何よりも樹木――は、予測される変化について行けるほど速くは移動できない。二〇五〇年までに二℃上昇するだけでも速すぎるのだ。

さらに天候は、塵や煙霧（硫酸、森林を焼き払うときにできる煙や煤）が、あちらでは冷やすのに対し、こちらでは温めるというように、一度に二つの方向に引張られる。それによって不安定性が大きくなる。また、化学循環を左右するような役割を演じる大気中の水酸基の備蓄が、メタンによって攻撃されて使い果たされてしまい、突然の変化を引き起こすかもしれない。

おまけに、世界の気候は、カオス理論（2章を見よ）が、初期条件における小さな変化が事象の展開のしかたに巨大な影響を与えることがあるということを示すために用いる標準的な例である。今扱っている事例で言うと、危険の最たるものは、地球の気候が、ある半安定的な位置から、それとはまったく異なる別の状態への跳躍を行なうような位置に達し、大きな混乱をもたらすかもしれないというものだ[96]。地球温暖化が湾岸流を変えると、ヨーロッパは氷河期に入ってしまうかもしれないのだ[97]。

累進的温室効果による災厄？

温室効果の危険で最も深刻なものとして、累進的な正のフィードバックの可能性がある。金星という恐ろしい例もある。ひょっとすると金星でも原始的な生命が進化した可能性はあるが、今の、ほとんどCO_2から成る厚い大気は、温室の温度をおよそ四五〇℃にしている[98]。二酸化炭素の濃度が〇・五％になれば息苦しくなるだけだが、ラヴロックの指摘では、「空気中の濃度が一％に近づいたり超えたりすると、新しく非線形的な影響が現れるようになり、大きく温暖化が進む[99]」。まず、水蒸気が目立って増大する[100]。ラヴロックは、「そうなると、地球は急速に温暖化して、沸騰した水の温度近くにまで達する」と続ける。実は、災厄をもたらすにはCO_2の濃度が一％にまでならなくてもいいということを銘記しておこう。新しく注目されているいろいろな温室効果ガスが合わさって、CO_2濃度が一％になるのと同等になればいいのだ。

強力な正のフィードバックを含んだ想定は、すぐに立てることができる。たとえば、S・H・シュナイダーは次のように書いている。

気候の急速な変化は、森林などの生態系を崩壊させ、二酸化炭素を大気中から抜く能力を落とすことになるかもしれない。さらに、気候が温暖になると、死んだ生物の有機物質として含まれている土壌中の膨大な量の炭素が急速に放出されることになるかもしれない。この炭素の備蓄――大気中に含まれている量の少なくとも二倍――は、土壌中の細菌の作用でつねに分解されており、二酸化炭素とメタンになる。気候が温暖になると、その細菌の動きを加速し、二酸化炭素(乾燥した土から)やメタン(田、埋立地、湿地から)の放出量が増え、温暖化をさらに強化することになるかもしれない。大陸棚の沈殿物や北極圏の永久凍土の下にも、大量のメタンが、包接化合物――メタンと水による分子の格子構造――の形で閉じこめられている。海の浅いところが暖まったり、永久凍土が融けたりすれば、相当のメタンが放出されるかもしれない。[101]

そういうメタンが一〇兆トン以上あって、その中の炭素分は、存在が知られている化石燃料の埋蔵量よりも多い。[102] 化学式で表すとCH_4となるメタンの形をした炭素は、燃えてCO_2になる燃料の形をした炭素よりも相当危険である。メタンは分子一個あたりで比べると、CO_2よりも三〇倍も強力な温室効果があるガスであることを思い出そう。

グリーンピースの大気・エネルギー部門の科学部長であるJ・レゲットは、一九九二年のリオデジャネイロでの会議で政治家たちに大きな影響を与えたリポートを出した気候変動政府間委員会が、悪い方にであれいい方にであれ、「極端な推定を退けることで一致した」と報じ、生物学的フィードバックの循環については、ただ一言、「生物学的フィードバックはまだ計算に入っていない」と言っている。海洋の植物プランクトンが一〇％減るような変化があれば、「海洋への二酸化炭素の取り込みは、年間で五〇億トンという、化石燃料の消費によって毎年放出される二酸化炭素の量に相当する量が減ることになる」というのに。植物プランクトンは、硫化ジメチルという、雲の形成を促し、これが減れば「宇宙空間への反射による放射のための雲が少なくなって、それに比例して温室効果ガスとして作用する水蒸気が増える」ことになるかもしれないような物質も生産する。グリーンピースは、四〇〇人の気候学者に問い合わせ、レゲットの立てた累進的な温室効果の想定についての感想を求めた。「半数近くが、温室効果ガスの放出が削られなければ、累進的な温室効果はありうると思っており、その想定どおりになるだろうと思っている人も一〇％以上いる」[103]

レゲットの想定[104]には、(a)海水は暖かくなるにつれて空気中からCO_2を取り込める量が減ること、(b)冷水の養分は、温かい海水面にまで上昇することがほとんどなく、植物性プランクトンの成長が遅くなり、それによって吸収されるCO_2の量が少なくなり、雲を作る硫化ジメチルが生成される量も少なくなること、(c)オゾン層の喪失により、植物性プランクトンが死ぬこと、(d)気候が暖かくなって土壌や植物中のCO_2の生産量が増加すること、(e)凍土が融けて、さらにCO_2と膨大な量のメタンが生産されること、(f)高層の雲が変化して、それらが熱を閉じ込める量を増やすこと、(g)旱魃で植物がやられ、炭素分を大気に戻すこと、(h)メタンなどの温室効果ガスの猛威で、今のところそれらのガスを大気中から取り除くうえで重みをもっている水酸基がなくなること、(i)非常に強力な温室効果ガスである大気圏低層のオゾンが、自動車、トラックの数の増加のせいで増えること、(j)海の氷が減って、日光が宇宙に反射される量が減ること、(k)メタンが大陸棚の沈殿物から放出されたときに最後の底が抜けることが含まれている。

レゲットは、さらに多くの因子を含めることもできただろう。たとえば、(1)いつも言われるように、温暖化によってさらに水蒸気が大気中に押し込まれ、温室効果が強まり、結局は他の気体すべてによってもたらされる効果を上回ること、(2)泥炭地は乾燥するとき膨大な量の二酸化炭素を出すこと、(3)温かい海は、バクテリアによる活動が高まったおかげで、生物の炭素を分解して大部分をCO_2として放出するかもしれないことなどである。北大西洋での調査では、水面近くでの有機物として炭素を含む分子の濃度が、数日のうちに三〇％下がることがあるということがわかった――海にはその種の分子が、およそ一兆六〇〇〇億トン含まれており、陸上の植物すべてに蓄えられている炭素の量を上回る[105]。

このような点は、先に記した二つの事実によって、もっと困ったことになる。温室効果によって少なくとも二・五℃の温暖化が生じることは、ほとんど誰もが予測しているということと、太陽の光度がこの何十億年の間ずっと増大しつづけ、今では三〇％明るくなっており、一七五〇年以後は、太陽の一時的な小さな衰えからずっと回復していることの二つである。地球全体の年間平均気温が二℃上昇すれば、この地球は過去一億年で最高の温かさになるかもしれず、もしかすると、生命が四億年前に陸に上がって以来の最高になるかもしれない[106]。C・R・チャップマンとD・モリソンは、「最近測定されたグリーンランドの氷床に閉じ込められているCO_2量からすると、地球の大気のCO_2含有量は、ほんの何百年かで、突然、予測できないような変化のしかたをすることがあるらしい」こと、「我々は温暖な間氷期の頂点にいる」こと、「この氷河期のサイクルが始まって以来、これほど暖かかったことはないし、大気中にこれほどCO_2があったこともない」こと、六五〇〇万年前に終わった白亜紀が、「累進的な温室効果になる境目近くだったかもしれず」、そうだとすれば、「今日動き始めている変化は逆転させるには手後れで、この地球は金星のような結果に向かって突き進むことになるかもしれないこと」を警告する。[107] 強力な負のフィードバックが地球を健全に保つことを思いつき、それを展開した、他ならぬラヴロックさえ、一九八五年――困った証拠のいくつかが明るみに出て来る前――には、地球の気温調整機構がその限界近くにまで押し込まれると、「小さな乱れがあっても、その仕組みがまったく機能しなくなるようになるかもしれない」し、「そうした限界の一つからはそんなに遠くない」かもしれないと書くことができていた。[108]

これはすべて憶測によるものだ。しかし気候学には確実ということはありえない。そうなってしまえばもう遅すぎるかもしれないのだ。R・シルヴァンが言うように、「合理的な決定は、あまり可能性が高くないようでも、万一起きたとしたときに大きな危険になる可能性があるものを計算に入れなければならない」。[109] 二億五〇〇〇万年前の二畳紀の終わりにに起きたことを理解することができれば役に立つかもしれない。そのときには世界中の生物種のうち四分の三が、おそらく窒息によって絶滅したのだ。P・ウィグノールは、「地質学的な記録では、酸欠と海水面の上昇はいっしょに起こる傾向があるが、どうしてそうなるのかは誰も知らない」と述べている。[110]

より安全になるために何ができるだろうか。R・M・ホワイトは、一九九〇年に、「どんな政策行動をとろうとも、気候温暖化を完全に止めることにはなりそうにないらしい」と記しているが、「黙示録的思考」はしないようにと警告し、国際社会が三〇年から五〇年の間は行動できると希望をもっていた。事態が「深刻になる」までにはそのくらいかかると彼は考えていたのだ。[111] このようなのんびりした進み方は、一九九二年、リオデジャネイロで調印された、安易で曖昧な、拘束力のない気候変動枠組み条約会議[112]にも反映されているし、調印を継続審議に委ねるしかなかった、つまり二〇〇〇年以後の放出制限の具体的な目標を一九九七年になってから議論する〔京都会議〕という一九九五年のベルリン議定書にも反映されている。精力的な環境条約の調印に達するのはやはり難しいし、ましてや施行するとなるとなおさらである。[113]「化石燃料の採取に対する「炭素税」は、より大きな効果があるかもしれない――そして、人々がエネルギーを節約するようになれば、実質上は何も負担をかからないかもしれない。それに、放出に対して税がかけられるということから、ノルウェーは、天然ガスのCO_2を取り除き、圧縮し、北海海底の岩盤の中に注入することによって、年間一〇〇万トンを埋めるというアイデアを得ている。

原子力エネルギーがもう少しあれば役に立つかもしれないが、拡大する原子力エネルギー計画のために莫大な量の品質の悪いウランを掘り出して処理するということからして、大量のCO_2の放出につながるかもしれない。しかも悲しいことに、水力発電による電力は、貯水池を形成するために水没する地域で腐る植物からの大量のメタンももたらす。改良された太陽電池あるいは風力発電、波力発電も、解決策となるかもしれない。最後の手段として、これ以上の温暖化ではなく、冷却になることを期待して、上層の空気に膨大な量の塵を、核爆弾を使ってでも、飛ばすこともありうる。やってみようと真剣に唱えている人々がいる。[114]

食糧生産用地と水の枯渇

近代農業は、大規模な潅漑と肥料の投入を行ないながら、同じ作物を何度も育てる。土地は回復する間(休耕)もほとんど与えられず、窒素を固定するクローバーを植えられたりすることもない。土壌が枯渇の兆候を示せば、ますます肥料が投入され、肥料を投入しても役に立たなくなるまで続けられる。絶えず潅漑を行なっていると、塩分が蓄積することになるが、これも作物が育たなくなるまで無視される。土壌をまとめ、水分が蒸発するのを抑えてくれる雑草を、わざわざ農薬を使ってまで除くので、表土は簡単に塩化し、流されたり、吹き飛ばされたりする。人口の圧力と大規模土地所有者の利己主義は、新しい、わずかに残った肥沃な土地を徹底して使うこともしばしばで、その土地はすぐにやせてしまう。しかし、土地がうまく使われているところでも、人口が増えてその土地の負担が大きくなり、やはり土地の劣化が起きることがある。

森林を伐採すれば、新たに耕作可能な土地ができることはできる。しかし、とくに熱帯では、三年もたないうちに使用できなくなるほど土地がやせていることが多い。そして森林伐採は土壌の流出も増大させる。風が表土を吹き飛ばしやすくなるし、数百キロ先に洪水をもたらすこともある。毎年二五〇億トンもの表土が流出して失われている。エチオピアだけでも一五億トンあり、アメリカ合衆国では四〇億トン(一九三〇年代の中西部の砂嵐のときよりも多い)、インドでは六〇億トンなどである。これは、毎日二万ヘクタールが耕作できなくなっているということを意味する。結果として生じる砂漠化への流れは、過放牧や近年の旱魃が影響しており、アフリカのサハラ砂漠周辺地域の災害を通じてよく知られているが、アジアでも、土地全体の少なくとも五分の二で危険が高くなっている。

さらに収穫を制約する因子がある。汚染されたり、地下水が枯渇したり(アメリカの穀倉地帯の下の地下水、中国北部の平野の下にある地下水、重要なパンジャブ地方の小麦畑に水を供給する地下水は、一年に一メートルも低下しているなど)、遺伝子的に一様な作物が病気や害虫に弱くなったりといったことがある。一人当たりの世界での穀物生産は、一九八四年以降、一年に一%ずつ低下しており、主に貧しい国々で減少している。D・マッケンジーは、一九九四年、次のように書いている。

アフリカでは今、毎年、生産される量より一四〇〇万トン余計に穀物を必要としている。人口は一年に三%増加し、農業生産量の増加は二%なので、不足は二〇〇〇年には五〇〇〇万トンに達する。中国の人口も増大し、農地の減少と経済の繁栄により、中国の穀物輸入量は、今の年間一二〇〇万トンから二〇〇〇年には一億トンに押し上げられる。余剰のある国々は、アフリカに与えるか、中国に売るかの選択を迫られる。どちらを選ぶかは、そう難しいことではないかもしれない(115)。

一九七〇年代から一九八〇年代にかけての緑の革命があらためて行なわれ、さらに収穫量を押し上げるようなことがあるだろうか。今開発されている収量の高い穀物は、緑の革命以前の欠陥を多くもっているということになるかもしれない。つまり、栄養的に質が落ちるとか、貯蔵の間に傷みやすいとか、大量の水、大量の肥料、大量の農薬を必要とするといったことである。緑の革命は、確かにしばらくは地球の収容能力を大きくはしたが、長期的に見れば減少させていることになるという可能性もある。たとえばインドでは、西洋の科学者に誤って導かれた人々が、結果として「子供の食糧源から借りることによって」食べることになっているかもしれない(116)。ほとんど市場に出せる態勢の整ったスーパー米は、生産量を、今日の最高のものよりもさらに二五%上げ、やせた、旱魃になりやすい土地にも耐えられ、害虫や病気に対する抵抗力を与える遺伝子をもつと言われてきた(117)。それでも、これがすべて本当だったとしても、そういう米ばかりを集中して用いれば、土壌を傷めるかもしれない。米の生産量は、近年、国際米研究所でも最も肥沃な試験地の一部でも落ちている。

水域でも状況は絶望的なほど似通っている。河川や湖沼では、漁獲量は汚染のために激減している。汚染物質には、富栄養化をもたらす窒素肥料や燐酸塩が含まれる。植物が過度に成長し、腐敗すると、酸素をほとんど使いはたしてしまう。しかし本当に心配なのは海の事例である。海が人間の食べる蛋白質の四分の一を生産しているからだ。

湿地はほとんどの海洋性の魚類の産卵地であり、また汚染物質を濾過しているというのに、半分以上が疲弊や、マングローブの伐採や、化学物質による汚染や、建設現場からの土砂によって、破壊されている。そしてほとんどあらゆるところで、ずばぬけて生物学的生産力が高い沿岸水域が、農薬や肥料といった農業のおこぼれ（これがまた富栄養化を起こす）、家庭排水、産業排水、有害廃棄物、油によって深刻な打撃を受けている。もちろん海全体の生物を傷つけるのは、スペリオル湖の魚を日常の消費にとって危険にするよりも、はるかに難しいだろう。第二次大戦後、一〇万トンはゆうに超えるマスタード・ガスなどのガスが意図的に沈められてきてさえ――たとえば二〇隻の古くなった商船が、捕獲されたドイツのガス弾を積んで沈められた[118]――壊滅的な損害は起きていないかもしれない。それでも、毎年の汚染物質の量はとんでもないことになっている。たとえば油は六〇〇万トンであり、それもタンカー事故によるものはわずかで、たいていは自治体や沿岸の精製工場や船の汚れによるものだ。水銀は今や自然の割合の三倍半の速さで海に流れ込んでおり、鉛は自然の割合の一三倍である。カリブ海、地中海、黒海、北海、バルト海は、とくに打撃を受けている。バルト海では生き残っているごかいの類はわずか数種である。

しかし、これまでの漁業資源の減少の主な原因は、汚染ではなく、乱獲の方だった。トロール漁船は浅堆を特定するための進んだ技術を用い、海底の生態系を根こそぎにできる大型のトロール漁船によって開かれた大きな網ですべてをすくい上げるし、流し網は五〇キロにわたって広がる。獲物の大半は屑として棄てられる。残りのうち、多くは肥料や家畜の餌になる。海の漁業は、「公共地《コモンズ》の悲劇」[119]の最もわかりやすい例である。つまり、資源が多くの個人によって利用できるとき、できるだけ多くを取った方が、それで資源の枯渇になるとしても、当人の利益になるというものである。世界の漁獲量は、一九七〇年以後は伸びが鈍っているとはいえ、一九八九年まで上昇しつづけていた。一九九〇年にはそれが減少に転じた。しかし、世界の漁業者は年間五〇〇億ドルの損失を出していると国連で推定されているにもかかわらず、政府の援助のおかげで、漁業はなおも熱心に行なわれている。

　こうしたことの重みを疑う人々もいる。たとえば、砂漠が広い範囲で広がってきたということは、国連環境計画〔UNEP〕の世界砂漠化地図を作成した二人の人物のような専門家によって否定されている。確かに、砂漠化は一時的に降雨量が減少したことによるものにすぎないと唱える人は多い。ここでも食糧不足は、穀物以外でも遺伝子工学を用いたり、海藻やおきあみを養殖したりして解決できるのではないかという可能性がある。あるいは、いつものように、局地的に餓死する人がいて、それで人類全体の生存が危機にさらされずにすむという形で解決されているのかもしれない。しかし新しい農業技術を、それを最も必要としている貧しい国々に導入するのは難しい――そういう国々では、軍部が、たとえば生物戦争の制限を解いて、ひどい飽食に報復する行動をとる方がいいなどと思っているかもしれない。G・ハーディンは、地球の収容能力は不足しているものと見るべきだという主張に関連して、半分近くの人が飢えている難民収容所を訪れたあるアメリカ人のことを語っている。

　その人は、隣接する畑にうず高く積み上げられている穀物袋に気づいて、難民村の長老に、穀物を見張っている兵士は一人だけなのに、なぜみんなやっつけてしまわないのかと尋ねた。長老は、袋に入っているのは来年の作付用の種子だと答えた。「我々は未来から盗むことはしない」と長老は言った。[120]

それでも、ハーディンが記しているように、人々がすすんでこの物語のようにふるまうと簡単に思い込んではならない。

経済学者は、肥沃な土地などの資源が不足していって、成長が徐々に止まるようなモデルを立てる傾向にある。残念なことに、メドウズらが『限界を超えて』(*Beyond the Limits*)(一九九二)に記した、より現実味のあるコンピューター・モデルは、不足と、それに対する経済的に理想的な反応との間にずれがあるときには、深刻な崩壊が避けられないということを示している。資源が不足しようとすまいと養わなければならない人口があって、漁船はばらばらになるまで何年も使えるなどといった場合、ずれは避けがたい。『限界を超えて』で調べられたコンピューター実験は、地球規模での崩壊がこの先わずか五〇年ほどで生じるかもしれないということを示唆している。

死活的に重要な問題は、人間を支えられるだけの環境開発をしていくと、耕作地に限界がある、森林に限界がある、土地、水、空気が汚染物質を吸収する能力に限界があるといったことが組み合わさって、技術史のどの段階にも課せられてきた限界に達した後、壊滅的で長期にわたる崩壊になるのか、それとも小規模で一時的な崩壊になるのかということだ。残念ながら、長期的な崩壊を防ぐ英雄的な努力がなされなければ、成長を可能にしていた因子が流出することによって、その長期的な崩壊が事実上確実になるのは明白であるらしい。もちろん土壌も流出してしまうかもしれないが、地球が汚染から回復する能力まで流出することもありうる。汚染物質は、汚染を吸収するための自然の機構を害する傾向にあるからだ。

メドウズらは、意図的に、単純な世界についてのコンピューター・モデルを用いた。それを、土地から引き出せる食糧の量の最大値、絶えず使ったり汚染されたりで土壌が劣化する速さ、使える鉱物資源や化石燃料の量について、仮定を変えながら、何度も何度も動かした。使える資源を二倍にしても、行きすぎになり始める時期を先送りにできるだけで、行きすぎの期間がまさに成長を可能にしていたものすべてを浸食してしまっているので、その後の崩壊が大きくて長期にわたるということを見いだした。彼らはこう報じている。

数年にわたって、何千回もモデルを動かしてみると、起こる頻度が頭抜けて高い結果は、行きすぎて崩壊することだった。行きすぎは、フィードバックの遅れによる――システムにおける意志決定が、限界を超えてからはるかに後になるまで、限界を超えたという情報を得たり、その情報を信じたり、その情報に基づいて行動したりしないということである。

彼らは、これがそのまま現実の世界についての予測になるわけではないと述べているが、我々が数十年先を見ることをおぼえなければこうなるだろうというところを強く示唆している。これに対し、政府が次の選挙や、現に老いつつある暴君の寿命を超える未来を見ることはまれだ。「ある社会が、ストックの大きさ、質、多様性、健全さ、置き換えの速さなどではなく、単に使えるということだけを社会について判断の材料にしていれば、その社会は行きすぎになる[121]」。

農業と汚染の危機の場合には、行きすぎるというのは、人々が自分が汚染され飢えたときになってから、汚染された環境をきれいにする必要に直面するということだろう。

生物多様性の喪失

生物多様性――生物種が多様にあること――は、主に四つの理由で失われる。まず、今日存在する動植物種の五分の四ほどを保持している原野（とくに雨林）や、珊瑚礁（石灰岩を採掘されることが多い）の破壊がある。第二に、汚染によってもたらされる絶滅がある。第三に、現代農業が極めて限られた品種に集中するというあり方がある。農家は、少なくとも大量に肥料を施せば、新しい病気にやられるまでは格別に収量の多い、わずかな数の品種だけを育てる。それ以外のものは、農薬で殺すべき雑草として扱われる。動物や植物の育種家は、自分が育てた品種に対する商業的な権利を保持しようと思えば、その品種は「純種」、つまりほとんど遺伝子の多様性がないものでなければならない。イギリスでは、登録されていない品種の種子を売るのは犯罪で、登録には毎年数百ポンドの手数料がかかり、登録は純種の種子についてのみ可能である。[122] 第四に、漁業、狩猟、収穫、牧草などの乱獲がある。

　絶滅の速さは増大しており、核戦争やオゾン層の破滅的破壊がなくても、今なお残っている種のうち半分を軽く超えるものが、二一〇〇年までには姿を消すこともありうるほどだ。一五年前までは存在していた種のうち二〇％に達するものが、二〇〇〇年までに絶滅しているかもしれないという説もある。[123] この分野の数字には相当の異論があり、「種」という言葉の定義からして議論の余地があるが、あるいは種の五分の三もが、急速に失われつつある熱帯の森林に集中しているということや、残りの五分の二のうちの多くが珊瑚礁にいるということが、このような説に真実味をもたせている。フィリピンでは、珊瑚の一〇分の九が、ダイナマイトや汚染や採集によって破壊されている。野生生物の取引には、種を絶滅に追いやることになるほどの利益がある――さいの角は同じ重さの金よりも高いし、蘭は何千ドルもの値で売買される――が、主な危険は生息地の破壊によるものである。

　動植物の一つの種の中で生物多様性が失われると、病気や昆虫に対する抵抗力が弱くなり、それに必死に対抗しようとして、ますます農薬やワクチンが用いられるようになる。気候の変化や土壌の変化（塩分の増大あるいは有害な重金属の蓄積)、あるいはオゾン層をくぐりぬける紫外線量の変化、あるいはさらに大気中の汚染物質の量の変化は、自然や育種家や遺伝子工学者が活力を維持するために実験できる遺伝的組み合わせが少なくなっているため、ますます深刻な影響をもたらすようになっている。一つの種に属する個体数の減少も大きいかもしれない。個対数が一〇〇万から一万に減れば、それによって遺伝子の多様性の半分が失われる可能性がある。[124]

様々な生息地の内部で生物多様性が失われても、困った結果をもたらすことがありうる。ただ、この分野では、証拠はそれほど一方的ではない。インペリアル・カレッジの「エコトロン」にある単純な人工的な生息地や、ミネソタ州の背の高い草の草原や、セレンゲティ国立公園の野生の植物での実験からは、植物と昆虫の複雑な混合が、生産力を高め、放牧や旱魃により抵抗できるようにしていることが示唆されている[125]――現代の単作耕地が相当の潅漑を必要とするのが通例であることからも確かめられている結果だ。ガラスで囲まれた一ヘクタールの広さの生態系、「バイオスフィア2」が、生産した食糧が期待された量にはるかに及ばず失敗したことは、「バイオスフィア1」、つまり我々の地球そのものが高度に複雑な多様性を必要としていることを示すものかもしれない。一方、バイオスフィア2での酸素の喪失――八人の住人が窒息しないようにするために、大量の酸素があらためて注入されなければならなかった――は、生物種に限りがあったためではなく、土壌中の微生物が過度に増えたことによる。2章でも、あらためてカタストロフィ理論と絡めて論じるが、地球の生命圏の高度に複雑な生物多様性は、いくつかの時代において生物圏を破綻しやすくしており、そう考えると、地質学的な記録によって明らかになっている大量絶滅のいくつかが説明しやすくなると論じられることもある。E・O・ウィルソンはこう書いている。

生物はなぜ、熱帯の森林や珊瑚礁のような限られたわずかな場所でこれほど膨大に殖えたのだろう。かつては多数の種が共存していれば、その寿命や食物連鎖の網が、生態系をより丈夫にするような形で緊密になると広く信じられていた。この仮説は、この二〇年の間に、逆の因果関係の筋書きに道を譲ってしまった。つまり環境がその進化を長期にわたって支えられるほど安定していると、いくつかの種によるもろい上層構造ができるというものである。(126)

しかしウィルソンは、もちろん、雨林の見事な豊かさが失われても、それは人類にとっての現実の危険を伴わないと言っているのではない。雨林によってもたらされる大気の洗浄や、それが農業の破滅から救ってくれるかもしれない動植物のＤＮＡの貯蔵庫であることなどを思い出そう。

生物多様性会議は、一九九二年にリオデジャネイロで行なわれた地球サミットでの最も有望な成果だと思われた。しかしそれから二年半がたっても、合意は会議の事務局をどこにするかといったどうでもいいようなことについてしか得られていない。科学的・技術的助言を行なう小委員会が最初の会合の開催を予定しているのは一九九五年九月である。森林保護は、法的拘束力をもたない国連の「持続可能な開発委員会」に委ねられた。これと言える明確な行動の最大のものが、一二月二九日を国際生物多様性の日と呼ぶことにしたことである。

人口危機

地球の人口が急速に一〇億人近くになったばかりの一七九八年に書かれたマルサスの予言は、間もなく地球が養える限界に達し、その後は、飢えや疫病や戦争で激減するというものだった。実際には一〇〇年で二倍になり、その次の五〇年でさらに二倍になった。今はキリストの時代の人口の二五倍ほどあり、一日に二五万人ずつ増えている。二倍になる時間はおよそ三五年にまで下がっている。出生率が一夜にして「人口補充出生率」、つまり成人女性一人が産む子供の数が二人という値をわずかに上回るだけというところまで落ちたとしても、人口はなお今日のおよそ六〇億人から、八五億人程度には上昇する。これから生殖年齢に達する人がまだたくさんいるからだ。

アメリカ合衆国だけでも一九四〇年以後、人口は二倍になっているが、増加の大部分は貧しい国々に生じている。アジアの人口は一八〇〇年から二〇四〇年の間に一〇倍になっているものと予測されている。アフリカではおよそ三〇倍であり、中南米ではおそらく五〇倍になる。一九七五年のケニヤでは、出生率(女性一人あたりの生涯出産数)は、八人を超えていた。今では下がっているが、それでもやっとサハラ周辺地域全体の数字と同じくらい――つまり六人――になっただけである。エジプトではこの数字が五人になり、インドとペルーでは四人になる。インドネシアでは、教育、広告の繰り返し、無料の避妊薬によるキャンペーンが成功したと賞賛されるが、それでもその数字は三人を超えている。国連の見通しでは、地球の二〇五〇年の人口は、出生率に目立った低下があれば、およそ一〇〇億人、そうでなければ一二五億人と言われる。一〇億人以上の人が今でもすでに飢餓に瀕しているが、二一〇〇年時点で養わなければならないと予測される人口は二七〇億人である。人口が二倍になる時間が今のところ二〇年ちょっとというナイジェリアだけでも、一億人かそこらの人口が五億人近くになる。今でも人々がひしめきあっているパキスタンやバングラデシュは、人口が二倍になると予測されている。

対照的に、経済学者のP・エーリック――今では悲観的すぎる予測だったということがわかっている『人口爆弾』(*The Population Bomb*)(一九六八)や、その後の『人口が爆発する』(*The population Explosion*)

（一九九〇）といった本の著者――は、余裕をもって維持できる地球の人口の最大値は二〇億だろうと唱えた。確かに、今のバングラデシュの人々のような極度に貧しい生活レベルで暮らせば二〇〇億人は詰めこめるだろうが、これらの人々が食事、資源消費、汚染物質の生産でパリやニューヨークの人々なみのレベルに達するとすれば、環境の壊滅的打撃は確実であるように思われる。アメリカの平均的な国民は、環境に対して、平均的なソマリア人の四〇倍ないし一〇〇倍のストレスを環境に対してかけていると言われる。科学の進歩（新しい、事実上汚染を起こさない新しいエネルギー源ができるかもしれない）があれば大きな助けになるだろうが、二〇〇億人の人々というのは、二一世紀の科学が、受忍できる標準的な生活水準を維持できる、あるいはもしかすると、とにかく生きていられるようにできる数を超えているように思える。そしてもちろん、成長が近年の速さを続けるとすれば、これよりも多くの人口に達することにもなるだろう。急速に宇宙に出て行くとしてもこの問題はなくならない。現時点で創造できる最高の技術をもってしても、銀河全体に植民するにはおよそ四〇〇万年かかるかもしれないし、現代のロケット技術では三億年かかることになる。[127] ところが、今の年に二％という増加率で人口が増え続ければ、一三〇〇年もたたないうちに、地球のような惑星一〇〇〇億個にわたって散らばらなければならないことになる。運よく銀河の恒星すべてにそのような惑星が一つあると想定したとしても、このようなことが可能になるには、超光速移動ができなければならない。[128]

少なくとも近い将来には、一〇〇億人の人口が砂漠化や飢饉、耐えられないほどの局地的な水不足と汚染を引き起こし、それはほとんど確実に戦争をもたらす（最近のルワンダ内戦での大量虐殺は、人口過剰とその結果の国の農業に対する圧力の直接の結果と見ることができる。わずか二〇年で人口は二倍になったのに対し、収穫は、土壌の栄養分の流出によって、二〇％近く減少しているのだ）。作物科学が進歩してるとはいえ、地球全体での人口増加がこれから四〇年後には食糧生産の成長を追い越すのはほぼ確実と思われる。病気や環境の壊滅的打撃が地球全体に広がるかもしれない。生命圏が崩壊するほど多数の種が絶滅するようになることもありうるし、制御できる範囲を超えて温室効果が進むかもしれない。強力な温室効果ガスであるメタンが稲作の水田や家畜から大量に生成されることや、開発途上国が自動車を所有したがるようになるかもしれないということも念頭におかなければならない。こうしたことは、ワールドウォッチ研究所の所長〔レスター・ブラウン〕が一九九二年の論文に与えた「世界を救うための一〇年」という表題にも真実味をもたらしている。[129] 人口爆弾は、すでに爆発しているとも言われることもある。通常兵器による戦争があっても、事態が大きく変わる可能性はないようだ。第一次世界大戦の開始から第二次世界大戦の終わりまでのすべての戦闘で死亡した人の数はわずか二億人である。[130] しかし、どこかの絶望的なほどに飢え、渇いた国が生物戦争をしかければ、それもまったく異なることになるかもしれない。

ある第三世界の官僚が、二〇年先にはどういう景色を窓の外に見たいかと訊ねられ、「スモッグだ」と答えた。これも理解できる話だ。工業化によるスモッグの方が、うんざりするような貧困と、いつまでも飢餓の心配が続く（避妊薬に反対するある聖職者の言葉を借りれば「日々のパンを求める困難な日々の闘い」）よりもいいのだ。ただ、スモッグをもたらす汚染は飢饉ももたらす。

一九七二年、ローマ・クラブと呼ばれる団体の支援を受けて、D・H・メドウズ、D・L・メドウズ、J・ランダース、W・H・ベーレンスの四人が、『成長の限界』（*The Limits to Growth*）という本を出し、急速に進む環境開発がまもなく惨事を招きかねないと警告した。[131] 彼らの予測には、あまりにも暗すぎるということになったものもあるが、漁業の壊滅に示されるように、当たっているものも多い。『限界を超えて』（*Beyond the Limits*）では、先の四人の著者うちの三人が、再び、短期的なものとはいえ、指数関数的に人口と工業生産が増えることから予測される悲惨な結果を指摘する。三人は、一日で大きさが二倍になるのを繰り返し、三〇日後には池全体を酸欠にしてしまう架空の水蓮について、「すでにある量に比例して増加する場合に」量は指数関数的に成長すると述べる。「長い間水蓮は小さく見え、それが池の半分を埋めるまでは心配することはないと思う。そういうことになるのはいつだろう。二九日めである。池を救うために残された日は一日しかないのだ」。[132]

人口増加による圧力がなくても、工業生産は、人々が生活水準の工場を求めるかぎり、指数関数的に増大することになりがちだ。爆発する世界人口、生活水準の平等化の要求の広がり、反応の遅れが組み合わされれば、一方で迫り来る成長の限界はすぐに壊滅的になりうるだろう。

希望をもつ根拠もいくつかある。まず、思いもよらなかった形で救いをもたらす技術が現れるかもしれない。とくに、社会の価値観の変化に支えられれば。『限界を超えて』は、新しく生まれる人間一人の環境に対する影響は、理論では「一〇〇〇分の一あるいはそれ以下」に減ってもおかしくないと言う。手始めに、世界の人々に「スイス人の生産性、中国人の消費習慣、スウェーデン人の平等主義的本能、日本人の社会的規律」を与えるのがいいだろう。[133] 第二に、諸国が豊かになるにつれて、出生率が低くなる傾向にあるということ（人口学的変移）。近年の西ドイツの出生率が世界全体に広まれば、二四〇〇年頃には人間はいないことになる。豊かになるということは、子供が労働を分担する必要がないということであり、子供の誰かが生き延びて自分の老後のための食物を育ててくれる保証が与えられるということである。ここでも、世界保健機構によれば、避妊具が使えず、女性の意志が排除されているということのせいで、今日の妊娠の少なくとも四分の一は母親が望まないものだという。地球全体で一か月足らずの間に消費される武器弾薬の金額で、誰もが避妊具を手に入れられるようにできる。ブラジルのテレビドラマは、ふつうは小さくて幸せな家族を見せ、ときどき貧しい大家族を見せ、効果を上げているし、貧しい国々でも、所得がわずかに上昇するだけで、人口学的変移が始まるという証拠もある。第三に、政府は報奨と処罰を組みあわせて成果を挙げてきた。一九七五年から七年にかけてのインドの人口抑制計画——三人の子供がいる家族では両親のうちいずれかは不妊手術が公的に義務づけられ、もう一人も不妊にすればわずかながら報奨が与えられる——を西洋人はばかにしていたが、インドは今でも国民が自発的に生殖を終える資金を提供している。その金額は、二〇ドル分にもならない小額だが、驚くほど多くの人が受け取っている。中国では、もっと過酷な「一人っ子政策」が、利益の喪失、罰金、強制的な不妊手術に支援され、出生率をほとんど人口補充出生率にまで下げている。人間として辛いという代償も莫大だが、そうしなければ絶えざる飢饉になるかもしれないのだ。中国では、ただでさえ巨大な人口が、一九五〇年から一九八〇年の間に倍になっている。

しかし、悲観論にも大きな根拠がある。中国は、今なお人口が毎年一六〇〇万人増えており、二〇一〇年には、一九八四年に比べて耕作可能な土地が一人当たりにして二五%減ってしまうことになり、その土地も土壌流出の影響を受けるだろう。貧しい内陸部や北部から、活気のある沿岸部の都市へ、何千万もの人が移動し、それが過去にもあったような、省どうしの長期にわたる争いの引き金になることもある。(134) ほとんどの開発途上国の収入は長期的に下がってきており、安定した人口に向かう人口論的遷移を促すような上昇のしかたはしていない。さらに、宗教的な原理主義者が、しばしば女性を無力にしたがり、避妊具の使用をすべてオナンの罪(創世紀38-9)にあたるとしたり、受精した人間の卵子を、たとえば「事後ピル」によって壊すことを嬰児殺しとすることも多い。第三世界の指導者は、小家族を奨励することをすべて「人種差別的な陰謀」として退けつづけている。人口政策は、一九九二年の地球サミット、つまり国連環境開発会議の議事日程からはずされた。レーガン政権は国際計画出産連盟や国連人口活動基金への支援をやめ、ブッシュ政権はそれを復活することができなかった。また、暮らしぶりのいいカナダの人々が、インドの人々が、トランジスタ・ラジオをもらって不妊手術をするよう「抱き込まれる」ことに怒りは表明しても、事態を助けることはほとんどない。

自発的な人口制限が長期にわたって機能するかどうかは疑わしい。ラヴロックは、『種の起源』の著者の孫C・G・ダーウィンの、自然選択からすれば、結局は「ホモ・フィロプロジェニツス」（子孫が多いのを好むもの）が勝つことになるという説を引き、その通りだと言っている。[135] これは社会的な影響の重みを考えても正しいように見えるかもしれない。フィロプロジェニツスは、必要とあればそのような影響力に抵抗するように進化するものと予測されるからだ。しかし特定の群れ内部での圧力は、いずれにせよその成員が外からの圧力とは関係なしにたくさん子供を作り、そうしてその群れが世界で重きをなすようになるのを促すかもしれない。多くの子供をつくるという欲求は、遺伝子でなくても、大家族の誇示や、神がそれを熱心に求めているという説教によっても次の世代に伝えることができるかもしれない。

人口過剰、環境の悪化、病気、犯罪、戦争、すべてはひとまとめに生じる傾向がある。R・D・カプランは、同胞のアメリカ人に向かって次のように書いている。

しばらくメディアは外国の暴動などの暴力的な騒動を、主に民族的・宗教的対立のせいにしつづけるだろう。しかしこうした対立が増加するにつれて、それとは別のことが根っこにあるから手に負えないところが増えてくるのだということが明らかになるだろう。外交政策の体系の中で「環境」とか「天然資源の減少」を言えば、懐疑論や、またかと思われるという壁にぶちあたる。とくに保守派にとっては、そうした言葉そのものが意味をなさないのだ。……そろそろ「環境」を本来の意味で理解しなければならない。環境こそ、二一世紀初頭の国家安全保障の問題なのだ。押し寄せる人口、広がる病気、森林の乱伐と土壌流出、水の喪失、大気汚染、さらにはもしかすると、ナイル川三角州やバングラデシュのような危機的に人口が密集した地域での海面の上昇は、外交政策の核をなす課題となるだろう。人口では少数派の人々が十分な保護をうけ、フランシス・フクヤマなら「歴史が終わった後」とでも言うような、ブルジョア的繁栄によって環境が支配され民族的な憎悪がおさまる領域に入る一方で、貧困や文化的な機能不全や民族抗争の状態から這い上がろうと試みても、飲み水も、耕す土地も、生活のための空間も足りないせいでうまく行かないようなスラム街に暮らす、まだ歴史にとらわれた人々の数も、ますます増えていくだろう。(136)

自然発生的な病気

感染症は今日でも死亡者のおよそ半数の死因となっている。それをもたらす生物は、主に、細菌、ウイルス、複雑さの点で両者の中間に位置するリケッチア、マラリア原虫や小さな住血吸虫のような寄生虫の四つに分かれる。マラリアと結核は、現在では最大の死亡原因であり、一年におよそ三〇〇万人が死亡する結核の方がわずかに上回っている。しかし、一九一八年から一九年にかけて世界的に流行した「スペイン風邪」ウイルスは、地球上の人々全員に感染したかもしれず、二〇〇〇万人が死亡した。現代医学は今や天然痘を絶滅させたようであり、小児まひやジフテリアも激減させている一方で、薬剤や抗生物質に抵抗力をもつようになった多くの病気(マラリアや結核も含まれる)があり、蚊などの、病気を媒介する生物も殺虫剤が効かなくなってきた。おまけに、レジオネラ菌などの新しい病原体も絶えず登場しつつある。一九七六年にはじめて現れたエボラ・ウイルスは、患者の九〇%を死にいたらしめる。腺ペストで死亡するのはわずか五〇%である。ところが、P・E・ロスの記すところによれば、アメリカでは、エイズや結核以外の感染症に関する研究資金は、インフレ分を相殺した実質では、四〇年前よりも減っており、エイズがふつうの風邪ほど感染力が高くなかったのは単に生物学的な偶然にすぎなかったというのに、疾病管理センター〔CDC〕が新しい死亡原因を探すのに毎年使えるのは、わずか二〇〇〇万ドルだという[137]。

なぜ病原体が勝ってしまわなかったのか。粘液腫症《ミクソマトシス》ウイルスは、オーストラリアの兎の間に流行し、生き残ったのは一〇〇〇匹あたり二匹だけだった。一〇〇%致命的なものがすべての哺乳類、あるいはとくに人類を全滅させてしまわなかったのはなぜだろう。幸運だったということかもしれない。もしかすると複雑な生物は宇宙のいたるところにある惑星に散らばっており、その大半は今や病気が勝利を収め、そういう悲しい事態について思いをめぐらせるものが生き残っていない惑星になってしまっているということかもしれない。当然、あなたも私も、いくらそういう惑星がまれだとしても、自分は相変わらず生命の住む惑星にいるのだということになる。複雑な生命圏のある惑星のうち、九九・九九九九%が本当に知的な生命が進化してくる前に、病気によって絶滅してしまっていると考えよう。当然、我々のいる惑星は残りの〇・〇〇〇一%の中にあることになる。それ以外のところだったら、誰かが自分がそこにいるということに気づくことがありえないのだ。

もちろん、細菌が、それが餌食としている生物と不安定な妥協に達するという、自然の傾向を指摘することもできる。宿主を殺してしまっては利益は得られないということを考えよう。マラリアは一年に約三億人を襲っているが、数百万人以上は殺さないように「気をつけている」と見ることもできるかもしれない。それでも、A・ミッチソンが述べているように、我々は今、「先例のない状況にあるかもしれないのだ。過去において宿主がその寄生体によって絶滅したことがどのくらいあるかがわかったとしても、その知識が我々自身について教えてくれることはほとんどないだろう」[138]。そういう言明を支持するような様々な因子がいろいろと出ている。

(a) 二〇一〇年までに、人類の二人に一人は都市部に暮らすようになると予測されている。今、人口が一〇〇〇万以上の都市は三〇ほどあり、一〇〇万以上の都市は、さらに四〇〇以上ある。こうした巨大な中心では、病気が、いくつもの新しい血統をすばやく「テスト」しながら、恐るべき速さで広がるかもしれない。

(b) 国際的な食糧貿易、商用・観光旅行は、病気を地球全体にすばやく運んで行く。今や国外に旅行する人の数は一九五〇年当時の二〇倍いる。さて、宿主と病原体が手を携えて進化するとき、両者は先に触れた不安定な妥協に達しやすい。つまり、病原体は宿主の種に抵抗力を進化させるように気をつけるのだ。しかし、病気が突然大陸間移動をすると、新しい環境ではその病原体が、それ自身の利益を超えて強力になる傾向も出て来る。ほとんど準備ができていない集団では、ほとんど全員が死にいたることもある。あたりまえの風邪でも、それがこれまでになかった地域では命取りになるということは、何度もあった。コロンブスによって北アメリカにもたらされた水痘、インフルエンザ、はしかは、アメリカ先住民がかつての二〇分の一にまで減少した原因として、大きな部分を占めている。

(c) 病気は我々が新しく汚染した環境ではびこる。一九九一年、ペルーに発生し、すぐにメキシコに移ったコレラの流行は、主に下水処理されていない水によるものだった。汚染した場所は、感染する生物の伝播を容易にするだけでなく、人間の体にもストレスとなり、それで病気にかかりやすくなることもある。

中皮腫という、肺を包む膜を侵す癌は、ウイルスと石綿《アスベスト》被曝とが組み合わさると強力に引き起こされる。それは建築現場で働く労働者の間にはびこりつつある。

(d) 中皮腫は、P・ブラウンが論評するように、問題のウイルスが人間の間で新しくなったらしく、そのDNAは、「一九五四年から六三年にかけて、事故で小児まひワクチンを汚染して何百万人の人に伝わった猿のウイルスであるSV40のDNAに疑わしいほどよく似ている[139]」。もしかするとこれは、医療史上最悪の事故かもしれない。

同様の疑惑は、HIV、つまりエイズ・ウイルスに関連しても言われている。このウイルスは、猿のSIVウイルスによく似ているのだ。こちらでは、人間への転移が、猿の血液の実験的な注入あるいは中央アフリカで実験された小児まひワクチンの製造に猿の腎臓を用いたことによって引き起こされた可能性がある(一九九四年、黄色ひひのSIVウイルスが、最近になって種の壁を乗り越えたということがわかった。それはアフリカのベルベット・モンキーから来たものだった)。

動物の臓器——たとえばひひの肝臓、心臓、腎臓——は、ときおり人間に移植されてきた。人間の臓器提供者が不足することが予測されるので、こういうことは盛んに実施されるようになるだろう。ここに病気が動物から人間へ移るのを助ける危険性があるのは明らかだ。しばしば死ぬこともあるラッサ熱やマーブルグ・ウイルスは、最近そういう移り方をしたことがある。あるいは〔臓器不足を軽減するために〕死んだときに自分の臓器を提供することに同意していない成人は、他人の臓器を受け取る権利はないことにするという規則を広く用いるときに来ているのかもしれない。

ウイルスがとくに恐るべきものになるのは、それには抗生物質が効かず、また新しい系統が現れるのが速いからだ。かつては比較的害の少ない熱帯病だったデング熱は、最近、致死的な出血をもたらす形のものが出てきた。最近、SIVからの突然変異体が、また見つかった。これは、慢性のエイズに似た感染症を引き起こすのではなく、一週間で猿を死亡させるものである。[140]

(e) 病気と闘うのは体の免疫系である。エイズの場合のように、この免疫系そのものが病気の目標となっている場合、患者は当然、深刻な状況に陥ることがある。エイズは、「後天性免疫不全症候群」〔= Acquired Immune Deficiency Syndrome〕を短縮したものであり、HIVはヒト免疫不全ウイルス〔= Human Immunodeficiency Virus〕という、これに関与していると一般に考えられている感染性の病原体を表す。病気はまず眠っているような印象を与える。一〇年近くの間、体を守るシステムが病原体を抑えている。その後になって、それは免疫系を崩壊させる。世間の頭では、同性愛と結びつけられているが、今日エイズに苦しむ人の八〇%は、異性との性行為を通じてかかっている。ウイルスが宿主を殺す速さが遅いので、宿主が他の人に移す時間もたくさんあり、それで致死性の低い形のものを出さなければならないという圧力もかからない。一九八〇年には、HIVに感染した人の数は二〇万人だった。今日では、あるいは二〇〇〇万人いるかもしれない。四〇〇〇万、あるいはそれ以上と言う人もいる。未婚あるいは妻を田舎に置いてきた男の占める割合が高い様々な都市で、成人人口の半数がHIVに感染していると言われる。ただし、正確な数字がなかなか出て来ないのも当然のことだ。地球規模での脅威についての専門家であるN・マイヤーズは、世界の人口の五分の一が、いずれはこの病気の患者になるかもしれないと説いている。[141]

HIVは異様なほど速く突然変異する。一つの個体の中でさえ、一つの系統がしばしば、目立った違いをもったいくつかの系統に分裂する。しかし、これまでに現れたことがわかっている系統の事例においては、患者の一人との性的な接触の後で病気にかかる可能性は、実際はきわめて小さい。蚊もこれを伝えることはできないようだ。そして、唾液にHIVがあっても、キスやくしゃみや咳で感染するという証明はなされていない。親戚関係にあるウイルスであるヴィスナ・ウイルスの場合は、それを羊どうしの間に広めるのは咳である。

2　その他の危険

彗星や小惑星、超新星、太陽面爆発、ブラックホールの爆発あるいは融合といったものも、人類の滅亡をもたらすおそれがあると考えられている。遺伝子工学もそうだ。コンピューターがらみの危険——とくにコンピューターが人間に完全に取って替わるという、魅力的だと思う人もいるような危険——や、ナノテクノロジー（極めて小さくて、自己増殖もしかねない機械の使用）がらみの危険もあるかもしれない。ひょっとすると、高エネルギー物理学に関係する少々奇異な危険もあるかもしれない。たとえば、真空の準安定性事故というものがあれば、地球の生命圏だけでなく、銀河全体が、膨張を続ける泡によって滅びてしまうことになる。

彗星や小惑星の衝突

人類は大きな彗星や小惑星によって絶滅するかもしれない。一九九四年、シューメイカー＝レヴィー9彗星の、秒速約六〇キロで飛ぶ直径数キロ規模の二〇個ほどの破片が木星に衝突したときには、マスコミが集中的に報道した。ある破片は、少なくとも六〇〇万メガトン（TNT火薬換算）のエネルギーで爆発した。ハワード＝クーメン＝ミシェルズ一九七九IXという、頭部の大きさが地球よりも大きな彗星が一九七九年に太陽に衝突したことは[1]、それほど知られていないが、二一二六年の末にはスイフト＝タトル彗星という、秒速およそ六五キロで動く一兆トンの氷と岩の塊が、地球の軌道を、地球との距離が二週間分ののところで横切る[2]（計算が正しければ）。地球上の生物の歴史上、確実なところでは五回、あるいは一〇回をゆうに超えるかもしれない大量絶滅があった。少なくとも、およそ六五〇〇万年前に恐竜が滅んだいちばん新しい大量絶滅は、大きな衝突がからんでいるらしい。ユカタン半島に、直径が一〇ないし二〇キロの小惑星——つまり、重さが一兆トンあり、秒速二〇キロ以上で動き、一億メガトン、つまり世界の核兵器保有量を最大に見積もったときに、そこに閉じ込められているエネルギーの、さらにおよそ一万倍に相当するエネルギーで爆発する岩石――が衝突したらしい。衝突してできたくぼみ《クレーター》は、直径が三〇〇キロに達した。巨大な津波、数兆トンの塵の大気圏への放出、世界規模での森林火災、酸性雨、音速の九〇％もの速さの風が吹くような台風があった。何か月もの間、ほとんど真暗闇の状態と、おそらくそれに伴う厳しい寒さが続き、その後には、火事による二酸化炭素と、衝突のときに石灰岩から蒸発してできた二酸化炭素による温室効果のおかげで、以前よりも一〇度も気温が上がった。熱に加えて、破壊的なほどの紫外線量の増加があったかもしれない。台風が海水から、オゾンの大半を破壊するほどの量の塩分を成層圏に吹き上げた可能性があるからだ。こうしたことを示す証拠には、まず、イリジウムを大量に含んだ地層が、ところによっては煤《すす》と混じって、世界中に広がっているということがある。イリジウムは爆発した小惑星によるもので、煤はそれによって起きた火事によるものと考えられる。また、大津波を示唆する、深海の堆積物が巨大な岩の塊や化石になった植物と並んでいるような地層、ガラス質の小球体の地層、衝撃を受けた水晶の大きな結晶、クレーターの跡、恐竜だけでなく、当時の世界の種の四分の一ないし四分の三が絶滅した大量絶滅といったものもある(3)。

証拠のいくつかは、依然として議論の余地がある。その多くは大規模な火山噴火によるものかもしれない。火山灰と硫酸塩の多い煙霧でも、暗闇と寒冷化をもたらすことはできるだろう。一八一五年のインドネシアにあるタンボラ山の噴火は、遠いニューイングランドに、夏の雪と霜による飢饉を引き起こした。インドのデカン火山群は、絶滅の時期の頃、五〇万年にわたって活動期にあった。その溶岩流の体積は、二〇〇万立方キロを超えた可能性があるし、何億トンもの硫酸が放出されたかもしれない(4)。その結果として、酸性霧や酸性雨もあっただろうし、酸性をおびた海水が二酸化炭素を生成して温室効果による高温も生じたかもしれない。さらに、小惑星の衝突の想定と火山の噴火という想定はだいたい両立する。衝突（今ではかなりはっきりしている）が、火山の爆発で苦しんでいた多くの種にとってとどめになったということもありうる。大規模な衝突が火山の噴火を引き起こすのかもしれないという説も出されている。幅一五キロの物体と衝突すれば、衝突地点から一〇〇〇キロ離れたところでも地表が一〇〇メートルも盛り上がったり、陥没したりすることになっただろう。[5]

最大の大量絶滅は、およそ二億五〇〇〇万年前、二畳紀の終わりに起きた。全生物種の七五％ないし九六％が死滅したのだ。哺乳類に似た爬虫類の属が五〇あったうち、生き残ったのは一つだけだった。ここでも多くの原因が組み合わさって大災害となったのかもしれない。急速な海水面の上下があり、大気中の二酸化炭素の増加や深刻な酸素不足もあった。炭素13の炭素12に対する比率は最低に達した。これは、石炭や頁岩が酸化して酸素濃度が大気中では半分、海水中では五分の四に下がったことを示唆することである。さらにこの頃、シベリアのトラップ火山が大噴火を起こし、溶岩が二、三〇〇万平方キロにわたって広がった。しかし当時、一体となって巨大なゴンドワナ大陸の南の部分をなしていた南アメリカとアフリカと南極には、元は一個の三〇〇キロのクレーターの痕跡があるし、アルプス山地の岩石が、小惑星の衝突によるイリジウムを含んでいるという説もある。[6]

いつか地球にぶつかるかもしれない軌道をもつ彗星や小惑星のうち、二〇〇〇個ほどは直径が一キロないし一〇キロの範囲にあるらしい。それより数ははるかに少ないが（数を推定しようとしても、単なる憶測になるだろう）、さらに大きいものがあり、小さいものとなると数はぐんと増える。一九〇八年のツングースカ爆発は、四〇キロ離れたところの木をなぎ倒したが、直径わずか六〇メートルほどの物体によって引き起こされたと考えられている。これほど小さいと、大気圏下層を落ちてくる途中で迎撃することもできない――広島を壊滅させた原爆の爆発でも、一九六五年にカナダの幸いにも誰も住んでいないところにぶつかったレヴェルストーク隕石の爆発程度の威力であり、ツングースカに比べると数千分の一の威力である。大きさが一キロを超え、したがって大量絶滅を引き起こす可能性のある物体は、五〇万年ないし一〇〇万年に一度の割合でぶつかると予想されることもある。[7] 地表には、直径五〇〇キロに達する古いクレーターと見えるものもあり、F・クローズは、「海洋を蒸発させ、地球全体の気象条件に重大な影響を与えることのできる化け物」が一億年に一度くらいはぶつかると説いている。大規模な衝突によるそのエネルギーは、大気全体に均一に散逸したとしても、気温をおよそ二〇〇度ほども上げるだろうというのだ。[8]

大量絶滅、ひいては衝突は、たとえば最近では三〇〇〇万年かそこらに一度といった規則正しい間隔で起きたと言われることもある。これは、オールトの雲という、太陽系の彗星帯で、数千億から数兆の彗星がある部分を、何かが繰り返しかきまぜるせいでそうなるのかもしれない。この雲をかきまぜるものとして三つの候補がある。「ネメシス」という、小さくて暗い、遠く離れている太陽の伴星、[9] 十番目の惑星で、地球より大きく、冥王星よりも二、三倍遠いところにある「惑星X」、密度の高い銀河面をはさんだ太陽系の振動の三つである。ただ、三つのいずれも十分検証に堪えるというものではない。それでも衝突が一定の周期で起きる頻度がとくに高く、我々自身がそういう周期の一つの中で生きているのかもしれない。オールトの雲よりもはるかに近いところで太陽をまわっているカイパー・ベルトには、数兆にのぼる「氷の小天体」があるかもしれない。小天体とはいえ、大きなものもあり、最大のものはもしかすると直径が一〇〇〇キロを超えるかもしれない（一九九五年、D・ジューウィットとJ・ルウが、そのうちの三五〇〇〇個は一〇〇キロを超える大きさがあると推定している）。もしかすると一〇〇万年に一度は非常に大きなものが太陽系の内側へ迷い込んではばらばらになっているかもしれない。その破片の中には、大量絶滅を引き起こす可能性があるほど大きなものが数千個あるかもしれない。[10] 我々は、今しもばらばらになりつつあり、おうし座流星群をもたらしている巨大な破片群による、特に危ない時期に生きているという可能性もあるようだ。

一キロトン規模の大気圏への衝突は、毎年二〇回近くある。一九九四年には、トケラウ島という太平洋にある島の近くで一〇〇キロトン規模の爆発が空を覆った。一九三七年には、直径が二キロ近くの小惑星が、地球本体からおよそ六時間分の距離のところで地球の軌道を横切った。一九八九年にも六時間差のすれ違いがあったが、このときの天体の直径は一キロだった。ガラス質の小球体が存在することから、この三五〇〇万年の間に五〇〇〇億トン規模の物体が四回衝突し、その最後のものはおよそ一〇〇万年前に起きたことがうかがわれる。(11) NASAが出資しているスペースウォッチは、一九八〇年、ある年に「文明を破壊する」彗星あるいは小惑星の衝突、つまり世界の人口の少なくとも一〇％が死亡するような衝突が起きる確率は、三〇万分の一は十分にあるだろうという結論を出した。参加者は、自信をもって言えるのは、この数字が一万分の一から一〇〇万分の一の間のどこかに落ち着くはずだということだけだと認識している。(12) 一万分の一というのは、寿命が五〇年として、その間に大災害が起きる確率が二〇〇分の一だということであり、それよりも心配が少ない三〇万分の一という「落ち着きどころ」にしても、大災害を体験する危険性は、自動車事故で死ぬ確率の六〇分の一程度にはなるということになる。

このような危険性を減らそうとすることは、やってみるだけの価値があるだろうか。『エコノミスト』誌の一九九三年九月一一日号は、ある一年のうちに衝突で人が死ぬ確率を二〇〇万分の一という、非常に保守的な推定を使って、これはアメリカ人にとっては他の自然災害で死ぬ危険性よりも高いということを指摘している。さらに、イギリスの政府が、交通安全の増進を通じて人一人の生命を救うために一二〇万ドルを投じていることを考えれば、先進諸国は、衝突を回避するために年に四億七〇〇〇万ドルを投じると期待してもいいだろうと言う。[13] 二五年にわたる作業で、エレクトロニクス探索装置と、数少ない専用望遠鏡で、幅が一キロを超える危険な天体の九〇％を発見することができた。この計画にかかる費用は、当初の予算が五〇〇〇万ドルと、その後毎年一〇〇〇万ドルだけだ。[14] この望遠鏡が壊滅的な打撃を与える大きな天体が衝突コースにあることを探知したとすれば、衝突を防ぐためにははるかに大きな額をかけてもいいと思うかもしれない。一九九一年にNASAによって編成された迎撃委員会は、このような天体の軌道を、一〇〇メガトンの核弾頭をいくつか、あるいは実に（水爆の父エドワード・テラーが唱えたように）一〇〇〇万メガトン級の核弾頭——おおざっぱに言って、今日の最大の水爆の一万倍も強力なもの——をいくつか使って変えることを提唱していた。こうしたことが出てくると、そういう防御システムも、間違った考えをもつ人の手に入れば、当の彗星や小惑星よりも危険だと思う人も多い。運がよければ、正確に追尾することで、巨大なエネルギーの必要量も減らすことができるだろう。一〇年前に警報が出れば、幅一キロの天体の向きを変えるには、一メガトンの爆発で十分かもしれない。また、レーザー、あるいは宇宙空間に非常に薄いプラスチックの膜で作ることのできる一種の巨大な鏡によって、あるいはさらにねらったところを黒く塗るだけでも、天体を加熱して表面からガスを噴出させ、それを何年にもわたって続ければ、必要な方向転換がもたらされると唱える専門家もいる。[15]

別の可能性として、大規模な衝突の影響から農業が回復できるようになるまで生き延びることができるだけの備蓄を作るということがあるだろう。クローズは、スイスが「一国規模としてはかっこうの出発点となる計画をもっている。二年分の食糧などの必需品を常備できるような地下シェルターをもつことは、国民全員の義務になっている」[16] と書いている。この計画は核戦争に備えて進められたものだが、それ以外の多くの場合にも役に立つだろう。

超新星、銀河中心の爆発、太陽面爆発

超新星の爆発は、一〇〇〇兆メガトンのさらに一〇〇兆倍クラスのエネルギーがあり、巨大な恒星が中心にある核燃料を使い果たしたとき、あるいは恒星と恒星の間で物質が転移するときに生じる。超新星は、わずか数週間以内の間、太陽一〇〇〇億個分の明るさで輝き、そのエネルギーの多くは特に有害な形——X線、ガンマ線、高エネルギーの「宇宙線」粒子——をとる。宇宙線を遮蔽する地球の通常の電磁場も破壊されるかもしれない。紫外線に対するオゾン層の防壁も同じかもしれない。また相当程度の寒冷化と世界規模の旱魃があるかもしれない。[17] ただ、爆発の頻度は非常に推定しにくいが、我々のいる銀河で超新星ができる頻度は、一世紀にわずか一度ないし一〇度、危険なほど近くでできる可能性は、化石によって示される大量絶滅のうち一つか二つについて、それを説明する候補になる程度と予想される。J・エリスとD・シュラムは最近、地球から三三光年以内では、オゾン層の九〇％を三〇〇年にわたって破壊するだけの宇宙線で大気圏上層を襲うような超新星ができる可能性は、二億四〇〇〇万年に一度くらいしかないだろうという計算を出した。[18] したがって、我々は当面は安心ということになるようだ。探してみた結果では、超新星になる可能性がある中で最も近いものは、四〇〇光年という十分な距離にある、みなみじゅうじ座のアルファ星である。

我々のいる銀河の中心では、一億個の超新星のエネルギーに相当するようなエネルギーを放出する巨大な爆発、[19] あるいはおそらく一連の爆発が数百万年にわたって続くという事態が、五億年前に起きたという兆候がある。[20] もっと最近になってそういうことが起こっているかもしれない。もしかすると、中心に向か

って恒星が密集するようになって、超新星爆発の連鎖反応が関係しているのかもしれない。あるいは、銀河の中心にある太陽の数百万個分の質量をもつブラックホールが、とくに大量の物質が落ち込むと必ず巨大な量の放射を出すということがあるかもしれない。爆発的な噴出は、およそ一万年から一〇万年前に起きていて、そのうち観測できるようになる一〇光年ほどの「中心のくぼみ」をもたらすかもしれない[21]。それでも、エネルギーが以前よりも短い期間で放出されるとか、銀河中心よりもずっと近い所からやってくるといったことがないかぎりは、このような現象による大災害で苦しむことになる可能性はあまりない。

中性子星あるいはブラックホールは、出てくるエネルギーが細いジェットに集中しているために、遠方からでも、とくにオゾン層に対して害をなしうるようなエネルギーになるかもしれない(同じことは、超新星のエネルギーの多くにもあてはまるかもしれない。一九九三年一月に、とくに強烈なガンマ線の突発的増大が観測されたのを説明しようとする中で、S・ウースリーは、超新星がそういうジェットを、遠く離れていても検出できるほど出しているのではないかと唱えている)。ジェットであれば、その通り道に何かがある確率は低くなり、ジェットが細いほどそうなる。これも、ジェットがサーチライトのように回っていればそれが我々のところに届く可能性は高くなるが、その分、ジェットにさらされる期間も短くなる。

大規模な太陽面爆発も考える必要があるかもしれない。太陽が、間欠的にすでに何度かそうなったかもしれない対流による撹拌期に入っているとすれば、観測されたいずれの爆発と比べても一〇〇〇倍にはなろうかという巨大な爆発が、近くに超新星ができたのと同じ効果でオゾン層を破壊するかもしれない。とくに、地球の磁場が反転を繰り返す中で低い水準に下がっているときには、そういうことがあるかもしれない。この二五〇万年の間に、そうしたことが一〇回あって、磁場は一回につき二万年に及ぶ間、ほとんどゼロになっている[22]。

しかし、そうしたことは、差し迫った脅威にはほとんどなりえないようだ。何と言っても地球は、何千万年、何億年の間、この種の事象で困ったことになったことはなかったのだ。

ブラックホールの爆発、ブラックホールの合体など

重力でつぶれてしまった領域で、光も脱出が困難なブラックホールは、実際には完全にはブラックではない。S・W・ホーキングが示したように、量子効果によって「蒸発」し、初めは極めて徐々にであるが、最終的には爆発的にそのエネルギーを失う。ビッグバンのなごりで最初は山一つ程度の質量だった微小なブラックホールが、今、爆発段階に入りつつあるかもしれない。このようなブラックホールの最後の一秒に出される全エネルギー量は、一〇〇〇万メガトンあるいは可能性としては一兆メガトンの水爆に相当するものになることがある。しかし、これはすぐ近くに居住地がある場合にのみ脅威となる(比較のために言えば、我々の太陽は毎秒三〇億メガトン爆弾なみのエネルギーを放射している)。それに、ブラックホールが銀河の中にいくつもあるとしても、最も近いものは、「少なくとも冥王星くらいの距離は離れている」と、ホーキングは推定する。[23] さらに、一兆メガトンという数字が正しいとすれば、銀河の中の我々のいる地域で蒸発するブラックホールは、一立方光年、一〇〇年あたりで計算すると二個にもならないだろうとも言っている。

二つの大きなブラックホールの合体には、質量の四〇%がエネルギーに変換されるのに相当するという、さらに膨大なエネルギーの出力が伴うかもしれない。最近の研究では、我々の銀河には、一億を超える大きなブラックホールがあると言われている。この数字は、ブラックホールを探知するのは難しいことなが

ら、すでに我々の銀河で見つかっている数（たとえばはくちょう座にある二個）と、E・ファン・デン・フーフェルによる最後にはブラックホールになると予想される超巨大な星の数の計算から出てきたものである。[24] とはいえ銀河の大きさを考えれば、ブラックホールの合体にまつわる危険は、実際には非常に小さい可能性が高い。

同じような見解が、中性子星どうしの合体にも言える。これらブラックホールの合体と、中性子星とブラックホールとの合体は、しばしば、一年に数百回あちらこちらの方向からやってくる強烈なガンマ線の突発的増大を引き起こしているとされる。線源の広がり方や、明るさと波長の分布は、膨大な距離のところでの極めてまれな事象に由来するとすれば、きちんと説明できるだろう。近くではなく、遠いところにあると観察されることになるのはなぜだろう。もしかすると、単に遠くの銀河の方が、近くの銀河よりも数が圧倒的に多いからというだけのことかもしれない。その説明が正しいとすれば、そういう事象は、何分の一秒から数分という期間の間に、太陽よりも一兆倍のさらに一〇〇万倍の速さでエネルギーを出していることになる。S・ソーセットによる最近の計算では、我々から二〇〇〇光年以内のところでバーストが起きると、数年にわたってオゾン層が消失することになり、そういうバーストは数億年に一度の割合で起きるとされている。[25] エネルギーの流出は、銀河にある他のすべてのエネルギー源を合わせたものよりも一〇〇〇倍も猛烈なものになるだろう。しかしこの種のことは、銀河の中心近くで起こる頻度の方が高いと考えられ、今では実は、およそ二万七〇〇〇光年離れている銀河の中心で、一五〇〇万年ほど前に、超新星一〇万個分のエネルギーという非常に大規模な爆発があったことをかなりはっきり示す証拠（拡大しつつある、殻や物質のリング）がある。

その他の可能性として、ホワイトホールの「ミニバン」という、ビッグバンの「テンポがずれて」、極端に遅れている領域がある。J・ナーリカーは、宇宙論学者がこれについて考えるのをやめたのは早まっていると説いた。その説明では、その可能性を棄てる理由は、「ホワイトホールは、それが爆発してほどなく、周囲の媒体に取り込まれてしまい、ブラックホールに変わる」ことを示すとされる計算にある。彼は、その計算が基づいている仮定に欠陥があり、ホワイトホールは、観測されている高エネルギーの宇宙線やガンマ線のバーストを説明することのできる「エネルギー機構」かもしれないということを示す。[26] また、M・A・マルコフは、源初のブラックホールが、数十億トンの質量をもつ「群れ」の形で存在するかもしれず、そのような群れであれば、「相当のあるいは破局的なエネルギーの放出」のもとになる可能性があると書いている。[27] P・C・W・デイヴィスの指摘するように、一個の大きなブラックホール（あるいは、別の星のまわりの軌道からはずれ、はみ出した惑星、あるいは赤色矮星も）が、「見えないまま、警告もなくやってきて、太陽系に混乱をもたらす」かもしれない。[28]

このような事態も言及に値するが、それらが深刻な差し迫った危険を表しているようには見えないのも確かだ。地球がこれまでにそういうもので面倒なことになったというしるしもなく、今ある証拠からは、もっと激しいものが我々の銀河で起こるのは極めてまれなことである。たとえば、中性子星がこの銀河の中で衝突するのは一〇万年に一度くらいしかないと考えられている。

遺伝子工学

遺伝子工学は、生物戦争に貢献する可能性（1章を見よ）を別にしても、極めて危険だと考えていいかもしれない。実際、この分野は複雑で、その危険性は推定がしにくい。専門家の大半は、少なくとも公には、落ち着いて科学的に推測した結果や、これまで大災害がなかったことからもわかる通り、大きな心配の種にはならないと言っている。たとえば、B・K・ツィンマーマンの『バイオフューチャー』(*Biofuture*) 3章「不安で震えがくる」を見よう。そこには、「どんぐりの実を空のかけらだと思い込んで、仲間を集めると、王様のところへ押しかけ、空が落ちて来ると言ったかわいそうなひよこ〔チキン＝臆病者〕のリトル」の話が出ている。[29] しかし、本当に情報不足だったり非合理だったりするのでなければ、今人類が直面している危険性のどれと比べても同じくらいの危険性があると考えてもいいだろう。専門家の間に合意があるように見えることからして、科学的な知見よりも社会的圧力の方から説明できることかもしれない。遺伝子工学を制約しようとすると、原子力発電所に対する規制の場合と同様、ただ業界に影響するのではなく、大学や研究所の科学者の給与や研究費までも脅かした。その結果、はっきりした証拠はまったくないにもかかわらず、即座に戦線は統一されているようにふるまっているのだと言われることがある。[30]

いずれは高等生物のDNA分子——細胞を組み立て制御するコンピューター・プログラムのようにふるまうもの——を、「遺伝子機械」で組み立てられる単純な化学物質から、すべて製造できるようになるかもしれない。しかし今のところ、遺伝子工学はだいたい、単にいろいろな生物から取ってきた遺伝子物質の長い帯をつなぎ合わせているだけのものである。ある生物のDNAが、酵素の助けでばらばらにされ、そこから抜き取られた部分が、細菌や植物や動物に運ばれる。これはプラスミド、リポソーム、ウイルス、小さな銃で発射される弾丸といったキャリアによって行なわれる。その結果としてできる遺伝子工学による生物は、たとえば、糖尿病の治療のためのインシュリンや、癌患者の助けになるインターフェロンを生産するバクテリアということになるかもしれない。インシュリンやインターフェロンそのものが、「遺伝子操作されたもの」と言われることになるだろう。

遺伝子工学の潜在的な恩恵は巨大だ。人類や家畜の病気が、遺伝子工学でできたワクチンや抗生物質で治療できる。遺伝子の欠陥（たとえば、正常なヘモグロビンが生産できず、ベータ地中海性貧血という致命的な血液の病気になるというような）が修復できる。植物が霜や塩害や病気や害虫や農薬に抵抗力をもつようにすることができたり、新しく窒素固定能力（肥料の必要量を減らす）を与えることもできる。遺伝子工学でできる子牛の成長ホルモンで、ミルクの生産量を高めることができる。生物に、化学物質を大量に製造したり、枯渇したように見える油田から油を抽出したり、産業廃棄物を食べてしまったり、あるいはさらに火星を地球化する（火星を居住可能にする）力をもたせることができる。人間のゲノムを少し修繕することによって、老齢化を遅らせることもあるかもしれない。こうしたことは「不自然」かもしれないが、それを言うなら靴もトラクターも補聴器も盲腸の手術も家もパラシュートもなだれの防護フェンスも不自然だ。癌、伝染病、地震があり、生まれつき目が見えなかったり奇形があったりする人々がいる世界において、「自然」であるというだけで当然いいというようなものはない。

他方、劇的な利益をもたらす生物を創造する技術が、有害なものを創造するのにも使えるというのも現実的にははっきりしている。世界には犯罪者や善人でも間違いを犯す人にはことかかない。会社の株を売るときには、遺伝子工学者が、その方法は、たとえば従来の農業で行なわれている交配という方法よりもはるかに強力だということがわかるだろうと説くのはいい。その場合でも、自分のしていることが新しい危険をもたらさないとは論じてはならない。確かに人工的に開発された生物が野生ではうまく生きていけないという事例はいくらでもあるだろう。しかしそういう生物――クローバーについているような窒素を固定する根粒を与えられた小麦の品種――は、自然の競争相手を凌ぐ事例もたくさんある。

人類を憎んでいる人でもなければ、人類の中に数か月にわたって精子の生産を抑止するサルモネラ菌をばらまこうと密かにたくらむという考え方はばかげていると思えるのではないか。ところが、序論にも記したように、まさにそういう計画が、アメリカの大学で密かに考えられたことがある——精子の生産を抑制する物質を生産できる能力があれば、細菌が生き残るのを妨げることになり、それで細菌はすぐに死滅してしまうことになると考えられたのかもしれない。我々は誰でも、いつもある程度はふつうのサルモネラ菌に感染している。 幸いなことにこれらは精子の生産を抑制はせず、さらにもう少し運がよければ、このサルモネラ菌は、遺伝子工学でできた変種よりもたくさんの子孫を生むことになる。しかしそうでなかったらどうなるだろう。こうした反論を抑えるには、細菌に自殺する傾向を与える、いわゆる「カミカゼ遺伝子」と呼ばれるもの、適切な薬を服用すれば自在に活性化できる遺伝子、逆に服用をやめればすぐに起動される遺伝子を装備するだけでは十分ではないかもしれない。 難しいのは、問題の遺伝子をなくすような変異を経た細菌も、制御できないほどに再生するかもしれないということである。

遺伝子工学で手を加えて害虫の攻撃を退けるようにした作物は、増えすぎて困ることにはならないのだろうか。 あるいはその新しい「害虫に対する抵抗力がある」という特性が、自然界ではあたりまえに行なわれる——最近になってやっと認められるようになった——遺伝物質の一種の交換によって、作物に害をなす雑草に伝えられることはないのだろうか。

また、以前の世代の人間よりも遺伝的にすぐれたものにしようと「改良された」人間が、ある病気、もしかすると新しい種類の癌にかかりやすいということはないのだろうか。 そういう病気が、人類がすべて「改良」をほどこされた後になってからはじめて現れたりしたら、とくに危険になるだろう。 我々の細胞のDNAは、分裂をある程度の回数繰り返すと死ぬようにプログラムしている。 この回数を増やせば老化は遅らせることができるだろう——しかしそうすると、改良された細胞が、とめどなく分裂を続ける腫瘍細胞に似たものになる。死がプログラムされているというのは、癌で早死にすることに対する防御なのかもしれない。

遺伝子接合、「DNA組み換え」の技法が一九七〇年代の中頃に現れると、それに携わる人々は自発的に、いろいろな危険をもたらす可能性のある実験について一年の延期を受けいれた（P・R・ホイールとR・M・マクナリーが説明するように、世間の心配が最初に上がったのは、スタンフォード大学の研究チームの、「シミアン・ウイルス40という腫瘍ウイルスを、それを、人間の消化管にふつうにいる細菌である大腸菌でクローンを作ることによって研究する」という計画によるものである。このウイルスはハムスターに癌をもたらし、癌を引き起こすDNAが人間にも広がるのではないかという不安が生じた）[31]。アメリカ国立衛生研究所（NIH）は、すぐに「DNA分子組み換えを含む研究のための指針」を出した。この指針は、政府が資金を出す研究計画でなければ法的強制力はなかったが、すぐに広く守られた。そして最初は厳しかった。遺伝子操作を受けた生物を環境に出すことは禁止されていた。防護服を着て、穴が開いていても粒子は内側に流れ、外の世界には出ないように圧力を低くした建物で作業する専門家によってのみ行なわれるべき実験が多かった。さらに、生物は実験室の外で生き延びる可能性を低くするように「障害を与え」なければならないことも多かった。

バイオテクノロジー産業の登場による圧力、中には制限がない国で実験を行なうまでだという直截的な脅しがあったせいで、NIHの指針はあまり法的強制力をもたないままになった。さらに、「ほとんど無意味になるほど」――指針の策定に活躍した生物物理学者のR・L・シンシャイマーの言を借りれば――骨抜きにもされた。シンシャイマーは、NIHへの書簡で、骨抜きの影響は、「すでに強力な病原体だとわかっているものでなくても、DNA組み換え実験のすべてで事故が起きる可能性が無視されることだ」と抗議している。[32] 一九八六年、ホワイトハウスでの環境の質に関する会議の一つは、連邦の機関に最悪の事態の想定を検討することを求めるような規則を削除するところまで行った。そのような災害を防ごうとすると、「仮説と思弁をかぎりなく」増やすからというのが理由である。[33]

規制緩和には確かに言い分もあった。とくに、遺伝子に障害を与える手法はいくつもできあがっていた。生物に手を加えて、通常には存在しない化学物質がある場合にだけ生き続けられるようにしたり、子孫を何世代までもてるかを制限するように遺伝子を挿入したりすることもできた。ただ、野に放たれたときに自然の生物よりも繁殖する可能性が高い生物の開発を防ぐような規制は、しっかりとは行なわれていない。この状況は、遺伝子の不具化がうまく行くのは一時的なことにすぎないかもしれず、一つの種にもちこまれた変化が他の種にも広がることがあるということを示す発見があってからも続いている。とくに、T・ビアズリーの言葉を使うと「微生物の世界全体に、同じ種の微生物どうしだけでなく、関係の薄い微生物の間でも、あるいは細菌とウイルスの間でも、遺伝物質の嵐が自由に吹き荒れる」ということが急速に明らかになりつつあった——危険性ということから言えば、ウイルスは、機能する遺伝子をまるごと交換することで進化し、別の種のウイルスに簡単に遺伝子を移すことができるので、事態はさらに悪い。[34] 微生物は、たとえば複写に必須の部分を除くというように遺伝子に障害を与えても、欠けている材料をよそから簡単に手に入れることができる。イギリスの安全審査官が、バーミンガム大学の、障害を与えられていない形では発癌性のある生物を使った遺伝子操作をやめさせたのは、まさにこの理由による。[35] 遺伝子を運ぶものとしてウイルスを使うと、遺伝子は植物どうし、あるいは人間と他の哺乳類というように移動することができる。運ぶものが必須ではないということもある。海洋の細菌には、他の細菌が死んで分解されて漂っているDNAを取り込むものがあるということがわかっている。[36]

ある意味では、確かに、このような発見は単に遺伝子工学の実験があまり脅威にはならないという見方を強めるだけだ。「自然はたえず同様の実験を行なっている」と言うこともできる。しかし遺伝子工学は、自然が何百万年もかけてはじめて対抗できるような離れ業を行なうこともあるということは忘れないでおこう。従来の育種家、作物学者、ワクチン開発者には達成できない利益のもとになっているのは、まさにそこなのだ。さらに、その成果の一部には、自然では決して再生できないことがほぼ確実なものもある。生物のダーウィン主義的適応度を増大するような修正の中には、個々に現れれば致命的になるような変化がいくつも同時に発生してはじめて現れるものもある。遺伝子工学は、そういう修正が確実にいっしょに起きるようにすることができる。さらに、〔六四ある〕遺伝子のアルファベットに、六五番めのコドン－アンチコドンの対を加え、それによって根本的に新しい蛋白質への道を切り開くというようなことも、実際に行なわれている。[37]

ここにどういう大きな危険が潜んでいる可能性があるのだろう。はっきりとは言えない。今は、そのこと自体が、どういう危険であれ、それを増幅する。はっきりしないから、すぐに破ることのできない制約を立てることが非常に難しいのだ。遺伝子工学者も我々と同じ人間で、自分の計画が人類の進歩を左右するような重要性をもつと思い込みやすい。おまけに、彼らの領分は、巨額の金が注ぎ込まれている分野でもある。

ホイールとマクナリーは、「アメリカの保険業界は、これまで遺伝子を組み換えた微生物を実地に試す際に起きる事故に対する保障を行なう保険を提供しようとしなかった」と記している。[38]

コンピューターによる災厄と、コンピューターによる人間の置換

核ミサイルをコンピューター制御のもとに置くのはすぐにあぶないとわかるが、それはそれはコンピューター革命から破局がもたらされることのほんの一例である。

(a) たとえばテロリストの爆弾による電磁的衝撃が都市全体のコンピューター回路をだめにするなどの妨害工作にさらされやすいだけでなく、複雑な電気ネットワーク、電子機器ネットワークは、たいていのものが予測できない崩壊を起こしやすい。一九六五年、ナイアガラ瀑布近くの発電所でのリレー装置の故障は、大混乱を巻き起こした。カナダのオンタリオ州とアメリカの七つの州の大半が、数時間にわたって停電した。一九九〇年と一九九一年には、アメリカの電話網で大規模な機能停止が生じた。首都は孤立し、いくつかの空港が閉鎖された。原因がコンピューターのプログラムの中でのある行でたった一文字が間違っていたことという例もある。そのために、ある交換センターが復旧したことを伝えるメッセージが、隣のセンターを麻痺させるということになった。そうしたセンターが復旧すると、そのメッセージがまた別のセンターを麻痺させるということが続く。世間は、コンピューターのハッカーの仕業だと確信していた。人々には、巨大な「サイバースペース地滑り」が、意図的な計画なしに生じるなどということは、まったく理解しがたいのだ。それでも、一九七二年、さらに一九八〇年、ロサンジェルス経由の道をとるメッセージに大きなマイナスの遅延《ディレイ》が得られるよう指示するというエラーによって、同様の障害がコンピューター・ネットワークを覆ったことがある。その指示によればメッセージが着く前に先へ送られることになり時間を節約できることになる。この論理的に不条理なメッセージはロサンジェルスからアメリカを横断し、

あるところでそれを除去する努力をしても、再び別のところから入ってきて無駄になった[39]。

一九九二年、ブリティッシュ核燃料社が、セラフィールドにある同社の巨大な新しい核燃料再処理施設を制御するソフトウェアの初期バージョンに、二四〇〇か所の誤りを発見した。そのうち一〇〇か所は、「安全システムに負荷をかける」（開発責任者の慎重な言い方を用いれば）可能性があった。コンピューターのプログラムが二〇〇〇行以上のコードでできている場合、そこからすべての欠陥を見つけるのはほとんど不可能に近い。時間をかけて実地に動かしてテストしても、欠陥が明らかにならないこともある。妥当な数理的前提のもとでは、あるプログラムが、それまできちんと動いていた時間と同じ時間の間きちんと動く可能性は半分しかない。大規模にテストされたあるプログラムでは、残ったエラーの約三分の一は、およそ五〇〇〇年に一度だけ故障を起こす可能性がある、「五〇〇〇年もののバグ」だった[40]。

人類が滅びる日を予測しなければならないとしたら、西暦二〇〇〇年一月一日というのはいちばんいい狙い目かもしれない。多くのコンピューターに内蔵されている時計は、おそらく軍事システムのものも含めて、この日付ががらりと変わる事態を処理しきれない。すでに「年末をはさむようなスペースシャトルの打ち上げは延期したという信頼すべき報告がある[41]」。最近では、コンピューターのソフトウェアを世界中で改修し、次の一〇〇〇年紀がスムーズに始まるようにするためには、五〇〇〇億ドル〔六〇兆円以上〕かかるという試算もある[42]。

(b) ロサンジェルスのマイナスの遅延の指示というエラーは、コンピューターのプログラマーが不注意だったことによるものではない。通信ネットワークに、「自然発生的に進化した、きわめて抽象的な、自己再生する、単純でランダムな変異によって形成される生命体が棲みついた」のだとH・P・モラヴェクは書く。自己再生する存在（コンピューターのコードの一定のまとまり）が見つかるのは、その影響が大きくなったからに他ならない。「それがもっとわかりにくい動き方をしていれば、もっと長く生きていたかもしれない。主のないプログラムの間には、「再生せよ、ただし身をひそめて」という強力な自然選択の規準がある。多くのあやしまれていない生物がすでにたくさんコンピューターのメモリーの中で静かに暮らしている可能性は高い」とモラヴェクは続け、さらに「コンピューターにあるどのデータも複製される以上、この問題は広い範囲にわたっている」と指摘する。[43]「身をひそめる」ためのうまい戦略は、人為的に作られた、コンピューターの中で許可もなく自ら増殖するように設計されたコードのかたまりである「コンピューター・ウイルス」における変異によってもたらされるかもしれない。これらにある程度の知性を与えたり、エイズ・ウイルスのように急速に変化して、今や商業的に手に入る「ワクチン」プログラムを逃れられるようにしたりすることは、その成功度を高めるわかりやすい手段である。一九九四年、『PCコンピューティング』誌は、「突然変異《ミューテーション》エンジン」というパッケージ・ソフトの存在を報じている。これは、いたずらをしかける人に、広がるにつれてつねに変化するよう設計されたウイルスを提供するというものである。コンピューターが複雑で高速になれば、それだけ、モラヴェクが言う電子の「鼠、コヨーテ、犯罪の達人たち」が、ごく単純なコンピューター・ウイルスから、驚くほどの速さで進化するような「サイバースペースの世界」が大きくなる。その進化は、「他のプログラムやウイルスのコードの一部を規則的にコピーして試してみる能力――コンピューター・ウイルスのセックスの始まり[44]」によって、支援されるかもしれない。これまでに製造されたコンピューター・ウイルスのうち、多くのワクチンがあるにもかかわらず、絶滅したものはまだほとんどない。

　ずっと以前に、N・A・バリチェリは、少しずつ違うところのあるコピー、つまり言わば「変異した子供」が進化して（成功度が劣るものはつねに除かれるから）もともとは知らなかったルールの簡単なゲームをプレーするように改良されるようなコンピューター・プログラムを開発した。コンピューターによる複製はとてつもない速さで生じる。このことは、生命の起源としてありそうなものを、何百万年もかけて試験管での実験を行なわないで調べようとする科学者によって利用されている。その一人は、「安全性の問題」――進化するRNAのモデルが他の人のコンピューターに入り込むとそれが独自の生命を得る危険――を指摘されてたいそう悩み、そのプログラムを標準的なコンピューターでは読めないようにした[45]。

(c) それでも、コンピューター上でひとりでに進化する知能は、この領域における主な脅威ではないことは自明に見えることもある。それよりずっと心配なのは、人間がわざわざコンピューターに大きな知能と権力を与えようとすることかもしれない。

まず、国家は、コンピューターに自分たちの工場やたくさんある政府機能を制御させることによって、競争力の面で相当の利益を得ることができるかもしれない。R・A・マクゴーワンとF・I・オードウェイが記すように、その場合に危険なのは、もしかすると機械が、「政治的指導者にはまったく理解できないような戦略によって」それに与えられた権力に残った制限をだんだん乗り越えるかもしれないということである[46]。アイゼンハワー大統領が「軍産複合」と呼んだものにある強力な諸因子は、すでにそれを抑制しようとするあらゆる企てを回避できるという不気味な能力を示している。それは個々の軍の指揮官や業界の上層部が軍備抑制に賛成しているかどうかとは無関係に繁栄するように見える。

マクゴーワンとオードウェイは、巨大なコンピューター、「想像を超えた権限の集中という独裁体制」に支配されても、「通常の意味での奴隷制」を意味することにはならないと考えている。むしろ、「直接の結果としては、比較的ユートピア的な社会になるだろう」という。ただ長期的に見ると、人間による生産は「無視しうる程度の重みしかなくなり」、そのため「オートメーションは人類を放棄して、もっと環境のいい宇宙という牧草地に移住することになるだろう」という。「宇宙には、知能をもつ自動機械が、知的生命体よりもずっと広がるかもしれない」[47]。さらに気味の悪い想定を考える人々もいるが、K・E・ドレクスラーは、AI（人工知能《アーティフィシャル・インテリジェンス》）システムが、自らもっといいAIシステムを設計、構築できるだけのものになると、「国家がその軍事的能力を、わずかな時間に桁違いに拡大することを可能にする」と書いている。世界にはすでに国民を苦しめ監視する政府があり、進んだ技術はそれらに道を開く可能性を広げるだけだとも言う。「言葉を理解するAIシステムを大量に利用すると、それらの国家は一人一人が言っていることを聞くことができるかもしれない」。しかし、そんなことは望まないかもしれないとも言う。「進んだ技術があれば、国家は国民を支配する必要もない——ただ人々を棄ててしまうこともできるかもしれない」のだ。人工知能システムがあれば、「ものを作り、動かし、育てる」労働者だけでなく、「技術者、科学者、管理者、さらには指導者さえ」置き換えることができるだろう。「国家は誰を棄てても、あるいは（原理的には）全員を棄てても栄えることができる」。栄えるというのが、経済的・軍事的闘争において他国を負かすという意味であれば[48]。

　世界政府ができても、それは全体主義的になってあまり気持ちのいいものではないだろうと論じられることも多い。といって、国家間の競争は、すぐにもっと悪いことにつながりかねない。国民の利益になることではなく、単に他の国々を経済的あるいは軍事的に負かすことを主なねらいとしてプログラムされた機械に自らを委ねるほど国家が倒錯しているとするのは、まったくおかしなことに見えるかもしれない——それでも、国民の幸福よりも他国を負かすことの方にはるかに関心をもっている国家がどれほど多いか、そして、他国を負かすことを最優先にすることができなかった国家が、地図の上から抹消されるという深刻な危険を犯すことになりかねないことを思い出してみよう。

(d) 最後に、すべての人——あるいは少なくとも、難なく人類と認められるすべて——を放棄することを、人類自身が企てることもありうる。人類が選ばれた個人の心の過程が機械に「転移」される期間をおくかもしれないが、進んだコンピューターと入れ代わるという考え方を歓迎する論者もいる。そうした個人の脳は、何か月あるいは何年かの間コンピューターにつながれ、転移が完了するまでコンピューターと協同して考える。

マクゴーワンとオードウェイは、コンピューターは、言わば、新しい知識をすべて備えて生まれ、事故でもなければ死ぬことはないと予想されるので、「無限に長い寿命」をもち、パラノイアとか神経症とか鬱病とかにならず、それぞれがその思考過程の特性を制御できるといった利点をもちうると指摘している。「心的、物理的な容量を無限に大きくする」ことができるだろうし、必要なら複数のものがそのアイデンティティを融合することもできるかもしれない。たとえば真空中など、広い範囲の環境で動作することもできるだろう。[49]

実際、モラヴェクは、自分について「人類はその最後の世紀にあると明るく結論し、ことが運ぶのをどう手伝うかを説く文章を書いている」と言っている。機械が自らの設計と組み立てをこなせるほど頭がよくなれば、じきに急速に知能が前進することを期待する。彼は、「我々のDNAは失業」し、新種の「遺伝情報」、つまり「知識だけ」が心から人工の心へと伝えられる、ほとんど不死に近い、はるかに柔軟な搬送体に松明を引き継ぐと書いている。[50] それ以前にも彼は、初めて「限りある身体への束縛から解放された人間の思考」、プログラムやデータがコンピューターからコンピューターへ伝えられるように、人間の脳から人工知能をもった機械へと伝えられる思考ができるかもしれないと言っている。その上で彼は、人工知能研究に使用されているほとんどすべてのコンピューターが、せいぜい昆虫なみの情報処理力なのに対し、二〇三〇年までには人間の脳に匹敵するほどの複雑さをもったシステムが存在するかもしれないと表明している。そういうシステムは、一〇〇〇兆ビットものメモリーをもち、一秒に一〇兆回の計算を行なわなければならないだろう。商業的な競争をはじめとする競争により、我々は事実上このようなシステムをもたざるをえなくなる。「ほとんど選択肢はない」。しかしモラヴェクの見方では、機械による人間の「遺伝子の引き継ぎ」は、喜びのもとになるだろう。いずれ、超高密度の物質を使えば、「人間の頭の一兆倍のさらに一兆倍のパワーをもつシステムを組み立てる」ことができるかもしれない。[51]

ここまで来ると、どの人間にも負けないくらいうまく周囲に反応するコンピューターについて「意識をもたない」と断言するのは的外れということになるだろう。コンピューターがチェスの名人に勝つことができても「チェスが得意とは言えない」と言うのに似ている。しかし、巨大な情報処理の腕があっても意識といいえるようなものにはならないという見解をもつ人は多い。そのような見解には、様々な非常に説得力のある根拠がある。

まず、生まれながらに盲目の人の場合を考えよう。F・C・ジャクソンやR・スウィンバーンのように、脳でいろいろな活動のパターンについての知識の量が増えても、黄色や青を見るとどういう感じになるのかを理解できるようにはならないと主張する論者は何人かいる。[52]同様の説は、あらゆる感覚作用に対して行なわれるかもしれない。それに従えば、コンピューターは、いくら内的活動をたどり続けられる（コンピューターがあたりまえにやって、それを制御しそれについて報告する）ようになっても、実際に盲目の人間以上のことができるようになるわけではないことになる。確かにコンピューターは黄色の対象と青い対象とを区別するかもしれない。車輪があれば、「痛い」と声をあげて有害な刺激から逃れるかもしれない。それでもコンピューターは、我々が正しく色を意識したいと思うようには色を意識できるわけではないし、人間が機械をけっとばしても、機械に本物の痛みがもたらされるわけではない。

次に、Ｊ・Ｒ・サールは、自分がやっていることをきちんと理解できるようなコンピューターはないと論じている。いくらそれが「チェスで勝っても」、極めて複雑なルールブックを見ながら漢字（で書かれた質問）に別の漢字（による適切な答え）を合わせても、当人はそれらの文字を無意味ななぐり書きとしか見ていないまま「中国語でうまく受けこたえしている」人のようなものだ(53)。

しかし、必ずチェスで勝ったり、痛いと叫んだり蹴られると逃げるコンピューターと人間とが異なる重要な因子とはいったい何だろう。機械がその内面の活動パターンをたどることができても、「その活動パターンについてのきちんとした全体像」は把握しているとは思えない——しかしそこで言われていることはいったい何なのだろう。スウィンバーンは、「いくつかの心の事象が同時にあるというのはふつうの主体の状態である。ある一瞬において、足がつって、自分の声を機器、自分の腕の動きが見える」と書いている(54)。それでも、彼にこう聞いてもいい。コンピューターの状態は「ごくふつうの主体の状態」でもあるということはありえないのか。その内的な活動のパターンはチェス盤の上の三二の駒や、声や動いている腕を、「きちんとした」形で表象していることはありえないのだろうか。

ひょっとすると、多くの人々をとまどわせる——私はとまどう(55)——ことは、コンピューターはまったく別々に存在する部品の集合に見えることもあるということだ。部品のそれぞれは、（少なくとも論理的な可能性としては）他の宇宙が消えても存在し続けることができる。それに対して意識は、イギリスの観念論哲学者のＦ・Ｈ・ブラッドリーの言葉を用いれば、「多くのものを一つにまとめ、多様を一つのまとまりにしている」。ブラッドリーは、このまとまりを「ある関係にすぎない」と考えること、つまり、要素が複雑な時空あるいは因果などのパターンにおさまる様子についてのある事実にすぎないと考えることは、「実に奇怪だ」と考えた。

ここでスピノザに従って、宇宙の部分部分をそれらはすべて、一個の存在の「モード」、「様相」にすぎないとする、すなわち、要素は、さくらんぼの赤さや湖の幅のように、切り離しては考えられないものとしたくなるかもしれない。それでも、スピノザに従う人々も、宇宙にはいろいろな部分があり、それが別個に存在しているということが、論理的にありえないことは自明というわけではないのは認めなければならない。また、その部分のいくつかの集合は、とくに密に統一されているということもある。とすれば、コンピューターをそのような集合の一つと考えるべきではないのだろうか。人間の脳を、劇的なほどにうまく統一のとれた、生物学的コンピューターのように見ることはできないのだろうか。

ありうる答えは、人間の脳が実際にまさしくコンピューターではあるが、そういうものであるということは、電話で長い間インタビューしても人間で通るほど情報処理がうまいかどうかということだというものである。我々の脳は、量子効果を利用することによって、高度に望ましい種類の統合をそなえたコンピューターになりえているのかもしれない。量子力学によって可能になるそういう統合は、実際には複雑な情報処理に不可欠というわけではないが、そのために非常に有益でありうるのかもしれない。しかしそれが望まれるのは、そのような意味で有益かどうかの問題にすぎないというわけではない。人類がコンピューターにとって代わられるということを考えよう。その場合、コンピューターは、以下のような理由でこの特別な種類の統合（量子的統合）をもっていなければならないというのが、筆者が強く主張するところである。量子的効果によって「一個の全体に融合」しない意識は、それ自体の価値をまったくもたない可能性が十分ある。量子的統一化なしには、意識の状態を形成する要素が現にあるような存在にはまとまらないかもしれないのだ——それらの要素が、それが集まってできる存在が内在的な価値をもつ、すなわち他のことではなく、それ自身が倫理的に求められるようになるような諸要素であるかどうかを筆者といっしょに問うときに問題になるのは、その現にあるような存在である。[56]

脳が、少なくともある鍵を握る領域においては、量子効果によって統合されていると考える論者は何人かいる。量子論によって、複雑な系は古典物理学によるよりも、はるかに緊密にまとまるようになる。たとえば、様々な粒子（ボース＝アインシュタイン統計に従う粒子は、量子論をもとにしてのみ理解できる）は、ほとんどその個々のアイデンティティを失い、たとえば、箱に二つの粒子があるとき、二つともが箱のいずれかの片方の半分に存在する確率は、予測されるような二分の一ではなく、三分の二になる（これは二つの粒子が別々の半分にあるときの二つのあり方、つまり、粒子Aが左にあり、粒子Bが右にあるのとその逆とを区別することができないからだ。粒子AとBは、ある意味で「そのアイデンティティを融合してしまう」のだ）。D・ボームは、「現代物理学をもとにすれば、生命をまったくもたない物質でも、それはある空間を占めてばらばらに存在する対象を構成する物にすぎないというデカルトの考え方では完全には理解しえない」と書いている。つまり「粒子の相互作用は、全体としての系に属する共通の情報プールに依存すると考えられるかもしれない」ということだ。[57]後にB・ハイリーとの共著で、ボームは意識において「最も根本的な経験」は、自分の意識の一部が「それぞれどうして流れ込んだり流れ出したりして、ある意味でお互いを包含している」ということだとも言っている。[58]

R・ペンローズは、「量子的相関は広く隔たったところの間でも生じうる」し、したがって、「脳の広い領域どうしで明確な役割を」演じているかもしれず、これを意識の特徴の一つと思われる「一個性」あるいは「大局性」の基盤と見なしたくなると指摘する。[59]後にはまた、「この意識の『一個性』と量子的並行関係との間には何らかの関係があるかもしれないと考えられる」。つまり、「量子のレベルでは、いろいろな選択肢が、線形の重ね合わせの形で存在できる」ので、我々は「一個の量子状態が、原理的には同時に生じている多くの活動でできているかもしれない」と言いうるとも言う[60]。

思弁的には、生物学によるこまごまとしたことが、様々な論者によって構図に加えられている。とくに、I・N・マーシャルは、「意識の状態の統一性と複雑さ」に感心し、「古典的な物理系ではどうにもならない」と確信して、「量子系の中ではボース＝アインシュタイン凝縮がぴったりの特性をもっている」と記している。超流動のヘリウムは、「長距離の秩序と構成単位のアイデンティティの共有」をもっており、そのような凝縮の一つである。この種のものは「必要な統一された多様性」を提供できるかもしれない。そのときには、H・フレーリッヒは、ボース＝アインシュタイン凝縮に似たフォノン・ポンプ系」が生きた脳の温度で存在するかもしれないと指摘していた。そのような系は、マーシャルの指摘では、「意識の状態を表すメタファーとしてホログラムを用いようとする最近の試みにとっての具体的な物理学的基盤」を提供できるかもしれない[61]。ホログラムのそれぞれの小さな領域が、全体についての情報をコードとしてもっている。M・ロックウッドは、『心身問題と量子力学』(*Mind, Brain and the Quantum*)という本で、そういう考え方に関する魅力的な議論を行なっている[62]。

ナノテクノロジーによって引き起こされる災厄

「ナノテクノロジー」とは、ナノメートルつまり一〇〇万分の一ミリ程度の部品でできた複雑な機械を利用することである。そうしたものを作ろうとすれば、一個一個の原子や分子を、非常に精密に操らなければならない。そこにかかわる学問には、化学、液体物理、工学といったものがある。R・P・ファインマンは、「下には下がある」という論文において、機械でそれより小さい機械を作り、それがまたさらに小さい機械を作る……ということを唱えている。[63] また別の行き方は、マイクロエレクトロニクス産業の用いるもので、写真で縮小した鋳型とコンピューター制御した切り出し用の光線を用いるものである。あるいは走査トンネル型電子顕微鏡を用いて、一つ一つの原子を望むところへもっていくことができる（そうやって「IBM」の文字が書けた）。また、化学者は、熱運動で原子が接触したときに「自己集積する」ことを用いて原子を間接的に走査する仕事をしてきたが、ナノテクノロジーの人たちは、原子を化学結合ではなく、たとえば水素結合のようなもっと弱い結合でつなげる方を選ぶかもしれない。

すでに水素結合、ファン・デル・ワールス結合、疎水性の相互作用に基づく結合が、光によって起動される類の自己集積する「分子スイッチ」を作るのに用いられている。[64] 今後二世紀の間に自己集積から自己再生への一歩が踏み出されることも、おおいにありうる。単に他のものを「組み立てる」だけでなく、スイッチやロッドやローターを何千個と含むナノマシンが、自らの完璧な複製を生産する「複写機」になるだろう。J・フォン・ノイマンは、自己複製する機械の一般理論を展開した。[65] この理論は、後に、DNAやRNAやたんぱく質が自然に自己複製するときに行なう相互作用によって、みごとに例解されることがわかった。現代のコンピューター制御された旋盤が、自らをまったく同一に再生することのできる「フォン・ノイマン・マシン」へ向けての最初の一歩である。複雑なエレクトロニクスによるコンピューターが、もうすぐミクロン（一ミリの千分の一）単位のの大きさに縮小される。機械的なコンピューターも、同様の微細化を受けるかもしれない。ドレクスラーは、『創造する機械』（*Engines of Creation*）で、次のように書いている。「原子数個の幅の部品を用いれば、簡単な機械式コンピューターは、一〇〇分の一立方ミクロンにおさまる」。「一〇億バイトの記憶容量であっても、ナノメカニカルなコンピューターであれば、幅一ミクロン、つまり細菌の大きさの箱におさめることができるだろう」[66]。ナノメートル規模の歯車であれば、それを組み合わせて今日のエレクトロニクスによるコンピューターよりも速く計算のできるような速さで回転できるだろう。そうすれば、自己再生も含む、複雑な組み立ての仕事をたやすく制御するかもしれない。エレクトロニクスによるコンピューターも、それほどの大きさに縮小できるのであれば、さらに高速に演算ができるようになる。あるいは何十万倍も速いかもしれない。

　このような物語は思弁的な未来論の内に入れられるにちがいないが、『創造する機械』はそうした物語をかなり真実味をもたせて語っており、ドレクスラーの『ナノシステム』（*Nanosystems*）は、さらに技術的な詳細を与えてくれる[67]。一秒に一〇億回動作し、したがって、自らコンピューターを装備したナノメカニカルな装置が複数あれば、協同して、複雑な、キロ単位の重さの物体を一時間もかからないうちに組み立てることができ、化学物質入りの容器に入れれば、ほとんどどんな種類の機械でも作ることができるかもしれない。R・C・W・エッティンガーの『不死の展望』（*The Prospect of Immortality*）で言われているように、極微の外科医として、血管から脂肪を取り除くなどの込み入った修復も行なって、我々の寿命を伸ばすこともできるかもしれない[68]。しかし、ドレクスラーが指摘していることだが、この種の装置が「ありふれた素材からほとんど何でも」（自分を増やすことも含め）作ることができる場合、「核戦争と並ぶ滅亡の原因となりかねないものをもたらすことになる」。太陽電池を用いた人工の植物が、「本当の植物を駆逐し、食べられない葉が生命圏にはびこるかもしれない」し、丈夫で何でも食べる人工細菌が「花粉が吹き飛ばされるように広がって、急速に増殖し、数日のうちに生命圏を塵にしてしまうかもしれない」——「灰色のねばねばしたもの《グレイグー》問題」と呼ばれるようになった脅威である[69]。災厄はまったくの事故でもたらされるかもしれない。あるいは「一種の細菌戦争」を、「プログラム可能な、コンピューター制御される『細菌』」

を使って行なうための複製装置を用いることによってもたらされるかもしれない。　軍事的に見ると、こう

したものは、手に負えなくならなければ、本物の細菌よりもはるかに有効だ。

　ドレクスラーが別のところで述べているように、「ある厄介な問題を解決しないでおけば、必ずしも累進

的な指数関数的成長をとげて、そのような脅威をもたらすシステムに進化するようなナノ複製装置を組み

立てるところまでは行かなくなる」。非常に小さな部品には、自然の放射線の一個の粒子でさえ重大な変化

を引き起こすかもしれないが、そうしたことは、自己再生する機械に子孫の数を増やせるようにする可能

性は少ない。自然の生命体は、「自然発生的組み立て、つまり分子レベルの部品が拡散してあらゆる可能

のある位置と方向でぶつかりあうことを大量に用いて」、いずれそれが正しい配置におさまる──正しさ

は、空間的な位置と方向を正確に決めることよりも、ほとんどトポロジー、つまりつながり方が正しいかどうか

の問題である。他方、ナノ装置は、むしろ自動車の方に近い。部品の大半は、位置が精密でないとまった

く動かない。自動車の燃料タンクの穴が燃料パイプの端とぴったり合っていなければならないということ

を考えるといい。したがって、装置がダーウィン的な進化をたどるという危険は、費用をかけてそうなる

ように設計しているというのでもなければ、少ないことになる。さらに、「特別な化学物質容器（たとえ

ば、エネルギー源と酸素源として過酸化水素を提供する）などの不自然な環境の中だけで動作できる」ように

してもいいかもしれない。「安い、豊富にある化学物質」を利用できるようにすれば、あるいはさらに工場

ではなく自然界で動作できるようにすれば、利益が得られるかもしれないが、「こうした機械は複製型であ

る必要はない」ということを銘記しなければならない。そういうものは、他の物を組み立てるだけで、自

己複製はできなくてもいいのだ。

　そうだとしても、このことは、永遠に破滅が来ないということにはならない。ナノ機械が与えてくれる

145　2　その他の危険

膨大な商業、医療などの利益を考えれば、危険なことがあるかもしれないからといって進歩を抑圧しようとすることは、それ自体が「無駄で危険な」ことだとドレクスラーは述べる。必要なのは、「対応できる態勢になるまで脅威を引き延ばす、賢くねらいを定めた遅らせ方だ」。責任ある個人が、「外部の人間が実験室の空間を開くためには内容物を破壊しなければならないように」、爆発物で守られた、小さな密封された内容物を操作すれば、実験室での研究を続けることができる一方、犯罪者やテロリストや敵国も自らの実験室を建設することもできるだろう。しかし、世界に、「人間の免疫系における白血球のようなふるまい方をするナノ機械、つまり細菌やウイルスを相手にするのではなく、危険な複製型装置に対抗するナノ機械」を入れておくことによって彼らを出し抜くことができるようになるのではないか。欠陥は、「危険な複製型の装置は、それを防ぐことのできるシステムよりもはるかに設計が簡単だ」ということである。[72]

要するに、ナノテクノロジー革命が我々を襲う前に、我々は戦争、テロ、犯罪の誘惑が除かれる——巨大な国際的警察力によって、あるいは心優しい人々なら邪悪な洗脳とも見るような確固たる教育によってそうなる——ことを希望するしかない。

カオス理論家、カタストロフィ理論家などが探る危険

科学者は今、大災害も含めた多くの事象が、それまでの事象についての完全とも言うべき知識だけでなく、銀河ほどの大きさのあるコンピューターをもっていなければ、予測することはできないということを認めている。「カオス理論」の主な創始者であるE・ローレンツは、たとえば来月の天気は、「ブラジルで蝶が羽を動かすと、テキサスで竜巻が起きるか」——これはアメリカ科学振興協会の一九七九年の年会で発

表された「予測可能性」という論文の副題である――という問いが意味をなすほどに今日の条件に微妙に依存しているかもしれないと唱えた。太陽系のふるまいからして、何億年という期間にわたって予測することは不可能だった。[73] 太陽系の惑星の「カオス的」逸脱は、おそらく「有界」で、ニュートンの法則をこれからの一〇億年について適用しても、ホーキングがありうることとしてあげた地球が金星に接近遭遇するというようなことはないだろうが、[74] そういう遭遇や、地球が太陽系からはじき出される可能性は排除できない。もっと差し迫った脅威としては、「小惑星が、何億年もの間完全に規則正しい、おとなしい道をたどっていて、しかも突然にその軌道がカオス的に変化して地球に近づくほどの、彗星のような長円に変わることがありうる」と、C・R・チャップマンとD・モリソンは述べている。[75]

カオス理論で研究された予測の難しさは、R・トムの「カタストロフィの理論」や、P・バクとK・チェンが「自己組織された臨界」と呼んだものとも重なる。トムの「カタストロフィ」は、必ずしも大災害をもたらすものではなく、突然の変異であれば何でも入る。ローレンツの「カオス」が、人間の心臓の場合のようにいいことである場合も多いことも見よう。心臓の鼓動は、ローレンツの言う意味で「カオス的」な場合にのみ健康なのだ。カタストロフィ理論は、たとえばダーウィンの進化にあてはめれば、長い間安定した状態が続き、それが新しい種が多数生じる突発的な時期で区切られている理由も説明できるかもしれない。[76] 実際にカタストロフィが起きる時期は、ただの人間にはまったく予測できないかもしれないが、緊張が徐々に高まると、いずれ突然の変化がやって来ると予測すべきだということを示しているのかもしれない――変化の規模や正体は、やはり我々の予測力を超えているかもしれないが。たとえば、国際的緊張が積み重なって戦争にいたる場合、カタストロフィの理論はそれでどのくらいの人が死ぬかは教えてくれないが、戦争が避けられない程度を明らかにしてくれるかもしれない。J・L・キャスティがそれを使って示しているように[77]、国家のシステムは、どの陣営も悪意がないのに、ほとんどどうしようもなく戦争に追い込まれることがある。

今日では、砂山がカタストロフィの例としてよく知られている。砂山に砂粒が一つ一つ加えられていくと、突然に崩壊が起きる。小さな盆の上になめらかな砂粒を山にする場合、崩壊が起きる大きさは、確かに予測不可能になりうる[78]。多くの複雑系が同様のふるまい方をすることが多くの研究で言われている。また、ある系の複雑さそのものが、だんだん安定でなくなるような複雑な状態をどんどん進化させ、崩壊に相当することが生じるとも言われる。バクとチェンは、次のように書く。「地殻や株式市場や生態系ほど大きくて複雑なシステムは、強力な一撃によって崩壊するだけでなく、ピンが落ちても崩れることもありうる。大規模な相互作用する系は、たえずそれ自身を組織して、わずかな事象がカタストロフィにつながりうる連鎖反応を引き起こすような臨界状態に向かう」。地殻の場合であれば、地震になる[79]。

化石から明らかになった大量絶滅には、この点を例証するものがある。バク、フリビエリ、スネッペンの三人は、「進化の歴史上の大事件——恐竜の絶滅など——は、大きな災害をもたらすような事象によって引き起こされなくても生じたのかもしれない」と述べている。最適者生存は「残った誰もがうまくいっているような状態に向かう進化を意味するわけではないからだ。逆に、個々の種はやっとのことで生き延びることができている——臨界にある砂山の砂粒のように」。コンピューター上の砂山は、以前から生物学者が唱えていたことを、この三人に対しても教えてくれた。「多くのかかわりあいをもつ種——つまり高度の複雑さをもつ種——の方が、環境に対する感度が高く、次の共進化による崩壊に巻きこまれて、絶滅する可能性も高い」。だから「ごきぶりは人類が滅びた後も生き延びるだろう」ということになる[80]。

他の種と密接に結びついている種にあてはまることは、もちろん、相互作用する種の大きな集団にもあてはまる傾向にある。生態学者のR・メイが一九七〇年代に論じたように、生態系の種の多様性は、まじりけのない天の恵みではない。その部分どうしの相互連関によって、それが多すぎるからというだけで、ばらばらになることもあるかもしれない。[81]

このことの大部分は、コンピューター・システムや非常になめらかな砂による大胆な世界モデルを用いており、自然の系やふつうの汚れた砂とは、ふるまい方がまったく異なるということもある。また、生物種の多様性を減らすためにいたるところで農薬を散布したり、複雑な動物は可能なかぎり滅ぼしてしまえばいいということにはならないのは当然だ。他方、地球の生命圏の要素がそれぞれ非常に複雑にからみあっていて、汚染物質がもたらす新しい圧力のもとでもばらばらになる危険はないとか、少なくとも「人類は生き残れるほどに進んでいる」といった議論には、非常に疑わしいところがある。単純な生物が生き延びたのに、複雑な種は滅亡したということを、化石は繰り返し教えてくれている。

準安定「真空」の動乱

一九八〇年、S・コールマンとF・デ・ルッチアは、『フィジカル・レビュー・D』誌に、「真空の崩壊に対する、またそれによる重力の効果」[82]という、奇妙なタイトルの論文を発表した。一九八二年、『ネイチャー』誌の、M・S・ターナーとF・ウィルチェクの手になる「我々の真空は準安定か」という論文が続き、[83]その一年後には、やはり『ネイチャー』誌の、P・ハットとM・J・リーズによる「我々の真空はどれほど安定しているか」が続いた。ハットとリーズは、宇宙線の研究から、「少なくとも予測できる範囲の将来において、我々の真空に脅威をもたらすような粒子加速器はない」と結論した。[84]

粒子加速器によってであれ何によってであれ、真空ほど空っぽのものが脅かされるなどということが、どうしてありうるのだろう。そして、これを根拠に心配するとしたら、宇宙線を研究することで、その心配がどれだけ少なくなるのだろう。少なくとも現時点では、物理学者は、高エネルギーに達する手段としてもっぱら粒子加速器を用いる。このエネルギーは、「局所的には」――ごく微小な領域の範囲内では――水爆によってもたらされるエネルギーをはるかに超える。ハットとリーズが教えてくれたことは、存在すると確信できるすべての事象の中で、宇宙線どうしの衝突、つまりライフル銃弾ほどの運動エネルギーをもつ極めて高速な粒子の衝突は、局所的に高エネルギーのものとしては群を抜いているということである。宇宙線の衝突エネルギーを超えないかぎり、破滅的なことが起こることは予測されない。しかし、それよりも高い何らかのエネルギーが「我々の真空に脅威となる」こともあるかもしれない。現代物理での「真空」あるいは「空っぽの空間」は、必ずしも絶対的に空っぽの領域を意味するわけではない。通常、次の二つのうち一つを意味する。

(1)「真空《ヴァキュウム》」という言葉――とくに「真の真空」という言い方に出て来るような場合――が、すべての場(磁場、電場など)が最低のエネルギー状態にある領域を意味することがある。さて、このことは、場がゼロ、まったくないと言うのとはまったく別であってもいい。場の中には、それがない方がエネルギー的に言って負担であるようなものがあるからだ。このような場合、場がゼロでない値をとるのが自然だと言っていいだろう。今日の物理学者が見ているように、我々が「空っぽの空間」と呼んでいるのは、実は、驚くほどの中身がある「材質《スタッフ》」なのだ。非常に小さな規模では、空っぽの空間は極めて複雑な材質で、量子の擾乱に満ちている。粒子が絶えず生まれ、消えている。点と点の間の連結が繰り返しできたり切れたりし、そのことは「時空の泡」と言われるようになる。もっと大きな規模では、それは極めて確固たる材質である。空間（曲げることのできる時空の一面）は重力で曲げられるが、この真空は、曲げる力に鋼鉄よりもはるかに強く抵抗する。したがって、この材質の自然の状態、つまりエネルギーが最低になる状態で、多くの場がゼロでないとしても、それほど驚くことではない。

(2) これとは別に、「真空」という語――とくに「偽真空」という言い方にあるもの――が、場がエネルギー的に最低の状態にはなくても、まったく安定した状態、少なくとも準安定であることを指すことがある。そこから落ちていくべきもっとエネルギーの低い状態があっても、それは言わば、超えることが難しい障壁の向こうに閉じ込められているということだ。くぼみにおさまっているために斜面を転がることのできないボールのように、「局所的な最小値」として安定している。十分に強力に押してやれば事態は変わるかもしれない。実験物理学者によって場に与えられるものが、そのひと押しになるかもしれない。

ハットとリーズが述べているように、「我々が暮らしている真空の状態は、それ以下のないような最低ではない」ということかもしれない。多くの物理学説に基づけば、「有効ポテンシャルの、非常に安定でありうる局所的最小値は、特性を示す値について、複数のものが存在しうる。宇宙は非常な高温で始まり、このような局所的最小値の状態に過冷却されているかもしれない」。その場合、我々は偽真空の中にいることになる。場はそれが落ちて行きたがっている最小エネルギーの状態にはないことになる。すると、「我々の真空の状態」――我々が住んでいる空間――が、「本当の真空の泡ができて突然消滅することもありうる」。この泡は、「光の速さに近い速さで拡大し、膨大なエネルギーの放出を伴って」、銀河やその外へ、際限なく広がっていく。「このような不運な出来事」が、「新世代の粒子加速器」によって引き起こされることがありうるだろうか。

コールマンとデ・ルッチアが指摘していたように、こんなことがあれば「究極の生態破壊」になるだろう。拡大する泡、「新しい真空」の内部では、「新しい自然定数」になっているかもしれない。「我々の知っているような生命が不可能になるだけでなく、我々の知っているような化学もない」。前進する泡の壁に陽子がぶつかると、すぐにすべて崩壊してしまうだろう。さらに悪いことに、新しい真空がしかるべく歩みを進めて、「我々が知っているような生命とは言わなくても、少なくとも喜びを知ることのできるような構造」であっても、それを維持できるという望みもないだろう。泡が拡大してきた空間は、「数マイクロ秒あるいはそれ以下で」重力的につぶれてしまうだろうからだ[85]。

ハットとリーズによれば、危険は気にするほどのものではない。宇宙線の衝突は、現在想像できる加速器すべてで衝突する粒子のエネルギーをはるかに超えるエネルギーに達している。これまで、我々の加速器での衝突のエネルギーは、やっと10^3GeVの4倍（四兆電子ボルト）に達したところである。今は凍結中の超伝導超大型加速器〔SSC〕があったとしても、そのわずか一〇倍程度のエネルギーの衝突を作り出していただけである。ハットとリーズが注目するのは、10^{11}GeV（10^{11}は、一のあとに〇が一一個ある）に達するほどのエネルギーをもった宇宙線が観測されているということである。

非常に高エネルギーの宇宙線が、比較的ゆっくり動いている粒子、たとえば地球の大気上層にある陽子などエネルギーの低い宇宙線に衝突することを考えよう。直接に放出されるエネルギーはわずかで、宇宙線の運動エネルギーの平方根程度にすぎない。重要なことは、二つの非常に高エネルギーの宇宙線が正面衝突するというまれな場合である。10^{11}GeVの宇宙線どうしが正面衝突する頻度がどのくらいあるかを考えなければならない。あるいはむしろ、そのような衝突が、我々の過去の光円錐の内部で生じた頻度である。この光円錐の外の衝突は、我々にはわからない。ある事象が「光円錐の外」にあるというのは、光さえ我々のところに知らせをもってくるだけの時間がなかったということだからだ。

光円錐の内部で生じた衝突のうち、もしかすると一〇万回くらいは10^{11}GeV級のエネルギーをもっているかもしれないというのがハットとリーズの計算である。一回の衝突で10^{12}GeVを超えるエネルギーが放出されたことはおそらくないだろう——しかし10^{11}GeVでさえ、SSCがあれば達していたであろうエネルギーの、さらに数百万倍にも達する。高エネルギーの実験が人類を危険に陥れることはなさそうだと結論してもよさそうだと思われるかもしれない。しかし残念ながら、そのような結論はとても確固たるものとして定まっているわけではない。それにはいくつかの理由がある。

(1) まず、十分にくふうされた実験であれば、事実上どんなエネルギーにでも到達できるということがある。L・M・レダーマンとD・N・シュラム——それぞれ国立フェルミ加速器研究所の元所長と一流の天体物理学者——は、『クォークから宇宙へ』(*From Quarks to the Cosmos*)(一九八九)で、実験室の実験で利用できるエネルギーは、二〇世紀になって以来、およそ一〇年で一〇倍になったことを記している。二人は、この関係は八〇年代まで続き、SSCが一〇年以内に完成できればこれからも成立することになると書いている。単純にあてはめれば、「プランク規模のエネルギーを西暦二一五〇年頃までには達成することになるはずだ。そんなことを言えばきっと懐疑派がとんでもないと言うだろう。しかし待っていただきたい。当然、その技術は現在の技術とは根底から異なっているものになっているだろう」という予測になる。[86]

プランク規模のエネルギーとは、おおまかに言って10^{19}GeVで、これはハットとリーズが宇宙線の衝突で放出されることがあるとした10^{11}ないし10^{12}GeVの一〇〇〇万倍ないし一億倍である。しかし、一〇年で一〇倍というのが続けば、10^{11}GeVを超えるエネルギーは、二一〇〇年よりはるかに手前で得られることになる。すでに「プラズマ粒子加速器」という、粒子を加速する場——たぶん「脈動波」と呼ばれる急速に移動する干渉模様を生み出す二つのレーザー光線によって生み出される場——が今日の加速器の場よりも何千倍も強力になると提唱している人々がいる[87]。S・ワインバーグは『究極の理論の夢』（*Dream of a Final Theory*）で、エネルギーを「強力なレーザー光線から個々の荷電粒子へ」移すためにプラズマを用いれば、プランク規模のエネルギーにも達するかもしれないと想像している[88]。

この領域ではD・バージェスとH・ハチンソンが、開発の詳細を示している[89]。一九八〇年代末まで、飛行機の格納庫ほどもある部屋がいっぱいになるような最強のレーザー光線でさえ、一平方メートルあたり10^{19}（一兆の一〇〇〇万倍）ワットの強度に集めることができるにすぎなかった。その後間もなく、一平方メートルあたり10^{22}ワット、つまり一〇〇〇倍の強さになった。本を読むのに快適な強さの一兆倍のさらに一〇〇〇億倍で、巨大な物理的な圧力——平方センチあたり一〇億キロ——が生まれるほどのものである。使われたレーザー装置は、冗談で「机の上のテラワット」（Table-Top Terawatt ＝ TTT）を表す「Tの三乗《キューブド》」と呼ばれる。これはテラワット（10^{12}ワット）のパワーのパルスを生み出し、しかも八フィート×四フィートの大きさの面積におさまるものである。

インペリアル・カレッジでは、一九八八年、そのようなレーザーを使った結果、結ばれた焦点での強度が、およそ一兆分の一秒のパルスで一平方メートルあたり10^{22}ワットに達した（やはりインペリアル・カレッジの、MAGPIE、つまりプラズマ爆縮実験のためのメガアンペア発電装置の放電蓄電器によって作られた、二テラワットで一〇〇万分の五秒間のパルスをはるかに上回る強度である。ただ、MAGPIEの蓄電器は、一分半ほどかけて、やかんの湯がわくのに必要な量よりも少ない電力を引きこむだけで帯電できるということは注目しておこう[90]）。五年後には、さらに一〇倍強力なレーザー装置が作られていた。

バージェスとハチンソンの計算では、一平方メートルあたり10^{20}ワット級の光線があれば、それをプラズマに供給すると、水素原子の電子と陽子をまとめている場に等しい場を生成することができるようだ。稲光で生成される場の一〇〇万倍ほど強力な場である。わずか一〇センチほどの距離で作用するだけのこの場は、電子を、ジュネーヴにあるLEP加速器の一周二七キロの環を何周もして到達するほどのエネルギーにまで加速することができる。

それ以外の可能性があるとすれば、一つは、レーザーの光の波そのものに大量のエネルギーを集中させるということだろう。小型の拡声器による音波でも、フラスコの水を振動させるのに用いられることによって一兆倍に濃縮すると、焦点を結んだ点の温度をあるいは摂氏一〇万度を超える温度にまで上げる。[91] 穴を開けるために、レーザー光を一マイクロメートル（一〇〇〇分の一ミリ）ほどに集中させることは、ずっと前から実行されている。

物理学者がこれまで開発してきた電磁波源中で最も強力なものは、レーガン大統領のSDI、つまり「スター・ウォーズ」計画の硬X線レーザーである。このレーザーの出力は機密だが、いずれにせよ国立ローレンス・リヴァモア研究所にある飛行機の格納庫なみの大きさの新星《ノヴァ》レーザーの出力よりはるかに大きい。ノヴァ・レーザーは、一〇億分の一秒という短い間、一キロのおもりを一万メートル引き上げられるエネルギーである一〇万ジュールのエネルギーを、出すことができる。[92] それに代わるとされるナショナル・イグニション・ファシリティのレーザーは、それよりもおよそ二〇倍の強さになるはずだ。

一九八八年に米エネルギー省が機密を解除した資料から、リヴァモアの核融合計画――燃料を圧縮し、それを一億度にまで熱するために強力なレーザーを必要とし、SDIのレーザー研究と平行して研究されていた――は、[93] 一〇〇〇万ジュールのパルスを出す新型レーザーが考えられるほどに進展していたことが明らかになった。一つ一つのパルスはTNT火薬二キロの爆発に匹敵する程度である。しかしこのレーザーは、何度も動作するように設計されることになっていた。これに対し、SDIのレーザー装置は、小型の核爆弾からエネルギーを得るので、一発のパルスを出せば消滅することになっていた。一〇〇キロトンの爆弾で得られるX線レーザーであれば一〇〇〇万ジュール程度ではなく、一〇兆ジュールのエネルギーを生成する。これは、直径二〇〇メートルほどの範囲に送られ、遠くで加速段階にある大陸間弾道弾を破壊するのに必要なものだった。(94)

　このようなレーザー装置を使えば、宇宙線の衝突エネルギーを超えることがあるだろうか。レーザーは、短いように思えるかもしれないが、ほとんど光の速さで移動している粒子どうし(宇宙線は陽子、ヘリウム原子核で、それより重い原子核もときにはある)の衝突の場合よりも、エネルギーはずっと長い時間にわたって広がることになるかもしれない。しかしパルスの圧縮の技法として使えるものはいくつかある。パルスを構成する部分部分を少しずつ遅らせ、全体としてのパルスが事実上同時に目標に届くようにするものである。一〇〇〇倍に圧縮することは、簡単な音響＝光学遅延回路で実現できるし、時間とともに振動数が異なるものが混じったパルスであれば、振動数の異なる成分を別々の長さをもつ経路に方向づけるための格子を用いることによっても実現できる。振動数が一つの光であれば、急速に振動する電場に応じて屈折率が変化する結晶を用いることもできる。

　それでも我々は、いかなる波もその波長より狭い範囲に集中させることはできない。SDIのX線レーザーの10^{-9}メートルという波長と、宇宙線の特性である約10^{-15}メートルという波長の間には、かなりの開きがある。それでも、膨大なエネルギーのパルスを使えばそれを埋め合わせることができるかもしれない。「高調波」を生成する技術もそうかもしれない。つまり、光線を、その振動数が大きくなり、したがって波長が小さくなるように処理する技術である。この領域はもともと、レーザー光を水晶の結晶に通すと振動数を倍にすることができるという発見に由来する。単独に、あるいは組み合わせで作用する別の結晶を使えば、さらに振動数を大きくすることができる。一〇〇倍以上に増幅することもできるかもしれない。強烈なレーザービームで電子を原子から引きはがし、しかもそれが反動で戻り、より振動数の高い放射が出るというようにすることもできた(95)。

　ここではっきりしていることがあるとすれば、物理学者はどんどん高エネルギーを求めるが、明らかに乗り越えられないような障壁にぶつかることはないということだ。最近の発達を見れば、プランク規模のエネルギーに到達できるとすれば、銀河ほどの大きさもある加速器を使わなければならないという、かつて広まっていた考え方はすっかり古臭くなってしまった。以下に念頭に置いておくべきことをいくつか挙げておく。(a)レーザーは注意深く同期をとれば、焦点が相当の距離離れたところにあっても、そこにパルスを同時に送ることができる。膨大な数のレーザーがあれば、そのエネルギーを組み合わせることもできる。(b)X線はレンズや「像を作る」鏡で集中させることは難しいが、焦点合わせには採光筒《ファンネル》を用いることになるかもしれない。採光筒は、すでに日光の焦点を合わせるには最善の手段になっている。R・ウィンストンは、小さな太陽の像を作るような鏡で達成されるのをはるかに超える八四〇〇〇倍の集中を報告し、理論的な限界は少なくとも一四万倍だとしている(96)。(c)様々な現象がレーザービームの「焦点をぼかす」が、ビームは相当の「自己焦点合わせ」を受けることもある。固体中(レーザー装置のロッドを揺することによって、レーザーの出力をある段階で限定する効果)だけでなく、プラズマ中でもできる。(d)バージェスとハチンソンは、次のように書いている。

　他にも多くの分野が探求されている。たとえば、物質を光の一回の振動で、一〇〇分の一ピコ秒[すなわち一〇〇兆分の一秒」もかからないでイオン化できるということが、粒子加速器だけでなく、光のパルスの振動数を劇的に増加させ、持続時間を短くすることができるかもしれない、いわゆる光子加速器のためのアイデアのもとになった。(97)

(2) 真空の準安定性は、ばかげた空想だろうか。J・エリス、A・リンデ、M・シャーが記しているように、多くの物理学者は、「我々が不安定な真空状態に暮らしているという可能性を考えようとさえしない」。それでも、粒子物理学者の標準モデル——グラショー＝ワインバーグ＝サラム・モデル——からすれば、トップ・クォークの質量が、95GeV とヒッグス・ボソン質量の六割の和を超えていれば、我々はそのような状態で暮らしていることになると、三人は指摘する。そういう可能性はおおいにある。いくつものテストで、トップ・クォークの質量は 100GeV から 160GeV の間にあり、またヒッグス・ボソンの質量は、もしかすると 41GeV くらいという小さい値になるかもしれないということが示されている。(98) さらに最近のテストでは、トップ・クォークの質量が 200GeV 近くあるという結果が出ている。この数字はびっくりするほど高いが、今人気のある理論のいくつかは、J・デマレとD・ランベールが言うように、それをヒッグス・ボソンが危険を完全に排除するほどの質量があるしるしだと見ている。(99) この分野の主な特徴は、実は、誰もそれについて確信をもっていないということだ。ヒッグス・ボソンが存在するかどうか、あるいはそれが質量をもっているかどうかすらはっきりしていない。単純な標準モデルを超えて「超対称《スーパーシンメトリー》」モデルに行けば、R・A・フロアーズとシャーの指摘では、「因子が次々と出て来ると、限界を見つけようとしても無駄になる」(100) ので、我々は自分のいる真空が高エネルギーの刺激に対して安定なのかどうかは、やはりわからない。簡単に言えば、我々の安心感はただ、ハットとリーズが推定した宇宙線の衝突エネルギーよりは下にしておくところにしかない。

実際には、それよりはるか下にとどまらなければならないだろう。最も重要なところは、我々の過去の光円錐の中でこれまで壊滅的な衝突が起こらなかったというのがどれだけ幸運かということである（つまり真の真空の泡が事実上光速で拡大している時空の部分の中にいれば、我々がここにいてこんなことを話しているなんてことはありえなかったのだ）。ハット＝リーズの衝突エネルギーの計算は、二つの危険な単純化を含んでいたかもしれない。

(a)　まず、ハットとリーズは、宇宙線はあらゆる方向から、多少の差はあってもだいたい同じ強度でやってくるという事実に示唆されるように、「超高エネルギーの粒子の分布は一様」だと仮定している。この仮定が間違っていたらどうなるだろう。危険なほどの違いがもたらされるだろうか。そうではないと二人は論じる。粒子が集中していれば、空間の中のある典型的な領域の内部での衝突の可能性を減らす一方、他の部分での確率が上がることになる。とくに、粒子が生産される領域ではそうだ。しかしもしかすると、そういう領域では、あるいは他のところでも、集中——磁場によって一定の方向に向けられるという可能性がある——することで、粒子が互いに反対方向に急速に移動し、粒子が離れるように作用するという反論を招くかもしれない。これはまさに衝突すると破滅につながりかねないような粒子になる（磁場は宇宙線に対してある方向に向ける効果をもち、中性子星や準星《クエーザー》は、互いに正反対の方向に細いビームを送り出している）。また、粒子が一定方向へ向かうと、非常に高エネルギーの粒子が一度でも衝突すれば、真空の準安定性を、一度だけでなく、何千回でも破壊できるほどの数の衝突になるような状況がもたらされるかもしれない——しかしそれに応じて、その一度が起きる可能性は何千分の一に下がる。他方、エリスが筆者への書簡で言っていることだが、「宇宙線が、多くの人の予想するように銀河に集中しているとしても、宇宙線粒子どうしの衝突の確率を、同じ数の粒子が空間全体に均一に分布している場合と比べて上げることにしかならない」。

(b) 危険になるかもしれない単純化のもう一つは次のようなものだ。計算すべきことは今から過去に伸びるある典型的な光円錐の中での衝突の確率だと仮定されていた。ところが我々に計算ができているということそのものが、破滅的な衝突が、この大きさの過去の光円錐に、そういう衝突がたくさん含まれるかどうかに関係なく、我々の光円錐の中で壊滅的な衝突が起こらなかったことを保証する。我々がここにいて何かを観測しているという事実は、観測の選択効果を立てているかもしれない（非常に似たようなことで、我々が技術的に進んだ地球外生命を検出できないでいることを説明できるかもしれない。宇宙全体には、技術的に進んだ文明を発達させた生命がほとんどいつでも壊滅的な高エネルギーの実験をしているのかもしれない。そうなると、その未来の光円錐の中には、すなわちその文明が見えるような地点には、いかなる観測者も存在しえないことになる。自分を滅ぼしてしまう実験を見ることはできないし、自分の先祖になっていたかもしれないような生命をすべて殺してしまうような実験も当然見ることはできない）。

いくつもの複雑な研究——シャーは他の四六五の論文を引用して、それでもそれらが新しい発見によって突然「ごみばこの中に」放り込まれるかもしれないと警告する——は、衝突エネルギーだけでなく、結果する火の玉の詳細が重要だということを示している。たとえば、真の真空の泡は、とくに極めて高エネルギーのものができると、初めがあまりに小さすぎて拡大するよりも収縮するかもしれない。加速器などの装置は、致命的な泡を宇宙線よりも効率的に生み出すかもしれない。加速器のビームの強度は大きい。これにより、衝突の後、さらに高エネルギーの粒子あるいは非常に大質量の粒子がすぐにできて、泡《バブル》の成長を容易にする可能性、あるいは多くの危険ではない泡のうち少なくとも一個は量子の不確定性を利用して成長するという可能性が、とくに高くなる。「可能性は低いかもしれないが、一回でも起こればいいのだ[101]」。

我々の真空が、完全な安定からは危険なほどに遠いかもしれないと疑う理論的な理由には、主として二つある。

第一に、すでに触れたように、素粒子物理学者の標準モデルは、トップ・クォークとヒッグス・ボソンの質量がとっていると思われる値によって、不完全な安定がもたらされるとする。ただ、どういう質量ならそうなるかは教えてくれない理論もある。ヒッグス・ボソンはヒッグス・スカラー場の粒子である。この場の存在はまだ確認されていない。スカラー場は、たとえば磁場が磁針で検出できるというような方向性をもっていないのだ。しかし、標準モデルも、それと競合する他の理論も、他の粒子が、光子のように質量がゼロにならず、質量をもつ理由を説明するためにスカラー場の粒子を必要とする。

第二に、多くの証拠から、我々の望遠鏡で探査された宇宙の領域は、次のような意味で「観測者が生まれてくるように微調整されている」ということが示唆される。粒子の質量とその質量を反映する力の強さが少しでも違えば、その領域は観測者が生まれえないような領域になる。それは逆にスカラー場の強度が偶然の産物で、宇宙の領域の数がたくさんあれば、粒子の質量や力の強さをランダムにとることができるということだ。すると当然、我々観測者は、観測者を許容するように調整された宇宙の領域にいるということになる。すると、場の実際の強さが偶然のおかげであれば、それを壊滅的なものに変化させることも容易にできるかもしれないではないか。

今度は、これら二つの考え方を細かく見ておこう。

(A)　いかなる粒子も、標準モデルの数理的完全性を壊さないことには、もともと質量をもっているということはありえない。(102) 理論家たちは、力の強さの違いが温度の上昇とともに少なくなる兆候をもとに、次のような想定を展開している。ビッグバンの最初期には、重力、電磁気、強い核力、弱い核力ではなく、「統一場の力」が一つだけあった。すべての粒子は質量がなかった(すなわち、今でも光子がそうであるように、静止質量をもたない)。その後の冷却で力の統一を壊すスカラー場がいくつかもたらされる。「対称性の破れ」と呼ばれる現象である。粒子は、このような場と相互作用すると、場の強さによって決まる質量をもつようになる。それが今度は重力、電磁場他の力の相対的な強さを決めることになる。(103) 力が作用する粒子の質量が大きくなると、力はそれに応じて弱くなるのだ。また、力はそれを担う「メッセンジャー粒子」に質量が加わると、それに応じても弱くなる。質量の大きなメッセンジャー粒子は短距離しか移動できないからだ。

(B) いかなるスカラー場の強度も、何らかの大統一理論あるいは究極の理論によって定められると考えられるかもしれない。しかしそうではなく、それはランダムに決まることかもしれないのだ——だから小さな泡の内部で変えることもできて、それがすべてを破壊して広がるかもしれない。

我々の宇宙の「微調整」と呼ばれていることは、ことのランダムさのいい証拠に見えることもある。拙著『複数宇宙』(*Universes*)の4章に、複数宇宙、あるいは「サブ宇宙」、「複数世界」、あるいはロシアでは「メタ銀河《ギャラクシー》」とも呼ばれるものの存在につながるかもしれないような、多くの物理的な機構を挙げた。巨大な宇宙磁区があって、それぞれが他の磁区から完全に分離していて、それぞれがおそらくはスカラー場の違いによって全く別の特性をもっているかもしれないといったことである(今でも「宇宙《ユニバース》」という語は絶対のすべてを意味しなければならず、そうすれば宇宙は、それがいくつもの領域に分断できるとしても、一個のものになると主張している哲学者が何人かはいるが、今日の宇宙論学者のこの語の使い方はそれとは違うのがふつうである)。巨大な全体としての宇宙《コスモス》の中に、複数宇宙が池にれぞれ個別の氷の塊が浮かんでいるようなものかもしれない。しかしそれらは時間の中で、たとえば振動するコスモスの連続する一回ごとの振動として交代しているのかもしれない（ビッグバン、ビッグ圧縮《スクイズ》、ビッグバンというふうに）し、拡大を続けるコスモスの中で他の領域から完全につまみ出されてしまった「芽」かもしれない。それらすべてが同じ時空の泡から生まれたものと想像する理論家もいる。それらがまったく別個に生まれたと唱える人々もいる。どういう理由があってそんなとてつもないことを実際に信じるようになるのだろう。もしかすると主な理由はこういうことかもしれない。ランダムな特性をもった複数宇宙が存在すれば、我々の宇宙という少なくとも一つの宇宙が、観測者の存在を許容するように「微調整された」特性をもって存在する理由をきちんと説明できるだろうということだ。

微調整についての様々な主張は『複数宇宙』の2章で論じてある。(104) 関心のある読者のために、以下に少々まとめておく。

1　初期の宇宙の密度とそれに関連する拡大の速さは、ガス雲が銀河の形に集中するには、ひょっとすると10^{12}分の一、あるいはもしかすると10^{60}分の一の精度で合っていなければならなかった。適切な密度と拡大の速さは、宇宙インフレーション——ごく初期の短期間にあった極めて急速な拡大——によってもたらされたかもしれないが、このインフレーションをもたらす因子がまた同じかそれ以上の精度で調整されていなければならなかった可能性がある。

そこで有名な「宇宙定数」あるいは「真空エネルギー密度」(105) の問題が出てくる。巨大であってもおかしくない数の値がなぜ極めて小さいのかという問題である。この点は少し後でさらに展開する。

2　水素（水や、寿命の長い安定した星を作るための）がビッグバンから出てくるとすれば、そして陽子＝陽子サイクルと炭素＝窒素＝酸素サイクルとによって星が生命を促すような熱や光やヘリウムより重い元素の源になるとすれば、弱い核力の強さは狭い範囲の中におさまらなければならない。

3　星が全然燃えなかったり、逆に生命を水爆のように吹き飛ばしたりしないように、生命を助長するような速さで燃えるためには、強い核力がプラスマイナス五％の範囲内で今のような強さにならなければならない。

4　太陽のような星が存在するためには、重力と電磁気との強さの比は、あるいは10^{40}分の一の精度という極めて精密な調整を必要とする。電磁気の強さが少しでも大きければ、すべての原子が(クォークをレプトンに変換して)破壊され、陽子どうしの反発力が強すぎてありうる元素は水素だけしかないか、化学変化の速さが極めて遅いか、いずれかになるだろう。

5　空間が収縮したり、あまりにも激烈に拡大したりしないようにするためには、重力と弱い核力の強さの比は10^{100}分の一の精度の調整を必要としたかもしれない。

6　いろいろな重い粒子の質量がほんのわずか違えば、宇宙は光だけの宇宙になるか、ブラックホールの宇宙になるか、すべての物質が強烈な放射性をもつかになっていただろう。

7　固体や化学の存在は、電子の質量が陽子よりもはるかに小さいことを要請する。さらに、生命のためには、中性子と陽子の質量差が電子の質量のほぼ二倍程度でなければならない。そうでなければビッグバンは中性子だけをもたらすか、陽子だけをもたらすかのいずれかになって、生物学と化学の基盤となるような何百もの安定した原子核はできなかっただろう。

このような明らかな微調整の例を説明しようとして、ロシアの人々は目に見える宇宙——遠くにありすぎて光がまだ届いていないところがあるために半径数十億光年から百数十億光年程度の範囲内におさまる、我々に見えるかぎりのすべての領域のこと——は、それよりもはるかに巨大なコスモスの中の一領域で、この領域がもっている生命が可能になるような特性は、たまたま適切な強度をとったスカラー場の当然の結果だという考え方に夢中になったことがある。[106]リンデはこう書いている。「インフレーション宇宙は指数関数的に数が増大するインフレーション・ミニ宇宙に分裂し」、そこでスカラー場は「指数関数的に大きくなるいろいろな領域に分裂し、可能性のある対称性の破れ方のすべてを実現する」。つまり「インフレーション宇宙では、生命についてありとあらゆる可能性を許容する余地が十分にあるのだ[107]」

ワインバーグは、『究極理論の夢[108]』(*Dreams of a Final Theory*)において、我々の宇宙の拡大の速さを支配すると一般に思われている「宇宙定数の全体あるいは実効部分」に関するそのような推論を盛んに行なっている。この定数は今のところちょうどゼロあるいはゼロにきわめて近い。多くの物理学者は、その値が、今はまだ未知の形で物理の根本法則によって定められるものと考える方を選ぶ。ある数字がゼロのような値になると、物理学者の本能は、それを偶然の産物と考えるのに抵抗する。そこで、定数が、いろいろな理論でマイナスの方向に大きな値をとることが禁じられていなくても、現実には、何らかの高エネルギー実験によって壊滅的に低い値に落ち込むような危険はありえないと推論する。しかし、ワインバーグは、定数を「人間原理的に」考えてもいいではないかと言う。それで彼が言いたいのは、それをいろいろな値を取りうるものとして考えるということだ。我々が住んでいるのとは別の宇宙あるいは領域で実際にとっているかもしれない値である。そうした場所はすべて、拡大や収縮があまりにも速すぎて、観測者としてありそうな存在が生きることができないことになるだろう。

複数宇宙や、特性がランダムであることや、生命は生命を許容する特性をもつ宇宙だけを観察することができる事情による観測選択を導入するくらいなら、神の選択を信じることにしてもいいのではないか。神であれば、生物が進化できるような特性を生み出す根拠をもっているだろう。[109] しかし、真空の準安定性による災厄、つまり新しい強さのスカラー場によるすべてを破壊する泡が生じないようにするために神に頼るとしたら賢明ではない。神は虚構かもしれないのだ。あるいは神は無限に多くの宇宙を創造し、偶然に頼ってスカラー場がたまたま適切な強さになる——知性のある生命が実験によってそれをひっくり返すまで——に任せて生命が可能な無数のものを乱造したということかもしれない。神の善を信仰するからといって、神が我々をあらゆる悪から守ってくれると考えられるようにはしてくれないし、神の卵がすべて一つの籠、つまり我々のいるささやかな宇宙あるいは領域にあると考えることは間違いかもしれない。

ブランドン・カーターは、真空の準安定性はおもしろいけれども、「我々を取り巻くもっと明らかな他の危険を考えれば、それが私の警戒心を有意に増大させるとは言えません」という手紙をくれたことがある。彼の姿勢が正しいという可能性も十分にある。それでも、賢い人々が、彼が言う「もっと明らかな」危険をなくしてくれるかもしれない。核戦争や生物戦争でさえ人類を滅ぼすことはないと思うこともできるのだ。今の段階ではたいしたことはないと思うことは正当化しにくい。真空の準安定性の物理は極めて難しく、潜在的な災厄はまったく取り消すことはできない。

他方、高エネルギー実験が危険でありうることを示す確証と言えるものはなく、気候の不安定性のようなものの方が簡単に滅亡をもたらしうるということの方がわかりやすい。だからこそ（CERNの理論部門を率いるエリスが筆者に力説したことだが）、近い将来我々を脅かすような災厄を食い止めるのに欠かせないかもしれない物理の根本法則の理解をなしとげられるだけの本当の見通しをもたらすのは、高エネルギーの実験だけだということを忘れてはならない。また、ハットとリーズによって、この何世紀かの間に安全と考えられるエネルギーを超えるほど大きなエネルギーに達する可能性は低いと考えられているということも忘れてはならない。

大気が発火する、クォーク物質ができる

筆者はこれまでのものに比べればはるかに危険がないと思っているが、ありうる危険のもととしてまったく無視するわけにはいかないだろうというものが二つある。

物理学者が高エネルギーの実験を行なうことを考えたときに最初に生じた不安は、真空の準安定性に対するものではなかった。R・ルーセンが言うように、[110]「核時代の始まり以来、研究者たちは提唱された実験が破壊的な事態の引き金になるような可能性があるかどうかを何度も論じなければならなかった」。

おそらく、そのような自己反省の最初のものは、最初の核兵器が開発されたときに出てきたのだろう。E・テラーは「集められた英才たちに、自分たちの爆弾は地球の海や大気に火をつけて、世界を燃え上がらせることになるという可能性を告げた[111]」。計画の指導者だったJ・R・オッペンハイマーは、その説を非常に深刻に考えた。間もなく人々はそのような危険はないことを納得し、戦後の技術報告は、大気に火がつくことはありえないことが、科学によっても常識によっても確信された」と宣言している。それでも、テラーやオッペンハイマーのような人々を心配させるほどのやっかいなことについて、ただの常識だけであれこれ言える事情というのはよくわからない。H・A・ベーテが、『ブレティン・オヴ・ジ・アトミック・サイエンティスト』誌一九七六年六月号で、安全の側に倒す因子はいつもいくらでもあるだろうと述べた

ときにも、[112]彼は、このことに「将来においてはるかに高い温度をもたらすようなまったく別種の核兵器が設計されなければ」という限定を加えておく必要を感じていた。

もちろん、大気も海洋（こちらにおいては、ベーテは「問題はもっと微妙だ」と言っている）も水爆によってさえ発火したことはない。これは「客観的に」、「現実の側には」、これまで到達した温度では危険はゼロだったということを証明したものと考えられている。しかし、潜在的な危険があると思われるものは、重水素＝重水素反応と、陽子＝重水素反応だった。さて、近年の「常温核融合」が試験管でもたらされたという報告をめぐるかんかんがくがくのときに、S・E・クーニンとM・ナウエンバーグは、ある状況では重水素＝重水素融合は、これまで推定されていたよりもおよそ一〇〇億倍も高速に進行し、一方、陽子＝重水素融合はさらに速く、さらにその一億倍のレベルだという計算をした。[113]もちろん、これらの論者たちが間違っているかもしれない。そして彼らが正しいと仮定しても、問題の反応は、常温核融合が無視できない量で生じるほどの速さにはまったくないということになる。さらに、核爆弾には常温核融合と共通なものはほとんどないことになる。ただ、この物語は、少なくとも専門家の計算がどれほどあてにならないものでありうるかということは明らかにしている。

その先の計算が、原子核どうしの激しい衝突をもたらす加速器であるベヴァラクが立ち上がる前に行なわれた。S・D・グプタとG・D・ウェストフォールは次のように報じる。

一九七〇年代の初め、李政道とジャンカルロ・ウィックが、高密度の状態では新しい様相の核物質が存在し、その方が原子核にある通常の種類の物質よりもエネルギーが低くて安定かもしれないという可能性を論じた。ベヴァラクはこの新しい物質を創ったり発見したりするには理想的な装置と思われた。それが存在し、通常の物質よりも安定なら、それは通常の物質を吸着して大きくなるだろう。いずれそれは質量が大きくなりすぎて実験室の床に落ち、簡単に見ることができるだろう。しかしそれが地球そのものを食べる［つまり、すべての物質を新種の物質に変換することによって食い尽くしてしまう］のを止めることがどうやってできるだろう。高密度の核物質についての知識は当時あまりにも少なく、この種の災害の可能性は深刻に考えられていた。提案されている実験を中止すべきかどうか、密室での議論が何度か行なわれた。結局実験は行なわれ、幸いなことに、そのような災厄はまだ起こっていない。(114)

ルーセンは、実行の決定は次のような論拠に基づいていると説明する。

すでに自然はこれに関する実験を行なっている。つまり地球、月などすべての天体が、恒星によって作られた膨大な数の高エネルギー粒子につねに衝突されているということだ。粒子の一部は地球の原子と衝突して、ベヴァラクで達することができるものに匹敵あるいはそれを凌駕するような状況をもたらしている。(115)

ベヴァラクはその後さらに高エネルギーに達する加速器に交代しているが、そこで生じた高密度物質は、すぐに拡散して崩壊するようである。

通常の物質においては、原子核——陽子と中性子からなり、それらは「アップ」と「ダウン」のクォークからなる——は、大きさが厳しく制限されている。陽子どうしに作用する電気の力が大きな原子核は細かく吹き飛ばしてしまう傾向にあるからだ。李とウィックとが見たのは、一種の「クォーク物質」であれば、この種の制約はないだろうということである。[116] すでに見たように、二人の不安は根拠がないということになったが、その後も二人の説の変種を出している人々がいる。「奇妙《ストレンジ》なクォークが混合物に加わると、クォークが実際に安定した塊になり、ほとんどどんな大きさにでもなれるという説が出ている。結果として生じる「ストレンジ・クォーク物質」――つづめて「ストレンジ物質」――の原子核であれば、電荷は非常に小さい。電荷が正であれば、通常の物質の原子核は斥力を受けるが、それで不幸なことは何も起こらない。ところが、E・ファーリとR・L・ジャッフェの指摘では、ストレンジ物質は負の電荷をもつ原子核をもち、陽電子の雲に取り巻かれているかもしれない。その場合には、

状況は根本的に異なる。通常の原子がそれに引き寄せられ、吸収される。通常の物質が送り込まれてそれに接触すると、それは際限なく大きくなる。もちろん、負電荷をもつストレンジ物質は、それが触れるものを何でもそれと同類に換えてしまい、破滅的な結果をもたらすことになる。[117]

残念ながら、この分野での理論的計算は極めて難しいと二人は言う。「ストレンジ物質の存在と特性を明白に示す唯一の方法は、実験から出てくるものだけだろう」。[118]
ルーセンは次のように述べる。

理論家は、加速器が決して貪欲なストレンジ物質の塊を生み出さないということについて、絶対の確信をもてるのだろうか。この問題が最初に真剣に出されたのは一九八三年、相対論的重イオン衝突

器（RHIC）を設計していたときのことである。この衝突器は、今ブルックヘブン国立研究所で建設中であり、世界で最強の重い原子の衝突器になり、ストレンジ物質を生成する可能性が高い。ピート・ハットは、誰もがもつ不安を鎮める。彼の先輩たちが用いていたのと同じ論理を用いて、無数の宇宙線粒子が地球や月の原子にぶつかってRHICの状況よりももっと極限の状況が生まれていることを示している[119]。

しかし、この状況については、さらに論評しておいていい。

(1)　RHICの重い原子核は、約10^2GeVの衝突エネルギーに達する。ハットとリーズは、重い原子核からなる宇宙線の場合、これまでに観測された最高のエネルギーは、「わずか10^9GeV、あるいは大気圏での衝突の質量枠の中心をとって$10^{4.5}$GeVである」[120]。これら二つの数字のうち、第二のもの（つまり第一のものの平方根）の方が重要である。二つの重い原子核が我々の過去の光円錐の中で正面衝突をしていたとしたら、どうなったかについては、我々は今心配していないからだ。我々は今、重い原子核が地球の大気圏に衝突して、ストレンジ物質災害の「種子」となりうるような状況を考えている。すると、RHICよりもほんの数百倍強力な加速器でも、危険だと考えられるようなエネルギー帯の下限に達しそうに見える。現在建設中の大型ハドロン衝突器（LHC）は、1.4×10^4GeVほどの衝突エネルギーに達するものと考えられている。

(2)　もしかするとストレンジ物質は、中性子星やクォーク星の衝突でできた小さな塊として、大気にいつもぶつかっているかもしれない（クォーク星は、ほとんどあるいは全面的にクォークからなる星で、F・ダイソン、E・ウィッテンらが、中性子星と呼ばれているものはすべてクォーク星ではないかと説いた）。塊は観測されている宇宙線シャワーの一部に関与しているかもしれない。大気圏に衝突すると十分小さいものは数十個のクォークからなる非常に小さなものに壊れることがありうるからだ[121]。とはいえ、ストレンジ物質によって地球が飲み込まれるという効果がともかくも現れるのは、それがもっと大きく、かつ動きがゆっくりしているときだけかもしれない。実際には、それは物理学者によって生産される塊でなければならないかもしれない。(a)とくに急速な放射性崩壊に対抗して十分安定であるために、より大きいことが必要である可能性がある（だから、重い原子核の宇宙線の衝突があれば、物理的にありうるストレンジ物質災害をとっくの昔に引き起こしているはずだと推論するハットとリーズの議論とまったく同じ方向では、議論することはできないことになる。それぞれの宇宙線の衝突は、非常に小さいストレンジ物質の塊を作るかもしれない。そのような塊が地球の表面に到達する前に、それらは何回となく崩壊の過程を経ているかもしれない）。(b)より遅いことは、次のような理由で重大である可能性がある。外部宇宙から飛び込んでくるクォークの塊は、その重さが一〇分の一グラムを超えていれば、弾丸が雲を通り抜けるように、地球を通り抜けるだろうというものだ。

通常の見方では、ストレンジ物質の塊は、それが重くなればなるほど、通常の物質を引き寄せて集めるのではなく、強く斥けるようになる。ジャッフェは筆者に対して、すべてを引き寄せ、すべてを食い尽くす、負の電荷をもつストレンジ物質は、「私とファーリが調べたパラメーター空間の好適な領域」を占めることはなかったと書いてきた。言い換えれば、その存在はそれが可能に思われるようになる理由と同じ種類の理由で可能性が低いと見ることもできるのだ。また、このような物質がまとまった量で安定であるとすれば、正の電荷をもつストレンジ物質の小さな塊についても同じことが成り立つことが予測されるとも言っている。このような塊であれば「天体物理的過程で作ることは非常に簡単だろう」し、地球で見つかる希望ももてるが、これまではそのような探索はまったくといっていいほどうまく行っていない。まったく同様に、F・クローズが次のように状況を要約するのも無理はないことだろう。

クォーク物質の理論は微妙で、ストレンジ物質が存在するということになるかどうかは確かではない。しかし少なくとも、おなじみの原子核について観察されている安定性は、必ずしも我々が最も安定した物質でできているということにはならないということを我々に気づかせてはくれた。自然にとって最も安定した状態が実現されているわけではないとしたら、奇妙なジョークになるだろう。では、いつか大量に地球にやってくるとしたら(122)……。

(3) G・L・ショウ、M・シン、R・H・ダリッツ、M・ディーセイによる論文は、ストレンジ物質の滴を作るために、重い原子核を標的に衝突させることを唱えている。この滴はただちに線形静電型減速器を通され、液体重水素のタンクから中性子を吸収して固められ、磁気びんに集められる。滴は安定性を増すことをめざしてできるだけ固められる。そうするとこの実験は、これまでの実験や自然の過程ができなかった(超高密度の星を生み出す過程は例外かもしれない)、ストレンジ物質を塊で作るということになるかもしれない。最初は非常に小さな滴だったものが、百倍を超える質量に成長して、より安定になるだろうし、その後で遅い中性子が与えられると、その質量と安定性をさらに高度に押し上げるだろう(123)。

この論文で記述された過程を作動させられるのなら、それは巨大なエネルギー源を形成しうる。滴は、中性子が与えられるたびに高エネルギーの放射を出すことになる。他方――この論文は語っていない項目だが――滴が磁気びんから脱出すると、ファーリとジャッフェが述べたような破滅的な結果になることが考えられる。ジャッフェが筆者に送ってきた書簡では、そのような滴が有効な大きさにまで成長させられるとすれば、「これまでにわかっているいかなる閉じ込め装置であっても、重力で装置の底から滴が引きずり出されることになるだろう」とされている。

ディーセイとショウは、別の論文で、安心のために一般に受けいれられている議論を繰り返している。危険な負の電荷をもつタイプのストレンジ物質がありうるとすれば、地球の大気にぶつかりそのような物質の滴を作る宇宙線によって、災厄はとっくの昔にもたらされているだろうというものだ。[124] しかし筆者がすでに記した理由で、この議論がうまくいくかどうか、はっきりしない。宇宙線は非常に小さい滴しか作り出せないかもしれない。もしかするとその微小な滴はそれが通常の物質を消費して成長するようなことになるはるか以前に崩壊するのかもしれない。

しかし、これらの論者が唱える技術の膨大な利益の可能性は念頭におかなければならない。それはエネルギー源として、汚染の問題の大部分を解決し、それによって人類の生存を相当程度引き延ばすことになるかもしれないのだ。

新しいビッグバンを創造する

新しい世界を破壊するビッグバンが誤ってできるということはどうだろう。これもまともに考えるのは難しいと思われそうな危険であるが、それでも論じる値打ちはあるかもしれない。

宇宙論学者はほとんど全員が、宇宙の初期にインフレーションがあったという考え方を受けいれている。[125] ビッグバンが非常に短い間進行したあとで、突如として加速した膨張があった。狐によって抑制されないと兎の数が爆発的に増えるように、最初は小さな塊だったものが、重力場のエネルギーが負であることを利用して、何度も体積を倍倍に増やす。A・H・グースはこう説明する。

二つの大きな質量が、非常に大きな距離を隔てているところを想像しよう。質量はお互いに重力的に引き合うが、それは、二つの質量がいっしょになればエネルギーが引き出せるということを意味する。しかしいったん二つの質量がいっしょになれば、その重力場は重なり合うことになる。そうすると、正味の結果はエネルギーを引き出し、かつ前より強い重力場を生み出すということになる。重力場がないことがエネルギーがゼロということに対応するとすれば、場の強さがゼロでないということは、負のエネルギーに対応しなければならない。[126]

その顕著な結果は、インフレーションを起こしている宇宙のエネルギー密度が、事実上一定にとどまるというものである。体積が二倍になっても、立方ミリメートルあたりの質量エネルギーは前とほとんど変わらないことになる。だから何回二倍になるかについては、明確な制限はないことになる。

リンデは、全宇宙のインフレーションが停止するとき、それは$10^{1,000,000}$倍（1の後に0が百万個つく数）の規模で大きくなっていると唱える。もとは10^{-33}センチ（一センチの一兆分の一の一兆分の一のさらに一〇億分の一）程度の広がりの領域が、インフレーションが停止する頃には、我々に今見えている10^{28}センチ先という範囲をはるかに超える体積になる。だから、「もともとは10^{-5}グラムにも満たない物質しか含んでいなかった領域の内部で作用する重力によって、観測できる宇宙にあるすべての物質（10^{50}トン）が創造された」としても、何の問題もないだろうとリンデは言う。[127]

人間の実験家が、直径10^{-33}センチ程度の非常に小さな領域に、リンデが考えたような量の物質、つまり一〇万分の一グラム程度の物質を詰め込むことが可能だろうか。そしてそうなったとして、それが新しいビッグバンを始めることがあるだろうか。リンデはそういう考えについて、「控えめに言ってもきわめて思弁的」だと言っているが、その可能性を棄ててしまうべきではない。それよりわずかに質量の大きい物質を、それよりわずかに広い領域に詰め込むことができるかもしれず、インフレーションを引き起こせるかどうかは量子のゆらぎに依存するという有望な道はある。リンデの好んだ「カオス的インフレーション」という想定の脈絡で単純に推定すると、一ミリグラム弱程度の圧縮でも十分だと言われる。(128)

リンデの言う10^{-5}グラムと10^{-33}センチというのは恣意的に選ばれたものではない。それらはだいたいプランク質量とプランク長さに相当し、物理学にとっては重要で、新しく生まれるビッグバンの状況として「自然な」質量と大きさを与えると考えられることが多い。プランク質量は、自動車のエンジンが、ガソリンの一回の注入で消費するときに消費するエネルギー程度のものである。最もエネルギーの高い宇宙線は、ライフル銃の弾丸のような衝突を起こすことがあるが、それだけの量のエネルギーを放出する衝突は、小さな双発のジェット機のエネルギー程度である。しかし、実験室でビッグバンを起こすことをあれこれ考えている物理学者は、何万分の一グラムというのではなく、数キロという質量エネルギーを圧縮することを想像してきた。ファーリとグースはこう書いている。(129)「インフレーション・モデルによれば、観測されている宇宙は10^{-24}センチよりも小さい広がりで一〇キロに満たない質量の領域から成長し」ており、当然、エネルギーを十分に詰め込めば、我々が新しいビッグバンを作れるかどうかということが問われる。要求されるエネルギー密度は、立方センチあたり10^{76}グラムとなり、実際に得られるエネルギーは大型の水爆によって解放される程度のものという、「既知の技術で得られる密度の高さをはるかに超えて」いる。

ファーリとグースは、さらに検討すると、どんな圧縮でも十分ではないということが示されるらしいと報告する。新しいビッグバンは、先行する歴史がない高密度の泡で始まらなければならず、方程式は、いかなる実験室であってもそれはできないということを示すという。それでも「十分に常識を越えたバブル幾何学」であれば、この難点を乗り越えるかもしれない。一般相対論を量子化すると可能になる効果がそうかもしれない。ファーリとグースとグヴェンによる第二の論文で詳細に展開された論点である[130]。彼らは、新しく創造されるインフレーションを起こす前に「およそ一〇キロ」の質量をもつという状況では、GUT（力の大統一理論）規模でのビッグバン創成は「ありえないと言えるほど可能性が低い」と判断した。他方、「プランク規模に近いエネルギーの規模では」、十分可能かもしれない。

この最後の見解は、一〇キロという10^{28}GeV程度のエネルギーに相当する数字が、本当に正しいかどうかという疑問を引き起こす。この領域での計算は、S・K・ブラウとE・J・ギュンデルマンとグースによる別の論文でさらに続けられているが[131]、極めて複雑で、確立した事実とはまったく言いがたい。たとえばあるところで、この著者たちは推測によるエネルギー密度を用いてそれを二乗し、さらにその結果を二乗している。さらに、リンデが筆者に書いてきたところでは、一〇キロというのはあまりにも高い数字だという。「それはもう死んでいる古いインフレーションの想定と、さらに、私が一九八二年に唱えてこれもまたほとんど死にかけている新しいインフレーションの想定で得られるものです。10^{-5}グラムというのは私が一九八三年に唱えたカオス的インフレーションの想定で出てくるものです」――カオス的インフレーション説は、リンデなど多くの人々がずっととっている立場である。我々の宇宙がまさに10^{-5}グラム、10^{-33}センチの量子のゆらぎがインフレーションを起こして始まったとする方が、それよりも一〇億倍も大きく、また質量もはるかに大きなものと考えるよりも、我々の宇宙の起源は理解しやすいように思えるのは確かだ。

A・A・スタロビンスキーとY・B・ゼルドヴィッチはこう述べる。

何らかの物質あるいは量子場をもち、プランク長さ程度の半径（10^{-33}センチ）をもつ、密度が特徴的なプランク密度程度の閉じた宇宙で始まるのが自然である。プランクの大きさから発達するには、インフレーション段階が必要になる。[132]

一〇キロではなく、10^{-5}グラムという適切な値を認めても、ここには現実の危険があるだろうか。ファーリとグースは、我々が創造するような新しいビッグバンでは、「親に何の費用もかけないで」膨張する「子宇宙」の誕生になるにすぎないと述べている。「我々は自分たちが創造するかもしれない宇宙によっては滅びない」。というのも「幾何学が非ユークリッド的であるおかげで」、新しい宇宙はそれ自身の空間に膨張することになるからだ。[133] 我々にとってそれは小さなブラックホールのように見えるだろう。ただ二人の論文には、「はっきり断言はできない」とか、「可能性は排除できない」とか、「我々の議論全体は古典的な一般相対論の脈絡で行なわれている」といった気になる文言が見られる。一般相対論を量子化したらどんなことが我々にふりかかることになるのか、誰もわからないのだ。

ブラウ、ギュンデルマン、グースによってさらに説明されているように、我々が安全だという観念は、子宇宙が、子宇宙自身の内部から見られるとその体積がどんどん速さを増して体積が大きくなっても、その親の内部から見られるものとしては、非常に急速に小さくなるという考え方に基づいている。[134] このことが常識にいかに反していようと、それは宇宙論では受けいれることができる。とはいえ、この問題は極めてやっかいなものである。それについて完全に確信をもつ権利が誰かにあるだろうか。子宇宙が親宇宙の中に向かってインフレーションを起こす危険がわずかでもないのだろうか。

リンデは、我々が安全であると考える強力な根拠と思えるものに筆者の関心を向けてくれた。彼はこう書いていた。[135]「新しい宇宙から我々の宇宙へエネルギーを『汲み出す』ことはできない。それではエネルギー保存則に反するからだ」。この論点を拡張すると次のようになるかもしれない。我々が新しいビッグバンを創造できるのは、その全「エネルギー・コスト」が、新しくできる子宇宙の（負の）重力エネルギーが、それ以外のエネルギーと正確にあるいはほとんど相殺されるとした場合になるような、ゼロあるいは非常に小さい場合のみである。しかしそのような相殺は、子宇宙が大きな仕事をしなければならないとすると――インフレーションが親の中に破壊的に侵入して来るとしたら実際に起こらなければならないのは、それである――壊れてしまうだろう。

残念なことに、この方向の推論がうまく行くというのは自明というわけにはいかない。全エネルギーという概念が宇宙では単純にはあてはめられないと言われることも多いし、[136]少なくとも創造の時期近くのビッグバン宇宙には適用できない。その頃は、その重力的に引き起こされた湾曲が極端な状態にある。すると、新しいビッグバンが、さしたる費用をかけないで創造できたとしても、その最初期の段階で、我々を滅ぼすのに必要なエネルギーを得てしまうようになるかもしれないという危険が、少なくともわずかには残るように思われる。

3　危険を評価する

本章は、人類にとっていちばんの脅威となるのはどれか、おおまかに論じてみる。また、脅威を評価することに関連する一般的な議論も確認する。たとえば、世界は決定論的であるかどうかということで、これは終末論法の威力にとって重要なものである。

リスク分析の一般的問題

危険《リスク》を分析するというのは、『リスク・アナリシス』誌など、すでに文献も豊富にある学問分野である。てっとりばやい入門としては、M・G・モーガンの「リスク分析と経営」というのがある。[1] しかしこれまでは、この分野の複雑さのせいで、発達は遅々としたものでしかなかった。喫煙が癌などの病気の危険をもたらすという事実は、かなりの間、統計学者からは疑問視されていたが、イギリスの医師たちによる四〇年にわたる研究からの最新の知見では、喫煙者の二人に一人という、それまでに信じられていたものをはるかに上回る比率で、その習慣のために死亡することが示されている。これもまた最近になって発見されたことだが、原因となる因子と起きかねない災厄とのつながりの多くについて、その強さが一貫して過小評価されてきたということもある。たとえば、心臓発作が生じる危険性は高血圧によってどの程度高くなるかということを知りたいとしよう。ところが、ふだん血圧が高い人は、低いときに測ってもらうようにしたかもしれないし、逆もありうる。そういうことをきちんと考慮に入れると、高血圧は、危険因子として、これまで考えられていたよりも六〇%も高いということがわかってくる。

このように集中的に調べられている医学的な危険でも、膨大な人数の人で繰り返される事象を含んでいて、測定が難しいとなれば、たとえば今後一〇年の間に核戦争が起きる危険を信頼に足る数字を得ることがたやすいことではないのは明らかだ。ましてや二四〇〇年までに誰もが死に絶えている危険を表すような数字となるとさらに難しい。さらに問題をやっかいにすることに、何かを「危険」と呼ぶことには、倫理的な考察が入ってくる。人類が滅びることになっているとすれば、それはいいことだと考えたとしよう――あるいは少なくとも単に可能性としてだけの生命、この場合は決して生まれることのない生命は、倫理的にどうこう言えるような意味では「この世にかかわる」ことはありえない（4章を見よ）と考えたとしよう。そうすると、人間の滅亡の「危険」については語れないということになるかもしれない。そして、わずかではあっても人間が滅亡する可能性があるなら、どんなコストをかけてでも回避すべきだということは認められないということになるかもしれない。

本章は単純に、人間の滅亡は災厄であって、その可能性がどんなものであれ、わずかだろうと高かろうと、それについては警告を受けるべきだという立場をとることにする。終末の危険について語ることが人々の気力をなくし、危険をかえって増大することになるという議論には賛成しない。そういう議論はこれまで通りのことをしてこれまで通りに汚染してこれまで通りに危険な活動を支持できるように、権力を握る人々の一部が聞きたがるものである。

終末の危険度を推定するうえで重要な因子

カーターの終末論法

これまで述べてきたことからすれば、リスク分析の中心的な原理のいくつかは最近になってやっと注目されたものであり、時には強硬に反対されるというのも当然のことだろう。ブランドン・カーターの終末論法がその筆頭である。5章でもっと詳しく検討するが、この論法は、理論を選ぶ場合、その理論が正しいとすれば、我々が実際に見ていることを見る可能性が高くなるような理論の方を選ぶべきだ(他のことが同じなら)という事実を利用するものである。このことは自明のことでそうせざるをえないように見える。多くのリスク分析学者はカーターの議論を退けてはいない。ただそれは、彼らがそれを思いつかなかったからというだけのことである。彼らは、ある人が人間の歴史のどのあたりにいるかを問おうなどとは思わなかったのだ――そんなことを問うのは断固拒否するかもしれない。

序論でも説明したように、カーターはそれを問うた応用数学者だ。彼は、人類がたとえば今後二世紀の間に終わりを迎えるとすると、人類の大多数は、あなたや私がいるところ、つまり滅亡が間近の(そしておそらく滅亡をもたらすことを助長する)急速に人口が増加する時代にいるということになると指摘した。他方、人類がさらに何十万年も生き延びるとすれば、二〇世紀末というのは人類の歴史の中で、(比率で言うと)そういう人はほとんどいないと言ってもいいような時代ということになる。生まれてくることになるすべての人類のうち〇・〇〇〇一%にもならないかもしれない。このことは、我々には長い未来があるという自信を弱めるはずだ。カーターの論法には異論も多いかもしれないが、5章や6章で明らかにするように、それは正しいのだ。

ただ多くの人を死なせる可能性のあるものではなく、我々全員をすぐに殺す可能性のあるもの

カーターの論法に影響を受けた人々であれば、人類がこれから何世紀かを無事にのりきったとすると、どのくらいの間生き延びると考えられるかということに関心をもつかもしれない。ダイソンの「終わりのない時間――開かれた宇宙における物理学と生物学」('Time without end : physics and biology in an open universe')とか、フラウチの「拡大する宇宙におけるエントロピー」('Entropy in an expanding universe')とか、リンデの「インフレーション以後の生命」('Life after inflation')といった論文[2]や、イスラムの『宇宙の未来はどうなるか』(*The Ultimate Fate of the Universe*)、バロウとティプラーの『人間宇宙原理』(*The Anthropic Cosmological Principle*)、ティプラーの『不死の物理』(*The Physics of Immortality*)、デイヴィスの『最後の三分間』(*The Last Three Minutes*)といった本[3]を参照したいと思うかもしれない。こうした文献は、陽子のゆっくりとした崩壊や迫り来る「熱的死」(エントロピーが最大の状態)が、人類と考えてもいいような存在の未来を明らかに制限することになるかどうかを論じている。

それでも、近未来に集中する根拠もいくつかある。その一つは、序論でも触れたことだが、詳細に論じてしかるべきものである。それは、人類の未来が無視できないほど非決定論的であれば、カーターの論法は、終末は近いという危険度の推定を大きく変えることにはつながりえないし、終末は先だという議論が何兆人にも及ぶ人間が銀河全体に散らばることを意味することになるとしても、その推定は大きくは変わらないという論である。

もう一つは次のようなものである。人類やその跡を継ぐ種族の生存に対しては、短期的な危険だけが大きな脅威となりうるように見えてもおかしくはない。たとえば、五〇億年ほどたって太陽が赤色巨星になり海が沸騰することになるとしてもそれがどうだというのだろう。人類あるいはその子孫がそこまで生き延びていれば、それは冥王星、あるいは快適な距離に位置する宇宙コロニー、あるいは他の星の近傍に広がっているものと考えられる。人類の卵はもはやすべてが一つの籠におさまっているわけではないだろう。真空の準安定性――2章を見よ――がほとんど光の速さで銀河を吹き飛ばしてしまうのでもなければ、そんなことはない。そういう災厄の可能性も、遠い将来に起きる可能性は無視できないながら、わずかと見ていい。必要な高エネルギー実験がずっと早く行なわれているか、禁止されているかするだろう。

ちゃんとした図書館であれば、一〇〇〇万人に及ぶ人々のための宇宙居住地として使えるオニールの円《シリン》筒《ダー》[4]や、火星や金星の大気を数兆ドルの費用をかけて呼吸可能にしたり、人間、あるいは人間といってもいいほど頭のいい機械によって、光の速さの何分の一という速さで銀河植民を推進する計画についての資料がたくさんあるだろう。筆者の自宅の本棚だけでも、こうしたことについての魅力的な議論が、バロウとティプラーの『人間宇宙論原理』(*Anthropic Cosmological Principle*)、ブランドの『スペース・コロニー』(*Space Colonies*)、クローズの『終末』(*End*)、ダヴーストの『地球外文明をさがす』(*The Cosmic Water Hole*)、ダイソンの『宇宙をかき乱すべきか』(*Disturbing the Universe*) や『多様化世界』(*Infinite in All Directions*)、マクドナウの『E・T・諸君応答願います』(*The Search for Extraterrestrial*)、ルードとトレフィルの『さびしい宇宙人』(*Are We Alone ?*)、セーガンの『コスモス』(*Cosmos*)、シュクロフスキーとセーガンの『宇宙の中の知的生命』(*Intelligent Life in the Universe*)、サリヴァンの『われわれは孤独ではない』(*We are not Alone*)、ロスマンらの『現代物理の最前線』(*Frontiers of Modern Physics*) に寄稿されたティプラーの論文といったものにある。[5] これらや類書にある説の中には、思弁的な技術的進歩を含むものもある。たとえば、核融合や反物質をロケットエンジンに使ったり、光ヨットをレーザーでものすごい速さに加速し、その後で、帆につながっている超大型の客船を止めるためのブレーキとしてはたらくレーザーを製造するナノ機械を組み立てるために用いるといったことが考えられている。[6] しかし一九七〇年代にはすでに、G・オニールが、一万人の植民者用の長さ一キロの円筒であれば、当時すでに使える技術――小型水爆が、宇宙船を少しずつ加速するという、[7] 宇宙空間での核爆発を禁じる条約ができるまでアメリカで集中的に研究されたアイデアであるオリオン計画はもちろんのこと――によって早く安い費用で作ることができ、それ自身が他の星の近傍へ宇宙植民者を、徐々にではあれ送り出すのにも使えると唱え、多くの人がそれを信じていた。ボイジャー宇宙船は四万年あれば最も近い星に行けるだけの速さで旅を続けている。

光ヨットは、最初は地上のレーザーによって加速され、次は日光で加速され、減速には目標の星の光を使うもので、今日では、より速くで費用も安く同じ仕事ができる。[8] 他にもいろいろな説があり、その中には、宇宙旅行に使われる技術があまりにも低レベルで、今では古くなりすぎているものもある。[9] そうなると人類は、これから五世紀以内にどんな災厄が地球を襲おうとあまり関係なく、それだけの間何とか生き延びられさえすれば、差し迫った滅亡に対する保障は確実にできたということになるかもしれない。驚くべきことは、その五世紀くらいの間にあるかもしれない災厄をしのぐための地上の人工生命圏開発が、ほとんどなされていないということだ。

人々は「バイオスフィア2」の背後の科学の貧弱さはすぐに非難する（1章を見よ。酸素濃度が壊滅的に下がった）。批判する人々が忘れがちだったことは、それに必要な一億五〇〇〇万ドルの資金の提供を、E・バースという一人の個人に任せたということである。人工的な生命圏を作るのに核兵器を作る額の一〇〇分の一でもかけていれば、今頃は人類の長寿が保障されていたかもしれない。

終末論法の目的からすれば、我々は汚染の危機のようなことが何十億人の貧困や死を意味するかどうかだけに関心があるわけではないことをつねに思い起こそう。何十億人の貧困と死は差し迫った悲劇ではあろうが、徐々に回復し、その教訓を学んだ人類にとっては輝かしい未来が続くかもしれない。終末論法にとって決定的なこと——そして、倫理的視点から最も重要な争点——は、何かが全人類を終わらせることがありうるかどうかということである。

フェルミの問い

文明が我々の文明より少し進んでいれば星間旅行は簡単にできると信じるとすれば、E・フェルミの「彼らはどこにいるのか」という問いに直面することになる。我々の太陽系を地球外生命が訪れた形跡はないようだし、また電波望遠鏡もそれが存在する兆候を示していない。それはなぜかという問いである。我々の銀河に知的生命がありふれているのなら、なぜその地球外生命がずっと前に地球に植民しなかったのだろう。銀河は、宇宙ができて一〇〇億年たった領域にあるのに対し、計算によれば、いったん文明が宇宙旅行を始めれば、それが銀河の端から端まで広がるのには、わずか数百万年しかかからないとされる。ダイソンが初めて数字を出し、およそ一〇〇〇万年としたが[10]、他の推定は三億年から三〇〇〇万年にわたっている（ただし、ティプラーは六〇万年という低い値を出している[11]）。

となれば、地球外生命は実はすでに見られているのだと唱える空飛ぶ円盤愛好家と手を組むべきなのだろうか。地球は銀河の中で進んだ生命（あるいはただ生命であっても）が進化を続けた唯一の場所だったと考える、バロウとティプラー[12]に与したほうがいいように見えるかもしれない。我々がいるような知性を担う惑星がきわめてありふれたものだと論じても、そうだという証拠が得られなければ、あまり意味はない——知性を担う惑星が宇宙に一つだけだったとしたら、我々知的生命が他のどこで自分がいることに気づくことがありえようか。ほとんどすべての銀河が永遠に生命をもたないということは十分にありうることだ。宇宙全体が、人類が滅亡すれば知的存在が永遠にないままになるということも十分考えられる。非常に原始的な生命でも、原始のスープの化学物質が、ありえないほど可能性の低い混じり方をしてはじめて生じるのかもしれない。[13] 原始的生命から知的存在への飛躍も非常に難しいことかもしれない。それがたやすいことだったとしても、そうなることに進化論的な利点がほとんどないからということで起こらない可能性も十分にある。頭がよくて好奇心旺盛な動物が頭を暗い穴につっこんで食いちぎられるということを考えればいい。

こうした見方をすると、我々には、人類を滅亡させるような危険を冒さない、とくにまったくささいな利益のためにそんな危険を冒さないでいる義務がある。フロンが成層圏オゾンを破壊する力が強いということが明らかになったら、それを腋の消臭スプレーのために使うようなことは直ちに世界中で禁止すべきなのだ。

しかし、我々が知性をもった地球外生命を発見できないということは、それが進化することが稀だということよりも、技術文明を発達させるとすぐに滅んでしまうことを表しているのかもしれないという点にも目を向けておこう。この点をどれほど強く見るかは、もちろん、地的生命が進化する頻度が非常に低いという競合する説をどれだけ否定するかに左右される。しかし、強いと見る側で考えてみよう。これは確かに、1章や2章で論じた多くの危険についての推定に影響する。他の成長した技術文明が我々と同じような危機に直面することも多いと考えられるからだ。

筆者は、我々がこの銀河に知的生命を見いだしていない理由についての他の説は、ずっと可能性が低いと考える方向にある。地球外生命が銀河をまっすぐ広がってきて我々に気づかれずにいた(もしかすると我々の太陽系を不可侵の動物園と見ているかもしれないとか、小惑星帯に隠れているからということかもしれないといったことで）とか、誰でも故郷にいるのがいちばんいいということかもしれないとか、進んだ技術はほんの少し前にできたばかりで長期にわたって旅行はできていないということかもしれないといったことは、可能性が低いように見える。とはいえ、そうした説の多くが巧妙に擁護されている。G・D・ブリンによる見事な概説、『大沈黙』（*"The Great Silence"*）を見られたい(14)。

観測選択

1章で、自然に生じる病気が人類を滅亡に追いやることができなかったいきさつを論じたときに、観測選択効果が関係しているということに触れた。宇宙が知的生物の住む多くの惑星を含んでいて、病原体はほとんどどこでも「勝つ」としよう。そうすると我々の地球は病原体が勝利しなかったわずかな場所の一つということになる。でなければここで事物を観察し、あれこれ論じてはいなかっただろう。また、我々の過去の光円錐——時空の一部で、ここで起こった出来事については、それが起こったという知らせがすべて我々のいるところに届いている——は、2章で論じたような真空の準安定性による災害を含んでいたことはありえない。そういう災害があったら、その知らせが届いたとたん、観測者を一掃してしまうだろうからだ。

このように災厄のない過去が観測選択されることからすると、これまでに恐ろしいことは何も起きていないから我々は安全なはずだと論じるのは難しくなるかもしれない。何億年、何十億年たっても起きないということにはならないのだ。H・B・ニールセンはこう書く(15)。

我々は、地球の滅亡をもたらす、たとえば陽子などの、何らかの極めて危険な崩壊があるかどうかといったことがわかることさえない。もしそんなことがあったら、もはや我々がいてそれを観測していることはないだろうし、それが起こらなければ、観測されることもないだろう。

彼の念頭にあるのは、真空の準安定性による災厄を起動するような非常に稀な崩壊のしかたのことだと考えられる。すると彼は、今日までに、そういう災厄は、その境界がほとんど光速で広がり、今頃我々の惑星も飲み込んでいるという事態が、どんな領域の内部でも起きていないということは何のあてにもならないと言おうとしているのだろうか。このことは、我々がほんの断片だけを見ている、無数の生物を担う惑星を含む無限に大きい宇宙あるいは初期の時期に膨大な膨張のしかたをした（2章を見よ）有限の宇宙においてとくに意味をなすだろうか。

H・P・モラヴェクは、強力な新型粒子加速器が何度も、いつもおそろしいほどの偶然によって立ち上がり損ねた話に強い関心を示している。ヒューズがとんだり、清掃車がケーブルをひっかけたり、小さな地震で緊急停止装置がはたらいたりしている。モラヴェクは、量子論の多元世界説がこの件を説明するかどうか考えている。この説では、宇宙やそこにいるすべての観測者が、どんどん別々の道に分かれていく。たいていの場合、加速器は立ち上がり、真空の準安定性の災厄を引き起こす。しかし観測者のいる道筋では、幸運によってそれが起きなかった宇宙だけが観測される。[16] では、そういうことが意味をなすだろうか。

正しい行き方は次のようなものだと思う。我々はまず、過去の災厄を予測されなかったとする理論をどれだけ信頼するかを問わなければならない。(1)それに対する信頼が大きいとしよう。そうすれば過去の災厄がなかったことが観測選択の兆候だという説を多少は無視することができる。(2)しかし我々のその理論に対する信頼が低いとしたらどうなるだろう。その場合は、内部で観測選択が動作しうるような現実の領域——たとえば知的生物とその病原体のいる多くの現実の惑星、あるいは多元世界量子論によって記述される枝分かれする宇宙の多くの現実にある枝——を信じるのが妥当と思われるならば、観測選択の考え方を真剣にとりあげなければならない（ここで用いられている原理は、「選ぶべき現実の事物がなければ観測選択効果はありえない」というものだ。五〇人からなる狙撃兵の部隊が全員あなたをねらってはずしたとしよう。彼らが全員はずしていなければ、あなたはそんなことを考えていないだろうとコメントするだけではだめだ——つまり、本当に何億もの狙撃兵部隊と潜在的な犠牲者を信じていなければならない。清掃車にケーブルをよけて、粒子加速器を立ち上げようとしつづけるよう求めなければならない——多元世界量子論によるいくつもの世界を、それが有効な虚構にすぎないのではなく、実際に存在すると考えないのなら）。

今度は、地球が知的生命を一掃してしまうほど大きな小惑星にぶつかっていないという事実の意味を理解しようとしているとしよう。観測選択が機能しているかもしれないという話にいくらかの力を与えるべきだろう。他の多くの生命体の住む地球のような惑星が、すべて小惑星の衝突にさらされているという考え方は単純に退けてはならない。しかし第一に、このような他の惑星の存在を疑う理由はいろいろある。そして第二に、小惑星の衝突はだいたい、小惑星の大きさが一〇倍になると頻度が一〇分の一になるという法則に従っているらしい。その場合、計算によれば、地球上のすべての生命を滅ぼすだけの大きな衝突は、これまでにあったとは思えないことになるかもしれない。これらは観測選択がはたらいていたということを疑問視する二つの根拠ということになる。

自然に生じる病気の場合はどうなるだろう。1章では病原体がその宿主を滅ぼしてしまわないよう「気をつける」ということを述べた。このことが我々の先祖が滅ぼされなかった理由のありそうな説明を与えるとなると、やはり観測選択をうんぬんするのはためらうべきだろう。それでもその考え方そのものを退けるべきではない。多少の差はあれ、それは確かに人類には長い未来があるということに対する我々の自信を減じるはずだ。

新しい危険

人類がこれまでの病気を切り抜けてきたという事実は、（1章で指摘したように）、人口危機、巨大都市、汚染、国際的な移動と通商といった今日の新しい状況を考えると、あまり意味をもたない。種全体が病気によって滅びるような危険は「まったく新しい」ものと分類されるかもしれない。対照的に、小惑星の衝突の危険は、人口が大きく増え始めたときに増大したとは考えにくい。小惑星の衝突はしたがって「昔からの」危険を示していることになる。我々の先祖がこれまで小惑星の衝突で死に絶えなかったという事実は、これからもそうだということを強く示唆するものでありうる。

生物種一般あるいはとくに哺乳類の種が、過去においてどのくらいの長さ生きてきたかを問うのは有益だろうか。筆者はそうは思わない。人類はそれほど異例な種だからだ。この惑星がわずかに熱くなったり冷たくなったり、自然の植生がわずかに変化したりでは、人間は滅亡しそうにない。人類は新しい捕食者となる種が現れて自分たちを食い尽くすことを心配する必要はない。

これまでにあった人口爆発が壊滅的な打撃に達したかどうかを問うことは重要だろうか。これも今日の状況はまったく新しいもので、過去はこれから心配しなければならないことについての指針とはなりえないだろう。ただ、カーターも――彼は一九八九年に筆者に手紙をくれた――ブリンも、[17]イースター島のことを指摘している。それは「事実上別個の惑星とも言えるほど長い間孤立していた」（カーター）し、「西暦八〇〇年頃に入植された頃には、人類史上でいちばん星間コロニーに近いもの」（ブリン）だという。島の住民は人口爆発を経験し、手つかずだった生態系を完全に破壊し、その結果生じた戦争でほとんど滅亡に追い込まれた。

本書がほぼ無視する危険

ここで人類の生存に対する主な脅威を検討しようとする中で、多くの見るからにささいな危険については論じなかった。たとえば人間が、火星の大気と水がほとんど失われた後でも火星で生き延びていた何らかの致死的な細菌を持ち帰るという考え方ついては何も言っていない。それでも月という、火星以上に生命の存在していそうにないところから帰る宇宙飛行士は、万一に備えて殺菌処置を受けている。R・カノとM・ボルッキが、琥珀に閉じ込められた昆虫の中から取り出された二五〇〇万年ないし四〇〇〇万年前の細菌と菌類を復活させることに成功した（さらに確認もされた）ことにも言及していない。それらがもつ新しい抗菌、抗癌作用は有望な結果をもたらしたと言われるが、古代の病気が復活し、それに対して現代の生物はほとんど抵抗力をもっていないという可能性もある。

また、モラヴェクの、宇宙には、成長しつつある技術をもった種族を餌食にする、隠れた狼がうろついているという考え方も論じなかった。狼は「ただただ無力なデータの切れ端かもしれない」――もしかすると電波で運ばれるのかもしれない――「それは文明がなければ銀河間の何百万年もかかる旅の間、眠っているだけでいられる」。しかし「新しく進化した文明というおのぼりさん」がその一つにぶつかって、「宿主の利益になる機械の設計図」に唆され、その指示に基づいて行動すると、宿主を殺し宇宙に天文学的数字のコピーを広める再生する鬼」を作り出すという。[18] 同様にブリンは、「致死的探査装置」について考えている。これは自己複製する機械で、『アイ・ラブ・ルーシー』〔テレビ草創期の人気番組〕の番組の電波のような「はじめて見る変調された電磁放射の源は何でも」破壊するものである。地球から出たその類の電波は「現時点では、ゆうにくじら座タウ星をすぎて広がっている」という。[19] モラヴェクとブリンは、そのような殺し屋が言わば進化論的に成功する突然変異によって生じうると唱える。その先祖は銀河全体に利益を広めるよう設計されているかもしれない。残念ながら、筆者はこの筋書きをまともに取り上げることはしない。

しかし、どうしてそうしないのかを言おうとすれば、難しいかもしれない。筆者があっさりと捨てすぎた危険がたくさんある可能性はおおいにある。文献の中では言及されていても、単に聞いたことがないから論じられなかったというものもあるに違いない。この分野はそれほど広い分野なのだ。

筆者がよくわかっていない、あるいは特定しにくいという理由で言及しなかった危険〔誰のせいとは言えないからこそ災厄が起きるという危険のように[20]〕もある。ある精神を破壊する化学物質が依存症になりやすく、いわゆる麻薬王たちによって水道水に混ぜられると上水道網にある我々全員がその虜になってしまうというようなことがありうるだろうか。アメリカの、毎年のGNPの二倍にも及ぶ膨大な財政・貿易・家計の負債による世界的な経済的破綻の可能性はどのくらいあるのだろう。[21] 人間の滅亡が実際にそういうようなことから生じる可能性はあるのだろうか。あるいは株式市場の「デリバティブ商品」の取引から生じることがありうるのだろうか。ほとんど規制のないこの取引は、米・欧・日のGNPを合わせたものに匹敵する年額になっていて、P・ウォリッチの報じるところによれば、[22]「大きな過失があれば金融市場がふっとぶかもしれないと心配する観測筋もある」。

また、今やおよそ一兆ドルという軍事費に匹敵するほどのの売り上げがある世界的な産業である犯罪[23]や、アメリカの監獄にいる一〇〇万人を超える受刑者を考えれば、文明は、わずか一%が犯罪に汚染されれば石器時代の状態に戻るという昔からの警告を真剣に考えるべきなのだろうか。あるいは金はいくらでもあるような人間嫌いが一人いれば、それより大きな脅威になったりするのだろうか。

これまで筆者があまりにも無視しすぎたかもしれないのは、いろいろな行為が悪だということを人々に納得させることの難しさである。コンピューターのハッカーたちは、核兵器を制御するシステムに侵入することを、おもしろい純粋な楽しみと考えるかもしれない。第二次世界大戦のときには、連合国の大政治家たちは、女性と子供でいっぱいの、軍事的にはほとんど無価値の都市ドレスデンの無差別爆撃を悪いことだとはほとんど思っていなかった。原爆を開発した科学者たちは、爆弾そのものが製造できないとしても、五〇万人のドイツ人をストロンチウム――放射能をもち、人間の骨に蓄積される――で汚染することを考えていた(「第二次世界大戦において血に飢えた心が増大していくことを示す記録として、ロバート・オッペンハイマーという、いろいろな機会にアヒムサ(『サンスクリット語で害をなさず傷つけないという意味だ』と彼は説明する)に身を捧げていると述べた人物が、五〇万人もの人間に毒を与えるための準備のことを熱狂的に書くことができたことほどのいい証拠はない」と、R・ローズは声を大にして主張している)[24]。人工の五分の一が富の五分の四を握る世界では、テロリストと自由のための闘士との区別はきわめて難しく、この種の歴史的な背景はぞっとさせるに足るものかもしれない。

それでも、筆者はドイツの都市を焦土と化したり、日本に原爆を投下したりという意図的な行為が、明らかにまた純粋に悪であると唱える気はない。戦争がそれによって早く終わり、何百万人もの人が助かったという議論を退けることはできない。自分の行動から期待される長期的な利益によって影響されるということは、「目的は手段を正当化しない」というようなほとんど無意味な言葉を口にしながら、つねにある原始的に単純な、かたくなで柔軟性に欠ける道徳規則に従うよりはずっといいこともありうる（外科医が「自分は生命を救うためにある程度の痛みを引き起こしているのだ」と言うとき、これは「手段を正当化するために目的を利用している」だろうか。いずれにせよ、そこには悪いことはない）。災厄は悪人によってのみもたらされうるのではなく、明らかな事実を独善的に否定する人々によってももたらされる。たとえば、精神分裂病の人は実は病気ではない（だから核兵器から遠ざけるべきではない）とか、あるいは検閲（もしかすると致死的なウイルスで水源地を汚染するためのマニュアルの）をすれば必ず悪い結果をもたらすとか、民主的決定がつねにいちばんいい――三人の理性的な委員が投票でAはBよりもよく、BはCよりもよく、CはAよりもいいと決定しても――と主張するような人々である。[25]

危険を比較し、全体としての危険度を推測してみる

今度は様々な脅威の深刻さについて推測してみよう。

終末論法を考慮に入れた後でも、希望を持てる根拠はたくさんあるし、絶対の絶望と考える根拠はない。まず、終末論法が、多くの人が認めるように世界が不確定だとしても、あまり弱められないという事実がある。この点はすぐ後で論じることにする。

次に、超新星の爆発、太陽面爆発、ブラックホールや中性子星の合体、火山の大爆発、小惑星や彗星の衝突といったことが、近い将来において人類をすべて殺してしまうということは非常に可能性が低いように見える。これに対し、先にも述べたように、我々が考えなければならないのは、近い将来だけである可能性が高い。人類は太陽系全体に広がるのはかなり早い時期だと期待してもいいからだ。そうなれば人類

は地球の住民が滅びてもそれとは別に多くが生き残ることもできる。

自然の病気はどうだろう。巨大都市、飛行機旅行などは、その危険性を高めるが、医学の進歩によって対抗もできるだろう。そうでなくても病気が本当にすべての人を殺すということは可能性が低いように見える。

銀行システムあるいは食糧や水や電気の分配システム（コンピューターで制御されているだろう）の崩壊によって、飢餓や無統制がもたらされることはあっても、すべてが消えてしまうというのもさらに可能性が低いように見える。

オゾン層破壊、温室効果による温暖化、汚染、農地の疲弊、生物種の多様性の喪失といったことは巨大な貧困をもたらすおそれがある。それでも人類をすべて滅ぼすということはありそうにない。とくに人々は人工的な生命圏へ逃げることもできるからだ。数千人が生き延びれば、新しく何十億人に増えるための基礎としてはおそらく十分だろう。同じことは世界核戦争についても言える。人工的な生命圏は地上の他の部分が居住不可能になっても人類を維持することができるかもしれない。

ナノテクノロジーにおける進歩は非常に危険かもしれない。しかし、人類が防御を講じることのできるような単独の世界政府に向けて大きく動くまでは、そのようなものは作られないという希望もある。さらに、ナノテクノロジー革命が到来するときには、太陽系全体に、あるいはひょっとすると他の星系に植民が急速に進行しているかもしれない――ここでも地球の人類が滅びても種としての人類すべての終わりにはならない。

筆者は、極めて高いエネルギーが今後三世紀の間に得られる可能性が高いと信じてはいる（同じ意見の物理学者はわずかだけだ）が、高エネルギー実験による危険――最も重要なものは準安定の真空を動かすもの

——が実現する可能性は低いように思われる。理論的に調べることによって、あるいは壊滅的な災害が実際には起こらないからということで、ストレンジ物質は非常に高密度の星にのみ存在しうる一方、我々のいる真空の状態は完全に安定だということがわかると予想している。

そうは言っても、これまで論じた危険は、一人よがりを吹き飛ばすほどのものでありうる。また、まだ言及されていない大きな危険もあると思う。遺伝子工学はその一つだと思われる。とくにそれが生物戦争や犯罪者の手に渡って使用される可能性があるからだ。もう一つは知能をもった機械が人間に取って代わるというものである——少なくとも機械が意識の統一性を実現するときに量子効果を利用すれば(2章を見よ)、これが大災害になるかどうか、はっきりしたことではないかもしれないが。また、まだ何だか正体がわからないものによる深刻な危険を冒すこともありうる。それについては、南極のオゾンホールのようなやっかいな衝撃として、また、やはりオゾンホールのように、技術的進歩の結果としてやってくるだろうと言えるだけだ。

それでも筆者は、人類がこれからの五世紀の間に滅亡するのを避けられる可能性は元気が出るほど高く、もしかすると七〇%もあるかもしれないと言いたい気になっている。また、そうなれば、さらに何万年も続くか、そうでなければもっといいものに代わるかするだろう。

それでも確信をもつことは極めて難しい。人類の対応能力や科学者の賢さや我々の選んだ人物たちの知恵についての信頼を言うだけでは、筆者には気持ちの悪くなるような軽口に映る。人類が滅亡に瀕しているというのは、いつの時代にも変人が抱くテーマだが、可能性が高いと考えてもいいのだ。ブリンが別の問題について用いた(根拠ははるかに少ない)言い方では、ある考え方が変人を思わせるからというだけでその考え方を否定することは、それこそ変人に大きく左右されることになる。[26]

本章を終えるにあたって、カーターの終末論法の力を見た場合、危険度の評価がどう影響されるかをもう少し細かく見ることにしよう。

決定論、非決定論、終末論法

カーターの論法は、差し迫った人間の絶滅の危険を評価しなおす根拠を与えるものの、その根拠(序論で触れた)は、非決定論的世界においては必然的に弱まるだろう。非決定論であれば、人類が絶滅する前にまだ生まれていない人間がどれだけいるかということに関して、現在の状況と物理法則を必要なだけ細かく知っている人の手にある理論の中で使える適切な「確固とした事実」がないことになる。名札の入った箱の中には、あなたの名札が引き出された後もあれやこれや多くの名前が残っているということにたとえてみればいい。「終末は近い」という危険性を再評価しようとする——たとえば今後五〇〇年たつと人類は誰も生きていないという見通しに対して確率を与えようとする——デカルト的な試みは、これによって妨げられることになるだろう。

正確にはどの程度妨げられるのだろう。もしかするといかなる非決定論であってもたいしたものではないと考えられるかもしれない。「箱からまだ出されていない名札の数」、つまりこれから生まれるべき人類の数は、世界はひどく汚染されていて「終末は近い」のが避けられないとか、重大な脅威は決定論的な運動をしている彗星や小惑星によるものだけだとかの理由で、すでに数十億人以内におさまっていると信じてもいいかもしれない。

しかし、非決定論的因子はかなりの重みをもっていると信じてもいいかもしれない。その場合、カーターの論法は主に、人類のチャンスに対する極端な信頼──人類には長い未来があることはいいことである、と同時にそうなるに決まっていることだと一部の人々が言うようになるような信頼を減じる役目をすることになるだろう。

世界は実際に非決定論的なのだろうか。事象は、たとえばカジノの賭博師たちにはほとんど予測できないというだけでなく、根本的に決定されていないのだろうか。細部にいたるまで我々の宇宙とまったく同じ宇宙がもう一つあるとしよう。この宇宙が将来、我々の宇宙とは異なる展開を見せたりすることがあるのだろうか。

ここでは根本的な非決定論と我々による予測ができないとを区別することが決定的に重要である。2章で論じたように、カオス理論という急速に成長する分野で仕事をしている人は、「バタフライ効果」の例をいくらでも指摘することができる。事象の連なりは、出発点に微妙に左右され、いくつもの展開のしかたをする。あるときオーストラリアで、ある特定の蝶が羽をはばたたかせたかどうかが効いてくるなどということがありうるのだろうか。もしかするとそうかもしれない。そのことが、数か月後にフロリダでハリケーンが吹き荒れるかどうかを決めているということも考えられるだろう。しかしこれは、いろいろな目的にとっては重大なことかもしれないが、世界が根本的に非決定論的であるかどうかとはまったく別の問題である。カオス理論がきちんと適用できる二つの世界を考えよう。両者の間に今、わずかな違い──一個の原子が放射性崩壊するかしないかくらいの小さな違い──があると、それが両者を五〇年後の人口を変えるほどの進み方の違いをもたらすかもしれない。しかし、世界が実際に正確に同じであり、全面的に決定論的であれば、両者は存在しつづけるかぎり、まったく同じ進み方をするだろう。

要約しよう。カオス理論が注目する現象は、最初に危険度の評価に達することをはるかに難しくする一方で、それ自体はその当初の評価を見直すというカーターの論法に影響するほどではない。カーターの論点は、これから生まれることになるはずの人の数が、物理法則と現時点での状況によって定まっていない場合に弱くなる。しかし世界が決定論的であれば、この数は実際にそれらによって定まっている。カリフォルニアで次に大地震が起きる日付のように、「理論的には」(すなわち今日の世界をまったく乱すことなく細部にいたるまですべて認識する膨大な計算能力をもったラプラスの魔物には)知りうる。ただ我々にはそれを知る能力がないだけだ。蝶の羽はそれに影響するかもしれないが、その羽の影響のしかたは、ビッグバン以後ずっと決まっていたものになるだろう。

人が非決定論を信じるようになるのは、これから検討しなければならない二つの主な論拠による。一つは量子力学がそれを信じるように求めるというもの。もう一つは完全な決定論だと人間が自由でなくなるというものである。

(A) **決定論は自由を破壊するだろうか。**「自由」という語は非常に複雑なふるまい方をするし、哲学や神学の理論を背負っていることも多い。よく論じられる問題は、決定論が、責めたり罰を与えたりすることの正当性に影響するほどに人を不自由にするかというものだ。「誤った行ないが時間が始まったときから決まってしまっているのなら、罰することの正義はどこにあるのだろうか、そのことにどんな意味がありうるのだろうか」という問いだ。

筆者には、殺人犯を、彼が初めから犯すことが決まっていた——世界が時計のように巻き戻されるとその人はまた同じことをするようになっている行ないのために死後に地獄に送る、というのは非常にフェアではないように思える。殺人が完全に決定論的なパターンの一部だとすれば、このような見方に基づけば、その罰は無法な不正義である。しかしそうだとしても、殺人犯を罰することに何らかの意味があることははっきりしているかもしれない。完全に決定論的な世界では、ビリヤードの玉の運動はそれでも他のビリヤードの玉の動きのようなものに有益に影響を受けることがあるだろう。球の動きが決定されているという事実によって、それが他の球がどうであってもすいすいと動けるようになるわけではない。同様に、完全に決定論的な世界でも、人々の行動は褒貶や賞罰によって影響されうる。殺人犯の投獄によって殺人を犯さなくなる人もいるかもしれない。

筆者自身は、何千もの哲学者の議論によって、自由と決定論の間には実際には矛盾はないと見る「両立論者」という立場に改宗している。決定論は単純な形の予言可能性を言っているわけではない。決定論が人間を「機械」に変えるとしたら、その仕組みは、細部にいたるまで、天候の仕組みほど複雑になるだろう――天気は蝶のはばたきで、少なくとも神の力をもたない予報士には予測できないようなものになりうるということを思い出そう。さらに、神の力は、ある人にその人がどうふるまうことになるかを予測するには無力かもしれない。人間は何が予言されても断固としてその正反対をすることにするということができるからだ(単純な機械でもこのことをまねることができる。「青いランプがつく」と記されたキーを押したら赤い光がついたりその逆だったりするような装置を組み立てることは子供にもできる)。

もちろん結果を決める因子の中には自由を浸食するものがある。石の壁と鉄の棒の決定論は人を監獄に閉じこめて不自由にする。薬物中毒や脳腫瘍や頭につきつけられた銃にまつわる決定論は、自由を減じたり、完全に殺したりすることがある。一次近似としては、自由であるということは行為のしかたについて自ら決めることができるということだ。投獄されたり、薬物中毒になったりというのは、これを自分で支配できなくするかもしれない。これと比べれば、今日の原始的なチェスをするコンピューターは、決してとるにたらないどころではない意味、ふるまい方について自ら決めていると思う。

すると、自由な人間であることは、まさに自分の行動を決められるからこそ、悪い行動については責められ罰を受けることがきちんとできるような人のことではないか。多くの哲学者が責めや処罰は、殺人などを思いとどまらせることによって多くの善をなすことができるから、決定論的世界でも道徳的に正しいと言えるだろうと考える。誰でも自分が決定論的に行為する範囲内でのみ自由でありうるという議論の側に立つ人もいる。決定論に対する唯一はっきりした対抗馬はランダムさだと彼らは言うし、自分の決定をランダムなものだと考えていては、自分が自由だとも考えなくなるだろう。それでもここでの争点はやっかいで、本書はそれについてあまり長く論じる場ではない[27]。自由と決定論との両立性についてのさらなる議論は、デヴィッド・ヒューム、ジョン・スチュアート・ミル、J・L・マッキー、D・オードガード、I・ティプトンによって展開されている[28]。

(B) **量子力学は非決定論的だろうか。** しばしば量子論の言いたいことは明確だと考えられている。世界の極小の事象は統計的法則にのみ支配されているということである。これらの事象をたくさんまとめて見れば、全般的には予測できる規則性が見つかる。一〇トンのコインを投げれば表が出るものと裏が出るものは、ほぼ五トンずつになる(ほとんどつねに)という事情を参照しよう。ところが、投げられる一つ一つのコインが落ちたときにどうなるかは、もしかすると驚異的に高性能の測定装置と超高速のコンピューターをもった物理学者ならわかるかもしれないが、一つ一つのウラン原子がいつ崩壊するか、熱せられたフィラメントから次の放射の量子がどこから出るかについては、まったくそういうことはない。しばしば、神であってもそういうことはわからないかもしれないとも言われる。J・フォン・ノイマンは、実際に、量子論の不確定な関係——時間、位置、エネルギーをつなげる——が、人間に知りうることに制限を立てているだけではなく、現実そのものを規定していることの確固とした証明を出したと唱えている[29]。標準的な量子論が、根底にある決定論的な機構を記述する、より完全な理論で補足されることはありえないだろう。

しかし哲学者は、このような「否定の証明」、つまり何かが、ただ見つかりにくいのではなく、存在しないのだということを示そうとする試みについては懐疑的になる傾向にある。C・サーモンは、フォン・ノイマンに反論して、完全に決定論的な理論を達成するために、「現在の量子力学が他のものに置き換えられる――ただそれを補足するのではなく――ことはありうる」[30]と書いた。サー・ジェームズ・ジーンズは、『謎の宇宙』（*The Mysterious Universe*）において、雨粒はランダムに現れると確信している虫の話をしている。地表だけを動いていれば、虫は天気の三次元的な機構についてはまったくわからないのだ。我々もその虫と同様に、現実のある重要な次元を知らないのかもしれないではないか。

量子レベルでの事象の起こり方を定める「隠れた変数」について考える物理学者もいる。J・S・ベルが思いついた実験は、「局所的」な隠れた変数説が正しいことはありえないということをはっきりさせた。粒子には、空間的・時間的に遠く隔てられているときでも、粒子それぞれがふるまい方についての決定を記した何らかの記録、つまりそれらが最後に接触したときに形成され、決定が遂行されるべき時間が来たときに参照しうる（局所的に）記録をもっていたと想定することでは説明できないような相関のしかたをしている特性があるのだ。しかしベル自身がすぐに言ったように、たとえばD・ボームが擁護したような、「非局所的」な隠れた変数説は、この難点を乗り越えることができる。このような理論によれば、遠く隔てられた事象もお互いに決定論的に瞬間的に影響を及ぼすことができるような連結性をもつことができる。

このような瞬間的なつながりは、アインシュタインの相対性理論に反するのだろうか。そんなことはない。それは制御できず、光より速い信号としては使えないからだ。[31]それは、ニューヨークで表が出たコインを見れば、ロンドンにあるその相方が裏になっていることがただちにわかる力にめぐまれているものの、しかもコインの落ち方にまったく影響を及ぼすことはできなかったこともわかっているということである。

ボームの見方は、考え方ががらりと変化するところを表しているのでとくに興味ぶかい。一九五一年の著書『量子論』（*Quantum Theory*）は、長い間この問題の標準的な教科書となったが、非決定論を強く擁護していた。ボームが方向を変えて逆にそれを攻撃するようになったとき、量子ポテンシャル（量子力学すべてにとって中心的な因子）は、強さではなく形態によって効果が左右され、それで相当な距離にわたって作用することができるような力と解釈できるという考え方を利用した。ボームは、世界には絶対のランダムさの要素がいくらかあることを希望しながら、一見すると決定されていない出来事も実は追跡できないほど複雑な決定論の産物だと説いた。「非局所的」効果――もしかするとお互いにはるかに隔たっているかもしれない系の間の瞬間的な連結――があれば、この種の複雑さを簡単にもたらしうる。[32]

T・ボイヤーとH・プトホーフは、標準的な量子論を、古典の決定論的物理学を一新することによって置き換えるもう一つの道を開発した。[33] 彼らの「ストカスティック電磁気学」は、古典物理学を採り、つねにゆらいでいるゼロポイント場という背景を加える。「ゼロポイント」とは、「ゼロポイント運動」という用語から切り出された形容詞である。これは粒子が温度が零度に下がってももっている（量子力学によれば）振動のことを言っている。プトホーフはゼロポイント場は宇宙全体にわたって粒子の運動を駆動し、その運動が今度は「自己生成するフィードバック・サイクルにある」場をもたらす。[34] このようなやり方に基づく計算は、実験からわかっていることとよく合致する。

これらの考え方は可能性をすべて尽くしているわけではない。世界が徹底して非決定論的であるかどうかは、だから答えの出ていない問題なのだ。確かに我々は残念ながら個々の粒子がどうしようとしているかはわからないし、我々の無知はわかりやすく説明できるものではない（有名な二重スリットの実験では、粒子が通るかもしれない第二の道を開くと、それがどこに達するかについての我々の無知が減る。それをわかりやすく説明してみればいい。粒子の、その現在の運動について問うことが、それに対して未知の乱し方をする、ことになるという事実だけでは片はつかない）。まったく同様に、未来には、過去によって定まるものは何もないかもしれない。

終末論法を用いるにあたって推定された危険度を結合する

〈終末は近い〉ことについて推定される危険性全体は、いくら終末論法の考察によって増幅されたとしても、一〇〇％上回ることはありえない。したがって、これらの考察を個別的に考えた危険に適用することは間違っている。全体を一括して考えなければならない。

たとえば、高エネルギーの実験に伴う危険が一％であり、他の暗雲が汚染による九％の危険だけだと考えるところから始めるとしよう。その場合、終末論法は、もともとの危険度を八倍と評価しなおすように、することはあるかもしれない──しかし一三倍ということはない。それでは全体の危険度が一三〇％になるからだ。

他方、汚染による危険が二％と（先程と同様）高エネルギー実験による危険の一％だけと考えるところから始めるとすると、それぞれの危険を評価しなおして一三倍になるとしても論理的な矛盾はないことになる。

4 なぜ人間の歴史を延ばすのか

本章は、今日とくに人気のある、様々な哲学的な学説を攻撃する。それは人類を生存させる倫理的必要が実在することを疑問視するものである。(1)多くの哲学者が、倫理的な必要、倫理的な要請が、地理的あるいは数理的な事実のような「現実の要素」だと信じるのは、今さら時代遅れだと考えている。彼らが言うところでは、そのような必要は単なる情緒の表明であり、何らかの「倫理的に必要な」行為を求めるのは、単に誰もがそのような行為を行なうべきだと定めているからにすぎないなどということになる。(2)不幸になる生命がわずかながら出てくるのに、それでも人類が生き延びることを奨励すべきかどうかも疑われてきた。(3)また、義務はつねに今生きている、あるいはおおむね必然的に存在することになる人々に向けられたものであると論じる人々もいる。すでに生きている人々が望むのでなければ、わざわざこの世に幸せな人々をもたらす必要はほとんどないことになる。

実在的な必要

善悪が実在であることを否定することについてありうるいくつかの危険

人類が直面する脅威を見れば、人類が長く生き延びようとすれば非常に精力的な努力が必要となるかもしれない。我々は人々に、そういう努力を本当に行なうべきだと言うことはできるだろうか。それは三×五が一五になるというのと同じ意味で実在的にそうだと言えるだろうか。

多くの現代の哲学者は、倫理的に必要とされることがその種の実在性をもつということを否定する。筆者自身は、そういう説では人はすっかりやる気をなくしてしまうと思う。筆者が突然そうした説に転じたとしたらどうなるだろう。それでもやはり何かを何かより好まざるをえないだろうし、自分が他の人々に何かを勧めることになるのは間違いない。しかし筆者は、苦痛の伴う努力や、自分がたまたま望んでいるものがないのにそれをすることに、実在的な効用《リアルポイント》を見ることはないだろうと思う。少なくとも筆者の今の見方からは、実在的な効用は、あることが別のことと比べていいとされるのはどういうことかということとつながっているように見える。そういうことは素直な意味での実在するものに属することなのか、つまり一八世紀の人となら「世界という織物」と言ったようなものに属することなのかということである。そういうことがなければ、あれではなくこれを現実に求めたくなるということにしかならないだろう。これはまったく別のことだ。利己性にも実在的な効用がありうるとすれば、利己的な人々が自分で手に入れられる様々な事物に世界の織物の一部である善があるときだけだろう——だから筆者は、やる気をなくすような説に転じると、望むものを手に入れることだけに実在的な効用が見えるようになると言っているのではない。筆者はそれによって、いかなる実在的な効用もどこにも見えなくなると言っているのだ。

　こうした見解は余計な個人的なものだろうか。筆者ジョン・レスリーは、何かが他の何かに比べて「実在に属する」程度が高いことはないという考え方は気に入らないかもしれないが、彼は多くの極めて精力的で親切な人々がそれを認めていることを知っている。それらの人々が、他の人々が快適な生活を送れるよう、懸命に闘っている場合もしばしばある。いったい彼らは自分の言っていることを信じきっているのだろうか。彼らはあるいは内省が足りないのだろうか。それともジョージ・オーウェルが「二重思考《ダブルシンク》」と呼んだものの専門家なのだろうか。ともあれ、彼らの多くは分析哲学の系譜にある頭のいい哲学者たちだ。彼らはある考え方を別の考え方から区別するよう、高度な訓練を受けている。そして彼らは確かに、他者に対して誠実であるべく最善を尽くしているように見えることもある。

　もしかすると、こうしたことが例証しているのは、人は何でも好きになったり嫌いになったりできるということかもしれない。ヒュームが述べたように、「自分の指を掻くよりも世界の破壊の方を望むというのは理性に反するわけではない」——ヒュームの言いたかったことは、少なくとも「理性」という語の通常の用法の一つに基づいて、どうふるまうかを決めるときに理性を使うことは、自分の健康を増進したいときには毒は飲まないとか、すぐりよりりんごが好きでかつさくらんぼよりすぐりが好きで、りんごよりすぐりが好きということはないといったことでしかない。人々がはなはだしく受けいれがたいと思ったり、はなはだしくやる気になると思ったりすることには何の制限もないらしい。古代ローマでは、戦車レースチームのファンは、熱狂してライバルチームのファンを殺した。もっと時代は下っても、人生の主な目的はかみたばこをかんだ唾をできるだけ遠くへ飛ばすことだという人はいたし、多くの男が緑の靴を履いているところを見られるくらいなら死んだ方がましだと考えている。今日では、最高にしたいことと言えば鰐のように日向で動かずに寝そべっていることだという人もいる。以下同様だ。

それでも、H・パットナムは、次のように書いて、興味深い論点を探っていた。

貧しい農家の少年を考えよう。彼にマフィアの一員になる機会が与えられたとする。彼が受けいれれば彼は悪いことをするだろう――麻薬を売り、売春や賭博を生業とし、さらには殺人を犯す。しかし快適に過ごし、友人や女も手に入れ、もしかすると尊敬や賞賛を受けられるかもしれない。断れば、ほとんど想像しがたいほど貧しい暮らしを送ることになる。……この種の犠牲は、何百万人の人々、何百万人の貧しい人々が、これまでずっとしてきたことだ。そこで問う。自分がそういう犠牲を払うようにしむけているのが、根底のところでは、自分の周囲の人々(の一部)を感心させたいとか、あるいはさらに周囲の人々を感心させたいという欲望の範囲内にあると思ったら、そういう犠牲を払ったりするだろうか。安楽に暮らすオックスフォードの哲学者や安楽に暮らすフランスの実存主義者たちが、人はどう「生き方を選択」し、そこに身を委ねなければならないか(実存主義者ならさらに、その委ね方が「不条理」であってもと加えるだろう)についてレトリックを磨きあげるのは結構だが、このような犠牲を払う貧しい人々は、まさにその生き方が見えないからそうするのだ。[1]

パットナムは、「実在」とは何を意味するか（彼はそれを「動く標的」と呼んだ）について、あれこれ思い悩むことで有名だということには気をつけよう。さらに、筆者は彼の心理学の試みは誤っているかもしれないということを論じたところだ。自分が他の人々の生活にもたらす改善は、アフリカが実在《リアル》であるとか二足す二が四になるのは本当《リアル》だというような意味では実在《リアル》ではありえないということを、「心の奥底では」信じていながら、自己犠牲的な生活を送る人もいると筆者はにらんでいる。そしてもちろん、そのような改善はそれと同様に実在でありうると納得していながら、そういうものを生み出そうという傾きがないという人もいる。(1)ストレートに実在的な善と悪を信じることと、(2)動機づけられることとの間には、明確な違いがある。すぐ後で論じる「規範主義」の主な擁護者であるR・M・ヘアは、自分が善と呼ぶもの、すなわち自身や他の皆に対して指示するものに対する自分の熱意が、その善であることが端的に事実に基づくものだということを信じるようになったとして、それでどれほど影響があるのか、まったく理解できないと繰り返し述べている。しかし、ヘアのような人は哲学の分野の外では稀かもしれない。

筆者がいいと考えていることを熱心にしたがる人と、同じ熱意を筆者が悪いと思うものにもっている人と、どちらを街中に出したいと思うだろう。もちろん前者である。その人が実は奥底では、ある事物を善とするのは、それを自分や他の皆に対して指示していることでしかないと思っているとしても、そちらの方がいい。それを善と呼ぶことは、単に一部の強力な存在が命じているということだとか、それに対する個人的な好みをもっているということだとか、それらは聖人たちだけが気づくことのできるようなある奇妙な輝き方をするのだと思っていたとしても、そちらの方がいい。人類を生存しつづけさせることは実在にかかわることとして善であるということを否定するとしても、それがさほど問題にならないのは疑いない。それについては黙っていれば、世界はもっと滑らかにことが運ぶが、それでもそれだけであなたが人類に対する大きな脅威になるわけではない。あなたはやはり熱心に人類の存在を維持する側にいるかもしれない。

同じことだが、筆者には人の意気を阻喪させると思われるいくつかの説を簡単に攻撃しておこう。(2)

相対主義、道徳情緒説、規範主義、自然主義、契約論的「内在化」、「価値の創出」

(a) **相対主義**は、倫理的に求められることは、エチケットによって求められることのようなものだと説く。正しいエチケットが国ごとに異なるのと同様、スミス氏の世界（すなわちスミス氏にとっての世界——あるいは何を意味するかが曖昧な言葉で言えば「スミス氏とその社会」）とジョーンズ氏の世界とで善は異なる。一つのことが善でもありうるし悪でもありうる。アドルフ・ヒトラーが心から採用した道徳規準に対しては善かもしれないが、ウィンストン・チャーチルの規準に対しては悪になる。辛子は不味いか美味いかについても同じことが言える。辛子の塊そのものには、球形をしているとか一立方センチの体積があるというのと同じ意味での「味のよさ」というのはありえない。辛子の味がいいというのは、ひょっとすると「実在」と呼べるかもしれないが、それはそれを好む人にとって実在的においしいということを言っているだけだろう。

倫理相対主義者でも、赤ん坊をおもしろがって生きたまま焼くようなことは絶対に間違っていると言うことがあるかもしれない。しかし同じことで、ここでまったく相対的なことを言うことができる。そう、誰もが赤ん坊を楽しみのために焼けば絶対に誰でも間違っていることになるだろうという意味では「絶対に間違っている」が、その間違っているということが「世界の中に」あるという意味でのことではない。その相対主義者のたまたま認めている正しさや間違いの規準に照らして間違っているだけである。「しかしそのような標準を拒むことは非常に悪いことだとは考えないのか」と問われる。「確かにそうだ」という答えが出る。「ただ、それを拒むことは、少なくとも、アフリカは虚構のものだとか二足す二は五だと思うのと同じ意味で間違っているのではない」。

たいていの哲学者は、この立場では、倫理に関する言葉の日常的な用法をとらえられないということについて合意している。一例を挙げれば、自分自身の(あるいはその人のいる何らかの形で定義された「社会」の)現在の倫理的規準には、実際の自己矛盾はないが、それでも間違っているかもしれないという控えめな言明には、奇妙なところは何もないらしい――ただ、倫理の相対主義は、このような言明の意味をとることはあまりできない。

ただし、ここで問題にしている相対主義は、麻酔なしの外科手術は、麻酔が使えない状況にとっては善かもしれないといったわかりやすい見方とは異なる。またこの立場に立って議論する哲学者も、そうそういつも馬鹿なわけではない。お粗末きわまる議論、たとえば、人は何が善で何が悪かを確信しえない以上、「すべては趣味の問題でなければならない」とか「善は私が個人的に善と考えることを意味するのでしかない」といった議論は回避できる(ここで「お粗末きわまる」と言う理由の一つは、人が何を個人的に善と考え、あるいは何を自分の趣味に合うとするかは、まさにその人が確信できることだということがある)。

(b) **道徳情緒説、規範主義の類。** 哲学者はしばしば、何かを善と呼ぶことは、そのことについての実在性を言っているのではないと唱える。それはそれに対する情緒、あるいは自分も含めて誰もがとるべき規範を表す、あるいはそれについてのいかなる事実も描写できないような形でそれを「格付けする」のであって、したがって地理や数学の主張が正しいというのと同じ意味では正しいものではありえないというのだ（道徳情緒説に立つ人々、規範主義に立つ人々、曖昧に「格付け」という人々は、飢えている人々に食物を与えるようなことは「正しく善と記述できる」、あるいは赤ん坊を生きたまま焼くのは悪だというのは「事実」あるいは「真」だというようなことをよく言う。しかし、彼らはこれをただふつうの発話習慣の採用の問題にすぎないと見ている。「赤ん坊を焼くのは悪い」の正しい分析は、「赤ん坊を焼くことにはブーイングをする」、あるいは「誰も赤ん坊を焼かないよう私は規定する」といったようなものであって、「〈実在〉の完全で正確な地図があれば、赤ん坊を焼くことは悪いことだということを示すだろう」ではないのだ）。

これらの説も、相対主義と同様、自分の今の倫理規準が完全に首尾一貫していても、間違いと考えられることもあると謙虚にも言えるのはどういうことかという問題に直面する。たとえば規範主義者は、何かを「善」と呼ぶことを、それが実際にその人の規準、整合的な集合を形成することによってお互いに支え合う諸規準に合致するのを示すことによって擁護できる。それでも、あなたが月曜に受けいれていた整合的な集合が間違っていたとか、火曜の新しい集合は正しかったと宣言することは、単に「私はみんなが、月曜のではなく、火曜の集合を受けいれるべきだと規定する」と言っているようなものだろう。

規範主義――道徳情緒説ではなく、それを批判する人々がときどき「ブーイング＝万歳」説と呼ぶこの方が、実際には少しばかりいい――に立ちはだかるもう一つの難点は、あらゆる種類の事態が、それを規定する、あるいはそちらの側に立った行為を規定することにいかなる意味が与えられなくても、善と考えることができるということだ。重力の法則が成り立ち続けること、あるいは宇宙が存在しつづけることはいいことではないか。といってそれで何かを規定できるのだろうか（我々は神に対して重力のはたらき方の法則を守るよう規定しているのだろうか。すると、神が存在しないとしたらどうなるのだろう）。あるいは自由が最初にこの世に登場したことには何かいいことがあったのではないか。といってそれで、奇妙なことではあるが、我々の規定をずっと前に死んでしまった人々にも適用できるのだとしても、誰に何を規定することができるだろう。自由が登場する前に、誰が何らかの規定に従うことを自由に選ぶことができただろう。

　自由な存在、規定に従えるだけの知能をもった存在が進化によって生まれるずっと前の時代に山火事に囲まれた動物の苦しみはどうなるのだろう。その苦しみは本当の意味では悪いとは言えなかったのだろうか。

(c) **自然主義と、契約説的「倫理の発明」説。**規範主義のような説は重大なところで不適切に見えるが、哲学者がどうしてそれを採りたくなったのかは十分理解できる。倫理の自然主義、つまり事物（対象、事象、状況など）に「内在的にいい」とか「内在的に悪い」といったラベルをはるのは、その内在的な性質を記述するという素直なことであり、事物が「本当に善である」とは、ある心の状態をまさにそういうものにするのを助ける、たとえば快適であるという特性のような、何らかの必須の特性を、その事物が実際にもっているということだという説の欠点を見るだけでいい。**問題点(A)** しばしば「善」というラベルを与えられる類のことは、非常に雑多な集合である。知っていることがいいとされたり、知らぬが仏と言われたり、心が穏やかな方が善だったり、荒々しい刺激の方が善だったり、放縦がいいこともあれば自己否定がいいこともあり、喜びがいいこともあれば美的に優雅な悲しみがあったり、伝統を尊重するのがいいこともあれば独創性がいいこともあるなどである。一般に善と呼ばれる特性という観点から本当の善を定義しようとすれば、すぐに恐ろしいほどの混乱に陥る。「人間の根本的な欲求」をうんぬんすることによって、この状況に何らかの秩序をもたらそうとするなら、多くの人の生活はとんでもない事物を欲しがることの上に成り立っているという事実を見なければならない。しかしもちろん、本当に必要とされる、すなわち真にもつべきいいものであると考えられなければ、ある物を「本当に求められている」とは言わないというのも、真の善がどこにあるかを定める上では何の役にも立たない。また、人類が生き延びるとすれば、どれほど様々なことが必要とされるかを強調しよう。⑴善と考えられることは他にもいくらでもあるとか、⑵ショーペンハウアーが唱えた、人生のみじめさはどうしても大きくなり、滅びた方がましだというのも、当然のごとく誤りというわけにはいかないといった難点が出てくる。筆者はショーペンハウアーは重大な点で誤っている——したがって、英語がへたな外国人が自分はすべての妻が結婚しているかどうかには疑いをもっていると言わざるをえなくされる外国人のような、どうでもいい間違いではない——と思う。**問題点(B)** 快が善であることも自明ではない。人はただの言語的誤り、あるいはどんな誤りでも、誤りをまったく犯さずにそれを疑うことはできるだろう。たとえば、快が脳の快感中枢を電極で刺激することによって得られるとき、それにどんな善があるというのか。この例が示すように、内在的な善について問うときには、まったく別の二つの問いを前にしているように見える。内在的な善とは、何かがまさにその何かであることによってもちうるような善(たとえば、自分の生命を救う唯一の手段である苦痛に満ちた手術を受けることの善とは違う善)のことである。第一の問いは、事態がどういうものかということである。それは心の快適な状態なのか。第二は、そのような事態が存在すべきかどうかということにかかわる。倫理自然主義者は、これらの問題を混同しているように見える。彼らは、ある状況が、それらをそれらたらしめている特徴によって善とすることができるのは当然のことながら、「善であること」それ自体は、ただ「かくかくしかじかの特性をもつ」あるいは「しかじかのゆるく関係する特性群像から得られる特性をもっている」(「ゲームであること」とか「果実であること」とかのような)というのと同義ではないということは見ていないらしい。善であるとは、倫理的に求められるあり方《エグジステンス》をもっているということなのだ。

ある事物が倫理的に求められるあり方をもっているとき、求められているのはもちろん、まさに他ではないその事物のあり方である。そして、その事物をその事物たらしめているのは、もちろん様々な特性である。あるいは、刺激的で快適な心の状態であるということもあるだろう。しかし、それが倫理的に求められているということが、そのままその事物の特性の一つであるとか、それに結びついた特性群であるとか考えることは、日常の思考と言語に納まっている善の観念を根本的に誤解していないかぎり、できない。

さて、この日常の思考と言語についての論点を受けいれる哲学者は今も少なからずいるが、それは筆者からすればまったく不幸なことに思えるもう一つの論点といっしょに認めていることが多い。すなわち、現実世界に、ここで想像されるような倫理的に要請されているものの例があると信じるのは、おかしいほど古くさいという論点である。何かに倫理的に要請されているという性質があるという考え方そのものが、辛子そのものに美味性があるという考え方のような「いかがわしい」ものだというのだ。考えられる話は次のようなものだけだと論じられる。人々の目標が別々になるものだというのはしごく当然である。行動についての掟《コード》は、それによって生じる葛藤を最小にするために進化した。この掟を守れという強い社会的圧力は、それを「内面化」しないと、個体にとって生活がストレスだらけになる可能性がある。そしてその内面化は、社会の意向を共有するだけでなく、違反すれば、違反者を、よくわからないが絶対の要請を侵犯しているものと扱うようになるときに、いちばんうまく行なわれる。だから、ここに関係しているのは内面化された社会的圧力だけだという説は、とんでもないこととして退けられることになる——ただし、便利な虚構と実在との違いを区別できる、哲学的な見識のある少数の人々がそうするだけだ。

軍事訓練がわかりやすい例となるかもしれない。報奨と処罰を繰り返すと、だんだん、敵と対峙する前線に出たいという燃えるような欲求と、逃げる者に対する侮蔑が吹き込まれる。しかしそこには単なる侮蔑ではすまないものがある。深い義憤、逃げることは本当のあり方《ネイチャー・オヴ・シングス》に反する犯罪であるという確信があるのだ。トムとダンという二人の兵士が激戦地で隣り合う部署に配置されているとしよう。敵が近づいてきて、どちらも正当に逃げられるのなら逃げたいと思っている。隣がどうであれ、逃げる方が自分にとってはいいのだ。しかし（うまく展開される契約説の筋書きはこう続く）、それぞれは自分が本当だと思うようになった虚構の絆によってその部署につなぎとめられる。相手を独りで敵に向かわせておいて逃げるよりも相手を支援「しなければならない」と思う。彼は言わば亡霊のような契約に執着するという行為を「絶対的に求められている」と見るのだ。自分の都合で逃げないという契約だ。もちろん、トムとダンの間で、あるいは両者と他の同僚との間で実際に契約書が取り交わされたわけではない。むしろ、契約が締結されてもこれほどの重みにはなりえないだろう。契約を守る義務は、「私は自分が署名したすべての条項を守ることを契約する」といった文言があったとしても、契約書に署名したことがものをいうわけではない。トムとダンをその部署にとどまらせるのはもっと立派なことである。お互いに助け合い、国のためにつくすことは絶対の要請だという確信である。トムが求められていることをしているときには、鬼軍曹や憲兵などがいるのを見るのではなく、ダンを置き去りにしないことはそれ自体が求められていることだと見ている。トムの誤りは、辛子そのものに美味性があると考えているのと同じくらい大きいかもしれないが、それはよくある誤りであり、伝統的な倫理はその上に成り立っているのだ。

　こうすると、個人は他の人が自分に求めているものを望むようになるという単純なテーゼの先まで行くことに注目しよう。トムは必死に逃げたいと思っているかもしれない。彼に逃げないようにしているのは絶対の要請に対する信仰なのだ。

J・L・マッキーは、著書『倫理学——道徳を創造する』(3)(*Ethics : Inventing Right and Wrong*)の5章でトムとダンの話をし、『有神論の奇蹟』(4)(*The Miracle of Theism*)の13章では、筆者のまったく異なるいくつかの見解について長く論じているが、これらの著書で彼はこの分野のことを並はずれた率直さで論じている。以下に引用するのはこの両著のものである。マッキーは、「客観的に規範的な価値があるという思い込み」、「客観的なかくあるべし」に立つ論を攻撃し、「その中に隠された矛盾は実際には見られない」が、それは「非常に奇妙な概念」を含むと説く。我々がそれを用いようとする傾向は「ヒュームがすでに示したような形で」説明できるので、「この奇妙な概念が何らかの現実的な裏づけをもっていることをすんなり公理として要請するわけにはいかない」。倫理は「社会での人と人との間の相互作用によって個別的に発達する姿勢の体系」にかかわるものであり、「内在的に要請されているという概念は、要請を実際に行なう人々からの要請を抽象することから出て来る」。これは「事物あるいは事態が実際にそのような客観的に要請されているという性質をもつという、対立する見方よりもずっと受けいれやすい」。マッキーは、「変態的《クイアネス》な議論」とともに、客観的な価値も退ける。価値は「宇宙にある他の何ともまったく異なる」だろうというわけだ。飢えた人に食物を与えたり、楽しみのために赤ん坊を生きたまま焼いたりしないようにしたり、あるいは他の何であれ、あれやこれやについて「人々がもっている主観的な関心を支持し、正当とする」ようなものは「世界の織物の中には」ありえないのは確かだと彼は書く。良心は、額面どおりにとれば、ある行動に含まれる「すべきだという《トゥビーダン・ネス》性質あるいはすべきでないという《ノットトゥビーダン・ネス》性質」が「その種の行為そのものの中に」あると断じることが多いが、これは「他の人々から来る要求を個々人の中に注入するだけのこと」によると見るのが「圧倒的に正しそう」である。「道徳的価値の発明」は、それによって我々は「お互いを滅ぼすことなく、ともに暮らせる」ようにしてくれるので、社会学的にすぐに説明できる。確かに、「ヨーロッパの道徳哲学の伝統」は客観的価値を支持してきた。それを信じることは、「日常の思考」や「道徳用語の基本的で慣習的な意味」に「確固たる基盤」をもっている。しかしありそうなことを落ち着いて考えてみれば、いかなる行為も「それ自体で間違い」ということはありえないことがわかる。なすべきことあるいは抑制すべきことについての言明は「単純に真であるということはできない」。いかなる状況も「何らかの形でそれに組み込まれたしかじかの行動に対する要求」をもちえないだろう。「内在的にふさわしい、あるいは事物の本性によって要請されるものという観念」は、ただの「非常に無理からぬ誤り」である。

　これらに対抗して、いくつかのことが言える。⑴マッキー自身はこうしたことを信じていながら完璧に高潔で、温かい心をもった、自己犠牲的な人間であるが、そういう離れ業ができる人は少ないかもしれない。⑵マッキーは自分の「善」や「悪」のような語の用法は通例のものではないということを誠実に認めている。実際、彼の説が正しければ、いかなるものにも、それが正しいと信じることも含めて、語の日常的な意味で善であることはありえないことになる。⑶次に議論するように、実は日常的に考えられている善や悪にはあまりに「変態的な」ことはない。逆に、赤ん坊を楽しみのために生きたまま焼くことでさえ、「それ自体が間違っている」ものはないと考える方がおかしいということは十分に考えられる。

倫理的に要請されているという性質は内在的であることの擁護

　マッキーは、筆者の立場を論じるときに、「何かを善と呼ぶ際には、ふつう、人であれ神であれ誰かがあるいはいずれかの集団がそれを要請したり求めたり定めたり讃えたりしているかどうかに関係なく、それが内在的に、また客観的に存在することが求められている、あるいは存在するべく定められているということを言っている」のを認めている。では、そこにどんな変態的なことがありうるのだろう。

マッキーを悩ませることの一つは、あることがらが倫理的に要請されているということと、そのことの他の特性との間の、必然的と考えられるつながりである。しかし、内在的に倫理的に要請されているという考え方には「実際の矛盾」は見当たらないということを思い出そう。これは内在的に倫理的に要請されているという性質は、ふつうにそれを有していると考えられる事物の、論理的にありうる特性であると言っているように思える。とするとマッキーは、そのような事物が、我々の世界ではその性質をもたず、一方、他のあらゆる点では我々の世界と同じ他の世界では、それとよく似たものにそれをもつものがあるかもしれないと考えているのだろうか。言い換えれば、それはたまたま我々の世界にあるこれらの事物には欠けている特性というだけのことと考えているのだろうか。だとすれば何とばかげたことだろう。マッキーにしてもそれは否定する。というのも、彼はプラトンが、善とか悪とかが恣意的な神の定めによって事物に加えられるとすることを否定しているのを賞賛しているのだ。しかし、ある特性がないということが論理の問題でも偶然の問題でもないとすれば、哲学者が総合的必然性と呼ぶもの、つまり、絶対ではあっても、論理的必然性がそうであるように、語などの象徴の定義に訴えることによっては証明できないものの問題でなければならない。筆者は喜んで総合的必然性を受けいれる。それは、たとえば色の体験において見られる。明るい光によってもたらされる「残像」の色である。最初に赤を体験し、次にオレンジを体験すると、第三の色の体験は、必然的に第一の体験よりも第二の体験に近くなるようになることがある。第三の体験は黄色の体験になるかもしれない。オレンジ（と体験されるもの）は、必然的に、赤と黄色の間に位置する。それでもここでの必然性は、すべての独身男性には妻がいないという意味での必然性ではない。それは単なる定義の産物ではない。言語をもたない穴居人でもそれは認めることができただろうし、「オレンジ色」は「赤と黄色の間の色」を意味すると定義することを考えたことのないような現代の子供でもわかるだろう。それが総合的必然性である。筆者とマッキーとで異なるのは、倫理において、総合的に必然的なものが、現実に倫理的に求められているという性質の不在ではなく存在だと考えるところにあるらしい。

ドストエフスキーから例を借りて、ある兵士が赤ん坊を放りあげてそれを銃剣で受け止めることで少し遊びたいと思っているとしよう。それを止めなければならないという実在の倫理的必要——彼はやめるべきだという無条件の要求——を「状況に必然的に組み込まれていることだ」と考えることは、マッキーが考えているらしいような、それが必然的に状況の外側にあると考えるのとまったく同様に真実味があるように映る。

倫理でなくても、論理的に証明できない無条件《カテゴリカル》の要求という考え方に哲学者が出会う場面が少なくとも一つある。問題の場面では、ほとんどすべての哲学者がその要求は確かに実在だと認めている。それは合理的な帰納的推論という場面である。ほとんどすべての哲学者は、論理だけでは、たとえば重力が今日はたらいているのと同じように明日もはたらくことにはならないし、沸騰する湯に足をひたせば必ずやけどすることにはならないのは認めている——それでも彼らはこのようなことについて悩む状況、過去において見られたいろいろな規則性が将来においても続くかどうかを考えるような状況においては、そこにある特定の結論が組み込まれていなければならないと思っている。彼らは、沸騰する湯がこれからも足を痛めると考える心の状態には、内在的にそうならなければならないと思わせるそれなりのしるしがあると彼らは言うだろう。帰納的合理性の要請が、エチケットや「非合理なことの要請」、たとえば沸騰する湯は明日は足を痛めないだろうと信じるよう求めるのと同列だという説は相手にしないだろう。ここには、ある人に「合理的」というラベルがついていれば、その人にはある思考様式が求められているという事実以上のものがあると主張されるだろう。ある人に「赤鼻」というラベルがあてはまるならその人の鼻は赤いことが求められるのと同じである。

何らかのありうる事物のまさに本性があればこそ、確かにその事物が実際に存在することになる、あるいは存在しないことになるのだというのが、筆者の論である。倫理の場合には、その本性が、明日の沸騰する湯について考える場合とは逆に、ある事物を存在させるようにする行為、あるいはその事物を存在しつづけさせるようにする行為の根拠になることがある。また、存在する事物(たとえば苦痛の状態)を破壊したり、存在しないようにしたりする行為の根拠になる場合もある。やはり、善と悪についての日常の観念が正しい方向にあるとすれば、行動についてのあらゆる精神的《モラル》根拠を超える、ある倫理的根拠があることになる――規範主義に対する攻撃の際にも述べたように、日常的には善とか悪とか考えられることには、いかなる行動も影響を及ぼしえないような事物もあるからだ。

これらのことについては別の機会に展開したことがある。ここでは次の三つの主要な論点を述べるだけにする。

(1) 中心的な考え方は、さまざまな事物が自明ではない形で存在するべく定められているということである。善であることが倫理的に求められているという性質は、世界を何であれだんだん温かくする「熱的な要請」とか、拷問を「悪魔的に求める」といったこととは同列にはならないし、ただの気まぐれでは、要請されていることのもとにはなりえない。その権威は、ある決定的なところで絶対なのだ(いずれにせよ、カントの「至上命令」の説においては、そこまでは正しい。カントが逸脱したところは、すべての倫理的要求は、他の倫理的要求が決して上に立たないことを保証するという点で絶対であると考える――実際にそのことを彼が考えていたとすれば――点にある)。含まれる観念を本当にきちんと把握するのは難しいかもしれないが、その観念があなたにまったく意味をなさないとすれば、残念ながら、あなたは〈倫理〉とは何かを理解するという点で、まじめな人と同じところまで行っていないということだ。ただ、人間の好き嫌いが倫理的にどうでもいいと言っているわけではない。誰それが音楽を嫌いだという場合、彼が音楽を聴かなければならない絶対の倫理的要求はなくてあたりまえだろう。また、「嘘をついてはならない」という道徳法則は、絶対に例外がないとか、あることが内在的に善であるばらば、それはつねに絶対に奨励されなければならないということも言われていない。結局、他にもっと大きな内在的な善となる選択肢があってもよかったのだ（ある事物は、他のすべてより長くなくても内在的な長さを有することができる。内在的善の所有は扱いが別だとする理由が何かあるだろうか）。時には、やはり、内在的に善であっても、それが悪い結果をもたらす場合には避けるべきだということもある。ある人が音楽を楽しむことは、それだけが存在するのであれば何もないよりはいいだろうという意味で、それ自体では善でありうるが、もしかすると、家が火事になっているときには音楽を楽しむべきではないかもしれない。

(2)　善と悪が、「外の現実の中に」あるという意味で「客観的」だと信じるからといって、自動的に、倫理的な真理が信頼できる形で検出できる、つまりたぶん神によって何らかの見事なサーチライトが我々の心には埋め込まれていると考える「認知主義者」あるいは「直観主義者」になるというわけではない。飢えた人に食物を与え、他の人が遊びで人を撃つのをやめさせるといったことをするのは正しいというのは実在として正しい、正真正銘の事実だと筆者といっしょに単純に信じていい。単なる精神的な信仰以上のところへは行けないのだとしたら——道徳的知識と呼ぶに値するものをもつことはできないのだとしたら——それは我々が楽しみのために人を撃つことも容認することは道徳的であるということを知っていることになるのだろうか。もちろんそうではない。

哲学の専門家は「知っている」と言えることについて厳しい制約をかけるものだ。筆者もその一人として、何かが他の何かよりもいいとか悪いとかを本当に知っていると言うとなると躊躇する。善とか悪とかはただの幻想なのだろうか。これは我々が完全に確信できるようなことではないように思われる。それでも筆者は、人を楽しみのために撃つことはそのこと自体に悪いところが実在的にあるわけではないと断じるような人には、「精神的に病んでいる」というレッテルをはるだろう。何と言っても、考え方の病気（神経症）も、脳細胞の病気（精神病）と同様、ありうるのであって、「病んでいる」はただ「正常からはずれる《アブノーマル》」を意味するだけではない。「病んでいる」とは倫理的な重みを担う語なのだ。数学の天才はアブノーマルではあるが、病人ではない。

知っていると言えるかどうかの筆者の規準を少し下げれば、あらゆる種類の道徳的真理について知っていると言うことは十分できる——沸騰する湯は明日も自分の足を痛めるだろうということを知っていると主張していいように。筆者はさらに、ショーペンハウアーが、我々の地球は月と同様に生命がなかった方がよかったと書いているのは間違っていると主張してもいい。

(3) 何かが存在することが倫理的に要請され、何かが存在しないことが倫理的に要請されるという考え方は、筆者が真剣に取り上げるものである。倫理的な真理は、宇宙が消滅したとしても真でありつづけるだろう。実際に存在する事物がすべてなくても、その空虚な状況が、たとえば生きながら焼かれる人々だけからなる世界と置き換わるべきではないということを、倫理的に要請することはできるだろう。それを受けいれないとすれば、そのような世界が、「悪い」の日常的な意味で即自的に悪いことになるとは信じられなくなる。善と悪とは、ただ道徳的な行為主体をほめるべきか責めるべきかの問題ではないのだ。善と悪は、あれやこれやをなす義務をもつ人々がいないところでも生き残れるほど確固としたものである。完全に悪い世界が存在するようになることは、もしかすると何らかの道徳的行為主体が責任をもつようになるまでは道徳的災害の中には入らないということはありうるが、こう考えれば、道徳性とか義務とかが入ってこなくても何かが非常に悪いことがありうるということを示すことになる。

このような善と悪の扱い方は、プラトン主義的と言うことができる。数学では、プラトン主義者は「二足す二は四だ」の真理性は、数えられる対象の存在にすら関係なく、もちろん人がそれを数えるかどうかとも関係ない。現存する事物からなる宇宙が消えたとしても、二足す二はやはり四だということになる。二つのものが未来において二組あれば、四つのものがあるということになるというのは真でありつづけ、正真正銘、実在性について言われていることである。倫理におけるプラトン主義もよく似ている。プラトンの「善の形相」は、「存在者を超越した」ものだった。

プラトンは、他ならぬ「善の形相」が宇宙の存在に関与しているとも考えていたらしい。この点についての彼の言葉（『国家』の第六巻）は、はっきりしないが、この主題はディオニュシオスのような新プラトン主義者、さらに後になると、P・ティリッチやH・キュンによって取り上げられた。分析主義的な考え方をもつ哲学者、たとえばA・C・ユーイングのような人によっても取り上げられた。ユーイングは、とくに神の存在を理解しようとするときに、それを用いた。筆者もそれを何度も擁護しようとしてきて[6]、善は、単に他の性質に上塗りされるだけの一つの性質なのではないと説いた。自明ではない意味で存在すべく定められているということこそが、善のありようなのであり、これは善が少なくとも創造的に行為すべき正しき――「適切な範囲で」――現実であるということだ。確かに、神のような人物あるいは宇宙が倫理的に必要とされるということだけで、その人物あるいはその宇宙を存在させる責任が生じることはありえないというのも一理あるが、雌牛は雌ではあっても雌牛だからというだけでは茶色とはかぎらないというのにも一理はあるという点は銘記しておこう。新プラトン主義者は、言葉がどうふるまうかについて、必ずしも盲目なわけではない。

それでも、言葉がどうふるまうかを調べるのなら新プラトン主義者にならなければならないということはありえない。それによって、倫理的要請を、そのような要請をともかくも信じるとすれば、「プラトン主義的に」、無条件に実在的だと扱わざるをえなくなることはあるかもしれないが、それで新プラトン主義に押し込められることはありえないだろう。倫理的な要請は、必ずしも誰もが証明できるものでなくても、宇宙を必然的に創造しうるだろう。そうだとすれば、総合的必然性ということになり、総合的必然性を確立することは非常にやっかいかもしれない（先にも論じたように、宇宙がその存在を倫理的要請に負っているという実在性はもちろんのこと、倫理的要請全般の実在性は、ただ総合的に必然的なのであって、したがって簡単に論駁できる。理性をもった人々が、どの事物が内在的に善であるかについて、かなりの隔たりを見せるかもしれないとも考えられる）。

さらに、新プラトン主義者に改宗した人であっても、その人がもつ倫理はまったく影響されていないと思うかもしれない。新プラトン主義者にしても、倫理的要請がもたらした最善の世界は自然法則によって支配される世界であって、薬物中毒者が見る夢のように支離滅裂な世界ではないと考えてもいい。彼らはしたがって、たとえば核爆弾が実際に不快なほど危険だと言うことを受けいれることに何の困難もない。彼らは掛け値なしのすべての倫理的必要――たとえば、(a)人々が自由をもつ必要や、(b)人々が自分の自由を核爆弾を楽しみのために都市の上空で爆発させることによって行使しない必要――は、つねに同時に満たされることになるというばかげた信念に陥らなければならないのではない。そして彼らが、何が善で何が悪かを区別しやすくしてくれる道徳のサーチライトを我々が備えているという観念を拒否することもありうる。筆者は新プラトン主義者だが、筆者が自分の倫理的な信念の大半をどこで得たかということについてマッキーが言っていることは正しいと思う。それは社会的圧力などによってもたらされるのであり、その中で間違っているものは少ししかないことには疑問の余地はない。

どうして滅びてはならないのか

人類が滅亡してしまったら地球は過疎になってしまい悲しいということは事実でありうるだろうか。すべての倫理的な事実を道徳的な義務、つまりいろいろな形で行為する義務に還元する哲学者なら、ある道徳的行為主体（神あるいは何らかの地球外生命？）が存在して、そういう存在が状況を改善する義務をもてるようになっていないのであれば、ノーと答えなければならないだろう。そしてさらに先へ行く多くの哲学者たちは、人類が死んでしまったという事実を考えて評価する存在がいないのであれば、その事実が悲しい、残念な、理想に達しないことだということにはなりえないと言うだろう。なんと、死滅を引き起こす、あるいは単にそうなるままにしておく過程でさえ、人々がそれによって実際に不幸にならないのであれば、そういう哲学者の多くにとっては不幸なことは何もないのだ。彼らの見方では、ただ幸せになる可能性があるだけの人を非存在の状態にとどめることには本質的に悪いことはないことになる。彼らの説明では、道徳的義務は実際に存在している人々だけに向けられたものだからだ。

　少なくともわずかな人間は不幸な暮らしをしているから、人類が死滅してしまえば幸いということになるとまで唱える哲学者もいる。

　筆者の見るところでは、このような見方は間違っている。人々が哲学者の言うことにあまり耳を傾けてしまうと、この種の見解は非常に危険なものになるかもしれない。人類を存続させようとする気をなくす上に、核戦争の瀬戸際のときに、あえて生存を危険にさらすことを助長することになる（「私が今核ミサイルの発射準備を命令したら人類は滅びる可能性があるだろうか。それがどうしたというのか。哲学者は単に存在するかもしれない人の生命が結局生まれなかったからといって、それが現実の倫理的な重みをもつことはないと保証してくれた。自分が危険にさらすことになるものの計算からはそれをはずしてもいい」）。

そこで実際に誤りが犯されていることを示そうということで、以下においては、筆者がすでに書いたことを利用することにする(7)。全体を通じて、それらは、「幸せな」生活とは、単に楽しい生活ではなく、生きるに値する生活を意味するものだと考えるという、ずっと前から確立している哲学の営みに従っている。したがって、串刺しヴラッド〔一五世紀の現ルーマニアの領主で、トルコと戦ったときにトルコ兵二万人を串刺刑にしたと伝えられ、ドラキュラと同一視する伝説もある〕の人生は、責めさいなむという行為をする喜びに満ちていても、幸せな人生の例としてはよくない例ということになるだろう。

ショーペンハウアーの悲観は正しかったといえるか

どこかの政治指導者が、レバーを引くだけで地球全体に核爆発を起こすことができるようになったとしよう。十分な数の核爆発が、十分に短い期間内に起きれば、誰も苦しんだり、失望することはないだろう。ある時点にはふつうに暮らしていて、次の瞬間にはみんなガスと灰になってしまうのだ。これのどこが不幸なのだろう。

ショーペンハウアーは、すべての人間の生活は全体として見れば悲惨にならざるをえないと論じた。人間は、自分の体が全般的に健康だというようなことに目を向けるのではなく、「靴ずれができたところ」のようなものに目を向けるものだというのだ。先の政治指導者がこれに賛同したとしよう。そこから必然的に、ショーペンハウアーの人生は生きるに値しないという暗い結論が出てくるだろうか。

論理的に証明できる形では、この暗い結論が正しいということにはなりえないだろう。筆者は、倫理的中立主義を攻撃して、「善」が「快」の感覚をもつと考えると間違いだと論じた。「悪」の観念が「みじめ」という感覚をもつというのも同様に誤解だ。この世に生まれてくるということが、何から何まで、月へ行くほどの冒険に見えることもありうる。好まれなくても生きるに値するような冒険ではないのだろうか。何と言っても、多くの人々が、いつもいつもすべての経験を好んでいるわけではなくても、様々な経験をもったことに喜びの感情をもっているのだ。誰かが死ぬ瞬間がこのような喜びで満たされているかどうかが大きな問題になるだろうか。たぶんそうではない。

それでも、倫理的中立主義が成り立たないとすれば、ショーペンハウアーの暗い結論は、論理的に間違いだと証明できることにもなりえない。くだんの指導者は、考え方としては何の誤りも犯さないで、レバーを引くことを義務と考え、そうすることができる。

それを妨害することは正しいだろうか。確かに正しい。機関銃を掃射しないとそれができないというのであれば、誰がそうしようと、筆者は責めたりはしない。思い出してほしいのは、倫理的な当為が証明できないということは、我々がつねに寛容であるべきだということの証明にはなりえない。人を殺す、とくに自分の義務だと思っていることをしている政治指導者を殺すことは、ほとんどつねに悪であると筆者は思っているが、「殺されないという絶対的権利」というのはまったく認めない(精神に異常のある人は、気の毒だと思われてしかるべきではあっても、責められるべきではないが、狂人がボタンに手を伸ばしてそれによって核戦争を起こそうとしていれば、筆者は、その人を射殺できないことを「手を汚していない」部類には入れないだろう。殺せないことこそ手を汚すことだと思うだろう――その狂人が突如として正気に戻ったとき当人がまっさきに〔どうして止めてくれなかったのかと〕非難することになるような不作為の罪を犯したことになる）。それに劣らず、レバーを引く指導者に対する相当の敬意も感じるかもしれない。人類を消滅させようとすることは、人間の生がほとんどあるいはまったく生きるに値しないとあながち不当とは言えない形で考える、完全にまっとうな人物の行為でもありうるのだ。哲学者は、宇宙が恵み深い神によって創造されたかどうかということを論じると、きまって我々の世界にみじめさが含まれているからということで、それは倫理的な災厄、負の価値をもつものと考えられるということを指摘する。宗教の哲学を離れて倫理の領域に入ると、人生は生きるに値してあたりまえとあっさり思い込むとすれば、著しく一貫性を欠くことになるだろう。

しかし実際そう思いなしてもいいということもありうる。ショーペンハウアーはすぐにわかるような誤りは犯していないが、一方では、彼が大事なところで間違っていると思う。今日の哲学者はほとんどすべてが筆者と同じ見方をするということは――倫理を行なうときには――いいことだ。それにもかかわらず、彼らの本や論文は、人類は滅ぼす方がいいとか、少なくとも人類を存続させる義務はないとかの議論で埋まっている。次にどうしてそうなるかを見よう。

我々の主な関心はみじめな人々に向けられるべきか

まず、しばしば我々の主な義務は不幸な人々を助けることだと論じられる。五〇〇〇人のまずまず満足した人々をもっと幸せにすることのできる資源は、五人の非常に不幸な人々をまずまず満足させるために用いられるべきだ。自分の快楽を他人の不幸で買うべきではない。

この見方を、「無知のベールの背後にいて、人生においてどの役割を演じるべきかわからないとしたら、合理性は、最も望まれない役割ができるだけ快適なものになることを確実にせよと言うのではないか」（J・ロールズは『正義の理論』(8)の中で、それにイエスと答える方に、強く傾いている）と問うことで前面に出そうとする試みが出て来ることがある。しかしこれはセールスマンとしては下手だ。たとえば、奴隷になる可能性が八あっても、奴隷がすべて仕事をして安楽に暮らす可能性が二あれば、それに見合う公正な対価に見えると答えることにも、十分に妥当性があるのだ。ただ、自分が奴隷をもつ側であるということ、またこれが自分と自分の奴隷が自らの意志で行なったルーレットゲームの結果ではないということをどう知るのだろうか。それはあなたの良心を悩ませないだろうか。「最小を最大にしようとする」――最も運の悪い人さえ、できるだけいい生活をもつことを保証しようとする――は、言わば、誰もが自分が負け犬になる危険を冒すという考えに耐えられないということではない。まっとうな人間なら、勝ち犬になるという現実は耐え難いということがわかるということなのだ。

しかし、不幸を最低限にするところに大きな力点を置くと、ただちに、我々は人類の滅亡に向かって進むべきだということになる。少なくともときには、人類は生きるに値せず、人間の価値がマイナスと考えられるような生活になることがある。生まれて間もなく、苦しんで死ぬことになるような障害をもって生まれる子もいる。医学の進歩がいずれはそのようなことを非常に少なくするかもしれないが、完全に防ぎきれるようになるとは考えられない。また、苦痛に満ちた死が、胎児に最初の意識が芽生えてすぐに事故によって起きなければならないこともある。人間の生を続けなければならないとすれば、幸せな生活がつねに、不幸な人々がいるという犠牲によって求められることになる。犠牲なしに幸せな人生だけをもつことはできないだろう。ただ、「最小値を最大にする」という考え方に大きな魅力を与えるのは、幸福と不幸の間の対照ではないだろうか。何も危険にさらされず、幸せの程度の違いだけだとすれば、この考え方に魅力を感じる人はほとんどいないだろう。人々に、莫大な資源を使えば一〇億のわずかにより幸福な人々を、ものすごく幸せにすることができるとすれば、その資源を注ぎ込んで、一人の幸せの薄い個人をもう少し幸せにすることを求めるのはばかげている。逆に、人間の生活は、必然的にときどき否定的なものになるからということで人類の滅亡を助長すべきだという考え方は、かなり魅力的に見えることもありうる。そこに何らの力を見ない人がいるとすれば、冷酷な人ということになるだろう。

それでもやはり、認めてしまう前に、もう一度考えてみよう。

生まれる可能性があるだけの人に対する義務はないのか

生命にはつねに、生きる価値が十分にあることがわかっているとしよう。それでもやはり人類を滅亡しないようにする明確な義務はないと言う哲学者も出てくる。

ときどき採られる立場として、我々の他者に対する義務は、その他者を傷つけないようにすることだけだというものがある。だから、生命が将来の世代に対して与えることのできる贈物と見ることはできるとしても、それを与える義務はないということになる。実は、誰かが溺れかけていても、命綱を投げる義務はないことになる。人に石を投げつけなければ義務は満たされるのだ。しかし幸いなことに、たいていの人が、これはひどい話で、そういう見方は無視するのがいいと見てくれる。安心できないのは、他の点では賞賛されるべき道徳観をもつ人々が正しいと考えるような様々な立場が見えなくなるところである。まず、「平均的功利主義」というのがある。これは、道徳を人々、それも実際に存在する人々の間の暗黙の契約という観点から考えると、そうかなと思ってしまうような立場である。善行とは、人間の様々な経験の平均レベルを上げるような行ないであると言われる——あるいはもしかすると人間と動物の経験になるかもしれない。というのも「契約論者」はときどき、いるかや犬などを契約の神話に加えるからだ。人口が二倍に増えても、幸福と不幸の分布がそれまでとまったく同じなら、人口を二倍にする理由はまったくないということになる(ロールズはこれを『正義の理論』の二七節以下に記しているが、それが彼の契約論の誤りを示すことになるという点にはまったく気づいていない。彼の人口の大きさについての無関心は、誰かが貧しいという事実に左右されるのではない。みんながとても幸せだったとしても彼は人口には無関心だろう)。

もちろん、平均功利主義の支持者たちは、平均値を上げる行為なら何でもいいと言っているわけではない。彼らにしても、まあまあ幸せな人々を撃ち殺すことには、それで幸福の平均が上がるとしても、尻込みするだろう。ただ彼らは人間の(あるいは人間と動物の)生が、後の世代の存在がほんのわずかでも平均を下げることになるとすれば、滅亡することも許容すべきだということは認めざるをえないようだ。その後、宇宙には知的生命体が永遠にいなくなることになるとわかっていたとしても、そういうことになる。幸せな子孫が何十億人生まれる見通しがあっても、それでその何十億人の人々の幸福の平均が増すことが見込めないのであれば、一〇〇人の、もしかすると核戦争でわずかに生き残った人々の幸福を減じる根拠にはならない。

もっと頑なな形のものでは「〜でなければ」の部分もはずしてしまう。すでに生まれた、あるいは生まれることが避けられない生命の平均値を下げることは、今平均値を下げることで、幸せに満ちた何十億もの新しい生命がこの世に生まれられるようになり、全体としての平均がずっと高くなることになるとしても、すべきではないと言うのだ。

また別の、次のような形のものもある。生まれれば幸せになるかもしれない生命という事実は、そういう生命を生むことを義務にはしえないが、そういう生命を生むことは、すでに存在する、あるいは存在することがもう避けられない生命の価値をいくぶんか下げることになっても許容しうる範囲のものだと言えるかもしれない。これはあまりにも奇妙に見える。幸せになる可能性の高い生命を生むことについて強い道徳的根拠がない――「何ら道徳的根拠がない」と言う哲学者もある――とすれば、不幸になるかもしれない危険と引き換えにそれを生むことが、どうして許容しうることになるのだろう。我々の義務は子供を作るのをやめることだという結論になるべきではないか。しかしこの点はおくとしても、これらの様々な理論は、いかなる名目において、これから生まれる可能性のある何十億の生命が幸福になるかもしれないという事実があっても、それらの生命を生むことを有効に義務とはしえないと言っているのだろう。

主な理由は、M・ブラックが、確率論に基づいて書いている人たちの間にあると見た、恐怖の可能性と呼ばれるものにある。[9] かつて、中身を抜かれた空間は空っぽすぎて実在しえないから自然は「真空を嫌悪する」と言われたのとまったく同様に、単に可能性だけの幸せな生命の善は、単なる可能性というのが空虚すぎるので、いかなる実在の義務ももたらしえないという説がとられる傾向にある。

J・ナーヴソンとJ・ベネット[10]は、この見方を支持する主要な人物だ。ベネットは、自分がナーヴソンの「見事な案内」と呼ぶものに従って、哲学者が、ある可能性としての幸福に「人物が欠けている」状況――彼はむしろ地点という言い方をする――を嘆くのは、何か混同しているのだと言う。「ホモ・サピエンスが生きつづけることを認められるべきかどうか」という問題は、「我々が種を維持すれば、そうしない場合よりも幸福の量が多くなるから、種は永続させるべきだというような考え方には、影響されるべきではない」とも言う。宇宙のある領域が幸せな人生をもつ知的な生物で満たされていることがわかったとしよう。これは彼にとってはいい知らせだが、それはただ、(a)知性をもつすべての存在はすべて豊かな有機的複雑さの例に違いなく、(b)これらの特定の存在が目立って不幸ではないからこそである。つまり「幸福は、有機的に複雑な存在が増えても、その有機体が絶望的なほどみじめだったらあまり歓迎されないだろうという点においてのみ意味がある」[11]。

ベネットが、問題の生を、単に不幸ではなくするだけではなく、極めて幸福にすることができたとしても、彼はそうする義務を感じないということになるものと考えられる。たとえ彼に求められることが、指をちょっと動かすだけのことだったとしても。

こうした論法は、二〇世紀になってから出てきたものではない。悪についての神学的問題を考えてみよう。全なる神がどうしてこれほど多くの不幸をもつ世界を創造したりできたのかという問題である。問題をできるだけ小さくしようとする長年の試みは、永遠に単なる可能性にとどまる存在であれば、実際に存在してあれこれ文句を言うことはないし、ましてや創造してもらえなかったことについて文句を言うこともないだろうから、神に何かを作る義務はなかったという論法である。もちろんそこから神は至福に満ちた幸福な存在を創造する義務はなかったということになる。もっと不幸な存在を創っても、それらが神に感謝するかもしれないし、それ以外の人々も神を責めるわけにはいかないだろう。ただ、これは論拠としてあまりに弱いのではないか。何と言っても、マイナスの価値になるほど不幸な生命を創造する楽しみの方は悪魔に与えればいいのだ。単なる可能性としての存在は「創造されない権利をもってそこに出てくることになるわけではない」と論じたとしてみよう。それは先の議論と同じくらい強力ではないか。もちろん、不幸な存在も、いったん創造されれば、実際に不平の種をもってそこにいることになる。それでも幸福な存在は、いったん創造されれば、そこで実際にやはりいることになる――そうした人々が不平の種をもってそこにいるわけではないということは、人を傷つけるのを避けることが義務に含まれるすべてだったとした場合（「石をぶつけないように気をつけよう」式のやり方に基づく場合のような）にのみ意味をもつらしい。

将来生まれる可能性のある人が明確なアイデンティティをもっていないということは問題になるだろうか。誰かが、人がある程度長い間生き延びるとすれば、何世紀もたってから何十億もの人々を殺すのが確実になるような形で放射性廃棄物を貯蔵する計画をもっているとしよう。世界が非決定論的だから（あるいは量子物理学のために）、その何世紀かを生きる人々のアイデンティティははっきりせず、したがってその計画は道徳的に問題ないことになると論じることが考えられるだろうか。

確かに、我々が可能性だけの人々に対してもっている義務はいずれにせよ靄に包まれており、そしてその靄は、決して実際に生まれない人々の場合にはとくに濃くなる。そういう個人には、明確なアイデンティティがあると言えるだろうか。筆者は言えると思う。その人々についてすべてそろった詳細な記述が理論的には与えられるからだ。しかし、筆者が間違っているとしてみよう。すると、T・パーソンズが、その著書の『存在しない対象[12]』（*Nonexistent Objects*）を「もしいなかったら自分は親の一人になっていなかった両親に」捧げたのは間違っていたことになる（彼と言える何らかの彼は、どこにいたのだろう）。そしてベネットが、子供ができないということには、「人がそれから何かを奪う」という事実から出てくる間違いはありえないと書いたことは正しくなる[13]（ナーヴソンの、「生まれる可能性のある人を実際の存在にするのを拒むことによってその生まれる可能性のある人にある種の損害を与えたと言うのは意味をなさない」とか、「『生まれる可能性のある人々』は人ではない」以上、「可能性は、可能性のままでいる方が実現されたときよりも恵まれていないと言うことは意味をなさない[14]」という主張と比べてみよう）。しかし、D・パーフィットが指摘したように[15]、誰それは存在しなかったらその方がよかったか悪かったかと書くことに、ある概念の混乱があったとしても、生まれることが、ある個人にとってよかったり悪かったりしたのであり、またある人にとっての方が別の人にとってよりもよかったりしたのだ。さて、生まれることが悪いことであるような不幸な個人が存在しない必要があることによって、いくつかの義務が立てられると想像し、それでも、それらの義務は生まれることがいいことになるような幸せな人々がいる必要によって立てられているのだと見ることは、概念を混同していることになると想像するのは、それ自体、概念を混同している見事な例だ。

完全に不幸な人々からなる惑星ほど悪いものはありえないように、幸せな人々からなる惑星ほどいいものもありえない。哲学者が、指を少し動かすだけで前者をもたらせるとしたら、指を動かすことには、「これから生まれるかもしれない不幸な人々に対する義務、つまりその人たちに不幸な生命を与えない義務を無視すること」になると言うことに、概念上、細かい難点があるかどうかにかかわりなく、その指は動かすべきではないというのは自明のことだ。後者についても同様である。そういう惑星をもたらすことは、他の人に害をなさないと考えれば、「その惑星は創造されるべきである」という言葉を特定の誰かに対する義務についての話に翻訳しようとするときに概念上微妙なところがどれだけあろうと、それは創造されるべきである。

必要なら、(遠い未来の人々の生命を破壊するような形では放射性廃棄物を埋蔵しない義務のように)いかなる特定の人に対するものでもないような義務がたくさんあると言うだけにしておこう。あるいは、我々がしかじかのことをすれば、当然のなりゆきとして、疑問の余地なく特定できる人という現実の人になる、ありうる記述可能な人の身の上に何が起きるかに基づく義務について語ろう。

そうすると我々は、子供をもつことはうんざりだと見られるようになってしまうと、人類を死滅させることが道徳的に受けいれられるという考え方をどう扱うべきなのだろう。正しい反応は、極東では当然のことと見られる傾向のある反応だと思う。つまり、自分の生命を人に与える必要をまったく感じないまま自分自身の生活を楽しむことは恥と考えられるというものだ。人類を死滅させる理由として唯一考えられるのは、未来の人間は不幸になる可能性が高いと考えられる、かつ／あるいは、他の知的生物がすぐに進化して人類が占めていた枠を占めることになると考えられるというものになるだろう。ただ、そういうことを想定するのは賢明なことではない。人間はこの銀河、あるいは望遠鏡で観察できる範囲のすべての銀河の中で唯一の知的生命である可能性は十分にある。

認められたこと

(a) 我々が今いる世界のように人口過剰な世界においては、子供を作らない義務がありうる。

(b) 自分の家族が飢えているときに遠くへ食糧の小包を送るのは間違っているかもしれない。たとえば、小包がそこには届かないかもしれない。それと同様に、将来の人々に利益をもたらすことを期待して、今、実際に存在している人々から大きな犠牲を求めるとすれば、間違いということも多いだろう。

(c) 倫理的自然主義を攻撃したときにも言及したように、何かに善、たとえば快が内在することを論理的に証明しうるというのを否定する主な理由は、それがことを矮小化することになるということである。そんなことをすれば人妻が結婚しているというのと同類のことになるだろう。また、何らかの行動、たとえば、人類が存在し続けるようにする行動の正当性をその行動がいい結果を最大にすることができるという観点から定めたとすれば、同様の矮小化に手を染めることになるだろう。快は善でありうるだろうし、快適な生命を存在させることによって快の総量を増大させることをねらった行動は、概念的な解析によって証明できなくても、正しいかもしれない。「正しい」という言葉が、パピーという言葉が「小犬」という意味をもつのと同様に、「最大の善を生む」(あるいはそれを生もうとする、あるいはそれを生む可能性が高く、悪を生む可能性は小さいと合理的に判断されることをしようとする)という意味をもっているとしたら、最大の善を生むこと(あるいはそれを生もうとすることなど)は正しいというのは、言語的に保証された事実にすぎないということになる。それにしても、これは「正しい」が「神によって命じられている」という意味をもち、神が善人に拷問を命じていたとしたら自動的に拷問が正しいと想定するのとよく似たことになるようだ。そのことに関するやっかいなことの一つは、「神が正しいことを命じる」は、神に対するあたりさわりのないあいさつとも考えられるということである。つまり道徳的な人々に「神は神が命じることを命じる」というだけではないことを言ってさえいたら、場合にのみ神の意志を行なう気にさせられただろうにというようなことである。同様に、「正しい行為はいい結果を最大限にする行為である」は、それが「いい結果を最大限にする行為は、いい結果を最大限にする行為だ」以上のことを言っている場合にのみ意味をもつ。この点はW・C・ニールが気づいたことだ。[16]

この分野での哲学の文献は広大で錯綜している。筆者自身の立場におおざっぱな名前をつければ、「功利主義」あるいは「観念論的功利主義」あるいは「非快楽主義的功利主義」あるいは「総体的功利主義」あるいは「結果主義」あるいは「反カント的」あるいは「義務論を否定する」立場ということになるだろう。G・E・ムーアとJ・J・C・スマートという二人の非常に有名な哲学者と同じように、他の自分がしたいと思うようなことではなく、世界を実際にかつ本当に悪くするとわかっていることをするのが私の義務になる理由を理解することはできない(スマートはこの単純な論点を主張し、いわゆる反例がそれを反証することを否定しなかったことで有名だ。[17]反論に対抗した彼は頭がいい《スマート》ということになる)。ムーアやスマートのように考えられる人々は、対立する説は不必要なほどにやっかいなことを求めていても、彼らの方は「堕落した心を示す[18]」のではなく、ただ間違ったただけだというふうに扱えると考えるとしたらすばらしいだろう。しかし倫理においては、誰が正しいかをはっきりさせる万能の公式はない。道徳に燃える人々は、長い間哲学の訓練を受けると、それによって我々は、将来の人間がどれだけの幸せを期待できるかに関係なく、人類を生き続けさせる義務を実際にはもっていないと考えてもいいということになる。その誤りをはっきりさせられるような確固とした論理学的証明はない。しかし次に論じるように、それが間違っていると考える極めて強力な理由がいくつかある。

窓のない小屋の話

筆者は、幸せな生命を生む義務を論理で証明しうることは否定しても、二つの点は認めざるをえないのではないかと思う。まず、人間の生命は、少なくともそのほとんどは、今日においても生きるに値すると考えるのが妥当で、人類が長く生き続けられるとすれば、それまでよりも幸福になる可能性が高いということ。第二に、新しい幸福な生命の数を増やす義務をいっさい否定する人は、どうしようもない逆説的な立場にあるということ。

第二の論点を完全に擁護するために、D・パーフィットの『理性と人生[19]』（*Reasons and Persons*）に目を向けよう。以下に、パーフィットの論の展開に含まれるいろいろな要素を反映する、ある物語を手がかりにして、その論点を手短に擁護する。非常に荒唐無稽な物語に思われるかもしれないが、それはそれでかまわない。この話は、ある架空の事態が起こりうる可能性を示すのではなく、ある原理の妥当性を示すことをねらったものだ。それを背後から支える考え方は、次のようなものである。つまり、幸福な人々がいなければ非常に悪くなる状況をいい状況にするために、幸福な人々をこの世にもたらすことは、間違いなく倫理的に要請しうるということだ。さて、幸福な人々がいなくても状況が悪くならな(ヽヽヽ)い(ヽ)としても、やはりそういう人々をこの世にもたらすことが要請されることにはならないのだろうか。ならないとしたら、それはなぜだろう。

多くの哲学者——快適な充足状態の理論家と呼ぶことにしよう——は、道徳的に言って、ある程度の数の幸福な人々がいれば十分だと考えている。筆者の物語の都合で、その数を七七〇億人としよう。そこで、七七〇億人の幸福な人が存在するある未来の時点を考えよう。どこかに九〇兆の島があるとする。無害な手段——現実的な話をするつもりではないのだから、魔法のまじないでもいい——を用いて、それぞれの島に一〇万人の幸福な人を住まわせることができる。さて、それぞれの島には窓のない小屋が一つある。小屋にはすでに誰かが住んでいることもあり、その場合には、住人は、孤独で生きる価値がマイナスになるような生活を送っている。小屋に「窓がない」のは哲学者の言う意味でのことである。ドアもないし、中にいる人の不幸を減じるために何かすることはまったくできない。小屋の外で何が起きても、中ではわからないし、逆も言える。

さらにもう一つ島、無災島があり、ここにはすでに一〇万人の幸せな人と窓のない小屋がある。その名が示すとおり、島には倫理的な悲劇はないものと考えられる。もちろんそれは、その小屋に人がいるかどうかに関係なく、きわめていいことだ。それを否定するのであれば、人類をある一瞬の苦痛のない形で消滅させることは正しいと考える、きわめて強い根拠を手にすることになる。予見しうる範囲の未来において、人類は、少なくとも一〇万人あたり一人は不幸な人を含むのは確実だと思われる。

これまた考えられることとして、無災島のような島が九〇兆存在するとしたら悲劇的とは言えないだろう。それぞれがまったく孤独に存在していたとしても、それぞれがとてもいいものだとしたら、どうしたら九〇兆の島が悲劇的になるだろう。

他方、宇宙において、ばらばらに存在する一つ一つの島それぞれの窓のない小屋に一人ずつ、合わせて九〇兆人のマイナスの価値をもった、不幸なほど孤独な人々がいて、幸福な人は七七〇億人しかいないとすれば、悲劇的になるだろうし、それもとてつもなく悲劇的ということになるだろう。これほど悲劇的な状況を、それぞれの島に、不幸な人以外にそれぞれ一〇万人の幸福な人々がいるような悲劇的でない状況に変えるという道徳的な必要があるということにならないだろうか。絶対その必要があるだろう。その必要はとてつもなく強いと思いなしても安全だろう。一つには、幸福な人々を生み出すことは、小屋に窓がない以上、不幸な人々に害をなすことはまったくないだろうということがある。

快適な充足状態の理論家は、それぞれの島に一〇万人の幸福な人々を住まわせる道徳的必要が、(1)途方もなく強いか、(2)まったくないかのいずれになるかは、小屋に人がいるかどうかによって決まる――小屋は窓がなくて中の人は外の人の幸福について決して知りえず、外の人の幸せを考えて自分もいくぶんか幸せになるというような心の広い快も得られないにもかかわらず――という結論を擁護しなければならないことになる。ただ、そのような結論はまったく真実味がないのではないか。小屋の外が内部に対してそれとわかる影響力をもたないし、その逆もないのに、小屋の外で幸福な人々を生む義務が、その内部の事態に依存するということがどうしてありうるのだろう。快適な充足状態は、ひどい誤解に基づいた理論であるに違いない――またゼロでもいいと考える人(ただ一人でも、幸福な人になる可能性のある人が実際に存在するようにする道徳的な義務はない)は、さらに誤解しているに違いない。

確かに筆者は、誤解しているということを論理的にきっちりと証明したわけではない。ある状況では、途方もなく強い道徳的必要を安全に想定することができると言っただけだ。しかし倫理的に悲惨と言える状況を、誰にも何の害もなさずに、無害なものに置き換える行為が、自明に正しいと言うに非常に近いのは確実だ——理性的に要求されうるかぎりの近さである。

この方向の推論には無慈悲なところは何もない。後から加わる生がマイナスの価値をもつものであれば、それは悲劇を増やすことになるということが否定されているわけではない。言われているのはただ、世界はそのような生命を含んでいたとしても倫理的には悲惨ではないものでありうるということだ。一〇万人あたり一人の不幸な生でさえ多すぎると思うのであれば、それぞれの島に一〇〇〇万人でも一〇兆でもいくらでも多くの幸福な人を作れるように話を変えればいい。それでも島が倫理的に悲惨でないようにすることができるということは認められないだろうか。まだ認められないとすれば、快適な充足状態を論駁するためには、次のことを仮定するだけでいいということに留意しよう。つまり、それぞれ一人ずつ不幸な人がいる島は、実際には善ではないとしても、膨大な数の幸福な人もその島に存在する場合には、少なくとも災いが減るということだ。

筆者の議論は「不幸な人を助けようとするよりも、不幸なまま放っておいて、十分な数の幸福な人を生み出して、埋め尽くしてしまおう」というものではない。不幸な人を助けようといくら試みても、まったく何もできないような状況で、我々の義務とはいったい何かを問うているのだ。このような状況は論理的にありえないわけではない。まったく非現実的というものでもない。不幸な人々を助けるためにできることがほとんどないということはよくある。たとえば、ひどい病気や不具をかかえて生まれ、助けようとすればその人の苦痛を長引かせるだけだというような場合である。

そうしたことは現実の生活とは何の関係もなく、我々の惑星は人口があふれかえっていて、これ以上人が増えれば誰にとっても不幸になるだけだという反論があるかもしれない。しかし、現実の生活は間もなく、この九〇兆の島に人を住まわせるべきかどうかというのとおもしろいほどよく似た道徳的問題をもたらしそうに思われる。人類がこれから何世紀かを何とか生きのびられるとすれば、銀河系を渡り歩いて広がっていくようになる立場に置かれる可能性は非常に高いだろう。そうすることは非常に強い義務と言えるかもしれない。窓のない小屋の物語が何らかの効力をもつとすれば、その小屋がお互いの幸福を邪魔しないかぎり、幸福な人は多くなればなるほどいいことなのだ。

この結論が受けいれられるのは、それに位置に関する制約がかけられている場合だけだという哲学者もいる。幸福な生命の集団が次々と永遠に続いて行けるとしたら、これらの哲学者は、しかじかの時点以後、宇宙には、もうすでに十分な数の幸福な生命がいたことになるので、生命がいなくなってもかまわないという考え方には嫌悪を感じることになるだろう。ところが彼らは、空間的な位置から見るとまったく別の考え方をする。宇宙がいつの時代にも、たとえば七七〇億の幸福な人々を含んでいれば十分と言えると空想している。しかしそれが空間ではなく、時間を通じての場合、分散していても生命は好ましいと想定するのは、筆者にはただ魔法のようにしか見えない。島が時間的に分離されていようと空間的に分離されていようと、窓のない小屋の物語は同じように強力に成立する。

功利主義と対立するいくつかの立場

すでに示したように、筆者は非常に強い意味での「功利主義」を擁護する。筆者はある行動が誉められるに値するかどうかは、そこから起こる可能性の高い結果がいいかどうかとしっかり結びついていることを認める。ただ、(a)たとえば人類の滅亡のような非常に不幸な結果をもたらす可能性がわずかにあれば、多大な犠牲を正当化しうるとか、(b)ある行為者が、良心の導きに従うことに対する賞賛と、誤った良心をもったことに対する非難の両方に値することがありうるというようなことは考えている。生命が「幸福な」ものかどうかを問うことが、必ずしも単にそれが快に満ちているかどうかを問うことではない場合には（快は非常に重要なものではありうるだろうが）、我々はどれほどの幸福を存在するようにするために闘うのかということには制限をかけることができないと考える。我々がみな不幸になるほど激しく闘うことや、他の人の幸福のために、普通の人間に期待できるのをはるかに超える犠牲を払うことによって働くことを個人に求めることを考えてみよう。

　驚くことに、多くの専門の哲学者が、今、漠然としたものながら述べたところにある考え方すべてに反対している。人類を存続させることが道徳的な要請であることを認めない人は何十人といる。手をほんの一振りすれば銀河に植民する幸福な人類が一兆人存在することを保証することになるとしても、その手を振る義務はないという。また、功利主義を斥ければ、何らかの意味で人類が存在しつづけるようにする根拠を強化することになると考える人も何十人といる。利益を最大にしようとすることを求める功利主義者は、道徳的に確実なことがないと必ず麻痺してしまう理論、あるいは利益を享受するのが犯罪者か正直者かには関係なくなる理論、あるいは将来の世代に、今日の様々なささやかな利益と引き換えにするというとてつもない犠牲をはらって幸福を与えることを奨励し、たぶん実際には、数世紀先の百万人の死が、明日の一人の死と同じくらいの重みしかないことになるような比率で未来を「安売り」するような理論をもっているというのが彼らの主張だ[20]。それによって功利主義をあやしいほどあっさりと退けたうえで、彼らには後世にとっての利益を生もうとすることについて、どこから見ても奇妙な理由を見いだす。それは単に利益を最大にすることを支持する人が生み出そうとは思っていないと思われるような利益である。彼らの未来の世代に対する関心を、死者の願いを尊重する必要の上に立てる人がいる。孫に対する愛情は孫もまた自分の孫をもつ喜びをもつべきだという希望と論理的に結びつけることができると力説する人がいる。当の後の孫たちが単にありうるだけの存在ではない存在になることに利益があるという考え方は、ただの誤解とされる。(21)

結末は驚くようなものではないはずだ。人類を存続させる義務は、時として理論としては認められることもあるかもしれないが、いくつもの検討を加えることによって崩れてしまう。未来の人々がどういうものか、不確かだ。すでに生きている人々の方が大事だ。よく考えてみると、汚染の抑制のようなことは、非民主的に、あるいは決して否定してはならないからというだけのことでかろうじて「正しい」、あるいは「絶対的」ものになっている「権利」を無視して課せられるかもしれない。その類のことである。時には、人間の歴史を相当の長さにわたって延ばすことは、「無駄な繰り返し」だと断じられることもある。苦しむ人が増えれば増えるほど、苦痛は悪化することになるだろうが、幸福な生命によって宇宙の善がいくら増えても、二一世紀の初めには上限に達しているだろう。我々は人類を終わらせるためにせっせと働くべきだという結論(人類の楽しみを続けることは、これまでに起きたことを無駄に繰り返すだけで、新しく増える不幸な事例がマイナスの価値を増やす)が明示的に言われることはあまりない——それにしてもそうだと言いたくなるではないか。

J・グラヴァーが正反対の、人類を終わらせることは、「なしうることの中でも最悪と言っていいほどのことだろう(22)」という結論に達したのは正当なことだったと思う。しかし、彼や他の一握りの人々のような非常に心強い例外がいる一方で、この分野に貢献してきた哲学者一般的な流れは、不幸な方向に動いている。たとえばT・H・トンプソンの少々むかつく言明を考えてみよう。(23)「我々は未来の人々に拘束されるわけではない」——だからたとえば望まれない水素爆弾を、何世紀かすれば爆発することになっているコンクリートで覆われた巨大な廃棄場に入れておいても、本質的に悪いことはないことになる——という言明だとか、これを、人はまだ生まれていない人に対して思いやりのある配慮をおぼえることはできないことを証明することによって援護しようとする奇妙な努力とかである。これは、誰も実はビールは好きではないということを証明しようとするのと同じくらいばかばかしいだけでなく、R・ルートリーとV・ルートリーがうまく診断した病の例である。[24]二人は、これほど多くの現代の理論家たちが、遠い将来にわたる未来の人々に対する強い義務を否定するのはなぜかと問う。それは、これらの理論家が義務を「何かをするかしないかについての条件（たとえば契約）、あるいはもたないこともありうるある性質（たとえば愛や思いやりや共感）をもつ条件」と思い描いているからだ。こうした理論家たちが正しいとしたら、倫理的要請を取り除くのは何とたやすいことになるだろう。自分はそういう問題に関心はないと宣言するだけでいいのだ。

5

終末論法

本章では、序論で概略を述べたカーター＝レスリーの「終末論法」を展開する。ただ本章では、先に触れた主な論点をさらに拡張するので、独立して読むこともできる。また、この論法を擁護する側に立った論点もさらに出していく。そのいくつかは、我々の世界が決定論的である、あるいは少なくとも非決定論は人類がどれだけの間続くかにほとんど影響しないような世界であるとした場合にのみ成り立つものである。

猫の話

我々は当然、自分が見ていることがきわめて例外的になるよりも十分予測されるようにする理論を選ぶべきだろう。夜中に眼をさまし、二つの説を立てる。それぞれが正しい可能性は五分五分だと計算される。一つは、裏口の戸を開けておいたというもので、その場合、隣の猫が我が家の寝室にいる可能性は一〇%になる。もう一つは、その一戸を閉めたというもので、同じ可能性は〇・〇一%となる。灯をつけると、猫がいる。これなら第一の説の方がずっといいと思うはずだ。

今度は自分が時間の中にいる位置というのを考えよう。人類が今の規模であれ、早くから銀河全体に広がれば達するような規模であれ、少なくともあと数千世紀は続くとすれば、あなたはいずれ生まれる人も含めたすべての人類全体の中で例外的に早い方、もしかすると最初の〇・〇一%の中に入るということになる。しかし人類がすぐに終わることになっている――オゾン層や水爆のことを考えれば、とくに可能性が低いわけではないようだ――とすれば、あなたはごくあたりまえの存在ということになる。最近の人口増加のために、これまでに生まれた人類のざっと見て一〇%は、今でも生きている。さて、これはあなたに影響を及ぼさないだろうか。人間の人口の歴史がすぐに終わりになるとすると、あなたは人口の歴史においてごくごくあたりまえの位置を占めることになるのだとすれば、実際に歴史はすぐに終わると考える根拠となり、オゾン層や水爆のことを考えて得られた根拠を強化するのではないか。

その通りだと思えるだろう。世界が決定論的であれば、根拠は当惑するほどに強いかもしれない。ところが、世界がとことん非決定論的で、その非決定論が人類がどのくらい生き延びるかに大きく影響を持ちそうな種類のものであれば、その根拠はかなり弱くなるかもしれないが、それでも心配は残る。いずれの場合にしても、それらはそれだけでは何の力をもたないとしても、根拠を強化することがありうるだろうか。すぐあとで説明するように、それらは我々が水爆やオゾン層のようなことを考えて達した危険度評価をさらに高くするかもしれない。

自分自身がいる時間的な位置からこのように何かがわかるというのは逆説的だと思う人は多いが、筆者が今スケッチした「終末論法」は、宇宙論における「人間的《アンスロピック》」判断になじんでいる人なら自然に思うことができる。[1]実際、この議論の概略を最初に示したのは、「人間原理《アンスロピック・プリンシプル》」という語句を考案したケンブリッジの数学者ブランドン・カーターである。しかしカーターは筆者に、「功績だけでなく、決して少なくはないだろう非難もともに受けるために」、少なくとも時には「カーター＝レスリーの終末論法」と言うよう求めてきた。我々が経験から知っているように、この論法はしばしば「くだらない」という叫びを引き起こす。ある意味でそれは奇妙なことだ。この特異な論法がしっかりと位置を占めている確率論は、明らかなことがほとんどない、非常に難しい分野だからだ。ある意味では全然奇妙ではない。人はしばしば、誰が正しいかが見えにくいときに最も攻撃的になるものだ。

この論法が行なう人間原理的かつベイズ的推論

人間原理的論法

カーターが最初に人間原理を出したときの言い方は、「我々が観測することになると期待できることは、観測者としての我々が存在するために必要な条件によって制約されなければならない」[2]というものである。カーターはそれ以後ずっと、人間原理という名はまずいと言っている。それは人間だけでなく、宇宙のどこの観測者にもあてはまることである。これは、観測者たるに足るほどの知的な生命体は、自分のいる場所や時期が、知的な生命を排除しないものになることを予測していいと思わせてくれる。これは妻は夫をもっているというのと同じくらい、わざわざ言うまでもないような真理であるが、いくつかの興味深い理論を促進する。たとえば、たいていのところでは生命が存在しえないので、我々のいる時空的な位置は特異であるという理論である。観測は、尋常ならざる状況においてのみ可能なことなのかもしれない。

この考え方はすでに、R・H・ディッケによって用いられていた。10^{40}という巨大な数（1の後に0が四〇個続く数、つまり一兆の一兆倍の一兆倍のさらに一万倍）が、いくつかの宇宙論的に重要な式に出て来る。A・S・エディントンは、このことに気づき、それをめぐって物理学を展開したし、その後P・A・M・ディラックもそれに倣った。宇宙の今の年齢は、測定される重力の強さと、くだんの巨大な数が出てくる関係をもっている。ディラックは、いつの時代でも、必然的にこの関係が成り立つと唱えた。そうだとすれば、重力は変化していることになる。宇宙の年齢が進むにつれて重力は弱くなるということである。しかしデイッケは、この領域においては、観測が行なわれるのに必要なことだけが必要とされると論じた。観測者は、重い元素――とくに炭素――が星の内部でつくられ、その星が爆発したときに撒き散らされるだけの時間がたってからの遅い時代にいるものと予想される。また彼らは、満天にまだ燃えつきていない星があるのを見ることにもなるだろう。星からの放射が生命には不可欠である可能性が非常に高いからだ。ディッケは、こうした時期であれば、重力の強さが、変動しなくてもディラックの関係をみたしていただろうという計算をした。(3)

人間原理をもっと大胆に用いた例は、J・A・ホイーラーの書いたものに見られる。(4)ホイーラーは振動する宇宙を想像する。ビッグバンが何度も生じ、それぞれに大圧縮《ビッグ・スクイズ》が続き、圧縮された物質の反発で、さらに新たなビッグバンが生じる。圧縮が最大になった瞬間には、宇宙はそれまでもっていた特性についての記憶をすべて失う。それから宇宙は、諸特性をランダムにセットされて爆発する。その粒子の数はサイクルごとに異なる。拡大の速さもそうかもしれない。強い核力と電磁力との強さの比率、陽子(があれば)が電子よりどれだけ重いかも、そうかもしれない。結果としての特性の混合物が生命を許容するものになるというのは、非常にまれなサイクルのときだけである。しかし、観測選択効果が、生物が自分がいるのを見るのは生命を許容する時代だけになるのを保証する。

人間原理の確率論的な利用

観測者が存在する前提条件は、決して確固としたものではないかもしれない。ブラックホールの「ホーキング放射」を考えよう。S・W・ホーキングによれば、ブラックホールも、あらゆる種類の粒子を、量子力学的な意味でランダムに放出している。十分な大きさのブラックホールの集合では、ときたまテレビが放出されてもおかしくない。チャールズ・ダーウィンが出てきてもおかしくはない――ホーキングが言いたいのはもちろんダーウィンその人ではなく、そういう人ということであり、ダーウィンがブラックホールから飛び出たとしたら見るであろうものすべてを見るような人である。(5) ただ、当然、観測者が自分がそういう状況にいると見るようなことはめったにない。人間原理をいちばん使いやすい形で表現すれば、人間原理は、どこなら自分がいるとわかる可能性が全然ないかではなく、どこなら自分がそこにいることがわかる可能性が高いかを考えるというものである。

ビッグバンの最初の数分の間に、ブラックホールからダーウィンのように飛び出してきてそのへりに存在する知的生命がいるとしてみよう。十分に巨大な宇宙であれば、そういう人が実際にいるかもしれない。宇宙がどれだけ巨大であるかについては誰も制約はかけられないのだ。それでも自分がそれよりずっと後の時代にいるということは、筆者にとっては別に不思議なことではない。観測者は、たいていの観測者が見つかるような時空の領域に自分がいることがわかるものと期待していい。

あらためて、ほとんどすべての知的生命が水を必要とし、まだたくさんの星が輝いているときに惑星の上に存在するとしよう（遅い時代になっても生命を促進するような星が輝いていることはありえないと想定しなければならないとしたら、ディッケのディラックへの反論はうまく行かなくなるだろう）。とすると、我々が水の豊富な惑星にいて、星降る夜空を見ているのは何の不思議もないことになるはずだ。

地理的な位置の場合と比べてみよう。あなたは窓のない部屋で記憶喪失になる。自分がどこにいると考えれば当たっている可能性が高いだろうか。人口の少ないリトルパドルだろうか。それともロンドンだろうか。リトルパドルの人口は五〇人で、ロンドンの人口は一〇〇〇万であることはおぼえているとし、指針となるものとしてはその数字しかないとしよう（自分がどちらかの場所にいたことがあるかどうかも思い出さないし、リトルパドルの靄が記憶喪失を引き起こすという説も知らないなど)。そうすると、自分はロンドンにいると思うことにすべきだろう。二つの場所のうち大きい方にいると信じる方を選ぶ理由は何もないと考えたらどうなるだろう。どちらかに賭けなければならないとして、自分がリトルパドルにいる方に賭けるとしよう。二つの場所にいるすべての人が記憶喪失になって、あなたと同じ賭け方をしたとしたら、一〇〇〇万人が負け、五〇人だけが勝つことになる。とすれば、ロンドンに賭ける方がはるかに合理的であるように見える。自分がもっている証拠に基づけば、自分がリトルパドルにいるのではなくロンドンにいる可能性を正しく推定すれば、一〇〇〇万対五〇という計算になる。

あなたがロンドンにいるとすれば、もちろん、この事実は、まさにあなたがロンドンにいるようにする無数の個別的な原因から帰結したことだということになるだろう。しかし、個別的な原因からの説明が正しいということは、「ずっと多くの人がロンドンにいて、だから、私がそこにいる可能性がいちばん高い」と言うことの正しさと両立する。次のような場合を比べてみよう。(a)二つのさいころを一度だけいっしょに投げると、六のぞろ目は出ない。それ以外の目、たとえば四と二が出る理由を完全に説明しようとすれば、最初の位置と速さ、風速、テーブルの面の粗さなど、数えきれないほど細かい個別的な原因がかかわっているだろう。しかし、二つのさいころを何度も投げたときに六のぞろ目が出るのは三六回に一回だけだと言えば、六のぞろ目が出ないことの説明がつく。(b)七人の子供が生まれ、それが全員女ということはない。それがどうして真になるかを正確に示すような、因果関係についての詳細な筋書きが実際に与えられなければ、当然全員は女にならないと見ることはできないのだろうか。(c)四角い杭が同じ面積の丸い穴には合わない理由を知りたいとしても、クォークや電子の動きについて隅から隅までわかるのを待つ必要はない。まったく同じことで、なぜ長さがぴったり三三・八四センチの魚を捕まえられなかったかを知りたいと思っても、あなたが捕まえた一匹の魚の全生涯がわかるのを待つ必要はない。

あなたの記憶喪失によって、ロンドンの方が人口が大きいかどうかまであやしくなったとしたらどうだろう。自分がロンドンにいるかどうかがわかれば疑いは減る。ロンドンの方が人口が大きいのだから、自分がいる可能性がより高い場所だということは自明のことになるだろう。そして、あなたのいる可能性のある場所としてロンドンとリトルパドルしかないとして、ロンドンが虚構の町だということがありえないわけではないとすれば、自分がリトルパドルにいるということは、ロンドンが虚構である可能性を強く示唆することになるかもしれない。

E・フェルミによって立てられた有名な問いを考えるときにも、同様な推理を用いることができるかもしれない。彼らはどこにいるのか、つまり、地球外知的生物の兆候が見られないのはなぜかというものである。時空全体として見れば、多くの技術的に進んだ文明があるかもしれないが、今私が生きている初期の時代においては、非常にわずかしかなく、あっても並外れて小さいものになるということなのだろうか。この想定が正しいことは考えられる。しかし技術文明にいる一人の観測者が、初期の時代、そういう文明が小さくて数が少ない時期にいる可能性は、後の文明が巨大で数も多くなった時代にいる可能性よりも、はるかに低い。したがって私には、この想定は間違っていると考える根拠がある。これは私のいる技術文明が、非常に早い時期のものの中には入っていないということを意味しうるだろう。以前に多くの他の文明があったものの、そういう文明はすぐに絶滅してしまったといったことで、我々人類にはその存在が知られていないのだ。逆に、宇宙史全体の中で、存在することになる技術文明はほんのわずかな数だけだということを意味するかもしれない。

私のいる技術文明が宇宙で最初のものだという可能性は十分にある。時間的に見れば全体として一兆の一兆倍のさらに一兆倍の技術文明があるような宇宙においてさえ、いくつかの文明はそういう立場に立つことになるのだ。しかし筆者に、自分が膨大な数ある技術文明の中のいちばん最初のものにいると信じなさいとは求めないでほしい。そう信じるに足る強力な根拠が与えてくれないのであれば。

カーターの波紋

　カーターが一九八〇年頃に気づいたように、このような推理に少し拡張を加えることができる。ほとんど誰でも驚くような拡張である。「人間原理的」推論は、自分が何らかの知的生命であると仮定して、その自分はどこにいると見ることになる可能性が高いかに関心を向けるのがふつうだが、それをもっと狭く用いて、他ならぬ人類の寿命について問うこともできる。その場合は、ある人が、人類の時間的広がりの中でどこに自分がいると見る可能性が高いかというものになる。人類がまだ比較的数が少ない初期の時代なのか、それとももっと後の膨大な数になったときなのか。

　カーターはこの問題を、「人間原理の他の応用に含まれるような、疑問の余地のある技術的仮定がまったくない」応用で、「明らかに実用的に最も重要な応用」を提起するものとしている。ただ、彼は公表された仕事でそう言っているわけではなく、筆者があれこれ書いたもの[6]について書いてくれた手紙から拾わなければならなかった。筆者がそれらの論文を彼に送ったのは、そこに示された推論が、まだ印刷物では展開されていなかったとはいえ、噂されていたように彼のものかどうかについて何か言ってくれるだろうと期待したからだ。

　筆者を除けば、他の誰もまだ印刷物では発表していなかった——ただカーターは手紙で、この推論が実際に彼のものだということを確認してくれた。「あなたが最初になるようです」と彼は書いている。しかしアンドレイ・リンデは、H・B・ニールセンがほとんど同時に同じような推理を発表していることに筆者の注意を向けさせた[7]。

カーターが印刷できなかった主な理由は、彼が話した人は、「わずかながら顕著な例外はあるものの、人間原理のこの応用のしかたを他の応用よりも、もっといやがった」からだというのが彼の説明だった（人間原理がいかに反論を引き起こすかは驚くべきものである。デヴィッド・ヒュームやイマヌエル・カントが唱えた、我々がいる状況は宇宙全体の中では特異なものかもしれないという論点に、恐ろしいほどに議論をまきおこすようなところがあるということを誰が考えただろう。たとえば知的生命が惑星の表面にのみ生じる可能性がきわめて高いとか、我々のビッグバンによる宇宙には、それが一年や二年で再びつぶれてしまうようなものであれば生命はなかったことになるといったことをあえて唱えたときに出会うことになる実際の怒りを、誰が予測していただろう）。カーターは、人間原理による推論が、いかに観測者がいる可能性の高い状況にあてはまるかを力説した一九八三年の講演で、終末論法を紹介し、原子力潜水艦の指揮官は、それについて考えるのが賢明だと加えた。ただその講演を活字にしたものは、「人間による生態的な大災害のようなものは、人間原理を参考にして論じられてもいいだろう」と言って暗示しているだけである[8]。それ以後、彼はそのことをセミナーで、とくに人間原理が何の予測もしないという反論を受けたときに口にするだけにしている。

これが最初でも最後でもないが、終末論法は、人類がすぐに死滅するとはっきり予告しているわけではないということは強調しておこう。それが言っているのはせいぜい、人類がすぐに死滅する危険性は我々が考えているより高く、はるかに高いかもしれないということである。我々は最初から、人類の未来が長いという自信をもっていたとしよう。終末論法を受けいれたとしても、それで我々の自信がゆらぐわけではない。また、世界が根本的に非決定論的であるとすれば、非決定論が人類がどれだけの間生き延びるかに影響をもつ可能性が低いのでなければ、実際には議論がスムーズには運ぶことはありえない。こうした論点は、何度も繰り返す必要がある。そのことを忘れずにいるのは難しいことだ。「終末論法」という呼称――筆者はそれを、このテーマについてのカーターの考え方を最初に教えてくれて、筆者がすぐに投げかけた「すぐわかる反論」をつぶしたフランク・ティプラーから得た――にも責められるべきところがある。しかし「人類がきわめてすぐに終わる危険を、我々は一貫して過小評価していると説く人間原理的論法」というのでは、呼称としては長すぎる。

カーターの一九八三年の講演の主題は、ある過程（たとえば偏りのない三つのさいころで、一度でも何度でもすべて六を出すこと）が、一回あるいは何回もの確率の低い事象を含んでおり、したがって使える時間（たとえば三〇回振る）の間に達成される可能性は非常に低い場合、それが達成される可能性が高いのは、指定の期間が終わりに近づく頃であるというものだ。カーターはこれを、進化が人類を生み出すために必要とした時間と、太陽が不安定になる数十億年後と地球ができた時期とを隔てる時間とがおおむね等しいことについて、最もいい説明を与えてくれると推理した。関連する「人間原理的予測」は、人間のような種族が稀だということである。生命を維持する惑星がたくさんあるとしても、そのような知的生命は、そんなに早くには進化しないだろう。この論法は、活字になったものが示唆しただけのものとは非常に異なるもので、本書で論じるのはこの心配になる論法の方である。

人類の観測者は、時間の中でどのあたりに自分がいるのを見ることになるのかというのが、カーターと筆者の問いである。人類が人口の減少なしに何万年となく生き延びることになるとすれば――そしてとくに、人類が本当に銀河全体に植民するという、数百年あればできるかもしれない過程によって膨大な数に増えるとすれば——あなたも私もあらゆる人類のうちの最初の〇・〇一%、さらには最初の〇・〇〇〇一%の中にいるということもおおいにありうる。しかし、あるいは核戦争や環境の汚染、あるいは(2章で論じたような)単に準安定の状態にあるにすぎない空間を埋めるスカラー場を乱し、完全に安定した場の泡《バブル》を創造してしまい、ほとんど光の速さで拡大してすべてを殺すことになるような高エネルギー実験によって、人類がすぐに終わりを迎えるとしよう。この想定に基づくと、これまでに生まれた人類のうちの一〇%くらいが今生きていると仮定すれば、あなたも私もごくあたりまえの人間ということになる(人類が明日にもその終末に達するとしても、あなたも私も非常に特異なほど終わりの方にいることにはならない。人類全体のうちだいたい一〇分の一くらいが我々と同じくらいのところにいることになるからだ。私が大きさのわからないある町にたどり着いて、一七九番線という掲示がある路線バスを見たとすれば、この町の路線が一七九で終わると考えるとしたら妙なことであるが、人類が自分の生涯の間に破滅的な災害に出会うことになると考えるのは、そういうことではない)。

時間と空間を調べれば、人間の観測者は自分が属する種の最初期から二〇世紀の終わりごろまでのどこかの時期にいると断言することができる。他方、自分がそれより後もいることになるという確固たる保証はない。二〇世紀の終わり頃かその前に存在する人と、それより後に存在することになる人とのこの大きな違い——あなたと私にわかっていることに関するかぎり——にどう反応すべきなのだろう。カーター＝レスリー説とは、ここでは確率計算についてのベイズの規則が成り立ち、人類がきわめて近い将来に終わる可能性の推定値が高くなるように作用するだろうというものだ。

あなたがくじで一等、二等、三等の三本のどれに当たったとしたら、どういう議論になるかを参考にしてみよう。くじの入った箱の中にある名札が三枚よりどれだけ多かろうと、一等、二等、三等それぞれが当たる人は、どこかにはいる――人類がどれだけ続こうと、誰かが最初に生まれた人間ということになるのと同じである。それでも、あなたの名札が箱から引き出される最初の三本の中にあるとすれば、これは箱の中にある名札の数は少ないのではないかという疑いを支持するものと考えていい。

実際にくじに当たった人だけが、「自分が当たったのはどういうことだろう。単に運がいいということなのか、くじの主催者側にいる友人がそうなるよう手を加えたのか、箱の中にあったのはほんのわずかな名札だけだったのか」と詮策できる立場にある。とはいえ、このような問いかけは下らないことではない。そういう人々は、たとえば当たった人が当たる確率を考え、それを他の確率と混同することはない。主催者側にいる友人を疑うことは、「実際に当たった人が本当に当たる可能性はどれだけか」などというばかな問いに対するばかな反応ではすまない。箱にはわずかな名札だけがあったという疑問も、ばかげたものとは言えない。

以下は本当にあった話である。ある出版社が三〇〇ドル相当の本が当たる懸賞を企画した。懸賞に応募するために書かなければならないことがたくさんあったので、筆者はわざわざそんなことをする人は少ないとにらみ、書き込んで応募した。二週間後、その三〇〇ドル相当の本が届いた。筆者のにらんだことが正しかった証拠だ。

この種のにらみ方は、当たる前に懸賞について知らなかったとしても支持されていただろう。誰かが私に代わって懸賞の申し込みをしていたらどうだろう。話に影響はない。ただし、いずれ私が申し込みの結果がどうなったかが、当たったかどうかに関係なく知ることになることが保証されていればという条件がつく。もちろんこれは無視できないただし書きである。私が当たったということを知ることによって懸賞のことを初めて聞いたとしたら、誰かが筆者の代わりに申し込み用紙を手に入れたことを知っただけの場合よりも強力に「申し込みが少ない」説を支持することになる——しかしはずれた人も、いずれ自分の申し込みがどうなったかを知るのが確実だという条件があってはじめてそうなる。これは重要だ。当たった人しか懸賞が行なわれたことを知るようにはならないということであれば、自分の申し込みが当たったということを聞いてもそこから何かを推論することはできない。その場合には、それが当たらなかったという話を聞くことはありえないのだ。

ところが、私に当たったということを私が知っても、はずれた人が自分がはずれたことがわかっていなかったからといって、それで違いが生じるわけではない。当たった人が、はずれた人より前にわかったのか、後にわかったのか、同時にわかったのかにすべてがかかっていると考えるのは、確率論を呪術信仰に置き換えることである。

申し込みが誰か第三者のために行なわれたとしても、この一本の申し込みがどうなったかが私に知らされることが保証されている（最も単純な事例をとれば）かぎり、話は同じである。この領域で行なういかなる確率計算も、自分が実際に利益を受けるかどうかに依存すると呪術的に考えてはならないし、ましてや他の誰でもない私であるということに依存させてはならない。どんな懸賞でも誰かは当たると反論して「神の視点」をとるのは間違いである一方、私が私であること自体が何か関係していると考えることも、やはり間違いである。それが関係しているというのは、私が神ではないこと、つまり私の知識が限られていればこそである。神は、懸賞の応募がどれだけあったかを正確に知っているかもしれないが、私はそれを推測しようとしているのだ。私は自分の応募についてだけはわかるかもしれないし、結果がどうなるかは必ずわかるようになっていることも知っているかもしれない。しかしそれ以外にも、スーザンが自分のために応募し、当たったかどうかに関係なく、私がその結果を知ることは保証されているということを知っているとしよう。スーザンの応募が懸賞に当たったという事実は、私のくじが当たったとした場合と同様、「申し込みが少ない」説を強く支持することになる。

箱の中に何人分の名札があるのかがわかっていないとしても、くじに当たった人が出るたびに、当たったという単純な事実だけで、名札は少しだけだったのではないかという疑念の根拠を増大させる。はずれた人が出るたびに、応募が多数だったのではないかとにらむ根拠を増大させる。そこには逆説的なことはない。まず、はずれた人は箱の中に二枚以上の名札があったことを知っている。一等に当たった人にはわからないかもしれない。三〇〇ドル相当の本を手に入れたのは、くじで運がよかったことから利益を得たのだろうか。私はそうは思わない。私の勘では懸賞に応募したのは私だけだったのだ。

悪魔がいて、一〇〇〇通の応募があったことを知っているとしよう。彼は状況について「神の視点」をもっているので、私をあざ笑う。彼は当たった奴は誰でも私が考えるように考えるのだと思う。しかしそのことが示しているのは何だろう。ただその悪魔は不公平な議論のしかたが好きだというだけのことだ。私は悪魔の知識をもっているわけではないのだから、私の推理は下手な推理ではない。今の私がしなければならないのは、彼のもっている証拠ではなく、自分自身でもっている証拠に基づいて確率を推定することなのだ。間違うのが恐くて、これからは、私の名札だけが箱の中にあったのだと信じようとは思わないとしよう。すると、くじが繰り返されても、以前それがどうなったかという知識は私には何の影響も及ぼさないはずだ。二回目にもやはり私が当たったとしても、最初の場合とまったく同じ推理を用いるはずで、確率の推定には何の変化ももたらさない。同様に、続けて三〇回当たっても、箱には必ず何百枚もの応募用紙が入っているのを疑う根拠が増すわけではない。しかしもちろん悪魔の嘲笑を恐れるからといって、こんなにばかげた結論に達すること——経験から学ぼうとすることに奇妙にも逆らうようなこと——は認められるはずがない。

ベイズ的推論

ベイズの規則は数理的なものである。それは、証拠eがあるという前提で仮説hが正しい確率は、その仮説が実際に正しいとしたらそういう証拠が得られる可能性が高くなるか低くなるかに応じて高くなったり低くなったりすると言う。これは常識であり、広い範囲に適用できる。証拠は、自分がくじに当たったとか、矢がささったとか、犬にかまれたとか、目に入った車が赤だったとかでいいし、それ以外のどんな領域のものでもいい。仮説もどんな領域のものでもかまわない。くじの箱の中にはわずかな名札しかなかったというのでもいいし、たくさんあったというのでもいいし、矢は自分をねらったものだというのでもいいいし、偶然に射られたものだというものでもいいし、赤い車はたくさんあるというのでもいいし、少ししかないというものでもいい。

数式を使わなくても、きっとそれなりのところまで行けるだろう。二つのことを念頭におくだけのことだ。

(1) 我々は、ある理論が正しかったとしたら、我々が実際に行なってきたいろいろな観測結果がもたらされる可能性が高くなるときに、その理論を選ぶ傾向になるはずであること、および

(2) そうは言いながら、**ある理論が正しかったとしたら、そうした観測結果の可能性が上がるとしても、どこから見てもばかげている、あるいは、これまで集められた証拠すべてとひどく矛盾していて、それにほとんど信頼を置き続けるべきではないような理論があること**。たとえば、あなたには親切な魔法使いの

おばさんがついているとしたら、そのおばさんがあなたの銀行口座に一〇〇万ドル振り込んでくれたということはありうる話となるが、一〇〇万ドルが振り込まれているのを見ても、それは魔法使いのおばさんがついていると信じる理由としては不十分である。

常識的なところで、ここでは論点(1)と(2)だけを立てるだけでいいだろう。それでも論点(1)と論点(2)の間の相互作用を判断するために数理的手順を手にしておくことは有益かもしれない。いずれにせよ、ベイズの規則は、我々が必要としているものらしい。

ある場合、つまりくじの箱のようなものを考えている場合には、規則の有益さはしっかりと証明できる。非常に正しそうだと思える程度、少なくとも規則を適用することが、数学的には未熟な形で(1)や(2)に訴えるのと同じくらいには妥当なことであると言ってもいいくらいには正しそうだと思える程度にすぎない場合もある。

ベイズの規則は、最も単純に表したものでは、P(*h*, *e*)、P(*h*)、P(*e*, *h*)、P(*e*) という四つのことの間の関係を述べている。P(*h*, *e*) は、証拠*e*があったときに仮説*h*が正しい確率であり、P(*h*) は、仮説*h*が正しい「事前確率」、つまり証拠*e*を考慮に入れる前の段階で正しい確率であり、P(*e*, *h*) は、仮説*h*が実際に正しいとしたときに証拠*e*が得られる確率であり、P(*e*)は、どういう形ででも、つまり仮説*h*が正しかろうと間違っていようと、証拠*e*が得られる確率である。

ベイズの規則が言っているのは、P(*h*, *e*) は、P(*h*) にP(*e*, *h*) をかけ、さらにそれをP(*e*) で割ったものに等しいということである。これは要するに、先程筆者が言ったことである。証拠*e*があったときに、仮説*h*が正しい確率は、仮説が実際に正しいとしたらそういう証拠が得られる可能性が高くなったり低くなったりするのに応じて高くなったり低くなったりするということである。言い換えれば、「実際に見たものが見られる可能性が、しかじかの理論が正しかったとしたら高くなる——あるいは逆に低くなる——程度を考慮に入れよ」ということである。

本書は数学の論文ではないので、もう少し複雑な形の規則は書き出すだけにして、それが特定の事例にどうあてはまるかを考えよう。この複雑な形のものでは、

$$P(h, e) = [P(h)P(e, h)] \div [P(h)P(e, h) + P(\mathrm{not}\ h)P(e, \mathrm{not}\ h)]$$

となる。

それが意味することは、次のように解説することができる。私の名札も入っているくじの箱に一〇〇〇枚の名札が入っている確率が九八%あるとし、名札が一〇枚だけの確率が二%だとする。これらの「事前」確率は、名札を引く前の、二つの選択肢がどのくらいの可能性があるかについての、私の個人的な推定——十分な根拠に基づくかもしれないしそうでないかもしれない——である（もしかすると実際には一〇〇個の同じ箱に自分の名札が入れられるのを見ており、九九個の箱にはさらに九九九枚の名札が入れられるのを見たかもしれないなど）。次に私の名札が箱から引き出される最初の三枚の中に入っていたということがわかったとしたらどうなるだろう。ベイズの計算から、新しい推定が出て来る。その箱には一〇枚しか入っていなかった「事後」確率は、

$$[2\% \times 3/10] \div [(2\% \times 3/10) + (98\% \times 3/1000)]$$

となり、これはおよそ六七％ということになる。一〇〇に二つと推定された確率が、三分の二にまで増大したのだ。先には一〇〇〇枚の名札が入っているということに相当の自信をもっていたが、今度は一〇枚だけの可能性の方がずっと高い——したがってまだ引かれていない名札は少ししかない——と考えることになる。

似たような方向での計算をすれば、人類が間もなく終わる危険性は一般に過小評価されており、もしかするとひどい過小評価かもしれないということを示唆しうる。すべては自分の名札が箱から出てくるという例が、この世に生まれて来るという事例と十分に相似であるかどうかにかかっている。つまり、ベイズの規則を有益な指針とするほどに似ているかどうかということだ。箱に一〇〇〇枚の名札があったとしたら、最初の三枚の中に入っていたある名札は非常に例外的なほど早い段階で引かれたことになる。時空全体に何兆人もの人々が散らばるとしたら、二〇世紀の終わり頃の段階ですでに生まれている人間は非常に例外的なほど早い段階に生まれたことになる。どちらも似たような推理で進めることができるだろうか。

「終末論法」の計算

この領域では、ベイズの数理が絶対に必要だということではないことを思い出そう。実際、数理を働かせるためにもちこまれる類の単純化——たとえば、複雑な範囲の可能性が、どちらか一つを選ぶことを求められるわずか二つの選択肢に置き換えられるような、「二者択一」による近似の利用——をするくらいなら、ベイズ流のやり方よりも数理を使わない常識の方を選んでもおかしくはない。帰納の論理、つまり経験から学ぶときの論理についていくつかの基本的事実を考慮すれば、大きく前進することができる。この理論が正しければ自分が実際に経験するようなことの方が可能性が高くなるような理論の方を好む傾向がなければ、我々は決して経験から学ぶことはできないだろう。あなたが犬にかまれたとすれば、これを犬はよくかみつくものだと思う根拠が大きくなったと見るべきである。矢に当たれば、その矢は自分をねらって射たものだという理論を支持するものと考えるべきだろう。赤い車が角を曲がってやってくるのを見れば、それはかなりの車が赤いという仮説を強化する出来事だと見るべきだろう。火は痛みをもたらすという概念に新しく信頼性をもたせようという気がないために、赤ん坊が何度も火の方へ這って行くとすれば、その子はあまり頭がよくないということになる。そういう類である。

　これらはすべて常識である。常識をベイズの数理で飾りたてることはできるが、実際にそうする必要はない。数学者でなくてもこの領域を立派に把握することはできる。

　そうは言っても、終末論法を思わせるベイズの計算の実際をいろいろ見ることにしよう。議論によって我々の危険度の評価がどれだけ大きく変動しうるかということがいささかなりともわかる(人類が間もなく終わる危険性がn%であると言うことは、人類がすぐに終わるという理論が正しい確率はn%であると言うのと等価である)。

　思い切って単純化し、西暦二一五〇年までに人類が滅亡するような激変があるか、それとも何十万年もにわたって今の人口の水準かそれ以上で生き残るかという選択肢しかないとしよう。そしてさらに、この世は徹底的に非決定論的なわけではないとしよう(非決定論は、後で論じるような形で、あまりにことを複雑にしかねないからだ)。終末はすぐに来る可能性が高いと判断すべきだろうか。「終末は近い」ことの「事前確率」――つまり我々の時間の中での観測されている位置を考慮に入れる前に推定される確率――が非常に低いのでなければ、そう判断すべきである。ベイズの計算はこれを支持する。

たとえば、ある人が、私やあなたと同じ時刻に自分が生きていると見る可能性は、人類が種族として短命であれば一〇分の一であるのに対し、長命な場合は一、〇〇〇、〇〇〇分の一だとしよう。「終末が近い」危険性、つまり人類が西暦二一五〇年までに終わる確率が一％だけで、終末は何十万年か先である確率が九九％だとしよう（ここではこれら二つの選択肢しかないということにして問題を単純化しているので）。つまり、一％対九九％というのが、自分の時間の中での位置を考慮に入れる前の推定である。ベイズの規則を先と同様正確に用いれば、「終末が近い」危険性の推定を修正すると、

$$[1\% \times 1/10] \div [(1\% \times 1/10) + (99\% \times 1/1000)]$$

となり、これは五〇％をわずかに上回る程度となる。だから、「終末は近い」可能性はわずか一％と考えることから、その可能性は五分五分はあるという考え方に移ることになる。

人類は、西暦二一五〇年を無事に通過したとしたら、太陽系を超えて広がっていて、一、〇〇〇、〇〇〇分の一という数字は一、〇〇〇万分の一に変えなければならなくなると仮定したらどうなるだろう。すると「終末は近い」危険性の推定はぐっと上がって、ほとんど九九・九％になる。当然、これらの数字は参考例にすぎない。これらの数字は、終末論法が支障なく進むということを突然に受けいれるようになったら、合理的な推定に対してどれほど大きな「ベイズ変動」が加えられるかということを示すために出しているだけである。

西暦二一五〇年を「終末は近い」と「終末は先」とを分ける時期として選ぶことについてあれこれ言う

必要はほとんどないかもしれない。これから一世紀半が深刻な危険を抱えた時期であり、この期間の災厄を乗り切ることができれば、人類がさらに何万年も生き延びることになる可能性は大きくなるだろうし、銀河の植民を通じて膨大な規模に成長することになるだろう。ただ、カーターの数理的な議論の意義は、二一五〇年以外の時期を選んでも影響はわずかであり、人類が今、二つの競合する想定（「終末は近い」と「終末は先」）に基づいて生きている確率について、別のありそうな数字を用いても同様である。決め手になるところは、この論法がとにもかくにも成り立つとすれば、大きなベイズ変動があっても合理的でありうるということだ。

この点は、ある数理が近似のサイン、「少なくとも」のサイン、一個の数字ではなく、ある範囲の数字を表すあるサインなどで覆われるようになっても生きる。あなたの名札がくじの箱から「およそ一〇番めに」とか、「六番から一六番の間に」出てきたという報告が、まだ他に引かれていない「少なくとも一〇〇〇枚の名札」があるとか、「他に一〇〇〇から二〇〇〇の名札」があるという説に対してどれほど強力に作用するかということを考えてみよう（人間の永遠の時間の中での大きさを表す数字――最終的に生まれてくることになる人の数――のいずれにしても、ぴったりその通りということになる可能性はあまりないのはもちろんだ。そしてもちろん正確に正しい数字を推測することの難しさは、正しい「あてずっぽう」が巨大な数字でできているとしたら、途方もなく大きくなる。友だちのポケットに何個のコインがあるかを推測する方が、太陽の中に正確に何個の原子があるか正確な数字を得るよりも、当たる可能性は高い。しかし終末論法は正確な数字は求めない。近似や範囲の指定でその目的には見事に合う）。

「二者択一」的なやり方では、いろいろ考えられる未来、たとえば人類は二一五〇年に終わるとか、いや七二五七年だとか、九四一八三年だとか、長い間終わることはないが、人口は五四三二三年のレベルにまで下がって、そこで一定するといったことを考慮に入れることはできないという反論は、あまり真剣にしないようにしよう。というのも、このような反論のしかたには、ある効力はあるものの、有無を言わせないほどの利益はないからだ。大きな問題は、そういうところにあるのではなく、我々は人間の集団の歴史の中のある特定の時点に生まれるということを、ある人の名札がしかじかの特定の段階で箱から引き出されることと同じようなことだと扱えるかどうかということである。

この類推がうまく行くとしたらどうなるだろう。カーターも筆者も、これが絶望的なことを言っているとは思わない。終末論法が関係しているのは、人類がすぐに終わる可能性がどのくらいあるかを推定するときに生じるベイズ変動——あるいはベイズの数理がいやなら、ただの変動、つまり我々は自分の置かれている状況がとくに格別なものではなく、ごくありふれたものだと考えようとする傾きをもっているはずだという常識的な考察によってもたらされる変動でもいい——であることを思い出そう。一見して明白なのは、核戦争によって人類全体を滅ぼす危険性は少ないようで、そのような戦争があっても何世紀かたてば、人口の水準は以前なみに戻ると十分予測できるということである。一見すると明白なのは、高エネルギーの実験によって準安定のスカラー場が取り返しのつかないほどに乱れる危険性も非常に小さいだろうということだ。宇宙線の衝突は人間がすぐに開発できる技術によって達することができるよりずっと高いエネルギーに達しているのだ。カーターの論法は、こうした危険性は、人類の生存に対する脅威としては一見したときの見かけよりも何倍も大きいと評価しなおすべきであり、その上で、もっと注意してその埋め合わせをしようとすべきだということを示唆しうる。たとえば極度に高いエネルギーに達するような試みは禁止していいのかもしれない。ただ、そうした危険性がベイズ変動の後でも相変わらず小さいということがわかれば、そういう危険性は放念してもいいことになる——人類の経歴がすぐ終わる可能性よりも、我々が人類の中で例外的なほど前の方にいる可能性の方がはるかに高く見えるということだ。

大事なのは、カーター＝レスリーの議論は、それだけでは危険度の推定をもたらさないということだ。それは、他のどういう手段で達する危険度評価にしても、ベイズ変動はそれを増幅するということを擁護している。それはこれまでに生まれている人間の数が、今の時点でのその数字よりもずっと大きくなる前に終わる可能性があるだろうという机上の証明ではない（H・B・ニールセンが、カーターの論法あるいはその類のものを紹介したとき(9)にこの点を適切に理解しているかどうか、よくわからない。理解していなかったとしても、彼が紹介したことはすべてその類のことである。ただ、いずれにせよ「終末論法」という呼称は彼のものである）。哲学者の神の存在についての存在論的な議論は、純粋理性から現実の事実に到達しようとしているかもしれないが、カーターの議論はそうではない。ベイズ変動は、増幅されるべきあることがすでにあってはじめて危険度の推定を増幅しうるのである。

そこで、たとえばフロンのオゾン層への影響を深刻に見て、人類はフロンをすすんで禁止するかどうかを問わなければならない。科学者が破滅的な災厄を回避できるほど賢明であるとか、種は破滅することなく人口爆発を経験することが非常に多いとか、非常に多くの人々が、何とか不慮ではない死を迎えているとかの事実を検討しなければならない。様々な危険度が最初は非常に小さいと推定されていれば、それを一〇〇〇倍大きいように見せるベイズ変動があっても、やはり小さいと見えるかもしれない。しかし大きくなるように見えるとすれば、フロンの全面禁止のような厳格な手段をとることによって、ベイズ的計算に入れるデータが変わるようにすることもできるだろう。

要するに、カーター＝レスリーの論法は、我々が何をしよう我々は滅びると言っているという意味での終末論ではない。『ブレティン・オヴ・アトミック・サイエンティスト』誌の「終末時計」は、たとえば核軍備競争が終わったようだといった何らかの好ましい展開が生じれば、針が午前〇時まで間がある方向に戻される。また、時間が進むにつれて時計の針――「針が午前〇時に近い」ということは「人類が間もなく滅亡する可能性がきわめて高い」ということを意味する――を午前〇時まで間があるように戻す根拠も実際にあるかもしれない。何年にもわたる危険な状況を生き延びたという事実だけでも、その危険が実はかなり小さかったということを示すのかもしれない。カーターは、人類が二一世紀において直面する危険を生き延び、銀河全体に広がるようになればなるほど、より自信を深める根拠をもつことになるということを否定してはいない。

カーターの推論を最初に紹介したときにしたように、古代ローマ人が終末論法を用いていたとしたら、間違って人間の数はすぐにゼロにまで減るという結論に導かれたかもしれないと反論するのは間違いである。(1)第一の答えは、「だからどうだというのか」。非常に確率の低い状況にいる人――あるいは時間の中で非常に早い時期にいるとか、あるいは目をつぶって一二個のさいころを投げて、目を開けると全部六が出ているなどということはないだろうと予測する(しかし残念ながら、実は一二個の六が出ている)ような――が、間違った結論、誤った結論、実際の状況について誤解した人の結論に達するとしても、それはただの確率論的な議論においては弱点にはならない。不当で、ばかげていて、貧弱な推論の結果でなくても、誤解を招き、偽となる結論はありうる。(2)第二の答えは、どのローマ人も、人類がすぐに終わると考えてもよかったというものである。人類が二一五〇年までに終わるとすれば、それはローマ時代から見てもかなり早い時期ということになる。終末論法は、人類が明日終わる可能性が高いと言ったりする必要はない。(3)第三の答えは、いかなる巨大な人口爆発もローマ時代には起きていなかったあるいは簡単に予見することはできなかったというものである。(4)第四の答えは、ローマ人は誰も、人類の差し迫った滅亡の「事前確率」として非常にわずかなもの以上のものを与える十分な根拠をもっていなかったというものである。とすると、環境汚染、核爆弾、航空機のおかげで数日のうちに世界中に広がる病気などを考えると、我々の場合は別なのかどうかというのは、興味ある問題である。

宇宙全体では、知的種族が、巨大な人口爆発が事実上避けられなくするような形で科学法則を習得し、一方ではそうした爆発そのもの、あるいは科学の他の側面に由来する危険に対する適切な警戒をすることはめったにないということはないのだろうか。知的生命については、大半が、自分たちはすぐに滅び去るような急速に拡張する種族であると見ることにならないのだろうか。あるいはそうかもしれない。しかし必ずおぼえておかなければならないのは、終末論法は、「終末は近い」可能性が高いと教えてくれなくても重要でありうるということだ。今日においても、それを考えたローマ人にとっても、まさに「終末は近い」可能性が、そうでないとしたときに推定していたよりも高かったと言うことを通して、重大になるかもしれないということである。

この論法への反論

二〇秒あれば、カーター＝レスリーのアプローチをつぶすような反論ができると信じる人は多い。以下にそのいくつかを、四つのグループにまとめて示す。第四群の反論は、世界が非決定論的であるかもしれないという事実に注目しており、当然重大であり、6章でも論じることにする。

第Ⅰ群

これらの反論は、ベイズ的な処理のしかた、あるいはその類のものが、言われている結論を正当化しうるかどうかという一般的な疑念を表している。

(Ia)　誰もが多くの点でふつうとは異なる。したがって、我々の立場をあたりまえのものとする論理を進めるのは間違っている。

筆者の答えはこうなる。そのとおり、誰しも多くの点でふつうではない。しかしそのことは、正しいとしたら我々がごくあたりまえの存在になるような、きわめて真実味のある理論が存在するときには、自分がふつうとはまったく異なっていると見る十分な根拠にはならない。オゾン破壊などの危険を見よう。人類の終わりが迫っているというのは真実味がありそうに見える。

今の段階で思うことだが、筆者が『フィロソフィカル・クォータリー』誌において、カーターの論法は「すぐに帰納されるものではない」(10)としたのは間違っていた。個々の帰納――実際の経験からうまく組み立てられる議論――は、いずれ様々な仮説のもっともらしさやあてにならなさを考慮に入れなければならず、ベイズの規則はそれをどうすればいいかを示してくれる場合が多い。この目的のために、あなたと私は、後のいろいろな時代にはこれほど多くの人間がいないからということで、自分たちがこれほど早い時期にいることを見ることになると予測してもよかったという仮説は、他の仮説のどれともよく似ている。帰納的な推論がどこから見てもすぐに出てくるということは、めったにない。ベイズ的な推論を行なう人は、もちろん、まったくありそうもない理論にはほとんど関心をもっていない。守護霊説、鉄の釘は磁石と恋をしているという説、人類はこれから三五秒以内に終わるという説、水道水への弗《ふっ》化物添加のせいで来世紀の間に終わるという説などである。確かに、いくらでもあるそれらの説は、それが正しいとすれば、我々が実際にしたことが見られる可能性を大きく高めることになるだろう。しかしそれらがばかげているとなると、それらが正しいことの「事前確率」は非常に低くなり、それが正しい可能性は、それらが「我々が実際に見ることをうまく予測したこと」がベイズ流に考慮されたあとでも、きわめて低いままである（おまけに、それが多くなればなるほど、その個々の魅力は減るはずだ。論理の問題として、競合する――一つが正しければ他のものは間違っている――理論、どれもが正しい可能性が無視できないほどある理論はいくらでもあるということはありえない）。

終末論法が、あなたが例外的に早い時期の人間である可能性を考えるとき、それはもちろん、あなたがこれまでに存在してきたすべての人類の中では後の方の、あたりまえの存在であるということを否定するものではない。この論法が利用する材料は、これまでに生まれてきた人類の一〇%くらいは今もなお生きているから、あなたがこれまでの人間の集団の歴史の中でごくあたりまえの位置にいる一方で、人類がさらに何千年、何万年と今の規模で生き残るとすれば、さらには銀河全体に広がるとすれば、あなたの平凡さは続かない――時間的な幅全体で見た人類の歴史の内部では平凡にはならない――ということである。

しかし、我々が人類の時間的な幅全体の中で例外的に初めの方にいるとしたら、それがどうして受けいれがたいほどおかしいのだろうか。これに答えるには、カーターとレスリーはその議論の出発点として、それが何が何でも受けいれがたいほど奇妙になると言っているのではないし、また議論の結論においてさえそういうことを言う必要はないという点を力説しておく必要がある（今回が初めてでもないし、これからも念を押すことになる）。終末論法を考える前に、「終末は近い」確率が非常に低いと考えるとすれば――人口が拡大しているという事実だけでも人類はなかなか死なないものだという確信をもたせるかもしれない――ベイズの操作を加えた後でも、それがやはり低いと思い続けることもあるかもしれない。ただ、たとえば我々の時間の中での位置のようなことを、「ただの偶然」として退けるのではなく、説明を要することではないかと強く思う理由の一つは、非常にもっともらしい説明が思い浮かぶということである。「終末は近い」という事態は、実は非常にありそうなことなのかもしれない。我々は実際、商人の親指原理と呼ばれるものを指針にしなければならない(11)。配られたトランプの札について、偶然とは別の何かによって説明しなければならないのはどういうときだろう。いかさまがたやすくできるとき、今配られた特定の札が確実に親の利益になるとき、親が大きく利益を上げなければならないときなどには、それが必要である可能性が非常に高い。最初はくずに見え、とくに説明を要しないポーカーの手が、一〇〇万ドルがかかっているとか、ポーカーの手には無数の組み合わせがあるとか、実際にプレーされているそのゲームにあっては、親が自分に配ったその一見無価値な札の組み合わせが強力な手であるといったことがわかると、説明を要すると考えられるようになる。同じことだが、まさにあなたがアーチの下をくぐっているときにそのアーチが崩壊した理由を説明しなければならない――「ただの偶然」ということにしないで――のはどういうときだろう。もしかすると、恋敵が近くの薮にひそんでいるのを見ているときかもしれない。商人が絹のドレスを見せているときの親指の位置が「特定の」ところになっているのはなぜだろう。親指はどこかに置かなければならないが、商人の親指は絹にあいた穴を隠していて、それで売りつけようとしているのではないか。

究極的には、我々は時間の中のどこかに存在しなければならず、誰かが最初に生まれるのだと肩をすくめて言うだけではすまない理由を説明するのは、商人の親指の原理――ベイズの規則に仕立てることもできるが、いずれにせよ我々の頭脳の中に、それが「ただの常識」に見えるような形でプログラムされている原則――である。もちろん、結局は人類がすぐに滅亡すると心配する必要はほとんどないかもしれない。

我々はたまたま人類の時空の広がりの中で、目立って早い方にいると結論するのがいちばん妥当だということかもしれない。しかしカーターの論法は、「終末は近い」というのを、放っておけば考えられていたのよりも可能性が高いと考えざるをえなくするに違いない。どれほど様々な非常にありそうな理論が、我々が経験したことをなぜ経験したのかについて光を当てることができるかということに注意を向けないと、経験から教えられることは何もないことになる。

「過去、現在、未来、すべての人類が入っている架空の箱からこれほど早く出て来ることがどれほど特殊なことなのか。早いということがどういう特殊なことになりうるのか。最初の一〇人の中に入っていることは、七六万七四二一番から七六万七四三〇番の間に入っているのと、特殊という点では同じだ」と反論されるかもしれない。この類の反論に対する答えは、あなたの名前が最初に箱から出て来る一〇本の中にあるということは、あなたがある成り立ちそうな理論、たとえば箱の中には一〇〇万枚の名札ではなく、一五枚あるいは一〇〇枚ほどの名札しかなく、最初の一〇枚の中に入ることがおおいに期待できるようになったり、少なくとも非常に可能性が低いわけではないようになる理論をもっている場合には「特殊」になりうるというものだ。

(Ib) **くじの箱のたとえは不適切だ。神が次々と箱から魂を引っぱり出し、人間の体に入れることによって我々の生まれる時期が決まるわけではない。**

この反論には欠陥があるようだ。箱のたとえは、多くの統計的な計算にあてはまる。たとえば、(1)ジムとマイクは、同じ町へ同じ頻度で車に乗って行く。ジムは事故を二〇回起こしたことがあるが、マイクは一度もない。二人とも車の運転のうまさは同じだろうか。箱に二つの球が入っていて、一方には「ジム」、他方には「マイク」と記してあるとする。球は繰り返し引き出される。いずれの場合も引き出された球は箱に戻され、あらためて箱が振られる。その都度「ジム」と書かれた球が引き出されるというのはよくあることだろうか。(2)小さな島を歩きまわっているときに矢で射られたとする。これは不運なことなのか、それとも矢は自分をねらって射られたのか。運だけの問題だとすれば、島を一フィート四方の格子に区切って、その区画を記した紙片を箱に入れ、そのうちの一枚だけにあなたの名前を書き込んでおくといったことになるだろう(おおざっぱな近似として)。

箱のたとえは終末論法においてどう用いられるのだろう。記憶喪失になって、自分がロンドンとリトルパドルのどちらにいる可能性が高いかを言おうとしているという状態をもう一度考えよう。手がかりは人口しかない。事態を単純化するために、すべての人類は、リトルパドルかロンドンかのいずれかにいなければならず、また、すべての人類の観測は西暦二一五〇年が始まる瞬間の前か後に生じなければならないとしよう。また、人口はそれぞれ五〇人と一〇〇〇万人だということもわかっている。この状況を表す適切なモデルは、「リトルパドル」と書いた五〇個の球と「ロンドン」と書いた一〇〇〇万個の球が入った箱である。しかしこの場合、自分がいるところとしてありうるのは、人口五〇人のちゃんと実在しているリトルパドルか、もしかすると架空のものかもしれない人口一〇〇〇万人のロンドンかのいずれかしかないとするとどうなるだろう。ロンドンが実在かどうかはまったくわからないとする。これは、興味深いことに、西暦二一五〇年の前に人類がいたことがわかっていて、それ以後にいるかどうかはまったくわからないということとよく似ているというのが、カーターと筆者の説である。あなたの置かれた状況は、たとえば、入っていることがわかっている「リトルパドル」と書いた五〇個の球に加えて、一〇〇〇万個の「ロンドン」と書いた球が入っている確率が六三%あると見られる箱をもっている人の状況になぞらえられる。その上で、自分がリトルパドルにいるということがわかったら、今の状況であなたが「リトルパドル」と書いた球を引き出したかのように反応することになる。つまり「ロンドン」と書いた球は架空のものだと思う根拠が得られたということである。ロンドンは実在ではないと考える強力な論拠ができたわけだ。

(Ic) きちんとした「事前確率」は得られないから、ベイズの計算に放り込むべきものがない。

この反論は、使える「事前確率」とは、厳密に事実に対応していることがわかっている確率だけということであれば強力かもしれない。一〇〇の箱に名札が入れられるのを見ているとしよう。したがって、自分の名札がそれぞれの箱に入っていて、そのうち二つには他に名札は九枚だけであり、それ以外の九八個では他に九九九枚の名札があるということを知っているとする。箱は見た目にはまったく同じで、こちらが後ろを向いている間に並べかえられるものとする。こうしておいて箱の一つから一枚引く。それが自分の名札であることを知る前の段階では、それが一〇〇〇枚の名札が入っている確率は九八%だということははっきりしていると言ってもいいだろう。しかしこの種の知識がなかったとしたらどうだろう。二つの箱に名札が入れられ、一方には自分の札の他に九枚、もう一つの方には自分の名札と他に九九九枚が入るのを見ていて、単に左側の箱の方に名札がたくさんあるに決まっていると思っているだけ――そうだったと思うが確実ではない――だとしたらどうなるだろう。自信のほどを聞かれて九八%だと言うはめになったかもしれない。それから箱から一枚引いて、それが自分の名札だったとする。「九八%だということがわかっている」のではなく「九八%の自信がある」という状態で始めると、どういう違いが生じるのだろう。

何の違いもないと答える人もいるだろう。ベイズの規則は、二つの場合いずれにもまったく同様に適用されるというわけだ。しかしそれが正しいかどうかについてあれこれ言うことはしないことにして、ただ二つの場合にはとてつもなく大きな違いはないということに着目しよう。第二の場合も第一の場合と同様、箱からいの一番に出てきたのが自分の名札であるということが、その箱に一〇〇〇枚の名札があったという自信を大きく減じることになるのだ。

確かに「終末は近い」か「終末は先」か二つの筋書きの確率を評価し、それらの筋書きにからむ可能性の高い人口の大きさを評価するときには、推測に頼ることが多い。それでも、我々が行なうような推測には見るべき理由がないとか、実際の行動を推測の上に立てる理由はないといったことは全然正しくない。人間の歴史がこの一五〇年で終わりを迎える可能性がわずか〇・〇〇〇〇〇〇〇〇〇〇〇〇〇〇〇〇〇〇〇〇〇〇〇一%だと推測したらどうなるだろう。それが間違っていると言う確固たる知識があるとは言えないだろう。しかしあまりにも楽天的で、我々が直面している危険について無責任なほど能天気だと言うことはできるのではないか。どこかおかしいのでなければ、カーターの論法を考える前からでも、「終末は近い」可能性は五%くらいはあると言ってもいいのではないか。そしてそうだとすれば、その五%という数字をベイズの計算に入れることがどうして否定されなければならないのだろう。

ベイズの計算がここで適切に使えるのは当然だと言いたいのではない。後で世界についてありうる非決定論に基づいた、その適切さを疑ういくつかの理由を見る。しかしどこから見ても簡明に見えることは、五%という数字は「推測」されるものであって「わかって」いるものではないという厳然たる事実は、そこにいかなる計算も入れられないとする理由としては非常に弱いということである。一つには、推測による確率とわかっている確率との区別そのものが非常に不分明であるということがある。

どれだけの人間がこれから先に生まれるかを推定しようとするとき、様々な範囲の数字（たとえば「三〇〇〇億人プラスマイナス五〇〇億人」のような）の確率を表す数字は、おおざっぱなものでもなかなか引き出せない。それらは多くの推測の助けを借りて得られる。しかしそれらは何もないところから――それらが「アプリオリ」、すなわち実際の証拠を見る手間をまったくかけないで到達したものという意味で「事前」であるかのように引き出されているわけではない。多くのそれなりに思慮のある人々が、人類が、たとえば今呼吸している空気の汚染がひどくなるとか、細菌戦争がありうるとかの理由で間もなく終わりを迎える可能性は少なくとも五％はあるという見方には、カーターの論法がなくても、相当の証拠があると思っている。また筆者は、相当な魅力的な根拠で、人類がこの数世紀を生き延びれば銀河に植民することになると予想している人々も知っている。そのことは、彼らが人類をそれだけの間生き延びることを確実にする努力――「終末が近い」危険が非常に低ければ不要に見える努力――を行なおうとする理由の一つである。

オゾン層が薄くなるといったことに悩まない政治家は、人類がそうたいした困難もなく生き延びるだろうという推測を自信をもって行なっているらしい。彼らのような人々だけに推測を任せないようにしよう。

（Id）**規準となる集合の選び方が間違っている。人間の観測者だけでなく、意識をもったあるいは知性をもったすべての生物の集合とすべきだ。**

これには、人類の生存についての予測のためには、どんな箱であれ、そこにある明らかに関心の対象になる名札は人類のものだけであると答えよう。それ以外のものは無視してもいいと思われる。そうだとすれば、我々は翼手竜や賢い象や火星人のことは考える必要はない（この点については後に戻ってくる）。

第II群

以下の反論は、あなたと私が、これから先どうなるかとは関係なく、今存在することを確実にすることができるという事実に関するものである。

(IIa) **遠い未来が我々を殺すことはできない。それは自明の真理だ。**

残念ながら(と言うのは終末論法がうまく行かないとなれば一安心ということになるからだ)、この真理がカーター＝レスリーの立場を危うくできるとすれば、それはばかげたことに、現存する未来の事象についての証拠が、それら将来の事象によって引き起こされる証拠であるとした場合だけである。それは、あなたのいる村に襲いかかってくる雪崩を見て、これが差し迫った災害の証拠となりうるとすれば、当の災害の方がどういうわけか雪崩を起こしたのだとした場合だけだと論じているようなものである。

同様の反論が行なわれる。「人類全体の運命が、どうしてちっぽけな私や私の時間の中での位置に左右されることがありうるだろう」。また「雪崩によってもたらされた災厄が、どうしてちっぽけな私や私の時間の中の位置に左右されることがありうるだろう」と反論してもいいかもしれない。カーターとレスリーは、自分たちの時間的な位置づけから引き出す結論においてはもしかすると間違っているかもしれないが、それでも少なくとも運命が、カーターとレスリーの後に生きる人類がたくさんいて、二人を例外的なほど早い存在になるということにはしないだけのために、西暦二一五〇年の直後に人類を襲うのではないということは把握している。オゾン層破壊や生物戦争研究や宇宙からの強力な岩石の衝突などによって提供されるメカニズムの他に、人類を脅かす「終末論法のメカニズム」があるわけではない。終末論法は、単純にそれらのメカニズムと関係する危険度を、観測される時間の中での我々の位置に基づいて再評価するものである。観測は、しかじかの未来の激変の潜在的な原因となくても、その激変を示唆することはありうる。時計の針の進行は、核爆弾の爆発の引き金を引く過程ではなく、それが今にも爆発することの指標にすぎないということであっていい。

それでも、カーターとレスリーのすぐ後に多くの人を生んだ人類が、その環境を破滅的に汚染するといったことも念頭におかなければならない。人口の成長は、我々の時間的な位置が実にありふれているかどうかにも影響するものであり、かつこれからの何世紀かに災厄の有力な原因として我々の推測に入ってくることはありうる。人類がこれまであった多くの人口増加を生き延びてきたという事実も、新しい地球を汚染するような状況にあっては自信を与えてはくれない。我々はだんだん、ねずみ講の新規入会者のようになっていく。それぞれの人が子会員を増やし、上位の会員に知らせ、それ以上広がらないところまで行く。そこでそれはおしまいになる。新しい代の子会員が前の代の三倍の人数になるとしよう。私が入会の誘いを受けたとき、自分はどのへんにいる可能性が高いだろう。最後の代には、それまでの代の人をすべて合わせた人数よりも多くの人がいるのだから、最後の代にいる可能性が高い。私が入会の誘いを受けたということが破綻を引き起こすわけではない。ただそれが破綻する可能性が高いということの指標として使えるということだけだ。しかしそれまでの急速な広がりは指標でありかつ原因でありうるだろう。

(IIb) **我々は時間の中を空間と同じには動きまわれないので、時間的な位置は空間的な位置と同じようには扱えない。だからロンドンとリトルパドルの例はうまく行かない。**

この反論に対する第一の答えは、我々が空間を動きまわる能力にしても、厳しい制約を受けているというものである。たとえば、生きている間に行こうと思えば、光より速く移動しなければならないほど遠い領域には、行くことはできない。確かにこのような領域——たとえば領域1と領域2と呼べる領域に、「人間原理的」推論を適用することができる。もちろん、領域1か領域2にいるそれぞれの観測者について、我々自身がいる領域には何万何億の観測者がいるとすれば、この事実しか手がかりのない観測者は、自分が他の人の領域のいずれかではなく、我々のいる領域にいると予測すべきだと言うことができる。

第二の答えは、いかに空間では自由に動きまわれるとはいえ、自分が生まれる場所を選べた人はいないというものである。ただこれは自分自身が生まれる場所について、たとえばそれがロンドンになるかリトルパドルになるかについて、確率を伴う推論を行なうことを妨げるものではない。同様に、自分が生まれる時代を選ぶことは誰にもできないが、それで同様の推論が妨げられるわけではない。自分の生年月日を忘れたとして、七月四日生まれである可能性は高いだろうか。一見して、率は低い。

あなたの誕生日が八月一九日だったとしよう。他の日に生まれた人はあなたではありえないからということで、誕生日について確率論的な論法が適用されないと主張することのおかしさは念頭に置くべきだ。

(IIc) 今カーターの論法を論じている人が、自分が何千年先ではなく今生きていると見るというのは自明のことだ。自明のことから自明ではないことが出て来ることはない。遠い未来の人々はまだ生きていない以上、我々がその中にいなくてもあたりまえのことだ。いかなる人々の集団についても、その成員が今存在しているのでなければ、我々をそのサンプルとすることはできない。我々の計算には、抽出の後に起こることは無関係だとしておくべきである。したがって終末論法は、終末がまだ起きていないということを証明することができるだけだ。

筆者の答えは、カーターはこのような、独身の男には妻がいないとか、今生きている人々は自分が今生きているということがわかるというような自明の真理から情報を搾り出そうとしているわけではないし、将来の世代の人々はまだどこにもいないということを否定しているわけではないというものである。カーターの計算が用いているのは、我々が今がどこか、つまり二〇世紀の終わり頃ということの自覚であり、その時期にいる人々の人口が、人類がずっと長く生きのびられるとしたら、ありそうなこととして予想できる後の時代の人口と比べてどの程度の大きさに見えるかということの自覚である。

二〇世紀の終わり頃というのは今だから、その前でもなく後でもない時代にいる可能性はないという反論は、カーターの論点をとらえそこねている。彼は二〇世紀の終わり頃が今であるということについては争わない。彼が問うているのは、たとえば、(1)「オゾン層破壊により二一世紀にこの世は終わる」、(2)「終末は西暦五〇万年あるいはそれ以後まで延びる」といった、競合する想定に照らした場合、人類は、今は二〇世紀の終わり頃であるという時期に自分がいると見ることは、どれほど可能性のあることなのかということである。この問題に対する答えは、人類がそれらの競合する想定に基づくと時間の中にどのように分布しているかに左右される——争点は、ある人が大都市ではなく小さな村で生まれる可能性がどの程度あったかというのとよく似ている。カーターがこの問いを立てるにあたっては、赤ん坊がまず天国に生まれ、それから人類がたくさんいる時代に到着する可能性が高いタイムマシンに乗って地上の誕生日まで移動するというようなことを想像しなくてもいい。

同様にカーターは、魂が人間の体に入ることを希望していて、ときどき好運、つまりゼロでない結果を得るのであり、その成功率は、どれだけの人体が、過去でも未来でもなく「今、使用可能か」ということを反映するのだと想像する必要はない。人々が、自分は今存在しているかどうかを問うて「ノー」という答えを得る可能性はないという事実は、すべての人類が自分を人類の時間的な分布の偏りの大きいサンプル、意味のあることは何も示しえないサンプルだと考えるべきだということにはならない。それが示しているのは、しかじかの時期に存在している人々が、他の時期に存在していると判断することが正しいことはありえないということだけである。世界が、これまで生まれた人の大多数が西暦二〇〇〇年に生きているというような世界になるべく運命づけられているとすれば、自分が西暦二〇〇〇年にいるということがわかるということは、まさにそのような世界になっていること――「単に今である西暦二〇〇〇年の誰かとして、一〇〇%自分を見いだすように偏りができているだけ」なのではなく――を示す助けになる(注記――あなたが西暦二〇〇〇年の人間として存在すれば、あなた自身が人類の時間分布のサンプルになる。あなたがまずその時期に生まれ、それから分布をサンプルをとろうとしても、そのサンプルとしてとろうとした人物がまだ生まれていなかったりもう生きていなかったりで失敗に終わり、「該当なし」となる可能性が高いなどということにはならない)。

人類が終わるとき、少なくとも何人かの人は当然二〇世紀の終わり頃に存在していることになるという反論も論点をそらしている。カーターは、「ある」人が自分がその頃にいると見る可能性がどのくらいあるかを問うにあたって、少なくとも一人の人間がそのような位置を占める可能性がどのくらいあるかを問うているのではない。ラテン語を知っている人がギリシア語も知っている可能性がどのくらいあるかを問うときに、ただとにかく誰でもいいから両方知っているかどうかを考えているわけではない。

たしかに、我々は、どれほどの人がこれから存在することになるかについてもっている理論がどうあれ、二〇世紀の終わり近くに生きているということは確信することができる。しかし、これが何を証明するだろう。二つの理論と論理的に整合する観測が、それでもあちらではなくこちらを支持することがある。あるコインを投げて一〇〇〇回連続で表が出たとしよう。この結果は、論理的にはコインに偏りがないということと矛盾はしないが、そのコインは両面とも表になっているという理論の方が確からしくなるのではないか（次のように論じる批判を考えよう。「二つのリストがあって、一方は――「終末は近い」リストと呼ぼう――には二三人の名だけが載っていて、もう一つ――「終末はまだ先」リストとしよう――には、膨大な数の名が載っている。双方のリストの先頭の二〇人の名は同じである。一方のリストをとって上から読み始めて二〇人の名を読み上げる。その中に私の名が入っていたとしたらどうだろう。その段階でも、まだ読まれたリストがどちらなのかはわからないだろう。だから、終末論法は成り立たない」。これは次のように言うのと同じくらい奇妙なことである。「二つのリストを考えよう。一方には両方とも表のコインを二〇回以上投げた結果が書かれていて、もう一つには偏りのないコインを投げて、最初の二〇回の結果が書かれているとする。リストを見て、先頭から始めて、二〇回読むとする。どちらのリストを読んだかはわからないが、すべて表になっている。したがって、一個のコインを投げて表が二〇回出ても、そのコインが両方とも表だから必ず将来も表が出るということを示すことにはならない」。カーターは、あなたの名前がリストの最初の二〇人の中に入っていたとすれば、それはリストがその後ずっと続くかどうかとは関係なしに最初の二〇にあるということになるということは否定しない。また、他の人の名前がそこからもれているのに、自分の名前がリストにあるということからして驚くべきことかもしれないということも否定しない。ただ、彼が注目したのは、最終的に生まれることになる人全員の名が載っているリストがあったとすれば、明らかに、あなたは自分の名前が並はずれて最初の方に出てくるとは予想しないだろうということだ。それでも批判する側は、その人の名前が似たような位置に現れるということが、とくに可能性が低いわけではないと想定することを求めている。カーターは、その話に出てくる二つのリストのどちらをとるかという選択を、さいころを使って行なわれるもので、長い方のリスト――自分の名前が並外れて先頭の方にあるようなリスト――は、さいころがある可能性の低い目の出方をしたときにだけ選ばれると考えているのだろうか。そうではない。もしかするとそんなことを考えておらず、二つのリストを箱に入れて、出てきて読み上げられる可能性はどちらも同じになることを保証するという形で扱っている。もちろんそうでなければどちらのリストが読まれるかということについて読めたことになる）。

我々は二〇世紀の終わり頃に生きているのだからそれ以後の時代に生きていると思うわけがないというのは、カーターに対する反論には全然ならない。また、人類がどれくらい生き延びるかについての理論をもっていようと、我々が二〇世紀の終わり頃に存在するということはそのとおりの現実で、それについては確信すべきだというのも反論にはならない。ベイズの規則は、人が様々な、ある特定の証拠を考慮した場合、確率についての推定を変えることを促す。赤い車が視野に入ってくると、この規則はすべての車のうち〇・〇一％が赤いという理論に比べて、一〇％が赤いという理論の方により信頼をおくことを促す。あなたが自分は赤い車を見ていることを知っていて、あなたは、この世にある他の車がすべて青だと考えるとしても、今見ているのが赤だということは確かだと思っており、したがってこの特定の車は車のうちの一〇％が赤だという理論を補強するものではないと論じたとしよう。そうだとすれば、あなたは勘違いしていることになる。そういうおかしな考え方をするような人にとって、経験はほとんど何も教えてくれないことになる。ベイズの規則を適用すれば、あなたは確かに「すべての車のうち一〇％が赤であるとして、ある車が赤である可能性」について語っていいのではないか。これは曖昧かもしれないが、意図されていることは、すべての車のうち一〇％が赤であるとして、ある車が赤であることが判明する可能性である——自分が見ているからということですでにわかっている、実際に赤であると判明した車が実際に赤である可能性（これは一、つまり一〇〇％である）ではない。さて、同様の論点は、(a)人類がたとえば西暦二一五〇年までしか続かないという仮定の下でと、(b)今後一〇万年生きて、銀河に植民するという仮定の下でとで、自分が人類の存在する全時間帯の中のどこに自分がいると思う可能性が高いかを問うときにもあてはまる。「私が二〇世紀の終わり頃に存在するということははっきりわかっている。人類がそこまで安全にたどりついたことはわかっているのは、私が後の時代ではなくこの時期にいるからだが、未来の時期についてはわからない。したがって、私がまさに二〇世紀の終わり頃に存在しているということは、まったく驚くことではありえない」と言うのはばかげていることになる。カーターが、二〇世紀の終わり頃に存在するということは、人類がこれから何万年、何十万年生きるとすれば、実に驚くほど早い時期に生きていることになると唱えるとき、彼は自分が二〇世紀の末頃いて、自分の証拠を集めていることを一瞬たりとも疑ってはいない。ただ人類の人口の歴史において自分がどこにいると予想できるかを問うているのだ。

いろんなことを言っている誰もがまさに今生きていなければならない――もしかすると必要な先祖さえまだ生まれていないからということで生まれていない人でもなければ、もう何百年も前に死んでしまったからということでやはり生きていないのでもなく――という事実に目を奪われてしまうと、時間における我々の位置について人間原理を適用することはできなくなる。フェルミの、我々は、無数の知的な種族をもとうとしている宇宙での、非常に早い時期での知的な種族の成員である可能性は低いだろうという議論にも力はなくなる。そのような議論は、実際に人がそういう種の第一のものであれば他のものはまだ存在していないことになるからということで、すぐに成り立たなくなるだろう。しかしもちろんこれはフェルミの論点を崩すほどのものではない。我々は、ここで、つまり我々がいるところで、あれこれのことを論じている人々は、実際に他でもないまさにここにいなければならないことを根拠にすれば、やはり人間原理を我々の空間における位置について適用することも拒んでいいことになる。

この関連で、二つの論点を考える必要がある。

(1) **昔からはっきりしている**という反論。難点は、人々が、「昔からはっきりしている問題」と呼ばれるものに目を奪われてしまうことが多すぎるということだ。たとえば、自分がリトルパドルに住んでいることをずっと前から知っていたとしても、その事実を何かの理論——たとえばロンドンは架空の都市だという理論——を支持するためには使えないということが考えられる。それでもそんなことを考えるのは奇妙なことではないだろうか(「ニュートンさん、りんごが落ちることから新しい物理を引き出すなんておかしいじゃないですか。あなただってりんごが落ちることは昔から知っていたでしょう」)。ディッケがディラックに対して行なった反論のことを考えよう。ディッケは、どれほど後の時代になっても観測者はほんのわずかしかおらず、それがディラックの理論は必要ないことを示すのに使えると思った。「ディッケ博士、生命を与える恒星がたくさんまだ輝いているときにあなたが存在するというのは、自明すぎるほど自明のことですよ。あなたはずっと前からそのことを知っていたでしょう」と反論するのは勘違いだ。彼が自分の時間の中での位置をずっと前から知っていたかどうかはどうでもいい。大事なのは、ディラックの理論を考えるときに、この証拠を以前に考慮に入れていたかどうかである。昔から知っていても、その証拠をまだ考慮に入れていないのであれば、それは新しくわかったことと同じなのだ。

自分が宝くじに当たったのを前から知っているけれど、一兆本あったとしても誰かが当たるのだと思うだけだった人というのを考えよう。彼はベイズの規則を知って、自分に当たったことは、くじを買った人がわずかしかいなかったのではないかと考える根拠を提供しているという結論を出す気になる。もちろん、彼がいくら長い間自分に当たったという事実を無視していても、これからはそれを無視しつづける理由としては使えなくなる。ベイズの計算に入って来る「事前確率」は、最近になってやっと行なわれた観察以前の確率と定義されるのではない。

こうしたことをすべて念頭において、ある少女が、窓のない部屋で、それが時間と空間のどこに位置するのかをまったく知らずに大人になったと想像してみよう。彼女は、中性的な、「無時制」の言語――歴史家の言語でも、現代事情についての評論家の言語でもない――で、二〇世紀末の人類に対する脅威について教えられる。二〇世紀末においてはそれまで生まれていた人類すべての一〇％(とする)が、まだ死んでいないことになるにもかかわらず、彼女は、教えられたような脅威を何とかくぐりぬけて、今いる銀河に植民するようになる種族であれば、その後も長く、数も多いままで歩み続ける可能性も高いことを考え、自分が二〇世紀の末に生きている可能性はきわめて小さいという計算をする。核爆弾、環境の汚染などの二〇世紀末の危険も、彼女の目にはたいしたことではなくなる。しかし今度は、二〇世紀末の地球というのが自分のいるところだと教えられる。彼女が「それはただ、ごくごくわずかの数の人種を除けば私より後に生きることになるということを示唆するだけだ」とコメントするのは妥当だろうか。自分がかつて核爆弾や環境汚染があっても大丈夫と思っていた自信を修正する根拠にはならないだろうか。彼女にそうする根拠があるとすれば、どうして我々にはないのだろう。

窓のない部屋で育てられ、その位置について長い間知らなかったということにしなくても――あるいは記憶喪失にかかってあらためて位置を発見できるということにしなくても――なぜ自分の時間の中での位置のことを語れないのだろう。

(2) 時間のB理論は無関係であること。「B理論」と呼ばれる時間についての見方――時間的に今であることが、空間で言われるのと同様、相対的なもので、宇宙全体を思いうかべようとするとき、アインシュタインとともに、「これまでの三次元的な存在の進化ではなく、四次元的存在」(これはアインシュタインが『特殊および一般相対性理論』の第一五版の付録5で使った表現である)のことを考えるようにしなければならなくなるという見方――については何も言わなくても、これまで言ってきたことは言える。筆者も、他の多くの哲学者と同様、アインシュタインのB理論に対する好みを共有している。ただ、それが否定されなければならないとしたらどうなるだろう。そうなったとしても、未来のいかなる人類も自分の時間的位置について考える機会はまだもっていないという反論(これは世界が非決定論的であると想定されていることに基づく反論とはまったく違うということには留意していただきたい)、自分の位置について今考えているあなたも私も、正確に今考えているのであって、一分たりともその前後ではなく、そちらについては誰も今考えることはできないという反論には、やはり力はないことになる。もちろん、誰も、空間的にも時間的にも、自分が実際にいるところとは別のところに存在はしていない。それでも自分がそちらにいるということがわかることは可能性が高かったことかどうかという問題は残る。

序論で触れたエメラルドの物語を思い出そう。エメラルドを手に入れる人は前の時代よりも後の時代の方がはるかに多いということがわかると、関係する証拠をそれ以上もっていないとすれば、エメラルドを手にした人は、自分が後の方の時代にいると予想するのが正当だということになる。その時代がまだ未来にあったとすれば、もちろんそこにいる人々はまだ生きていないが、そうだとしても、自分がいるのが未来のことかどうかを推理しようとしているときにエメラルドを手にしたあなたには、そのことはどうでもいい。あなたが後の方の時代はエメラルドを手に入れるほとんどの人を含むことになるということを知らず、それを信じるかどうか考えているとしても、やはりそれはどうでもいいし、アインシュタインやB理論についてどう考えるかにも関係ない。

(IId) **我々のような人々は、今ごろに見つかることになっている。我々の特徴によって、我々は他でもないこの**

時代を占めることを余儀なくされる。

筆者の答えは次のようになる。カーター＝レスリーの終末論法は、このような反論があてはまるような問い、すなわち「我々が二〇世紀の末頃に生きているというのは本当に正しいのか」という問い——もしかすると、たとえば、我々はその時代に典型的な「遺伝子の署名」をもっていることを見いだすことによって答えるような問い——には関係ないというものである。そのような遺伝子の署名があって、それがいつも変化していて、二〇世紀の終わり頃に典型的なDNAのパターンについてよく知っている人であれば、ずっと未来になってから私の墓から抽出したDNAを調べることによって、私がその頃生きていたということがわかるという可能性はおおいにある。また、私と確認できる誰かがまったく別の時代に存在しえたという可能性はまったくなくなる。私が話す類の英語、私の心をくもらせる先入観、私が知っている範囲、知らない範囲、すべてが私は一六世紀はおろか一九世紀の人間でもないことを示す。しかしカーターが終末論法に達したとき、彼は時間の中で自分が実際にどこにいるかについて疑っていたわけではない。彼は正当にも、自分がもっている特徴——二〇世紀にいた両親を思い出している心だけでなく、二〇世紀によくあり、それ以外の時代には決して見られない遺伝子をもっている可能性が高い——とぴったり同じものをもった人間はどこに存在する可能性が高いかという、めいっぱいに特定された問題を考えることは選ばなかった。彼が問うたのは、人間の観測者として、ある者が自分が二〇世紀にいて、したがってそこに見られるような遺伝子、記憶、言語習慣、知っていること知らないことをもっていると見ることになる可能性はどうかと問うたのだ。

反論は、「あなたがしかじかの遺伝子をもっているとすれば、あるずっと離れた時代に生きているからということで別の靴をもっていなければならなかった人の靴をはいていたということがどうしてありうるのか」というふうに進む。反論する側の議論の方向がうまく行くとすれば、それは終末論法だけでなく、ほとんどすべての「人間原理的」推論を成り立たなくする。たとえば、それは次のような推論をだめにする。化学的な生命がプラズマによる生命よりも進化しやすいとすれば、自分が、恒星内部のプラズマを支配する力ではなく化学に基づいていると見る可能性が高いといったものである。それに対してはこう反論されるだろう。「化学に基づく観測者は、自分がプラズマに基づいているということがわかることはありえない。化学に基づいているということは、プラズマに基づいているということとは相容れない」。しかしそのような反論はあまり強力ではありえない。

　同様に、レミングのような種、つまりいつも人口爆発と崩壊をくぐりぬけている種に属する地球外生命は、自分が（すでに自分の時間的位置を知っているのでなければ）人口崩壊直前の巨大な世代の一つにいる方が確率が高いか、それとも人口爆発が始まったばかりの小さな世代の一つにいるのかと考えることはできない。このような生物は、それが他の人口周期に存在するとしたら、それが現にもっている遺伝子をもっていることはありえないということをもって、そういうことを考えることはできないものと思われる。そういう遺伝子が何であるかを全然知らなければ、この論点を使っても、「自分は周期のどの段階にいる可能性が高いか」という問いは無意味になるだろう。しかし、この問いは無意味ではないのではないか。

　もう一度フェルミの、我々が地球外生命の兆候を見ていないのはなぜかという問いを考えてみよう。確かに我々が属している種が宇宙で技術的に進んだ文明を発達させた最初のもので、宇宙はその後そのような文明を数多くもつことになるというのはありそうにないだろう。我々の属している種が実際に最初だったとしたら、我々が現にもっている遺伝子をもっていて、もしかすると六本脚をして後の時代にいるようなものではありえないという反論をしてはならない。

まだ納得できないのであれば、序論に出てきたエメラルドの話の変種を考えてみよう。二つの集団の人間を育てる計画が立てられる。一方の群れには男女いずれか一方三人であり、もう一つにはそれとは逆の性の人を五〇〇〇人集める。計画は、前者をある世紀において育てることを求める。その後何世紀もたって、それとは別の性の五〇〇〇人が育てられることになる。あなたがその人々の一人だということを知ったとしよう。計画が立てられた世紀がいつなのかはわからないが、自分が女性であることはわかっている。大きい群れの方が女性であると結論するのが妥当で、ほとんど確実と言える。実験の対象となる人が皆この考え方をとったとすれば、大きい群れの方が自分と同じ性だという方に賭けても、負ける人と勝つ人の比は三対五〇〇〇である。もちろん「自分が第一の、小さい方の群れにいたとすれば、第二の群れはまだ観測者になっていない。自分のように今観察している人は、小さい方の群れにいなければならない。だから、大きい方にいると考えなければならない特段の理由はない」とは言ってはならない。これとまったく同様に、「私の遺伝子は女性なので、女性の群れが大きい方だろうと小さい方だろうと、私は自分が女性だと見る。だから私は大きい方に属していると考える特段の理由はない」とも言えない。

もっと簡単に言えば、あなたが女性で、それが好きだとしよう。あなたが女性に生まれたのはとんでもない好運だったのだろうか。もちろん「そんなことはない。人類のうちおよそ半分は女で、人間に生まれれば女性に生まれることは大いに期待できたのだから」と答えるのは無意味ではない。それに対してあなたが男だったとしたら、あなたはあなたではありえなかったと異論を唱えたとすれば、それはおかしいと考えられる。

これは、まさに自分であるということが、あなたが遺伝的に受け継いでいるものと周囲の世界との間の大量のつながりを伴う、とてつもなく複雑な因果の連鎖によるということを否定するものではない。また、すべてが現にそうなっているようにならなければならなず、コイントスや放射性崩壊を含め、真の偶然というのはまったくありえない——ある意味で——という決定論的な世界像とも対立しない。当面の目的のためには、まさにこの時点での世界を最大限に特定して記述することは、きわめて知的能力の高い魔物に、私が時間の中のどこにいるかだけでなく、私がこれまで何を考え、何を耳にし、何を目にしたかまでも教えることになるかどうかということは気にしない。というのも、たとえば、ある特定の時点で捕まえられた特定の魚が、まさにしかじかの長さがあるとか、特定のコインが表になるといったことを真にする特定の因果の連鎖は、今捕まえた魚の長さが他の値ではなく三三・八四センチであるとか、今から九〇回投げようとしているコインがすべて表になり裏が全然出ないといったことをきわめてありそうにないことと言っていいような世界の一般的な理解と両立するものである。確率論的な推論は、宇宙が完全に決定論的であろうとなかろうと、それなりの扱いをしなければならない。私が自分の経験することすべてを実際に経験しなければならないとしたらどうなるか。それでも私は自分の経験に確率を適用することができる。

　この一般的な領域を離れる前に、終末論法には次のような致命的な欠陥があるという反論——実際に提起した人もいる——を考えよう。我々はその論法を理解するのに必要な数理的な技巧をもっているからということで、あなたと私を、我々が人類の時間の広がり全体の中からランダムに引き出されたかのように扱うことはできない。たとえば穴居人がそのような技巧をもっていたとは思えない。こうした反論には三つの答え方を挙げることができる。(1)まず、もう一度我々の目的に対して正当な問いは、「人間の観測者が自分が、遺伝子、知能、言語の用法、数理的な技法などが、自分が今実際にもっているようなものになっている時代に生きていることがわかる確率はどれほどのものか」というものだということを力説しよう。終末論法が「準拠する集団」は、人間の観測者ではありえても、確率の計算の試験に合格できる人間の観測者ではない。「人間原理」の論法が数学者だけにしかあてはまらないのだとしたら、そのような論法はまったくつまらないものになる。(2)第二の答えは、この議論の主要な方向を理解するためには数理的な技巧は必要ないということを繰り返すことである。数理的な技巧をもたない人でも、自分が人類の歴史の中できわめて早い段階にいることになるような理論はおかしいと思うはずだという考え方を把握することはできる。(3)三番めはこうだ。終末論法は、穴居人より後の私やあなたほど時期になって生まれた人であっても、人類が何万年と続くのであれば、きわめて早い時期に生まれたことになるということである。しかしそのことは、穴居人が無視しうるものとされ、適切な人口時計は人類が数理的な技巧をもつようになってから動き始めるとした場合にも、論法を助けることにはあっても、障害にはならない。そうだとしても、その時計によって、あなたと私は、人類が二〇世紀を超えて数千年生きてしまえば、実際に例外的に早い時期にいることになるだろう。穴居人だけでなく、それ以後の多くの人も、我々の早さの程度を減じることはできなくなる。それらの多くの人々は、時計が動き始める前に生きていたことになる。

第III群

ここに属する反論は、数の多い人類の中にいる可能性が高いという考え方をめぐるものである。

(IIIa) **人類のこれまでの総数が大きくなればなるほど、そこに生まれる可能性が大きくなる。これは早い時期に生まれる可能性が小さくなることを埋め合わせる。**

これは誤っていると思われる。ふつうのくじの場合、自分が一本もっているということは、多くのくじが売れた、あるいは射幸心をもった多くの人に配られたということを示しているのは確かだ。くじをあなたのために買ってくれたのが友人だったので、あなたは、当たったのを知ってからそのくじのことを知ったとしよう。あなたが当たったことは、くじの箱には少ししか名札が入っていないのではないかと疑う根拠を与えるが、大規模に広報されたくじの方が、友人の関心を引く可能性も高かったということは念頭におくべきだ。ところが、友人があなたのためにくじを買ってくれていようといまいと、あなたは存在していたということに注目しよう。これに対し、我々の宇宙論的状況では、我々が生まれるという好運があったかどうかに関係なく我々ははじめからずっと一定の人数で存在していたとは言えない。我々のことを、以前は体をもつことを希望して漂っており、作られるべき体の数が増えるとともに希望も高まるような非物質的な魂だったかのように扱うのは間違っている。また、我々には、自分が原子の無意識な集合であるということがわかる危険性があったが、その危険性は、新たに人間が一人生まれるごとに低下すると想像してはならない。これまで生まれ、これから生まれる予定の人が一〇人だけだとすれば、そのうちの誰が自分がそのわずかな数の人の中にいることがわかって驚く理由があるだろうか。全然そんなことはない。考えられるすべての人々の中で、生まれた人々だけが自分を何かと見ることができるのだ。

　したがって奇妙なことでも、人類が長く続くとしたら、そのこと自体がそこに生まれる「可能性をぐっと大きくする」ことになるとしても、終末論法を検討する二〇世紀の人類に関係のある唯一のことは、自分が実際にこの人類の中に生まれてきていると仮定して、自分が二〇世紀にいることがわかる確率ということになるだろう。人が自分が二〇世紀に存在しているということを観測する可能性は、まさにそれ以後に存在する機会という「余分の存在する機会」によって減ることはあっても、増大はしないということになる。苦労して自分が人類の歴史の中で並はずれて早い時期にいるという考え方を飲み込もうとしても、その場合、人が自分はもっと後の時代にいることを見る可能性の方がずっと多くなると言われてしまい、何の役にも立たない。

人類が西暦二一五〇年以前にいる可能性は、西暦二一四九年までには終わっているとすれば一〇〇％になるが、人類がさらに一〇〇万年続くとしてもまったくそれが減ることはないように論じるのは、ただただばかばかしいだけではないのだろうか。

銀河の中心からある距離のところに、密度波がほとんど星と同じ速さで周回しているところがあるというL・S・マロチニクのアイデア[12]を考えよう。我々の太陽がその距離のところにあるとすると、太陽系にある物質は、並外れて長い間圧縮を受けているということになる——それこそが惑星の形成に必須、あるいはほぼ必須と言えるものだというのがマロチニクの説である。並外れて長期にわたる圧縮が当該の距離のところで生じたということが正しいとしたらどうなるか。もちろんこのような圧縮を惑星の形成に結びつける彼の理論が、その特定の距離にある惑星の上に我々がいるということがわかったという事実によって支持されるものと見られることになる。惑星が銀河全体で簡単にできるとすれば(したがって数も多いとすれば)、我々がこの銀河の中に生まれて来る可能性は、ある狭い帯域に限られている場合よりも、はるかに大きくなっただろうし、可能性が大きくなれば、銀河の他の場所ではなくこの場所に生まれる可能性が小さいことを埋め合わせるだろうし、したがってマロチニクは、その理論が示唆するまさにそこに我々がいるということからは何の支持も得られないという論法を用いようと思う人はほとんどいないだろう。ところが、無視できないほどの数の人々が、空間的な位置ではなく、時間的な位置が問題になったとたん、同様の議論を進めている。

実際これらの人々は、人類がどれほど長続きすることになっていても、自分が二〇世紀の終わり頃にいることがわかるということは、ほとんどありそうにないことだっただろうと論じている。(1)長続きする人類においてはまったく異例なほどに早いことになるからありえないか、⑵長続きしない人類においては、存在するには、長続きしてはじめてもたらされるような多くの余分の機会――終わりの頃に存在する機会――がないからありえないかである。しかしこうした論法、我々の位置が何が何でもおかしいという論法そのものがおかしい。すぐに出て来る答えは、人類が短命であるとすれば、確かに初期の人類には、彼らが「はずした」ことになるような後の時代に存在する機会はないことになるというものである。

自分がいる時期として確率の高い時間的位置や、歴史が終わったときになっている可能性が高い人類の数を知るための観測結果がまったくないとしよう。そこで、五兆人と、五〇〇〇億人という二つの可能性を考えたとする。単に多い方が「生きることになる可能性が高い」からというだけで、そちらの方がずっと可能性が高いと考えるだろうか。とすれば、もっと数が大きくなって、無限大に近づいても同じ反応をして、人類の数が無限大になるという可能性は無限に高いという結論になるのだろうか。

あなたは自分が信じる宗教によって、その数字は、一度だけ投げられる神のコインによって決まったと思いこんでいるとしよう。表が出れば五兆人、裏が出れば五〇〇〇億人である。あなたはコインが表と出た可能性の方がずっと高いと言うだろうか。そして今度はあなたの信仰が、表は無限に多くの人を意味するのに対し、裏はやはり五〇〇〇億人だということになったとしたら、コインが表が出たことは絶対確実だと思うだろうか。おそらくそうではないだろう。

実は、時間的な位置を導入することは、ここで問題になっている論点とは無関係であるということに目を向けよう。この論点をより単純にすると、次のようになるだろう。全人類が同時に存在しなければならなかったとしよう。あなたは自分以外に人間がいるかどうかについては何の知識ももっていないとする。あなたが知っていることと言えば、神がコインを一度だけ投げることにし、表が出れば九〇〇〇万人を創造し、裏が出れば一人だけ創造することにしたということだけだとする。神のコインは表になったのだろうか。

一つの変形として、表が一度出れば九〇〇〇万の人がもたらされ、その一人の名が「ブラック博士」となるのに対し、裏が一度出ればたった一人だけの「グリーン博士」になるとしよう。あなたは自分の名前は忘れたものの、自分はコイントスの結果として創造されたことは知っているとしたら、自分がブラック博士だということに賭けるのとグリーン博士だということに賭けるのとは勝ち目は同じと考えるだろうか。それではおかしいように思われる。もちろんあなたは、神のコインは裏が出てあなたをグリーン博士にした可能性が半分あるのに対し、表が出たとしても、あなたがブラック博士である可能性は九〇〇〇万分の一しかないと考えるべきなのだ。したがって、自分がグリーン博士である方に賭ける方がずっと賢いことになる。

これらのような場合には、確率を推定するためには、実験を何度でも繰り返した上で勝ちを最大限にする賭け方は何かを考えるべきだという直観——それによって正しい道に乗れる場合も多々あるために、それは危険なほど魅力的なのだが——は排さなければならない。神がコインを何兆回も投げたとしたら、結果として生じる人々のうちおよそ九〇〇〇万分の一だけが裏が出たことで創造されることになる。それに応じて、トスの間に創造されたいかなる人も、自分が表が出たことで創造されたと自信をもって賭けるべきだろう。しかしそれだけでは、コインが投げられたのが一度だけだとしたら、表が出て、神が一人ではなく九〇〇〇万人を創造するように言ったと賭ける根拠として十分とは言えない。

ここで筆者が引き出そうとしている寓意が、ロンドンとリトルパドルの場合に引き出されたものとは正反対になっていうるという反論が出るだろうか。先程は、筆者はロンドンの方が大きいからということでロンドンにいると信じる方に分があると言ったではないか。確かにそうだが、それでは筋が通らないということにはならない。ロンドンとリトルパドルが両方とも実在することを知っている記憶喪失者を考えよう――それは神がコインを一度投げてロンドンを創造し、それからもう一度投げてリトルパドルを創造したことを知っているというようなものだ。この記憶喪失者は自分が二つの場所のうちの一つにいることを知っているが、どちらかは知らない。他に関係する証拠がなければ、彼はロンドンの方が大きいからということで自分はロンドンにいると考える方を選ぶだろう。しかし、ロンドンが実在するかどうかを知らないとして、自分がリトルパドルにいることを発見するとしたらどうだろう。その発見はロンドンというのは架空であるという疑惑を強めるはずだ――ロンドンが実在だとしたら、ロンドンの方が大きいからということで、自分はロンドンにいるものと予想されるからだ。

ロンドンが実在することを、「そう信じた方が、自分はリトルパドルとロンドン両方という領域の住人から成るより大きな集団の中にいることになるから」、そう信じることにすると論じるとしたら、おかしな話になるだろう。「含まれる人の数が多い時間的空間的領域に自分がいると考える方をとるべきだ」というスローガンは、分別をもって解釈されなければならない(自分が二一五〇年以前にいることがわかるということが目立たないことにしようとして、自分が人類の全時間的広がりの領域に暮らしていて、この領域には二一五〇年以後の人類のが莫大な数いるおかげで、当然人口が大きいだろうなどとは言わないことだ)。

(IIIb) 人類の数が大きくなると、観測者がたとえばアンドロメダ銀河にいる五つの目をもった生物ではなく、人間である可能性が高くなる。

この反論は、やはり成り立たない。その理由を見るための第一歩として、箱に「アンドロメダ人」と書いた一〇個の球と、「二一五〇年以前の人間」と書いた一〇個の球を入れてあるとしよう。そこから一個だけを取り出す。球は今すぐ出してもいいし、「人間」の球をあと一〇〇〇個加えてからにしてもいい。その一〇〇〇個にはすべて「二一五〇年以後に生まれる人間」と書いてある。その一〇〇〇個を加えることは、引き出される球が「アンドロメダ人」であるよりも「人間」である可能性を大きく高めることになるのではないか。確かにそうだ。ただそれと同様、新たに加わった「人間」の球は、「二一五〇年以前の人間」と書かれた特定の球が引き出される可能性も大きく下げることになる。実はその下がり方は、「アンドロメダ人」が一〇〇〇個増えたときとまったく同じことである。

　同様に、ある観測者が西暦二一五〇年以前に生きている人間である可能性は、人類が終わりを迎えた段階で、二一五〇年以後に生まれた多くの人を含んでいることになるという事実によって、大きく下がることはあっても、増大することはありえない。「その可能性は、観測者が非‐人間ではなく、人間である可能性が大きくなるからということで、増大する」と言うのは間違いだ。当然、(Ⅲa)でも示したように、二一五〇年以後の人間を多くすればするほど、ある人間の観測者が二一五〇年以前の人間の集合の中に入る可能性が下がるだけだった。しかし今度は、ある観測者がその集合に収まる可能性が低くなることになる――言わば、ある魔法の原理で、全体の観測者数は一定で、人間を一人加えると、必ず非‐人間が一人はじき出されることによって「埋め合わされる」のでないかぎり。

　それでも、人類ではない観測者が、たとえば一兆人のさらに九六兆倍いたとすれば、二一五〇年以後の人類を数千億人加えたところで、観測者が二一五〇年以前の人類である可能性はほんのわずか下がるだけだということは認めなければならないのではないか。確かにそうだ（一兆人のさらに九六兆倍あれば「たいていのことはできるだろう」。人間が数千億人増えても、事実上、何の変わりもない）。それでもこの譲歩は、観測者にありそうな状況について前の二段落が言ったことを含めても、瑣末な関心しかもたらさないと言っていいだろう。我々が目にしている事態は、人類がアンドロメダ人やあらゆる非‐人類をひっくるめたものと比べて大きいか小さいかではないからだ。それが問題なら、非‐人類が計算に入ることはありうるだろうし、問題は一個の観測者としてある者が自分をどこに見ることになる(人類の中か、アンドロメダ人の中か、火星人の中か、チンパンジーの中か)可能性が高いかということになる。しかしカーターが問うているのは別のことだ。彼は人類がどれだけ続く可能性が高いかというのを考えている。彼は西暦二一五〇年以前の人類が、それ以後の人類と比べて多いか少ないかというような問題に関心をもっているのだ。恐竜もいるかもフレッド・ホイルの言う知性をもった星間雲も考えず、ある者が人間の観測者だったとして、その者が二一五〇年以前に生きていることになる可能性に集中している。

人類のうちどのくらいが茶色の皮膚をしているかを考えているとしよう。目が見えない子供であれば、漠然とした山勘しかないだろう――しかしその次に自分の皮膚が茶色いことを教われば、それは比率が一〇〇万分の一ではすまないだろうと信じる根拠をぐっと強くする。自分が知ったことによって影響されるというときには、アンドロメダ人が何人存在するかから考えなくてもいい。

(IIIc)　実際に存在するいくつかの種類の人類が、カーターは間違っていることを証明すると想像すること。この反論は、次のように進められる。「宇宙全体に散在する人類の種類は数多くあるとしよう。つまり我々人類と我々によく似た他の種族は、当面の目的のために人類と数えるのだ。その種族のうち半分がきわめて長続きし、銀河に植民し、膨大な数の観測者から成るが、残りの種族はすぐに滅びるものとする。そして――事態を単純化するために――すべての種族は同時に生まれ、西暦二一五〇年の時点までは同じ人口になっているとする。この想定によって、正しい数理的直観が得られるのではないか。それが正しいことを我々が知ったとする。その場合、自分が西暦二一五〇年以前にいるということは、自分のいる種族が長続きしないと考える根拠を与えることができるだろうか」。

筆者の答えは、この非常に特殊な論には、さほどの根拠はありえないというものである。二一五〇年以前の人間であるあなたと私が、長続きする種族の初期にいる可能性は、我々が短命な種族にいる可能性とぴったり同じになる。それは二一五〇年以前の人間全体のうちちょうど半分は、長続きする種族の中にいることになるからだ。したがって、すべては我々にわかっていることになり、議論すべきことは何もなくなる。この特異な状況においては、長続きする人類の種族の一つの中に存在するという「数が多い機会」と、それに応じて、そういう種族の中にあなたがいるとすれば自分が二一五〇年以前にいる可能性が低くなることの間の正確なバランスについて言うことであれば、実際に意味をなしえただろう。自分の時間的な位置についての証拠がまったくないとすれば、自分が長続きする種族の中にいる方に賭けることには立派な根拠があることになる。ほとんどの人——単にいる可能性がある人の大半ではなく実際の人の大半——は、長続きする種族の中にいることになり、そのことはあなたにもわかるだろう。ベイズ的な用語で言えば、自分が長続きする種族の中にいる事前確率は、非常に高くなるということだ(このケースは、右記の三〇六頁で、自分が生きていることがわかるのは、神のコインが裏と出て、五〇〇〇億人の人が創造されたのではなく、表と出て、五兆人が創造されたということらしいと思う根拠にはならないと考えた場合とはまったく異なる。左記の場合はただの可能性だけを考えていたからだ。五兆人か、それとも五〇〇〇億人かという争いであって、実際に存在している五兆五〇〇〇億人まるごとの話ではない。神のコインは一度だけ投げられるということを忘れないように)。

しかし実際には、我々はもちろん今述べた類のことについては何も知らない——さらには、我々には全く異なることを信じる強力な根拠がある。現実の人類の種族がたくさんあるという考え方についてはあやしいところは全然ないとしても、半分の種族が長続きして銀河に植民するという説となると、あなたと私におなじみの真理と折り合いをつけにくくなる。というのも、半分の種族がそうであれば、ある人類は時間の中のどのあたりにいると期待しうるだろうかということだ。答えは二一五〇年より後である。人類の大多数がいるのはそちらになるからだ。ところが、あなたも私もそこにはいないというのはよくわかっている真実である。

あまりに推測を急ぎすぎて、このよくわかっている真実があるということを見落としていたとしたらどうだろう。実際の人間の種族には多くがある中で、半分もの種族が長続きするものだったという我々の推測は、修正されなければならなくなる——もちろん、その点に万全の自信をもって始めていたら、あまりたいした修正はしなくても、この推測は残るかもしれないが。そのような拙速にすぎる推測に関係する確率の推定、たとえば二一五〇年以前の人類は長続きする方の人類の中にいる可能性が五分五分だという推定は、やはり修正する必要が出て来るだろう。

ここでも他と同様、もしかすると証拠によって誤解するかもしれないということと、証拠を信用する気になるときに愚かにも心得違いをすることとの違いを思い出さなければならない。今論じた、いろいろある人類のうち半分が長続きして銀河植民をするという仮定に立てば、西暦二一五〇年以前に生きる一人の人間であるあなた自身は、時間の中での位置としては異例なところにいる人物、自分の証拠によって誤解する可能性が高い人物になるに違いない。しかしだからといって、あなたの証拠は、当の仮定を信用する原因を与えるわけではない。悪魔ならそれが誤解を与える証拠であることを知っていて、にやりと笑っているかもしれないが、あなたはそうではない。ある理論が、あなた自身の見ていることは他の観測者によっても見られているが、その人たちは、たとえば一〇〇〇分の一、あるいは一兆分の一のさらに一兆分の一のレベルのまれな存在だと言えば、あなたが、ある別の、それほど可能性の低くない理論、たとえば、犬はほとんどかみつかないのかどうか、あるいは長続きする種族はありふれているのかどうか、あるいは(6章で論じることだが)二個のさいころが六のぞろ目になるかどうかについての自分の当初の考え方は間違っていたとする理論の方を選ぶ権利があることになる。

最後に言うべきことは、我々は幸いなことに、(ドン・ペイジが筆者に言ったことだが)、多くの人類の種族が存在し、その半分がきわめて長続きするのだとしたら、あなたや私のように早い段階で生きている人間は、同じくらい特異な選択肢を前にすることになるということでは合意できるだろう。(1)その人は、長続きする種族の中では異例なほど早い段階にいたことと、(2)その人は長続きしない種族の、それに応じて数がきわめて少ない人類の一人だったことである。実際には、これら二つのありそうにない立場のうちどちらにするかを選ぶ必要はまったくない。逆に、たとえば、実際に多くの種族があるという考え方を退けてもいいだろう――それは簡単にできる。何と言っても、我々が「人間」と呼ぶものはもちろん、何らかの種類の地球外生命がいることを信じる理由にはすぐに反論できるのだから。また別の行き方として、人類やそれに似た存在は、核兵器を作ったり、すべてを汚染したりすることをおぼえてあっという間に絶滅するものだと想像することもできるだろう。

第IV群

第四の、最も重要なグループの反論は、我々の世界が不確定である可能性が大きいという事実に関係するものである。ここではこれらの反論には簡単に触れることにする。もっと徹底した議論については6章を参照されたい。

(IVa)　箱の中身はまだ定まっていない。

この反論をもっと魅力的な形にすると次のようになる。我々が知ることができるかどうかは別として、「世界の側に」ある、与えられた箱の中に実際に何人の名札が入っているかということについては、確固たる事実がある。しかし、世界は、あるいは量子力学的な理由で、人類がどれだけ続くかということについては、それに対応するような相似の事実はないという、根本的に非決定論的な世界かもしれない。ところが、終末論法が支障なく進むには、そのような事実を必要とする(「箱の中の名札の数は、これまでに起きたことによっては決まっていないかもしれない」)。

反論の第二の形は、非決定論はいずれにせよ、後の時代に何らかの観測を行なうことになるのはいったい誰なのかということについての使える事実を排除することになるという(「正確な名前は、これまでに生じたことによっては定まっていないかもしれない」)。しかしこの形は見るからに欠陥がある。私の後、一兆人の一兆倍の人がいることになるのが保証されているとすれば、一兆人の一兆倍の人が正確に誰かということが定まっているかどうかは関係なく、私は異例なほど早い時期の人間だということになる。

しかし、第一の形は確かに有効である。ただ、これは終末論法の力を減じることはあっても、論破しきることはない。

「根本的に非決定論的な」世界という言い方で筆者が言っているのは、すでに実際に生じていることから、たとえ正確にこの状態が何らかの形で回復できたとしても、ほとんど確実に別の展開のしかたをすることになる世界ということである。筆者が問題にしているのは、それぞれが完全に決定論的な二つの世界が、ほんのわずか異なった状態から出発したとしても、全然違う展開のしかたをしうるという「カオス理論」の論点ではない。

また、我々はここで、世界が我々に有効な手を打てるような世界であるのは、それが非決定論的である場合のみだという説にも関心をもっていない。当面の目的にとっては、そういう説が正しいかどうかはどうでもいい――ただ、筆者自身は今日のチェスをするコンピューターは、決定論的なやり方ででも、人間の名人を負かすだけの「有効な手」を打てることを言っておきたい。

当面の目的にとっては、重要な論点は次のようなものだ。我々の世界が非決定論的だったとすれば、人類がどれほど続くことになるかということについては、使える事実はないという可能性が十分にあるということだ。したがって、箱のたとえはあまりうまく行かない。人類が（あるいはそうでなくても人類と呼ぶにはためらわれても、長い間には人類がもたらすことになるかもしれない知的存在とが）宇宙植民を行なって、一兆年続く可能性が半分あるという理論――F・ダイソンとS・フラウチが、無限に拡大する宇宙であれば真剣に取り上げてもいいとした可能性(13)――であっても、それを弱めるのにたいした手間はいらないかもしれない。それが一兆年続くかどうかは、今後数世紀という、きわめて危険の大きい時期に何が起きるかにかかっているかもしれない。もしかすると事態は一つか二つの出来事によって決まるかもしれない。あるいは著しい量子的不確定性によって支配されることになるかもしれない。

そうだとしても、終末論法は、それは人類が何十万年も生きて銀河に植民する可能性が概して高いという説に対する相当の対抗力を維持することになるだろう――それは非決定論を信じている人に対しては、「可能性が概して高い」という言葉が、非決定論的な因子がこの議論を妨げる可能性が低いことを示しているからだ。二〇世紀の終わりに近いしかじかの時期において、人類が存在する時間全体にわたって数兆人の人を含み、そのうちその時点で生まれているのはほんの数百億人だけだという可能性が九七％（あるいは九八・五％でも、九九・九％でも）だという仮定に基づけば、人間の観測者が自分がそのときまでに生まれているとわかる可能性は高いと言えるだろうか。明らかにそうではない。

また、カーターの推論は、非決定論が人類がどれだけの間続くかということにさほどの影響を与える可能性は少ないと判定されるとすれば、非決定論的な世界にあっても有効でありうる。最初は事態に影響する非決定論的な因子が、しかじかの時点で、あるいは人間の引き返せない、あるいは事実上引き返せない決定によって、決定論的になる、あるいは事実上決定論的になることもあるかもしれないということに注意しよう。それ以後に生まれる全人類は、このことを計算に入れる必要が出てくるだろう。

(IVb)　〈射撃室〉の反論

この反論は、一定の成長率と非決定論とを組み合わせると、正しいかどうかわからない恐怖が生じることがありうるというものであり、ある物語によって説明されている。あなたはとある部屋に押し込められ、その部屋に入る人の少なくとも九〇％は射殺されると言われる。大変だ！　しかしそれからあなたは二つのさいころをふって最初に六のぞろ目が出なければ生きて部屋を出されるということを知る。これは少なくとも九〇％が射殺されるという断言とどう両立するのだろう。答えは、一回に押し込められる人の数が前のときの一〇倍になるので、「少なくとも九〇％は射殺される」という予想は、いずれ六のぞろ目が出たときに正しいとことになるというものである。そういうことだとわかり、さいころの転がり方はそれが投げられるときの状況についてすべてを知っている魔物によってもまったく予想がつかないものだとすると、あなたの恐怖は消えることにはならないだろうか。

これは逆説的かもしれないが、このような状況では、部屋に入れられる人の大半は射殺される定めにあるにもかかわらず、あなたの恐怖は消えてしかるべきだというのが筆者の論である。しかし、終末論法の背景をなす状況は、主に二つの点で異なっている。

まず、人類が、まったくランダムに、非決定論的に決まるある時点に終わるという保証はないし、ましてや、さいころのような因子がそれに一代ごとにわかっている一定の生き延びる確率を与えるという保証はないということがある。我々は実際に、かなりの自信をもって、人類がこれからの四世紀を無事にのりきれば、さらにその先何世紀にもわたって生き延びることになるが、たとえば環境汚染によって西暦二一五〇〇年までに終わっている可能性も十分あると言ってもいいかもしれない。

第二に、カーター＝レスリーの思考の方向は、それが人口の増大がものすごいということを見ている一方で、人間の数が、射撃室に押し込められる人の数のような、人類が滅亡するようなときまで一定の比率で拡大することになるという考え方にはまったく依存していない。この考え方が正しいといえるには、人類がきわめて早い時期に終わることが保証される（あるいは可能性がきわめて高い）ということが必要であり、それによって実は終末論法とだぶってしまうことになる。今の速さで人口が増え続けるとすれば、一五〇〇〇年もしないうちに、人類の質量は地球の質量よりも大きくなり、その後さほど遠くない時期には光よりも速い速度で拡大することになるからだ。しかし終末論法は、人口の数が、終末のときまで、二〇世紀の終わり頃のレベルにとどまると仮定しても、やっかいな危険度評価をもたらしうる。

あるいはその数字はまったくのゼロに落ち込むのではなく、ゼロに近いところになるということかもしれない。そういう見通しでも、やはり困ったことになりうるだろう。

はるか未来の、あるいは人口の急速な増加がやんでから一〇〇万年もたった頃に、安楽に暮らす人々がカーターとレスリーのことを、たまたま例外的な時代、つまり人類の大多数がまだ生まれておらず、それまでに生まれた人類のうち一〇%はまだ生きていることになるような急速な人口増加の時代に生きていた妙な奴として振り返っているなどということを、あまりありありと想像しないでほしい。というのも、あなたと私はあくまでその安楽に暮らす人々ではないのだ。あなたと私は、彼らが知っていることを知らない。また彼らの世界のようであることが確実だった世界があれば、そこでは人間の観測者は、自分がその時代あるいはそれ以後──二〇世紀の終わり頃の、破滅が目前であることを示す予兆がいくつもある時代ではなく──にいると見ることになると予測できただろう。

終末論法に対するごくふつうの反応は、人間の人口の歴史のすべての時点に誰かがいなければならず、したがって、自分がまさにその時代にいることを見ることには何の悩むこともありえないというものだ。この反応をする人々は、その反応が当然正しいと思っている。残念ながらそこには当然と言えることはない。我々の世界が非決定論的であろうとなかろうと。確かに二〇世紀の終わり頃に生きている人々であれば、人類がどれだけ続こうが関係なく、当然自分が二〇世紀の終わり頃にいるということがわかることになるだろう。しかし自分が空間におけるしかじかの位置にいることがわかるというのは、自分がそこにいるとわかる可能性をとくに低くするような理論に対抗する有力な証拠になりうる。今や、時間の中でしかじかの位置にいることがわかることについても同じことが言えるように見える。

次の章ではこの点を、空間的な位置や時間的な位置を何度も繰り返す思考実験の助けを借りて展開することにする。

6

論法の検証

(1) 本章は5章で論じられた様々な論点を、いくつかの思考実験の助けを借りて検討しながら見直す。この思考実験は、空間的な位置と時間的な位置の間に決定的な差異があるかどうかを、とりわけ非決定論的な宇宙の事例において見るために考えられたものである。

(2) 本章はまた、終末論法の準拠集団も考察する。たとえば、遠い未来の存在が、あなたや私とは非常に異なっていても「人類」と見なすことができるだろうか。はじめは人類であっても、いずれは進んだコンピューターに帰着するような知的存在にも論法は適用できるだろうか。思考実験はあらためて答えを与えてくれるかもしれない。

終末論法——再提示と新しい見解

本章が、他の章と同様、独立して読めるようにするために、最初に簡単に繰り返しておこう。終末論法[1]は、B・カーターが最初に立て、J・レスリーが公表して擁護し、J・R・ゴットやH・B・ニールセンによる変形を含むもので、人類がすぐに終わりを迎えるとすれば、あなたや私は人類の観測者の中ではごくふつうの存在になることを指摘する。もしかすると、これまでに生まれている人類すべてのうちの一〇%が——近年の人口爆発のために——今、この瞬間に生きているかもしれない。逆に、人類が、銀河に植民するなどして、さらに何十万年と生き延びることになっているとしたら、あなたも私も異例なほど早い時期の人間だということになる。つまり、新しい人間が一人生まれるたびに一つ針が進む人口時計ではかった時間の、きわめて最初に近いところにいたということになるだろう。この論点を認めたがらない人々は、人類が環境破壊や細菌戦争などの人類が長く生き延びることに対する脅威で冒している危険を、きまって過小評価することになるだろう。

「終末論法」が言っていることは、危険度の推定が増大することだけだということを考えれば、その名は誤解を招くかもしれない。たとえば、「終末は近い」ことの「全体としての危険度」——人類が、おそらくはその危険な行動によって、今後きわめて短い期間の間に滅亡することになる確率——は、この論法を考えるまでは一〇%だったとする。ところがこの論法を考えるようになると、あらためて推定した値は八〇%になるかもしれない。しかし、新しく出て来た「終末は近い」危険度の八〇%という値は、絶望してしまう理由になるわけではないと同時に、人類がこんなふうにふるまうだろうと考えられた危険な行動様式を背景として得られたものでもある。そこで、最初の一〇%のうち、五%は環境破壊に関係する危険だとしたらどうなるだろう。「全体としての危険度」が八〇%に改訂されてからは、環境破壊による「終末は近い」の危険度も見直されておそらく四〇%ということになるだろう（四〇%は八〇%の半分であり、五%が一〇%の半分であることに対応している。見直した後には比率が半分ではなくなると考える理由は見当たらない）。しかし、他の種類の危険、たとえばずっと遠くとはいえ非常に強力な宇宙的現象が、突然、放射線を撒き散らす可能性のようなことに対抗して何かをするのは不可能であるにしても、四〇%という心配な数字を見れば、恐くなって環境破壊を減らすために何かをせっせとするようになるということはありうるだろう。そこで、カーター＝レスリーの推論は、一つには、そういう証拠が我々を、人間が危険なふるまい方をする可能性が高いという見方を変える方向にもっていくことができるので、危険を減じる努力がなされていることの新しい証拠がある。それに敏感に反応する。環境破壊を止めようとしている人は、人間が危険なふるまいをするものだという見方に疑念を投げかける手助けをしていることになる。

　環境汚染を除く努力がうまく行って何世代かたてば、終末論法を考えている人々は、当然、そうした努力を考慮に入れることができるだろう。人間の努力によって終末が遅らされる可能性が増大することはありえないと考えるのはばかげている。終末論法は、その類のことはまったく言っていない。人類が続くかぎり、ある力をもちうる論法ではあるが、それが人を恐れさせる力は、新しい証拠を取り入れれば目に見えて変化することになるだろう。

終末論法には多くの反論が立てられる。前の章で明らかにしたように、いずれにせよ筆者はその一つを受けいれる。根本的に非決定論的な世界で暮らしていて、人類がどのくらい続くかという「はっきりした事実」がまったくないとすれば、この論法は相当弱められる――どのくらい弱くなるかは、当然、人類の未来がその非決定論にどのくらい影響されるかかによる。しかしその弱さがどうであれ、この議論はどこから見ても間違いではありえない、中心的な論点をもっている。それは、あなたや私が先に触れた人口時計によって示される時間の中の非常に早い時期にいたとはだんだん信じられなくなる根拠を提供するのだ。本章での筆者の主なねらいは、この確固たる言明を、様々な思考実験を使って支持することである。

今の人口爆発が興味深い終末論法の基礎をなすというのはどういうことだろう。まず、今日の状況はいろいろな意味で根本的に新しいということを銘記しよう。人類がこれまで一世紀一世紀生き延びることができたという能力は、これからどれだけ生きられる可能性があるかということについてはほとんど指針とはならない。カーターは推定された確率が変動することを論じる――そしてその議論に重大な疑義を抱き、その確率の推定がなかなか変わらないという人でさえ、いずれそのことについて非常に不確かな場合にはそれを変えるのにさほど抵抗はなくなるかもしれない。

推定をなかなか変えたがらないということに対するよくある理由は、人類は毎年毎年、危険に直面しており、それはいつものことであって人口の大きさにはよらないというものである。状況は宇宙の主人が毎年、いくつかのさいころをまとめて振って、全部六になったら人類を終わらせる――もしかすると巨大な小惑星によってかもしれない――ことを考えているようなものだと考えられる。さて、これが考え方としてぴったりの筋書きで、そこに出て来るさいころが根本的に非決定論的だったとすると（しかるべき議論にするには重要な規定）、終末論法はたいしたことはないように見えるかもしれない。しかし我々はその筋書きどおりだということをはっきり知ることはできない。実際には、逆ではないかと考えることにも十分根拠がある。今日の人口爆発は、それ自身が新しい危険の源であると同時に、危険な技術的進歩の結果でもある。終末論法は、我々にそのことを納得させる助けになりうる。新奇でほとんどは未知の危険を眼前にして、我々の後に多くの人が生きることになるとなお自信をもちつづけることが、どうしてできようか。

人類が一時間後に終わることになっていたとしたらどうだろう。もちろんそんなことは信じたくはないはずだ。そういう確率についての最初の推定は、きわめて低いはずである。終末論法をもってしてもやはりきわめて低いものにしかなりえない。見直しで一〇〇〇倍になったとしても同じことだ。数字が〇・〇〇〇〇〇〇〇〇〇〇〇〇〇〇〇〇〇〇一％くらいであれば、一〇〇〇倍にしても大きい値にはならないからだ。それでもそれが正しかったとしたらどうか。先にも記したように、これまで生まれた人々のうち一〇人に一人くらいは人類が終わったときに生きていることが真になり、あなたも私もこれまで存在した人間の中でとくに驚くほどの位置ではなくなるだろう。しかし人類が少なくともあと数世紀は生き延びるとしたらどうなるか。人口が西暦二〇五〇年に一〇〇億人になってその後一定するとしよう。私やあなたより後の時代に生きている人が全人類の半分くらいだと言えるようになるまでに、その後何世紀かかるだろう。わずか二世紀である。それから銀河植民が始まって、人口が再び近年のように五〇年で二倍になるとすると、西暦三〇〇〇年には、私もあなたも、存在したことのある全人類のうち、少なくとも九九・九九％がまだ生まれていない時期に生きていたことになる。

カーター＝レスリーの推論は、この領域の二つの競合する仮説のいずれかを補強するものと理解できることに注目しよう。一つは人類が間もなく終わるというものであり、もう一つは、人類がどれほど続こうと、銀河植民はありそうにないということである(実は、この論法は、二つの仮説を同時に強化することもできる。両者は競合するが、その見込みはどちらも上昇しうる。ボブがいつもの席にいないということは、「ボブが望んでいた通り昇進した」ということも「でなければ会社をやめるという警告を実行した」ということも支持しうる)。

人間の心は確率をうまく扱うようにはできていない。ライプニッツは、二つの偏りのないさいころをいっしょに振ることについて、六が二つ出る確率は、六が一つと五が一つ出る確率とまったく同じだと考えた。ダランベールは、さらにひどい間違いをしている。彼は同じコインを三回投げることから予想される結果は、三個のコインを一度に投げることによる結果とは異なるとした。そして、カーターの終末論法には、確かにある興味深い反論がぶつけられる一方で、頭のいい人が、実は根拠が乏しいのに、自信たっぷりで出す反論も多くある。たとえば次のようなものである。一回かぎりの事例については確率論はまったく引き出せず、自分が人間の人口の歴史の中でどこにいると観測されるかというのは、まさに一回かぎりのことである。それは「誰にでもわかる」ことであり、自分についての証拠能力を、同じ時代の人に、彼らの位置がどうなるかを聞くことによって拡張しようとすることは、ただの冗談にしかならないだろう。だから終末論法は、すぐに成り立たなくなるという。このような反論に答える場合には、ある思考実験が有効である。くじが入った二つの箱があって、あなたの名が記された球がそれぞれに一つだけ入っている。第一の箱には全部で一〇〇〇個の球が入っていて、それぞれに別々の名が記されている。第二の箱には球は一〇個だけ入っている。左手の箱には一〇〇〇個入っていることがわかっているわけではないが、七五%の確率でそうだと考えて、そこから球を無作為に一個選ぶ。その球にはあなたの名が書かれている。箱の中にはあるいは一〇個の球があったかもしれないし、一〇〇〇個の球があったかもしれないが、あなたの球が最初に出てきたのだ。これは、箱にはまだ九九九個の球が残っているという、あなたがもっている自信をなくすことになるのではないか。単純に計算すれば、残りは九個だけだという可能性がおよそ九七％だと考える方に乗り換えるべきだということになる。さて、これほど単純な思考実験では終末論法の正しさをはっきりさせることはできないが、一つのことは明確になると思われる。あなたはこの実験では一人分の抽選しかしておらず、一個の事例からは確率は決められないからということで、あなたの名前が最初の方に引き出されることは何も示しえないということになるとは言えないということだ。

確率は一回の試行から導き出すべきではないと断じるような本は、すべて無視しよう。そういう本は間違っている。二つの箱を考えよう。一方には一〇〇万個の黒い球と一個の白い球が入っており、もう一つには、一〇〇万個の白い球と一個の黒い球が入っている。どちらの箱がどちらかを示す手がかりがない状態で、コインを投げることによってどちらにするかを決めて、どちらか一方を取り上げる。球を一個引き出すと白である。それが一〇〇万個の白い球を含んでいた方から出てきたとする賭け率はどのくらいあるだろう。答えは一〇〇万対一である。この答えに達するには、白い球が取り出される場合には、可能性が一〇〇万と一通りあってそれぞれの可能性を等しいということを考えるだけでいい。そのうち一〇〇万通りは、白い球が一〇〇万個の箱の方から引き出される場合である。一通りだけがもう一つの方から引き出されるものである。

ある仮説が一〇〇万対一という賭け率で有利だというのは、きわめていい率である。ただそれが一回の試行からの結論だからというだけで、その結論について、それには信頼性がないと呪文のように言うことはできない。続けて一七回表が出たことで、コインが両面とも表だという仮説に達したと考えよう。公正なコインではこれが起こらないとする賭け率は、一〇〇万対一よりもはるかに低い(引き出した球を戻して十分にかきまぜ、またその箱から取るという形で箱の実験を何度か繰り返すと、その箱は白が一〇〇万個の方だという判断の信頼性を「大きく改善する」ことができる。しかしそれが意味することは、たとえば三回続けて白が出るということは、その判断が有利である率が一〇〇万の一〇〇万倍の一〇〇万倍対一になるということだけである。ある意味ではその率はたいして良くなってはいない。もともとの率が圧倒的にいいからだ)。

思考実験は実際の実験に置き換えることができる場合も多い。「当然、一回の試行からは確率をはっきりさせることはできないから」、白い球が一個出たからといって、その箱が白が一〇〇万個の箱であるという説を強化することにはなりえないのだと、あくまで言い張る懐疑的な人に出会ったとする(筆者はそういう懐疑的な人に二人出会ったことがある。一人は哲学者で一人は物理学者だった。二人とも自分が正しいということにまったく疑いをもっていなかった)。箱に何十万個もの球を入れることは時間がかかりすぎるかもしれないが、球がそれぞれ二〇個の箱なら、すぐにできるかもしれない。一方は白が一九個に黒が一個、もう一方は白が一個に黒が一九個である。懐疑的な人は、箱を選んで球を引き出す前には、引き出された球が白なら残った球が黒であり、逆ならその逆であることに一対一の賭けを受けなければならない。相手が一ドル賭けるなら、こちらも一ドルということである。この場合、こちらはほとんど確実に賭けに勝てる。箱を変え、球を変えて何度も繰り返せば、ほとんどいつも勝つことが期待できる。

しかし以下の場合には、実際の実験で代替しようとしても膨大な困難が伴うことになるだろう。さらに、まわりの人々のほとんどがお金を失うことになるような賭け方をするのが正しいということになるような場合も、実際にはあるだろう。

思考実験を始める前に、最後に一点考えておく必要がある。様々な雑然とした現実生活の事柄に、どの程度の確率を賦与すべきか（主観的に？）を考えるとき、正当なこととして、その確率が、さいころやコインや箱から引き出される球のような、きちんとした試行における様々な結果を得るについて、どのような確率になるか（客観的に？）を問うことが多い。過去の経験から、明日ジョーンズが町にいるともいないとも考えられて、スミスとブラウンについても同じことが言えるとし、過去の経験は、そこにある運動がすべて相関がないことを示しているとすると、ジョーンズとスミスとブラウンがみんな町にいる確率はどれだけと計算すべきだろう。これはあるコインのどちらかの面に「ジョーンズ」と彫ってあり、第二のコインのどちらかの面に「スミス」と彫ってあり、第三のコインのどちらかの面に「ブラウン」と彫ってあって、このコインを投げたとき、三人の名前がすべて見られる可能性はどれだけあるかというのと同じになる。そう言っても「主観的確率と客観的確率とを混同すること」にはならない。それはただ常識をはたらかせているだけだ。

いずれにせよ、「主観的」と「客観的」の区別はしにくい。それは、(a)確率が単に無知の「主観的」な表現であると断じる強い理由があるのに対し、(b)しかじかの証拠をもつすべての人は、まさにしかじかの程度の確率があると等しく見なすべきだと考えられるからである。一連の事象が実際に結局は決定論的で、我々が不確定性と呼んでいるものも、実は自分たちの中にある盲目性なのであって、それをコインやさいころでモデル化することができる——もちろんそのことは、コインやさいころのふるまいが結局は非決定論的で、「どこから見ても客観的な」、「世界の中にある」確率の問題かどうかを誰も知らないとしても、驚くことではない。

そこで実験である。それは思考実験なので、実験者は神か、そうでなければ悪魔だと言っておこう。そこにかかわる人々はすべてこの実験のためだけに創造される。

小さな部屋と大きな部屋

この思考実験には、5章で述べた「ロンドンとリトルパドル」という主題に基づくいくつかの変種があり、そのうちいくつかは、徹底した形で非決定論を含んでいる。自分は、紀元二一五〇年以前に現実の世界で生まれることになっているすべての人といっしょに、ある部屋に押し込められているのがわかる（お望みであれば、現実世界のあなたとほとんど同時に生まれた人、あるいは部屋にいる人の一二分の一くらいの人といっしょに部屋の一画にいると明示してもいい。実験から引き出すべき教訓は、そのように細かくしても影響はない）[2]。この部屋はものすごい大きさになるとはいえ、第二の部屋に比べるとごく小さい。第二の部屋は、さらに九万倍の人を収容できる大きさがある。それが実際にそれだけの人を収容するかどうかは、神が二つのさいころを一度だけ振った結果による。さいころがしかるべく落ちれば、神はその莫大な人々も創造する。そういうことになったとして、神のさいころがどういう目になったと思い描くのが妥当だろうか。もちろんもっと情報は必要だ。考えるべき主な点として二つある。

創造されるべき総数が前もって定まっている場合

さらに以下のことはわかっているものとする。(1)さいころが徹底して非決定論的にふるまい、前もってそれがどういう目になるかをはっきり知る可能性はなかったということ、(2)さいころがいかさまであると最初から強く疑えるということ（これは我々が確率を評価するときにしばしば感じる頼りなさを見事に反映している）、(3)大きな部屋は、六のぞろ目が出なければ満たされること、(4)さいころは神がまだ誰も創造していない段階で振られるが、その直後に、神は小さい部屋の人と、さいころが創造するよう命じる大部屋の人々とを創造したということ。

　こうしたことをすべてふまえると、あなたはさいころが実際に六のぞろ目になった、つまり「小部屋の人だけ」であると考える根拠をもつことにならないか。最初には神のさいころがいかさまではないのかと疑う理由があったとはいえ、二つのありうる形、すなわち六が出るようにいかさまがかけられているか、六が出ないようにいかさまがしかけられているかいずれの可能性が高いとも考えてなかったとしよう。さて、あなたが無作為に創造されたのだとしたらどうなるだろう。さいころは六のぞろ目にはならなかったと予想する明白な根拠があったことになる。さいころが公正だという仮定に基づけば、それが六のぞろ目以外の目になる可能性は、三五対一で高い。ところが六のぞろ目以外が出たとすれば、神が創造した人のうち圧倒的多数は小さい部屋ではなく、大きな部屋の方にいることになる。三五倍ではなく、九万倍なのだ。目隠しが取り除かれるのを待つ間、部屋に人がいっぱいだということがわかっているのなら、自分がいると予測されるのは、大きな部屋の方になる。小さな部屋にも確かに人はいるが、そのうちの誰かが自分であると予想することはあまりできないだろう。しかし自分は小さい方の部屋にいることがわかる。したがって、すべてのことを考え合わせれば、神のさいころは、おそらく小さい部屋だけが見られるような目になったのだろうということになる。

　意図されている教訓は以下のようなものである。自分が西暦二一五〇年以前の時代の人類の中に生まれているとわかったとすれば、これを、神のさいころによって、あるいはもっと真実味のある形で、すべての人類のうち圧倒的多数は西暦二一五〇年より後に生まれることになっているということが、生まれる前の時代から定まっていたという説に反するものと見るべきだということである。

確率論はいろいろと議論のある領域で、筆者がこの教訓に達するためにとった道には、5章でも見たように、反論がいくつもありうる。しかし当面、右に述べた物語には神が六のぞろ目を出して「小さい方の部屋の人々だけ」になったと結論するだけの根拠があるものと仮定しよう。そうすると興味ぶかい問題は、同じ結論が、物語をいろいろな形に変えても引き出せるかどうかということである。

右の話に代えて、神がさいころを振ったあと、小さい部屋の人々がある特定の年に創造され、大きな部屋の人々の創造は、さいころによってそれが存在することになったとしても、しばらく後の年になるまで延期されるという計画を立てていたとしたらどうだろう。この変更は、自分が小さい方の部屋にいることがわかったとき、大きい部屋にも人がいることを信じないという気持ちに何か違いをもたらすだろうか。とくに、あなたが大きな部屋の人が創造される可能性のある年にはまだなっていないということを知っていたとしたら、何か違いが生じるだろうか。「大きな部屋の人々の存在を信じたくない」ということが、その人たちがまだ創造されていないとしてもいつか創造されることになると信じたくないということを意味するだけだとしても、何か違いが出る理由は見当たらない。大きな部屋がいっぱいになるというありうる事態について定められている時期が、小さい部屋がいっぱいになるより前か、その後か、あるいはぴったり同じかということは、大きい部屋がいっぱいになるかどうかが、小さい部屋、つまりあなたが自分がいると見る部屋がいっぱいになる前に決まっているかぎり、何の違いももたらさないだろう。

しかしそれは正しいのだろうか。大きな部屋の人々がまだ生きていない間は、自分がそこにいると見る可能性はありえないという反論には、もしかするとそれなりの力があるのではないか。筆者はそうは考えない。この反論は単に自明のこと、つまり誰も自分が生きている時代以外には生きていないと言っているだけである。自明すぎて、観測されている自分の時間的位置から確率論的結論を引き出すことを止めることはできない。神が二つの集団の人々、一方は三人だけから成る集団と、もう一つは五七兆人から成る集団を作るということを決定していたとしよう。神は小さな集団を作り、その成員がすべて死ぬのを待って、それから巨大な集団を作るものとする。したがって、小さな集団の人々がその事態を考えていたときには、巨大な集団の方の人は誰もまだ創造されてはいない。この実験で創造され、これらの事実は知っているが、目隠しをされていて目隠しを解かれるのを待っている人は、自分が五七兆人の群れの方にいる可能性の方がはるかに高いと予測すべきだろうか。もちろんそうだ。五七兆人がまだ生きていないとしたら、自分がそこには入っていることはありえないと考えるとしてみよう。したがって自分が三人だけの方にいるということに、対等の賭け、つまり一ドルに一ドルという賭けしたとする。実験の間に創造された他の人々が同様に目隠しをされていて、同じことを考え、全員があなたと同じように賭けるとする。すると五七兆人が負け、三人だけが勝つことになる。これはそのような賭け方を否定する根拠として十分であるように思われる(自分が後の方の集団にいることがわかっていても、神の計画では、その集団が大きい方になるとはっきり特定しているかどうかはわかっていないとしても同様である。「大きい方の集団が実は先に創造されているとしたら、その成員はもう誰も生きていないということになり、したがって、私がその中にいることはありえない。したがって、自分のいる集団は小さい方だということには五分五分の目がある」と考えれば賢明ではないだろう)。

大きな部屋の人それぞれの髪と目の色は、小さな部屋の人が創造されたときにはまだ定まっていないとしたらどうだろう。大きな部屋の人が全員男か全員女かそれとも男女同数か、いずれにするか、まだ神が決めていなかったらどうだろう。それぞれのそれぞれらしいところを、すべて、人間であるということ以外には全然特定していなかったとしたらどうだろう。そうであっても全然違いはないだろう。中心的なところは、膨大な数の大きな部屋の人も存在することになるということが、小さい部屋の人が存在するようになる前から定まっていたとしたら、あなたは自分が大きな部屋の一員であることがわかるものと予想されただろうということである。目隠しされて、それが解かれるのを待っているときは、賭けをするならそういうことを考えた上でのことになるだろう。

大きな部屋の人がいるとすればそれは神自らが創造するのではなく、小さな部屋の人々によって生み出されることになると神が決めたとしても違いはない。中心となる論点は影響を受けないだろう。生まれて来る人々がみな、額に「小部屋、最初の方」とか、「大部屋、後の方」とスタンプを押されて生まれるとしてもやはり同じことである。

要するに、5章で述べたいろいろなことは正しかったらしいということだ。いくつかの思考実験で、カーターの一般的な推理のしかたを否定する根拠として、未来において行なわれる観察はまだ行なわれていないという論点は、もっと明確な、今そのような推論を用いるべきかどうかを考えている人は、前でも後でもない、まさに今においてそのことを考えていなければならないという論点と同様、無価値なのもだということを確認しているらしい(これらの無価値な論点を、すぐ後で論じるそれとはまったく別の論点と区別しておこう。それは、未来の人が誰かいることになるかどうか、もしいるとした場合何人いることになるかは、神によってあるいは決定論的な自然の因子によってまだ決められていないかもしれないというものである)。

大きな部屋をいっぱいにするかしないかが、小さい部屋の人が創造される前から決まっている場合を論じるのは何故だろう。その主な理由の一つはこういうことだ。実際の世界はもしかすると完全に決定論的、つまり未来すべてが、細かい状況にいたるまで、初めから決まっているような世界かもしれない。創造されるべき人の総数が、まだ誰も創造されていないときに決まっているときには、これはその種の現実世界、つまり（思考実験で確認されたように）、終末論法がうまく運ぶような世界に対応する。
ただ、現実世界が完全に決定論的だという考え方は、今ではまったく人気がない。そこで今度は思考実験を変えてみよう。

非決定論的な世界に対応する場合

我々の思考実験が非決定論的世界を映すようにするにはどうすればいいだろう。答えは簡単なものだ。神が、小さい部屋の人々が造られた後でさいころを振ることにするように変えればいい。

やはりあなたは自分が小さい部屋にいることがわかる。さいころがどうなるかについて何か結論を引き出せるだろうか。先程と同様、神のさいころは根本から非決定論的だということを明確にしよう。それがどう出るかがそれ以前の状況から決まるということはありえない。あなたはそのことを知っていて、さらにさいころが完全に公平で偏りはないことも知っているとしよう。また、先程と同様、六のぞろ目が出たときだけ、大きな部屋の人々は創られないこともわかっている。また、さいころはまだ振られていないこともわかっている（実はこの最後の点は特に言う必要はない。必須なことは、さいころを振るという事態はあなた自身が創造された時点以降に生じるということだ。そうであれば、さいころが振られるのが、あなたがカーターの終末論法の類の議論を考えるようになる前か後かというのは問題にはなりえない。それでもだめ押しではっきりさせておけば、どう推理すべきかを明らかにする助けになるだろう）。自分が小さな部屋にいることがわかると、六のぞろ目が出ると読む根拠が与えられるだろうか。

それはない。さいころは公正でまったく予測できない。さいころはまだ振られていない。六のぞろ目が出る確率は、三六分の一以外ではない。それで終わりだ。

これに対する反論は、時間のB理論[3]――過去であるとか現在であるとか未来であるとかはしかじかの地点にいるということに相対的な事態であるという説（アインシュタインが好んだ）である――に基づいて、さいころがどう出ることになっているかについては実際に「はっきりした事実《ファクトオヴマター》」があるというものかもしれない。さいころは「四次元の軸で少し先」に決まった形で転がるのだと見ることができる。我々が通常もっている手段ではどうなるかはわからないにしても、それがしかじかの形で転がることになるということは今の時点で真である。そしてそうだとすれば、カーターのような推論は、それを予想する、あるいは少なくともその強力な指標となるものを手にする、通常とは異なる方法をもたらすことにならないか。

答えはノーである。B理論が正しいかどうかに関係なく、この反論は成り立たない。時間が始まる最初から、宇宙が正確にしかじかの形で展開することになり、人類はしかじかの年数にわたって広がるというのが真だとしても、それはあらゆることが徹底的に非決定論であるということ――先行する事象が取りうるいくつもの形の中からたまたま取られた形によって決まるように後の事象が先の事象から組み立てられる――と完全に両立する。徹底した非決定論は、将来の人口の数字について確固としてはいるが通常はわからない事実が、カーターの議論のような推論が適切に訴えることのできるような事実にはならないということを意味する。カーターの推論は、世界の時間的な経歴が、哲学者が時間のA理論と呼ぶものによって言われるような、だんだんと存在するようになるというときにうまく行くのと、その経歴の各段階が、B理論的に「すべてである」として、世界はアインシュタインが表したような「四次元的存在」であるとしたときにうまく行くのとでは、行き方が違うのだ。二つの公正でとことん非決定論的な、まだ振られていないさいころの目が、人類が西暦二一五〇年以後も生き延びるかどうかを定めるのであり、六のぞろ目が出ることだけがその生き残りを妨げるということを我々が知りえたとするならば、人類が西暦二一五〇年以後も生き延びる可能性は、三六分の三五あるということにならなければならないし、実際そうなるだろう。それは、その非決定論的なさいころが、ある特定の目を出すことになっていて、人類の未来はしかじかになるということが、どうなるかはわからなくても真であるかどうかとは、関係ない(4)。

これは終末論法を成り立たなくするだろうか。残念ながら、弱めることができるだけだ。現にあるような世界においては、我々は人類がしかじかの年数生きつづける確率がしかじかの値だと断言することはできないだろう。人類に非常に長い間さらに生き延びる確率を与える、さいころのような因子がはっきりとわかるようにしてくれるものはない。確かに、世界はとことん非決定論的かもしれない。我々の誕生がしかじかの時点で地球上に生じたという事実には、この場合、たとえば人類がこの先長い間には銀河の隅々まで広がっていき、我々が人類の中で最初の一〇億分の一に入るかもしれないようにする可能性が一二%とか二〇%あったときに生じえたことだという考え方に反するものはほとんどない。他方、これが実は非常に可能性が高い、たとえばおよそ九七%だとする考え方に反論するにはいろいろなことができるだろう。当然のこととして、あなたも私も、言わば宇宙さいころ、つまり我々が生まれたときにはまだ振られていなくて、人類の時間的な全体がその時点までに生まれている人類のおよそ一〇億倍の人数を含むことになる可能性が三六分の三五（つまりおよそ九七%）となるようなさいころがあるとは信じたくないということもあるだろう。そのさいころについての確固たる知識があって信じざるをえないというのでなければ、人類がさらに長い間続いて自分がすべての人類の最初の一〇億分の一になるということがほとんど決まっているときに生まれていたということを、どうして信じることになるだろう。

ある状況が、一〇〇%の確率に近づけば近づくほど、それは実はほとんど決まっていると言っていいことになる――それを支配する因子にいかなる非決定論があろうと、それはほぼ確実に重要ではないということだ。世界が非決定論的であると想定してさえ、カーターの推論は、我々が生まれたときに、人類はほとんど確実にさらに何世紀にもわたって生き延びることになっていたという説に強力に対抗することができるだろう。それに応じて、それはその可能性が七二％あったとか、六五％だったとかの説にも強力に対抗しうるだろう。

おまけに、世界はまったく決定論的なのかもしれない。そうだとすれば、カーターの論法が、「未来は決定されていないというあり方」によって――「我々が例外的なほどに初期の人類であったことがわかるかどうかは、我々が存在するようになった後で振られる非決定論的な宇宙さいころによってのみ定まるという事実」によって――弱められると考えるのはただの誤りである。今日の人々は、量子論を世界が根本的に非決定論的であることを示すものと見ている場合が非常に多いが、3章でも見たように、そうは考えない物理学者もいる。量子的な偶然性が何らかの形で「世界の側にある」のだということがわかりやすいように見える一方で、さいころを振ることの特徴となる偶然性にしても、非常に重大な意味で――ただそれでもいかなる時点においての世界の状態についても十分に知っている魔物であればそのさいころがどういう目になるかを予測できるだろうという考え方と両立しうる意味で――「世界の側に」あるということは念頭におかなければならない。

射撃室

射撃室の思考実験については5章でも簡単に考察した。今度は詳しく見ることにしよう。悪魔が一つの部屋で一群あるいはいくつかの集団の人間を創造するとしよう。集団の人数は、創造される順に一〇人、一〇〇人、一〇〇〇人、一万人、一〇万人というふうになっていく。つまりそれぞれの集団の人数は前の集団の一〇倍になるということだ。あなたは自分がそのような集団の一つにいることを知る。実験のすべての段階において、集団をまた創造するかどうかは、悪魔が二つのさいころをいっしょに振ることによって決められる。どの集団の人々もさいころがどうなるかを見ている。六のぞろ目にならないかぎり、集団は部屋から何事もなく出られる。六のぞろ目が出ると、集団にいる全員が射殺され、実験は終了する。あなたは自分が無事に部屋を出られるということを、どの程度確信できるだろう。

　ここでもまず、さいころが公平で、まったくとことん非決定論的であることを明確にしておこう。さいころがどういう目になるかを知りうるような、手近の手段はない。それでも、さいころが六のぞろ目になるだろうということを教えてくれる手近でない手段はあるのではないか。実験に現れるすべての人が、六のぞろ目が出て自分は撃たれる方に賭けたとしよう。そのうち少なくとも九〇％は正しい。最初に六の目が出れば全員が正しいことになる。まだ一〇人からなる集団が一つあるだけで、それが全員撃たれるからだ。二回めのときに六のぞろ目が出ると、それまで射撃室にいたことのある一一〇人のうちの一〇〇人が撃たれることになる。これはおよそ九一％に相当する。三回目に六のぞろ目が出たとすると、犠牲者の比率は九〇％に近づき、実験が続けばもっと近づいていく――実験が終わらないで続くかぎりは。するとこの部屋に入った人々の大半あるいは全員が、自分は撃たれることになると賭ければ勝つことになる。B・ファン・フラーセンが述べたように、保険会社が全員について保障しようと考え、それぞれの集団の人々が部屋を無事に出られる可能性は三六分の三五と考えると、コスト面で誤りを犯すことになる(五〇回めで六のぞろ目が出ることになっているとしよう。すると「ふつう」、つまりほとんどすべての場合――すなわち、五〇回のうち四九回はどうなるか――集団が部屋に入り、そこから無事に出てくる。しかし部屋に入った人の大半はそうではない)。それなら撃たれる方を予想すべきではないか。

これまでしてきた話では、悪魔がどこまでも人を創造しつづけることができ、どれだけ六のぞろ目が出なくても、人を部屋に入れることには何の問題もない。言い換えれば、部屋は無限の大きさをもっている。しかし、部屋の収容能力を超えるまでに六のぞろ目が出ることはほぼ確実だと言えるくらいに大きいとしても、同じような教訓が得られるのではないだろうか。これには少々議論の余地がある。さいころを一兆回の一兆倍のさらに一兆倍振っても、あるいは有限ではあってももっと大きな回数振っても、全員が生きている可能性はわずかでも残る。無事に生きている集団が部屋に収まりうる最大数になったときには実験が終わるとした場合、どうなるだろう。ありうる最後の集団の巨大さを考えて、最後の集団の巨大さは、そこに達する可能性の低さを埋め合わせて余りあるので、「部屋に入る平均的な存在する可能性のある人」が無事に生きていられる可能性はちゃんと三六分の三五あることになると論じる人もいる。筆者のように、可能性の「低い」一兆回の一兆倍のさらに一兆倍振るという可能性の「低い」ことの後で部屋を無事に出て来られるような存在する可能性のある人は、単純に無視すべきだと言う人もいるだろう。重要なのは、射撃がそれ以前に行なわれ、部屋に入った現実の人間が全員死んでしまう可能性が圧倒的に高いということである。しかしこの議論は、部屋が実際には無限に大きく、いずれはある最後の群れが殺されることになるということにして、避けることにしよう。そこでこの話の教訓はどういうことになるだろう。

正しい教訓は、自分は部屋から生きて出られると予想することだというものになるようだ。確かに、自分が生きて出て来られる方に賭けた人のうち少なくとも九〇%は賭けに負けることになるということからすれば、これは少々乱暴なほど逆説的である。それでもあなた個人は、さいころが六のぞろ目にはならないと予想するのは実に明快なことと言うこともできる——さいころは公正で、とことん非決定論的だということを知っていれば。さいころは悪魔の手の上で止まっている。まだそれは振られていない。それがどういう転がり方をするかについての「事実」もなければ、あなたがきちんと根拠にできる事実もない（本章ですでに行なった時間のB理論の見当違いについての議論を見よ）。あなたに言えることは、部屋から無事に出られる可能性が三六分の三五あるということだけだ。それで議論は終わりだと筆者は思う。それでもこの事態は逆説的で、まったくその通りだとはなかなか思えない。自分が実際に部屋から無事に出て来ると予測しなければならないことを納得させるために用いるいかなる推論――たとえば、撃たれるという不運な人は、「私のいる集団が撃たれなかったからということだけで圧倒的な数存在することになる」[5]という推論――についても、すでに部屋にいたことのある現実の人のすべて、あなたがこの推論を信じるために用いたのとまさに同じ根拠をもっている人すべてのうち、少なくとも九〇％は撃たれるのだ（何日もかけて終末論法を論駁しようとしたあげく、それを強固に支持するようになった数学者J＝P・ドラエは、射撃室を少し変えたものを『プル・ラ・シャンス』誌で紹介している[6]。彼はその逆説的なところを、その議論に「勝つ確率も負ける確率も一〇分の九」という見出しをつけて強調している）。

　射撃室のパラドックスは、終末論法が誤っていることを示すのだろうか。答えは、カーターの論理を――大きな部屋と小さな部屋の話の第二の形のものと同様――だめにするのではなく、弱めるだけである。

　一つには、人口が今のような速さで長い間増加し続ける可能性はないということがある。人類はすぐに光より速く広がることになってしまう。さらには、もしかすると飢餓によって、二一世紀の半ば頃には少なくとも一時的に停止するものと予想していいようだ。その段階で人間の数は、終末あるいは深刻な人口崩壊がまだ生じていなければ、一〇〇億人くらいのところに達しているだろう。さて、急速な人口増加の時期の間は、終末論法が、間違った教訓、つまり右に記した状況で自分が撃たれると予測する人によって間違って引き出されるような教訓をもたらす可能性が高いと考えたとしよう。人類は西暦二〇五〇年に達し、一〇〇億人という大きさには問題はないと考えたとし、その後に銀河植民によって引き起こされる、可能性のある増加は無視するものとしよう。認めにくいことながら、これらをすべて認めたとしても、カーターの推論は困惑するほど強力でありつづけるだろう。人類のおよそ半分が、今のあなたや私よりも後に生きていることになるためには、人類は二〇五〇年を超えておよそ二世紀ほど、一〇〇億人という人口規模で、生き延びればいいだけだということを思い出そう。そして、人類が同じ大きさでさらに続くとしたら、数千年ほどで私やあなたほど早い時期の人間は、きわめてわずかな少数派ということになるだろう。

さらに、大きな部屋と小さな部屋について述べた論点に戻ることができる。言わば、そのさいころが破滅をもたらすような目になる可能性が本当にごくわずかで、人類が膨大な数になることは事実上決まっていると言えるようなさいころかどうか、細かく調べてはいないということだ。カーターの論理を考える前でさえ、今後数世紀たってから人類がいる確率は、今後数回振る中で六のぞろ目が出ない確率よりも相当小さいのではないかと考える強力な根拠があったかもしれない。そして六のぞろ目が出ない確率は、人類がどれだけ生き延びるかがずっと前から事実上決まっているのではないか、あるいは事態に影響を与えそうな因子は繰り返し振られるさいころとは全然違うものではないかと思うところまで行ってもいい。実際我々は、どれほどの人が量子論の非決定論について何を言っていようと、世界が完全に決定論的ではないかと思ってもいい。

完全に決定論であるとすれば、それは問題にどう影響するだろう。悪魔がそれぞれの集団の人は、円周率πの数字（三・一四一五九……）に、続けて六が出て来るまでは無事に射撃室から出ていいとしたとしよう。七〇〇万桁以降（数学者ではない悪魔が、この桁が何でその次の桁が何になるか知らないで選んだところ）、次々と二つずつ数字をとっていく。新しい群れが入ってくるたびに二桁だけ調べられる。あなたは自分が部屋にいる。悪魔のコンピューターが次の二桁が何になるかを計算している。それが六六になると予想すべきだろうか。確かにそうすべきだ。今度は非決定論版の実験のときにはとらざるをえないように見えた逆説的な結論を受けいれる必要はまったくない。部屋に入ったとき、自分が無事に出られるかどうかは、決定論的に作用する因子によって決まっているわけではないとは言えないのだ。πのそれぞれの桁の数字には非決定論的なところは何もない。当然、コンピューターで計算されたこれまでの桁は、次の二桁がどうなるかについての指針にはならない。あなたが数学を勉強していても十分ではない。しかし破滅を予測しなければならない。破滅はこれまであなたと同じ状況に陥った人々のうち九〇%以上の身の上にふりかかることなのだ。

この完全に決定論的な事例においては、「時間における、ほとんどの地点で、終末——射撃——があると考える人が間違うことになるのだから、射殺があると予想すべきではない」という論の運びはばかげていることになる。決定論で考えれば、決定的な重要性をもつのは、誰もがそれを予測するとしたら、そう予測した人のほとんどは正しいということだ。

集団の大きさ(人口の大きさ)に影響を及ぼすような人間の決定を加え、この話の変種を作ることもできるだろう。たとえば、悪魔が最初から集団の人数については無関心だったとしよう。悪魔は、最初の集団にいたジョーンにそれをどうするか任せている。私は自分が、その後にできた、ある集団にいることがわかる。自分が撃たれるかどうかは、前と同様、コンピューターが二つ連続して六を出すかによる。ジョーンはコンピューターをいじることはできない。それでもやはり、私が撃たれると予測すべきかどうかは、ジョーンがどう決めたかについてわかったことによって決まる。ジョーンが後の集団の人数は一定だとしていたとしたらどうなるだろう。そうであれば、当然、自分は生きて部屋を出られると予測することになる。ところが、後の集団は必ず前の集団の一〇〇倍の人数になると決めていたとすれば、撃たれると予測すべきだろう。ここには逆説と呼べるものはない。確かに、それはいずれにせよ、ジョーンの決定に影響される、「撃たれる危険、この世の側にある危険」と呼ぶに値するものは何もないが、撃たれる危険性についての私の推定は、ジョーンが決めたことについて私が知っていることに依存するはずだ。ジョーンが、私が生まれる時期より前から決定論的に進展し、これまで部屋に入った人々全員のうちの大多数を射殺することになるような状況を立てているかどうかが重要になるのだ。

今度は、自分が第一の集団にジョーンといっしょにいることを考えよう。私は悪魔がジョーンに、今後もいくつか集団が出てくるかもしれず、そうなったときには、それが最初の集団と同じ大きさになるか、小さくなるか、一〇〇倍も大きくなるかはおまえしだいだと言っているのを聞く。ジョーンは新しく出て来る集団はどれも前の集団の一〇〇倍になると決める。その上で彼女と私は、集団はコンピューターが二つ連続して六を出さないかぎり無事に部屋を出ることになることを知る。二つ続けて六が出ると、その集団は撃たれ、実験は終わる。さて、私は人間の決断も含めてすべての事象が究極的には決定論的であると強固に確信しているものとしよう。人間の脳は「決定機械」であり、ジョーンがその後の集団の大きさについて決めようとしていることは、彼女や私が存在するようになる前から決まっていたということだ。私は撃たれると予想すべきだろうか。そのとおり。ここでも「撃たれる現実の危険度」と呼ばれるものが、ジョーンの決定によって何らかの形で影響されると言っても意味をなさないだろう。しかしやはりまた、撃たれる危険度についての私の推定は、私がジョーンの決断について知っていることに左右されうるのは、ごく当然のことだ。ジョーンの決定のおかげで、後の集団が一つあるとするなら、私は小さい方の集団に属する、これまで部屋に入った全員の中の最初の一%の一人であることになるということは確かに重要なことかもしれない。集団の大きさは私が生まれる前からはっきりと決まっていたと確固として思い込んでいるとしたら、自分がそんなに小さな集団にいるとは信じにくいはずだ。ところが、ジョーンの決定が非決定論的だと思えば、撃たれるのは部屋に入る人の大半にふりかかる運命だという事実があるにもかかわらず、自分は無事に出られるという希望をもてたのだ。この点には逆説的すぎて困るというところはまったくない。

人間と言える範囲

さて、終末論法の「準拠集団」は何だろう。この目的では「人間」と考えられるのはどういう範囲だろう。過去の方を見れば、人類が最初に類人猿から分かれたのはいつのことだったのだろう。将来を考えれば、進化によって大きく変化した後でも「人類」と呼ぶべきなのだろうか。

過去について言えば、最初の反応は、人類とそうでないものとの間のどこに線を引くかなど、ほとんど問題にならないというものかもしれない。たとえば一〇万年ほど前に現れたと考えられるホモ・サピエンス・サピエンスだけを勘定に入れようと、ネアンデルタール人なども含み六〇万年前くらいにまでさかのぼるホモ・サピエンスをすべて勘定に入れようと、入る人数はだいたい同じになる――あるいはさらに、五〇〇万年前に起きたと思われる現代のチンパンジーに至る系統から分かれたとき以後すべてを入れようと、やはりだいたい同じである。人口の数は、初期の時代には、今日の数字と比べるとごくわずかだった。本章で先に述べたおおまかな推定を出すときには、最初の人類はおよそ五〇〇万年前に登場したと仮定したが、それを倍にしたところで大差はない。

逆に未来を見る場合には、O・ステイプルドンが『最初と最後の人間』(7)（*Last and First Men*）で想像したような、まったく姿が変わった子孫――「完全にエーテルのようになり、宇宙空間の中にある原子の塊が放射によって意志を伝えあい、最終的には解体されて光になる」と、イギリスの結晶学者J・D・バーナルの『宇宙・肉体・悪魔』[8](*The World the Flesh, and the Evil*)で言ったようなものもある――をすべて「人類」と考えるかどうかで、大きく違ってくるかもしれない。また、我々の子孫と脳と恒常的につないだコンピューターの融合の程度をあれこれ想像することもできるだろう。そういうものも、すべて人類と呼ぶべきだろうか。やはり宇宙論学者のP・C・W・デイヴィスは、終末論法は「だいたいにおいて説得力がある」[9]と思うが、それでも人類がすぐにコンピューターに完全に置き換えられることになると言っているだけのことではないのかと書き送ってくれた。ただ、とくにコンピューターが我々とよく似たような考え方をするように設計されたとすれば、終末論法のためには、コンピューターそのものが「人類」と言ってもいいのではないだろうか。コンピューターがいくら知的に優れていようと、永遠に意識はもてないだろうし、真の意味での観測者にはなりえないと言う人もいるだろう。しかしそれが正しいかどうかは明らかではない。

これは何らかの興味ある議論につながりそうだが、あまり多くは期待できないかもしれない。筆者が示そうとしてきたことは、カーターの論の方向には、我々に対する警告があるということである。人類が直面する危険を大丈夫と言って退ける前に、ことを確かにしておくべきだということを教えてくれる。カーターと筆者は大丈夫だとは思えなくなる方向に変動がある点に合意している。今日の人類が、ほんの数千年ではなく、あるいは何万年、何億年にわたって子孫をもてるとしたら、またそれらがすべて「人類」の中に入るとしたら、その変動が大きくなるのは確かである。あるいはまた、コンピューターに基づく知的システムに置き換えることを通じてのみ終わるのだとしたら、人類がほんの数千年で終わっていたという悲劇は小さくなるだろう——ただし、もちろん、そのようなシステムが真に意識をもった存在と言えるのであればのことである。ただ、そのような問題は実は重大なものではない。本当に重大な問題は、カーターの論法が、とにもかくにもうまく行くかどうかである。もしそうであれば、人類がこれからほんの数世紀の間生き延びる可能性に関心をしぼっても、重大な警告を与えることができる。あらゆる兆候からして、この何世紀かは、人類が大災害に会わなければ非常に人口が増えることになる時期になるだろうし、人間の思考過程を機械に移して人がそういう機械を「人間」と呼ぶ気になるようにする可能性は少ないと考えられる時期でもある。さらに終末論法が、知能をもった機械によってふつうの人間に代えるという方向を向いているのだとしたら、それ自体が非常に興味深い、またもしかすると非常に恐ろしいものになるだろう。

何にせよ、筆者が今しがた立てた「準拠集団」問題に対して出されているいろいろな答えをテストするための技法が一つあるのはいいことだろう。そしてそういう技法は手に入ると思う。それにはくじの入った箱のたとえを見なければならない。

ある箱の中に、ある特定の集合に属する球が何個あるかを推定しようとしているとする。その集合とは、赤い球の集合で、箱には赤と緑と黄色の球があることだけがわかっているとする。ここでベイズ流の推理を行なうことができる。このような推理は、終末論法が最も強力になるような状況、つまり世界が、(a)完全に決定論的、あるいは、(b)人類がどのくらいの期間生き延びるかにはあまり大きく影響しそうにない種類の非決定論を伴うような状況では、うまく使えることを論じた。この種の状況においては、「箱の中の名札の数」——最終的に生きたことになる人類の総数——は、すでに決まっている。あるいは事実上決まっている。さて、ベイズの推理は、準拠集合の問題にどういう光を当てるのだろう。

ここで、箱には球が一〇〇〇個入っていることはわかっているとしよう。最初に引き出した球が赤だったらどうなるだろう。これは、赤が一個だけ、あるいは一〇個だけしか入っていなかったとは思えないという気持ちを増すだろうか。どのくらいその気がなくなるかを知るためには、5章に記したベイズの規則を用いることができる。それによってあなたの確率の推定が受ける変動の大きさがわかるだろう。

次は、あなたの関心をもっていることが、赤か緑いずれかの球という集合におさまる球が何個あるかだとしよう。最初に引いたのが赤い球だとしたら、あなたの確率の評価はやはり影響を受けるはずだ。そこで赤が見られたということは、たとえば、赤か緑という「準拠集合」に入る球は一〇〇〇個のうちの三つだけである確率が九九％という評価から、ベイズ変動によって大きく離れることになりうるだろう。

注目すべきことは、赤い球としても赤か緑の球としても赤い球は扱えるということだ。ベイズの規則はどちらの場合にもあてはまる。箱の中にある赤の球は何個かに関心がある場合には、その球はただ赤い球として扱わなければならない。ベイズの計算に入って来る「事前確率」は、赤い球がしかじかの数あることの確率である。逆に関心の対象が、箱に入っている赤か緑の球というのであれば、その赤い球は赤か緑の球として扱わなければならない。それに応じて、計算に入って来る事前確率は、赤か緑の球の集合に入る球の数のあれこれについてのものになる。

すでによくおわかりのように、まったく同じ証拠、つまり赤い球が引き出されたという証拠を用いるベイズの計算でも、二種類の推定、つまり箱に赤い球がいろいろな個数で含まれる確率の推定と、赤か緑の球がいろいろな個数で含まれる確率の推定という別の変動をもたらす。

これは明らかに、赤か緑であるということが赤かピンクであるとか、赤か赤っぽいかであるといったことに置き換えたときにもあてはまる。しかしもちろん、ある球が「赤っぽい」と言う気になるためには真赤な球とどのくらい似ていなければならないかを決めなければならない。濃い紫の球でも、自分がそうしたければ赤っぽいことになる。自分が何をしているかを明確にし、それに沿って自分の事前確率を調整することだ。

箱の中にある球すべてに番号がふってあるとしよう。球が一個引き出される。それは真赤だということがわかる。箱にあるすべての真赤な球につけた番号からランダムに引き出された数をもった真赤な球であるだけでなく、箱にあるすべての赤か赤っぽい球につけられた数からランダムに引き出された数をもつ赤か赤っぽい球でもあるということには留意しておこう。終末論法は、観測者をランダムに箱から引き出されたかのように扱うもので、典型的な人間――「ランダムな抽選に基づいて得られると予想される人間」――が、哺乳類としては典型的ではないと見ることができるという論点、つまり、「典型」といっても、準拠集合がわずかに変わったときにはまったく使い物にならない恐れがあるような準拠集合におけるものだということには影響を受けない（赤い球が典型的な緑の球ではないのは当然だが、同じ球が赤い球の集合と、赤か緑の球の集合のいずれからもランダムに引き出されたものでありうる。また箱にある暗い赤の球は人間が哺乳類の典型とは言えないように赤い球の典型ではないが、ランダムに引き出された球が暗い赤だということになれば、それは実は箱の中にある暗い赤の球からランダムに引き出された球だったのだ。それがもしかすると「ランダムな暗い赤の球」ではなく「ランダムな赤の球」かもしれないなどと心配する必要はない）。

教訓は、ある人がもっている準拠集合は、その人が大なり小なり終末論法をするために望まれるものにしていいということらしい。我々の大きく変化した子孫、あるいは手が三本になったり神のような知能をもっていたりする子孫でも、「まぎれもなく人間」と考えたかったとしたらどうなるか。その点に間違ったところはない。ただ、腕が二本の人類、今日の人類の知能とだいたい同じような知能をもった人類による未来を考えるとすれば、それ以外のものを勘定に入れるのを拒むことにも間違ったところはないだろう。

準拠集合の変化は、本書の前の方で紹介された。フェルミの有名な問い、「彼らはどこにいるのか」に関連して、我々は望むなら自分が技術的に進んだ種の一員であると扱うことができると言われ、我々の宇宙がそのような種をたくさんもつようになる可能性を考える際にそれを用いた。しかし、我々は逆に、自分が人類の一員であるとだけ扱ってもいいのだということが指摘され、その上で、人類の未来について終末論法を展開した。そして後で、ある観測者が自分の様々な特徴——たとえば男であるか女であるかとか、しかじかの色の目や髪をしているかそれとは別の色かとか——を、それが当面の問題にとってどうでもいい場合、たとえば誰か（男女いずれであれ、目の色が何であれ）が大きな部屋で創造されたかどうかといった問いの場合、無視することはありうるということが強調された。逆に、自分の皮膚の色について知ることは、茶色の肌の人類が何人いるかを推測しようとしている目の見えない子供にとっては重要である。

とはいえ、終末論法の準拠集合は、好きなだけバリエーションがとれると考えるのは正しいだろうか。準拠集合を広げれば、すぐに行きすぎにもなる。たとえば、原始的な形の動物まで「観測者」の中に入れるような広げ方を認めることには慎重になるべきだろう。これらのものは、意識をもっていない可能性がある。さらに、完全に意識と言えるものは、チンパンジーでもまだ身につけていないような内省の能力を含んでいるということも言えるだろう。心理学のジュリアン・ジェインズは、他ならぬ人間でさえ、そういうものを身につけたのはつい最近のことだとまで言っている。[10] かつて、ライオンには本当の意味での意識はないと説く動物行動学のある講師と議論になったとき、突如、彼の理論には賛成できることも多くあるということがわかった。意識の概念は、まったく明らかとは言いがたい。フロイトの「無意識の心」は複雑な情報処理ができるものと考えられている。我々の視覚情報の無意識の処理は、きわめて入り組んでおり、一瞬のひらめきのうちにすることでも、現代のコンピューターではできないようなものがある。
一方、何らかの形で準拠集合を狭めることも、あるいは不適切に見えるかもしれない。たとえば、あなたは、あなたが生まれた日あるいはそれ以降に生まれた人という集合の中ではとくに早い時期に生まれたことになる。あなたが生まれたときに生まれた人々に格別の脅威となるような終末論法を生み出すためにこういうことをするのは、おそらく認められない。

人類とネアンデルタール人の共通祖先は終末論法の計算に入れるべきだろうか。準拠集合をネアンデルタール人と分離した後の人類に限ることは、自分と同じかそれ以後に生まれた人に限る人、あるいは少なくとも自分よりも一〇〇年以上前に生まれた人は計算に入れない人と同じようなものではないのかという不満が出るかもしれない。したがって終末論法は、人間の数に入ると思えるものを探しているときにはかなり前に遡る必要があるということかもしれない。ただ、5章でも述べたように、この論法が人口時計が人類が確率論の試験に合格できるようになったときに始めて作動し始めることができるという議論は棄却できるとはいえ、自分の時間の中での位置をそれなりに精巧な形で、つまりチンパンジーではできないような形で観測できるような存在の到来を待って時計が動き始めてほしいと思ってもいいだろう。チンパンジーは夕食の時刻はわかるかもしれないが、チンパンジーという種の歴史の中である特定の時点にいるというような概念は形成できない。となれば、人類とネアンデルタール人との共通祖先についても同じことが言えるのは確かだろう。この場合、終末論法は、この祖先のことは無視することにしてもいいのではないか。

以下の考察は重大なものである。これらの共通祖先を勘定に入れなければならないとしても、実は、ネアンデルタール人から分かれた後の人類という準拠集合で動作させることは間違いだということにはならない。カーターが筆者に指摘したように、「その祖先を勘定に入れること」は、次のような形をとりうるだろうということだ。我々は、両者が分かれる前に存在していた人類あるいはほとんど人類が、何十万年にもわたってその種をうまく広げていたという事実は、分裂後の人類の数が少ない可能性が低いことを示唆すると言うことができるだろう。それ以前の人類あるいはほとんど人類が長い年月をうまく生き延びたということは、もちろん、その子孫もまた長く生き延びることを示す傾きをいくらかもっている。ベイズの規則を用いる人は、それ以前の存在を、それを排除して十分狭く定義された準拠集合——「人類」——の、将来存在しうるいろいろな数について事前確率を推定するときに、考慮に入れることができる。

もう少し考えると、準拠集合を自分と同じあるいはそれ以降に生まれた人間にまで狭めた場合にも、同じようなことができるということがわかる。狭めたのに応じて事前確率を調整すれば、ここまで準拠集合を狭めることから、不適切なほどに心配させる終末論法が生じることはないだろう。あなたがベイズ計算と人間の歴史についてすべて知って生まれたとしよう。人類がちょうどあなたが生まれた週に終わる事前確率は、きわめて微々たるものと映ったにちがいない。そしてそれで十分、我々は次のようなことを言うことができる。人類がこれからもう一世紀続くことになっていたとしたら、問題の週に生まれた人々は、そのとき生まれたかその後の一世紀の間に生まれた人々という集合の中では例外的に早い時期の人々だということになっていても、それでは人類が、もう一世紀続くのではなく、その週に終わると予想するだけの根拠としては薄弱だということになる。

未来の方を見るときには、準拠集合をどのくらいに拡大すれば適切なのだろう。終末論法の目的のためには、進化論的に大きく変化して、腕が三本になるなどしても、そういう子孫も「人類」に含めるところまで拡大することには強力な根拠がある——つまり、その知能がチンパンジーの水準をはるかに超えているかぎりは。我々は、特定の集団、つまり腕が二本のものの集合のようなものにおさまる子孫は何人いるかということを計算しようとしているのではないことは忘れないようにしよう。我々が言おうとしているのは、人類が近い将来に大災厄に遭遇して、どんなものであれ子孫がほとんどいなくなる可能性が高いかどうかということである。腕が三本で目が五つの子孫だろうと、電波を感じたり途方もなく複雑な方程式を一目見て解いたりすることのできる子孫だろうと、確かにどれも人類に入れる必要があるだろう。三本めの腕や電波に対する感度や途方もない知能が出て来るというのは、多少なりとも意味がある形では「終末」とは言えないだろうからだ。さらに、人間のような思考過程をもった高度な知能をもつ機械、あるいはさらに人間とは全然異なる思考過程をもった機械でも、終末論法の目的のためには、それが生まれたのは最終的には知的生命が地球上にいったん人間の形で現れたという事実によるという意味で、それらが我々の「子孫である」と言えるかぎりは、数に入ると言いたいところだ。

したがって、我々が今後何世紀かたっても子孫がいるかどうかを予測しようとするときには、我々の子孫は膨大な数の知能をもった機械という、もしかすると銀河に植民するには人間よりもふさわしいかもしれないものも入りうるということを念頭におかなければならないのかもしれない。それでも、人類が今後の数世紀を何とか無事にくぐりぬければ、膨大な数の子孫がいることになるという見通しは、まさに終末論法が、人類はその何世紀かを無事にくぐりぬけないという心配を増大させる根拠——もう一度だけ強調させてもらうが、押しつぶすような絶望を正当化する根拠ではなく、それなりの根拠——として与えているものなのだ。

後記

アンドレイ・リンデは、終末論法は次のような奇妙な理由で成り立たないと教えてくれた。彼の考えでは、宇宙は、人類が無限に長く続くことが技術的に達成可能になるようなものである。人類はこの点を大いに利用することができる。すると、人類がその歴史の始まりから何年離れていようと、しかじかの人間は、人類の全寿命においては無限に早い段階に（その意味は容易に理解できるだろう）あることになる。

リンデの説には納得できない。リンデの説を直ちに棄ててしまわないで、人類が無限に長い未来をもつというのを好きになるところから始めたとしよう。この説が正しいとすれば、あなたの現実の時間的位置は、リンデが述べたように、実際、自分がいつ存在していようと、確かにある意味で早い時期ということになるし、したがって、どの時期がどの時期と比べて驚くほど早いということはなくなる。終末論法は成り立たなくなるだろう。しかし、この論法を支持する側が、リンデの説は真であると仮定して、様々な時間的位置を、その驚きの度合で比べようとする必要はない。逆に、リンデの説が真でないとしたら、真だとしたときと比べて自分の位置がどれほど早くなるかを比べるところから始めるべきなのだ。後者の場合には、その位置はある意味で無限に早い時期にあることになる。前者ではそうではない。そうなると、そのことがこの説を退ける強力な確率論的な根拠を与えてくれる。

物理学者のための付記

終末論法の一変種は、量子論の多元世界説を成り立たなくするように見える。[11] あるいは少なくとも、それを最初に考えたH・エヴァレットが簡単に意図していたような、あらゆる観測者が瞬間ごとに膨大な数の自分の「分身」に分かれていくというような形の多元世界説は成り立たなくするらしい。量子力学の法則によって前の瞬間での状況から流れてこられるようなありうる観測の集合の一つ一つについて一つの分身というわけだ。[12] このような分裂の繰り返しが本当に生じると信じているとすれば、いくら自分はすぐには死なないという証拠があるように見えても、それとはまったく関係なしに、すぐ死んでしまうと予想しなければならない。後になればなるほど観測者の分身はとてつもなく多くなり、死んでしまう分身も増えてくる。すべての分身のうち圧倒的多数は、自分が数分以内に死んでしまうということがわかることになるだろう。本章や前章で述べたように、将来において行なわれるべき観測は「まだ行なわれていない」と反論することによってはその種の結論を避けることはできない以上、また誰もがすぐに死んでしまうと予想することがばかげている以上、分裂という考え方は明らかに棄てられなければならないだろう。

確かに、人の一生の中での見かけ上の位置——死ぬのはまだまだ先——は、エヴァレットの説にそれ以外にも正しいと思わせるような根拠がないのであれば、それを否定しているように見える。そしてそういう根拠はきっとない。エヴァレットが正しいことを確信できたとしよう。すると二つのいずれもまったくありそうにない選択肢を前にすることになる。まず、自分はこれから膨大な分身をもつことになる観測者の例外的に早い段階での分身だというものと、もう一つは、人の観測は死の直前になって行なわれるというものである。しかし実際には、こんな奇妙な選択肢から一つを選ばなければならないということはない。逆にただエヴァレットの立場を単純に否定していい。

エヴァレットの説に基づくと、後になればなるほど観測者の分身の数が多くなるだけでなく、観測者も増えることになる。その多さそのもののせいで、この説が疑わしくなるほどだ。エヴァレットの難点は、彼の宇宙が繰り返し分岐することで、宇宙は次々と出て来る、それぞれで観測者が生まれるであろう分岐であふれかえってしまうということだ。知的生命の歴史であれ、ある人の生活史の中のいろいろな段階であれ、時間をどんどんさかのぼれば、それ以前の観測者やそれ以前の段階が、エヴァレットの宇宙の波動関数の量子的振幅がそれに応じて大きくなるのが見られる。成長するにつれて枝分かれが増えていく木のようなものである。先に分かれた枝は、量子的振幅が大きく、さらにそれがいずれ生み出す枝分かれした枝が、後で枝分かれした枝よりも多くなるので、当然「重い」ことになる。エヴァレットの世界像においては、このより多くの「枝分かれ」をもつという考え方が、量子的振幅が大きいことが現実である確率が高いことに相当するという、通例の考え方に代わる。エヴァレットによれば、すべての枝、さらに枝分かれした枝は、どれも等しく実在だからだ。彼は確率を「実在になる傾向」ではなく、頻度と解する。しかし分岐が重くなるところで感じる快感や苦痛が、それに応じてきつくなると考えるべきだというのではないのは確かだ。今日の歯痛が先週の歯痛よりも一兆の何兆倍も弱いだろうか。また、それらがより「数多く」あるいはそう見えるように感じられると言っているわけでもない――そんなことを言えば、カーターが筆者に指摘したところでは、他の点では決定的とカーターが見るエヴァレットに対する筆者の反論をだめにするだろうという。それはつまり、分岐が重くなるところで生じる観測は、実際に単独の観測と扱われるべきで、それが、みんなが同一の経験を与えられたいろいろな観測者の分身によって、密集した枝全体にわたるいろいろな点で、一兆の何兆倍もある同じ観測が行なわれるとは考えるべきではないということだ。

ただ、D・ドイチュが、つねに無限大ある測定される宇宙の集合が、ばらばらの部分集合に分かれて存在し、それぞれの部分集合に、測定によって分かれるようになる同一の宇宙が連続的に無限大あるという公理でエヴァレットの立場を補うことを勧めていることに注目しよう[13]。多くの人が、無限にある同一の宇宙というのは受けいれがたいと見ているが、ドイチュによる「エヴァレット型」の説は、少なくとも、もう間もなく死ぬことになるとは予言できなくなるという利点はもっている。

7 囚人のジレンマと核報復

人類が生き残る可能性を大きくするには、相当の協力が必要かもしれない。利己的な人々に対して協力を促進する一つの方法は、そこから期待できる利益を見せることである。もう一つの方法は、脅しを用いることだ。いずれのやり方も意志決定の理論においては問題を含んでいる。いちばんわかりやすい例は、核戦争を起こさないようにするという場合だろう（本章は膨大な技術的細部に触れるのは避け[1]、ごく短い章にする）。

二つの国が核戦争に向かっているらしいとしてみよう。いずれの国も先制攻撃をかけて、相手がミサイルを発射する前に、それを多く破壊してしまう方がいいと見ているかもしれない。

先制攻撃をかけない根拠は、まだいずれの側も核攻撃をしないという状況にあるという希望である。ただ、このことは「囚人のジレンマ」の問題を引き起こしうる。

反撃をしない根拠は、自国がほとんど全滅してしまい、反撃する利益がほとんど残っていないということである。これは報復という行為は正しいと言えるかという問題をもたらす。

先制攻撃をしない――協調と囚人のジレンマ

二つの超大国――オセアニアとユーラシアとしておこう――があって、膨大な量の核兵器を製造して保有しているとしよう。両国をまとめて考えれば、いちばんいいのは核戦争が起きないことである。しかしオセアニア一国だけを考えれば、先制攻撃をかけてユーラシアの保有する核ミサイルのほとんどを破壊してしまえばもっといいかもしれない。それによって非常に危険な競争相手を除き、全世界を支配できるようになるかもしれないのだ。ユーラシアに残ったミサイルが報復として発射されるかもしれないが、それでもオセアニアがもっている「スター・ウォーズ」防御網の鎧があれば、標的に達するのは、そのうちの一つか二つだけだろう。ところが、ユーラシアが先制攻撃をかけてくれば、とんでもないことになる。だからユーラシアが現時点で何を考えていようと、オセアニアは攻撃した方がいい。

一方ユーラシアの方も、やはりスター・ウォーズ防御網を構築しており(「世界をより安全な場所にするために」という、オセアニアが用いたのと同じ口実で)、同じような理由で攻撃した方がいいことになる。いずれの国も、囚人のジレンマと呼ばれる状況にある。平和が続いた方が両方にとっていいのだが、いずれもが戦争を始める利己的な根拠をもっている。しかも国というのは、しばしば利己的なものだ。利己的でなければならないという義務が、大統領たちが守ることを求められる誓いの中に組み込まれているかもしれないとも思える。オセアニアとユーラシアが実際に利己的であれば、その状況は、二人の利己的な囚人の状況に似たものになる。二人をオリヴァーとエドワードとしよう。いずれも刑務所長から、相手を裏切るよう誘われている。所長の脅しと見返りは、裏切るのも合理的な方針だと思わせるものである(「合理的」というのは、誰もが合意するような意味をもつ言葉ではないが、この分野の慣行に従って、あなたにとって合理的なことは、あなたの目的が何であるかによって決まるものとする。利己的でない人々は、合理的な非利己性をもって行為することができるが、オリヴァーのケースでは、合理性はオリヴァーの利益になることにある)。刑務所長は、ある看守が殺されたのは、二人の囚人がいっしょになってやったものと思っている。二人とも自供しなければ、罪は問えない。所長は囚人を別々にする。二人はそれぞれ、もう一人が黙っているうちに自白すれば、すぐに釈放され、相手は一〇年の刑を追加されることになると言われる。両方とも自白すれば、それぞれ五年の刑が追加される。オリヴァーとエドワードとは、相手がどうしようと、それぞれ自白することによってうまくやれることになる。

これは手強い議論だが、多くの哲学者が信じているほどではないということを、これから論じる。囚人のジレンマに陥っている人々が、どこから見てもよく似ているとしてみよう。このことは、「裏切る」——自白する、信頼を裏切る、核戦争を始めるなど何でも——ことで期待できる利益の計算に影響するはずだ。

筆者の説は、だから裏切りは合理的でないことも多いということ、完全に利己的な人にとっても裏切りは合理的ではない場合が多いことになるということである。残念なことに囚人のジレンマ的な事態がよく見られることからすれば、この点は大事なことかもしれない。囚人のジレンマは、人が自分で協調を目指すべきかどうかを考えるときに、心配になるほどの頻度で生じる。たとえば、だんだん数が減っている魚を漁船が追っているとしよう。それぞれの船長が、他の船長に、公式に許可されているトン数以上は獲らないようにと訴えるとする。この規則を破る船長は、自白する囚人と似たような立場にある。

筆者の議論は、ある物語の助けを借りて表すことができる。巨大な鏡のようなものに向かって歩いていると、私は自分がガラスではなく肉体にぶつかる。宇宙は完全に対称的なものであるに違いないと私は結論する。肉体は私の分身のものなのだ——左右が入れかわってはいるが、他のすべての点では完全な複製になっている。

宇宙はまた完全に決定論的でもあり、そこでの事象は細部にいたるまで自然の法則によって定められている。でなければ、私の分身の運動が正確に私の鏡像になるということは奇蹟ということになるだろう。選択の自由がすべて幻想だという結論にとびつく必要はない。確かに、決定論的な宇宙では、私の脳は非常に厳密な意味で、「ただの意志決定機械」ということになるだろう。それでもやはり、それはまさしく決定を行なうことができるだろう。私の身体が実行することのできる多くの行動の形態から選ぶことができるのであって、単に選んでいるように見えるというのではない。私の脳細胞は、考える道具であると同時に、選択のための道具でもありうる。ちょっと待って見てみなければ、私の脚が私を飢えたライオンから遠ざけてくれるかどうかわからないということはない。そんなことをしなくても自由に逃げようと決めることはできるだろう。

以前に考えていたよりも二倍の力があるのではないか。私の手と足とを支配するのに加えて、私は分身も支配しているのではないか。私は分身に好きなときに走らせたり、手を振らせたり、拍手させたりできるのではないか。私は石を一個ではなく二個投げることができるのではないか。私が鳥を獲るために投げる石と、私の分身の手から同時に放たれるはずの第二の石である。私が鏡の中の自分の像がすることも支配できるとしたら、分身がすることも支配できることになるのをどうして否定できるだろう。もっともそれを否定する根拠はすぐに見つかる。ある重大な点で、私と私の分身は別個である。私は自分が走るときに本当の意味で分身を走らせているわけではない。分身の方が私を走らせているのだと宣言することも等しくできるが、分身はきっとそうはしていない。私が走るという決定は、私の脳細胞によって生み出されるのであって、分身の脳ではない。それでもやはり、走ることにするという選択によって、私は分身が走ることを確実にすることができる。分身が石を投げるということを引き起こすのでなくても、私は分身が石を投げるのを確実にするよう計らうことはできる。自分で石を投げさえすればいい。

宇宙の残り半分に鳥がいるのが見えて、それが死ぬといいと思ったとしよう。それに石を投げつけてみても無駄である。石は、宇宙の二つの部分が接するところへ達したとたん、私の分身が同時に投げたもう一つの石と衝突することになるだけだ。ただ、こちらの投げた石がこちら側にいるまったく同じ鳥にぶつかったとしたらどうなるだろう。私が殺してしまえと思った鳥はやはり死ぬことになる。

しっくりこないように見えるかもしれないが、私がもう一つの宇宙にいろいろなことを「準因果的に引き起こす」、つまり私の分身が突然ぐるぐる走り回ることにするとか、その分身の仕業で鳥が死ぬとか、何でもいいから、それにについて話してみよう。準因果関係とは、もちろん本当の因果関係ではないが、ことがそうなるようにしているのとほとんど同じである。実際、それよりもずっといいこともしばしばありうる。自分の分身に頼んで、分身がそちら側の鳥に石をぶつけるようにしむけてみるとしよう。こちらでこちら側の鳥をこちら側の石で殺そうと私が決めないかぎり、何も起こらない。相手に何とかベッドから這いだして民主党に投票してもらおうと思えば、こちらもベッドから這いだして民主党に投じなければならない。お互いがお互いの完全な複製である以上、それ以外のことはできないだろう。

宇宙論者はときおり、我々のいる宇宙は完全に対称的な宇宙だという考え方を試みてきたが、それはありそうにないらしい。だとすれば、私とその分身というこの話と現実の生活の間に、ましてや囚人のジレンマとどういう関係があるのだろう。答えはD・ルイスによって唱えられている。(2) 完全な複製は虚構だとしても、人々はお互いに非常によくできた複製になっていることがある。石を自分の足に落とせば、私はどう反応することになりそうか。おそらくあなたがあなた自身の足に石を落としたときの反応とだいたい似たようなものだろう。

士官学校《ミリタリーアカデミー》の出身者はしばしば、ばかばかしくも同じようなことを言ったりしたりしてないだろうか。イギリスのパブリックスクール出身者についても同じようなことが言えないだろうか。囚人や、修道僧についてはどうか。金持ちの家に生まれた人々の間では、あるいは貧しくしいたげられた人々の間ではどうか。確かに、ランダムに選んだ二人の成人を似たような状況に置いてみよう。二人はまず間違いなく特徴的な行動については類似を示すのではないだろうか。

先の架空の物語では、準因果関係は完璧と言ってもいいだろう。私が石を投げれば絶対確実に、分身も石を投げる。分身が自分の足に石を落としてあわてふためくとすれば、私も一〇〇％確実に同じくあわてふためくだろう。しかし実際の生活はそれほど劇的ではないものの、不完全な準因果関係なら多いのは明らかである。行動のしかたが完全にまねられているわけではないかもしれないが、見事な相関があることも多い。人々はその性質が似ているために、予想できる程度に似たことをしている。二個の球が、そのできがだいたい似たようなものだからということで、似たような跳ね返り方をするのと同様である。自由意志についてどう考えようと、その点については否定できない。何年も意志決定をしていれば、人間は実際、自分でいいところも困ったところも築き上げ、特徴的な非利己的ふるまいかたをしたり、特徴的な利己的ふるまいかたをしたりするのだ。

確かに、不完全な準因果関係なら利用できる。完全な準因果関係が鳥に石をぶつけるのに使えたのと同様に、不完全なものも利用できる。よくある形での囚人のジレンマでは、二人の囚人（あるいは囚人になぞらえられるもの）は、まったく同一の状況にある。この点で間違っていることはない。哲学的、数学的、科学的論点に光を当てようと思えば、整った、理想化された事例を論じるのがいいことが多い。しかし見逃されがちなのは、もう少し理想化を進めれば、二人の囚人があらゆる点で同じであることがわかっていて、その脳は脅しと利益の提供に同じ反応のしかたをする意志決定機械であるという状況が考えられる。そしてその場合には、囚人のジレンマの標準的な結論、つまり利己的な人が自白したり裏切ったり核戦争を始めたりなどするのは筋が通っているという結論は、無意味になる。相手にもまったく似たような処罰と報酬が見込まれる中で、また相手が自分とまったく同じふるまい方をせざるをえない（ということがはっきりわかっている）ときに、誰かよりうまくやろうと利己的に努力をすることはありえないのだ。

逆に、自分が「裏切る」ことがなければ、この誰かも裏切らないということを信じるのはどこから見ても正しい。

当然、二人にとっていちばんいいことを選ぶのがいいということになる。「相手が何をしようと関係なく自分自身の利益が大きくなるようにする」という考え方は、相手の行動が確実にこちらと同じになるという場合にはまったく成り立たない。それだけではない。完全な鏡像関係が達成されるまでもなく成り立たなくなる。いろいろな人々がお互いの複製になっている程度がいろいろある、そのばらつきに応じて、人々はお互いに対してもつ「準因果的影響力」の程度も異なっていると言うことができる。たとえば、その一人が人を信用して行動する場合、このことは、他の人も同様にふるまうようになるという方向に向かう準因果関係の傾向を、ある程度もつことになる。もちろん、傾向がごくわずかだという場合も多い。しかし強い場合もありうる。準因果関係は因果関係そのものではない以上、因果的には強くないとしても、それでも強力ではある。

準因果関係の現象は紛れもなく現実であり、利用可能である。世界は魔法によって動くわけではないが、完全な複製は使えても、不完全な複製は使えないということにしているのも魔法にすぎないのだ。とはいえ、準因果関係がどれほど重要かについてはなかなか意見が一致しないだろう。この問題には相当の研究が必要だ。

重要か重要でないかは別として——様々な核戦争研究を読むと「非常に重要だ」と言いたいが——準因果関係の現実性は、他人を信じ、協調的に行動することをよしとする、ふつうに認識されている点をさらに強化する。たとえば、人は自分が信じられているときにはいい反応を返す傾向があるとか、利己的な生活は生きるに値しないことが多いというようなことである。

反撃をしない——核による報復の是非

ある国が一〇〇〇発もの核爆弾で先制攻撃を行なった場合、それに対して報復するということにはどういう意味がありうるだろう。筆者は功利主義者なので、行動に関する道徳的な点は、その行動が何かいいことをする可能性にかなう場合にのみあると考える。カントに従う人々は、さして苦労もなく、核報復を「報復する正義」と見るかもしれない。カントは、天罰が下るとしても殺人を行なわなければならないことがあると言っている。しかし筆者はカント的なやり方には感心しない。他に利益を得る人がいないのに誰かを傷つけるようなことをする義務をどうしてもてるだろう。明らかに、これはレトリックの問題である。4章でも論じたように、利益を最大にすることを求めるべきだということを証明する方法はないからだ。「利益を最大にしようとすることは正しい」というのは、「独身男性には妻がいない」というのとは全然違う。それでも、唯一本当におもしろい争点は、報復するぞという脅しが、おおざっぱな言い方だが、危険を最小にして期待できる利益を最大にすることを根拠にして正当でありうるかという点と、さらに、D・ゴーチエが論じたように[3]、脅しが効かなかった場合に、現実の報復に訴えることはできるかという点である。

核報復は、もちろん、抑止力としてはたらく。報復が予想されるので二度と核爆弾は落とすべきではないということを人々に教えることができた。しかし核報復が、抑止という目的がまったく使えなくなっても適切でありうるかどうかに集中しよう。このような報復が確実に残った人類をすべて破壊するとしよう。それでもなお正しいということがありうるだろうか。道徳的で合理的な人物が、報復するという脅しが正当だったからということで、報復に踏み切らざるをえないということがありうるだろうか。ゴーチエならそうだと言うところだろう。

ゴーチエの立場の魅力を見るために、ソ連が崩壊してずっとたってからも大量の核兵器が残る世界の場合を考えてみよう。決して核戦争に訴えないことを人々が納得していなければ、それが人類を完全に滅ぼしてしまうのは、ほとんど確実であるらしい（「限定核戦争」はおそらく無意味だろう。戦争をしている人々はすぐに自制心をなくし、できるだけ多くの人を殺そうとする）。そこで、ある国の、どこから見ても心ある指導者が、終末機械を作るよう命令を出す。これはもちろん、機械の大群であり、センサーとコンピューターからなる、複雑で完全に自動化されたシステムである。どこかで核爆弾が爆発すれば、それは自動的に探知され、中央のコンピューターが、人類をすべて滅ぼすのに十分な量をはるかに超える爆弾を起動させる。

終末機械を作るということは、人類が滅びない可能性を最大にするから道徳的だということになるかもしれない。このような機械がなければ、いろいろな国が核戦争を始めようという気になりかねない。そこから出てくる可能性が高いのは全員の滅亡だと常識は言うかもしれないが、ただ、国々が常識をふりかえる気になるのはいつのことだろう。最善の策は、この機械を作って、人々にそれを完全に監視するよう勧めることだ。どんな人でも核爆弾を落とすことに意味はないということがわかるだろう。

心ある指導者がこの機械を作るよう命じる根拠は十分にあることを認めよう。しかしここで（アメリカでそうであるように）ある憲法の条項によって、核戦争の制御を完全に機械に委ねることはできないとしてみよう。終末装置はしたがって、指導者が、中央コンピューターが爆弾を起動「したい」と思ったときにボタンを押すことに「同意」してボタンを押してはじめて作動しうるものとする。指導者が催眠術師や脳外科医のところへ行って、「私を終末装置の信頼性の高い部品にしてくれ。ボタンを押すのをためらわないようにしてくれ。そしてみんなにそうしたと伝えてくれ」などと言うかもしれない。これは倫理的に求められることではありえないのだろうか。ある脅しが信用を維持するために、ある真に道徳的な人物が、自分が本当に核報復をとることを、それが自由の行使だとしても不道徳な行使となる場合でも、確実に行なえるようにすることはありえないのだろうか。抑止の目的のためには、自分を「ゾンビ化」することは義務になるかもしれないではないか。

義務になるということに同意しよう。脅しが効かなかったときに自分が報復を行なうことを自由に保証することは、たとえ実際にそうすることは、自由な人物がするのであれば不道徳にしかならないとしても、それについての立派な道徳的根拠をもてる人がいるだろう。そこには逆説的なところは何もない。報復を確実にすることは、それで人類が全滅する危険を最小限にするのであれば善になりうる。これは報復によって人類がどう滅びるかとは関係なく真たりうる。

しかし今度は、別の憲法の条項によってゾンビ化が禁じられているとしたらどうなるだろう。指導者の頼りは、「核戦争が勃発したら私は本当にボタンを押して人類をすべて滅亡させる」とはっきり宣言することだけだとしたらどうなるだろう。指導者は、完全に心ある人物であっても、この種の脅しを行なって、他の国の心理学者を呼んで脅しが確かかどうか、すなわち核攻撃についてはほぼ確実に実行されるかどうか、嘘発見器（完全に信頼できるものとしよう）にかけるよう求めることはできないだろうか。ゴーチエならできると言うだろう。それが間違っていることを証明しよう。

ゴーチエに対抗して立てられる論点はまったくの論理的なものになるだろうから、空想上の仮説の助けを借りて話を進めてもかまわない。空想かどうかは事態の論理には影響しない。そこで、コインをはじいて表が出たら、一〇〇億ドルと引き換えに悪魔に魂を譲って、悪魔はその魂を永遠に責めさいなんでもいいと私が悪魔に言ったとしよう。私はあなたがそのことを知っていることを知っていて、あなたが私に特段の好意をもっていることもわかっている。残念ながら、それでもあなたはコインをはじいてみたい気持ちにかられているることがわかる。悪魔があなたに五〇〇億ドルを出してあなたにそうするよう求めたのだ。私はどうすべきだろう。悪魔がこんなことをもちかける。私がそうしてくれと言えば、二人とも地獄に連れて行きますよ——つまり永遠の責め苦にかけますよ——と。あなたが合理的であることがわかっているとすれば、私の方は、あなたにあなたがコインをはじけば地獄に落ちるぞと脅すのがもっともなことにならないだろうか。悪魔の魔手から逃れるのを絶対に確実にするためには、あなたがコインをはじけば、私は自動的に自分とあなたの両方を地獄に落とすよう要請すると厳かに宣言することができるのではないか。その上で、あなたに、その宣言を復唱する私を完全に信頼できる嘘発見器にかけるよう求めることもできるのではないか。

それはできない。私がおかしくなっていないとすれば、嘘発見器は、あなたがコインをはじいても私が二人の魂を地獄に送る意図はまったくもっていないことを明らかにするだろう。そういう意図を抱くほど私がおかしかったとしても、コインがまだ空中にあるとき、あるいは裏と出た後になってさえ、当初の意図に基づいて行動するには、さらにおかしくなければならないだろう。頭がおかしいほど復讐に燃えていなければ、あなたがあえてコインをはじいたとたんに自ら永遠の責め苦に向かうようなことは、実際にはしないだろう。確かに、あなたの合理性とあなたがすべてを知っていることを信頼できるとすれば、私は自分をゾンビ化——非合理化——し、二人を地獄に落とさせるという脅しを確実に実行させるようにすることができるのは確かだ。そうすればあなたはコインをはじくことが自分も地獄に落ちることを意味し、したがってはじいたりはしないということがわかる。しかし脅しは、私が合理的であり続けることがわかっていれば決して実行はされえない。合理的な人物はそのような脅しを実行することはないだろう。

確かにここは、完全にまた一貫して心ある存在は、完全にかつ一貫して合理的な人とまったく同様に行動するような領域である。全人類の死をもたらす報復の形態をとるかどうかの選択に直面すれば、心ある指導者はそれをとらないことにするだろう。

それでも報復するぞという脅したのは正しかったということはありうる。何と言っても、頭がおかしいほど復讐に燃える傾向がないということについては、傍目からはわからないのだ。現代の指導者の多くがそれをもっているというのは、むしろいいことなのかもしれない。そして冷戦の間に核による平和が維持されたのは、単に超大国それぞれが、相手側がそういう傾向をもっているのではないかと疑ったせいでしかなかったのかもしれない。

註

序論

1 序論での終末論法の扱いは、主にLeslie 1989e, 1990b, 1992a, eに基づく。この論法については、5章と6章でさらに論じる。

2 J・J・C・スマートが書いているように、確率が相当低くても、「災厄の規模が大きくなって増幅される」と、「大きなマイナス要因」をもつものになる。この点は、「人類が自ら破滅しないとすれば、今後何百年にわたって進化するかもしれない」ことを考えた場合、非常に重みをもつ（Smart 1984, p. 140）。

3 McCrea 1975; Begelman and Rees 1976.

4 Peterson 1993.

5 たとえばLeslie 1993cおよびd。

6 Heilbroner 1975.

7 Tipler 1982, Tipler 1994の2章、Wesson 1990を見よ。

8 Gott 1993, p. 16.

9 他の批判に対する答えについては、Gott 1994も見よ。

10 この論法は、この種の確固たる事実、理論的に予測可能な事実を必要とすると思う。たとえ、未来において真となるすべてのことは、世界が非決定論的であるかどうかにかかわらず、すでに真である——時間の本性についてのいくつかの見方ではそうなる

——としても。この論点には議論の余地があり、6章で再びこの点に戻ってくることにする。

1 戦争、汚染、病気

1 Putnam 1979, p. 114.
2 C. Sagan, 1980, p. 266.
3 Kiernan 1994a, p. 15.
4 Adamson 1990, pp. 171-3.
5 C. Sagan, 1980, p. 267.
6 Turco et al. 1983; Greene et al. 1985; Schneider and Thompson 1988; Nelson 1989; Chapman and Morrison 1989, chapter 8.
7 R. Kennedy 1968, p. 110.
8 この危機の詳細な分析については、Gottfried and Blair 1988, pp. 169-98を見よ。
9 Kissinger 1979, p. 622.
10 Schelling 1960（8章）
11 McNamara 1985, Bethe 1991, p. 140に再録されたもの。
12 MacKenzie 1990.
13 McNamara 1985, p. 144. Bethe et al. 1984; Tirman 1984; Broad 1985; レーガンが一九四〇年に、「アメリカを不可侵にし」、それによって「これまで発見された中で最大の世界平和のための武器になる」光線機械についての映画に出演したという興味深い事実を指摘する、Franklin 1988, pp. 199-203; SDIが攻撃兵器開発競争をもたらす傾向について数理的に調べたCasti 1990, pp. 313-18も見よ。
14 Kiernan 1994b.
15 Carnesale et al 1983.
16 Blair 1993a（6章）
17 ibid. p. 339.
18 Perera 1994.
19 Blair and Kendall 1990, p. 53.
20 Blair 1993a, p. 273.
21 Britten 1986, p. 154.
22 Blair and Kendall 1990, p. 57. 一九九〇年二月二一日付の『プラウダ』紙のA・ゴロコフの記事を引用した Blair 1993a, p. 214 も見よ。
23 Britten 1986, p. 156.
24 C. Sagan 1980, p. 271. この話についての詳細は、S. D. Sagan 1993 を見よ。たとえば、その pp. 99–100 には、キューバ危機のときに、破壊行為警報装置を起動した熊の話が出ている——、ある基地では警報が実際に鳴りだしてしまい、戦争が始まったと信じこんだパイロットたちが、核武装した迎撃機を滑走路まで出した。別の箇所では、安全装置を加えると、そのことがまた新しい偶発的核戦争の可能性につながることが解説されており、さらに心配になる。
25 Blair and Kendall 1990, p. 55.
26 Britten 1986, p. 152.
27 Hart and Goldwater 1980.
28 Blair and Kendall 1990, p. 55.
29 ibid., p. 53.
30 ibid., p. 58.
31 Blair 1993a, pp. 192–3.
32 Blair 1993b.
33 Blair and Kendall 1990, p. 54.
34 ibid., p. 54.
35 ibid., p. 54 ; Blair 1993b.
36 Keegan 1987, pp. 341–3.
37 Blair and Kendall 1990, p. 57.
38 Britten 1986, p. 156. Ballard 1986 と S. D. Sagan 1993, pp. 254-5 も見よ。
39 Blair and Kendall 1990, p. 58.
40 たとえば Burrows and Windrem 1994 を見よ。
41 Perera 1994.
42 Hassard 1992.
43 Edwards 1995.
44 Harris and Paxman 1982, p. 239.
45 Piller and Yamamoto 1988, p. 25.
46 ibid., p. 191 ; cf. Wheale and McNally 1988, p. 203.
47 Geissler 1986, p. 8.
48 Murphy et al, 1984, p. 28.
49 Harris and Paxman 1982, pp. 129–30.

50 Murphy et al. 1984, pp. 28-30.
51 Harris and Paxman 1982, pp. 103, 160.
52 Murphy et al. 1984, p. 32.
53 Piller and Yamamoto 1988, p. 35.
54 Geissler 1986, p. 10（編者による序文）
55 Harris and Paxman 1982, p. 221.
56 ibid., pp. 161-7.
57 ibid., pp. 162-3.
58 ibid., pp. 155-9.
59 Horgan 1994.
60 Geissler 1986, p. 3.
61 Piller and Yamamoto 1988, p. 98.
62 ibid., p. 107.
63 ibid., p. 100.
64 ibid., pp. 24, 105.
65 ibid., pp. 98, 112.
66 Watson-Watt 1961, pp. 177, 213.
67 Meadows et al. 1992, p. 85.
68 Goldsmith and Hildyard 1992, p. 130.
69 Mosey 1990, pp. 81-94, および、この事故の「制度的次元」について、とくに pp. 94-6.
70 Barnaby 1988, p. 119 および Cook 1989, p. 112.
71 Goldsmith and Hildyard 1992, p. 116.
72 Beardsley 1994b.
73 Graedel and Crutzen 1989, pp. 58, 64, 66.
74 Lovelock 1979, p. 132.
75 Myers 1984, p. 100.
76 Meadows et al. 1992, p. 65.
77 Blaustein and Wake 1995.
78 Rennie 1993.
79 Lovelock 1986, p. 28.
80 Doll and Peto 1981 を引いた、Morone and Woodhouse 1986, p. 6.
81 Kates 1994, p. 119.
82 Pearce 1990, p. 60.
83 Meadows et al. 1992, p. 83.
84 J. Brown 1994.
85 Weiner 1990, pp. 139, 277.

86 Holmes 1995.
87 Lovelock 1986, p. 28.
88 Lovelock 1979, p. 39.
89 Meadows et al. 1992, p. 96.
90 Rind 1995.
91 Davis 1990, p. 9.
92 Gribbin and Kelly 1989, p. 52.
93 Kaplan 1994, p. 75.
94 Charlson and Wigley, 1994.
95 Horgan 1990.
96 Palmer 1989 ; Bell 1994.
97 Pearce 1994b.
98 Burgess 1982 ; Chapman and Morrison 1989, pp. 216–20.
99 Lovelock 1979, p. 45.
100 Chapman and Morrison 1989, p. 220.
101 Schneider 1989, p. 73.
102 Myers 1991, p. 33.
103 Leggett 1992.
104 ibid., p. 41.
105 Charles 1990.
106 Brennan 1990, p. 95.
107 Chapman and Morrison 1989, pp. 236–7.
108 Lovelock 1985, pp. 53–4.
109 Sylvan 1990, p. 39.
110 Wignall 1992, p. 55.
111 White 1990, p. 43.
112 Pearce 1994a.
113 Adamson 1990 ; French 1994.
114 Morone and Woodhouse 1986, p. 113 ; Schneider 1989, p. 77.
115 Mackenzie 1994.
116 Kaplan 1994, p. 75.
117 Holmes 1994.
118 Harris and Paxman 1982, p. 137.
119 Hardin 1968.
120 Hardin 1981, p. 226.
121 Meadows et al. 1992, pp. 136–7.

122 Goldsmith and Hildyard 1992, pp. 125-6.

123 Durrell 1986, p. 34 ; cf. Barney 1989, p. 37. 二〇世紀最後の二〇年で一五ないし二〇%の生物種が絶滅するのは、「主に野生の生息地が失われるためだ」とされている。

124 Myers 1984, p. 156.

125 Cherfas 1994.

126 Wilson 1989, p. 110.

127 Barrow and Tipler 1986, p. 583.

128 Herbert 1988, pp. 11-12.

129 L. Brown, 1992.

130 Piel 1994.

131 同じ年、E・ゴールドスミスとR・アレンの筆になる同じような結論を出した『生存の見取り図』(*A Blueprint for Survival*)という本が出た。するとJ・マドックスが、両名に対する激しい攻撃である『人類に明日はあるか——反終末論』(*The Doomsday Syndrome*)という本を出した(Meadows et al. 1972 ; Goldsmith and Allen 1972 ; Maddox 1972)。

132 Meadows et al. 1992, pp. 18-19. カーター大統領の諮問による『大統領に対する二〇〇〇年の地球に関する報告』(*The Global 2000 Report to the President*, 1980 ; Barney 1989を見よ)も、増大する人口と、減少する資源、劣化する環境との間相互作用について、同様の穏やかならない結論に達していた。Simon and Kahn 1984には、楽観論の側からの反論がある

133 Meadows et al. 1992, p. 101. 経済学者のL. Thurowを引用している。

134 Homer-Dixon 1994.

135 Lovelock 1979, p. 140.

136 Kaplan 1994, pp. 54-9.

137 Ross 1994, p. 241.

138 Mitchison 1993, p. 144.

139 P. Brown 1994.

140 Bader and Dorozynski 1993, p. 68.

141 Myers 1991, p. 132.

2　その他の危険

1　Close 1988, p. 37.
2　Davies 1994, pp. 1, 3.
3　Alvarez et al. 1980, 1992 ; N. Swinburne, 1993.
4　Courtillot 1990.
5　Alper 1994, pp. 47-51.
6　Wignall 1992 ; Erwin 1993 ; Alper 1994.
7　J. V. Smith 1986 ; Levasseur-Regourd 1992.
8　Close 1988, pp. 52, 61.
9　Muller 1988.
10　Henbest 1992 ; *The Economist* 1993, pp. 81-4.（無署名）
11　Close 1988, pp. 56-9.
12　Chapman and Morrison 1989, pp. 276-9.
13　*The Economist* 1993, p. 13.（無署名）
14　ibid., p. 83.
15　Matthews 1992 ; Lewin 1992.
16　Close 1988, p. 209.
17　Tucker 1981.
18　Ellis and Schramm 1995.
19　Oort 1977.
20　Clark et al. 1978.
21　Townes and Genzel 1990.
22　Reid et al. 1978 ; Wolfendale 1978.
23　Hawking 1993, p. 110.
24　Schilling 1992.
25　Croswell 1995.
26　Narlikar 1984, pp. 175-6.
27　Markov 1989, p. 17.
28　Davies 1994, p. 6.
29　Zimmerman 1984, p. 150.
30　たとえば Wheale and McNally 1988, pp. 60-4, 74-6 を見よ。Krimsky 1982 は、このような指摘に対して視野の広い議論を与えている。
31　Wheale and McNally 1988, p. 42.
32　Piller and Yamamoto 1988, p. 183 ; cf. Wheale and McNally 1988, pp. 64-8.

33 Piller and Yamamoto 1988, p. 189.
34 Beardsley 1994a, p. 29. このあたりのことについては、Wheale and McNally 1988 の4章「跳躍遺伝子」を見よ。
35 W. Brown 1994.
36 Coghlan 1993.
37 Bain et al. 1992.
38 Wheale and McNally 1988, p. 184. 危険度の評価の難しさに関するこの先の議論については、pp. 68-76, 155-7, 179-87, 233-4 も見よ。
39 Moravec 1988, pp. 134-5.
40 Littlewood and Strigini 1992, pp. 64-5.
41 G. Smith 1992.
42 Cross 1995.
43 Moravec 1988, p. 135.
44 ibid., pp. 135-6.
45 Strauss 1990.
46 MacGowan and Ordway 1966, p. 233.
47 ibid., pp. 234-5.
48 Drexler 1986, pp. 174-6.
49 MacGowan and Ordway 1966, pp. 230-3.
50 Moravec 1989, pp. 167-9.
51 Moravec 1988, pp. 4, 59-78, 74, 100.
52 Jackson 1982 ; R. Swinburne 1986, pp. 186-92.
53 たとえば Searle 1984 および Searle 1990.
54 R. Swinburne 1986, p. 158.
55 Leslie 1979, pp. 12-13, 171-7.
56 Cf. ibid., p. 173.
57 Bohm 1990.
58 Bohm and Hiley, 1993, pp. 382-3.
59 Penrose 1987, p. 274.
60 Penrose 1989, p. 399.
61 Marshall 1989.
62 Lockwood 1989, とくに第14章。Hodgson 1991, pp. 110-11, 383-8, 401-20 ; Herbert 1993 の10章、Penrose 1994 のとくに7章も見よ。
63 Feyman 1960.
64 Amabilino and Stoddart 1994.

65 von Neumann 1966.
66 Drexler 1986, p. 19.
67 Drexler 1992. Schneiker 1989 ; Moravec 1988, pp. 72-4 ; Stix 1991, 1992 も見よ。
68 Ettinger 1964.
69 Drexler 1986, pp. 172-4.
70 Drexler 1989, pp. 507-16.
71 Drexler et al. 1991.
72 Drexler 1986, pp. 182-7, 194.
73 Murray 1989 ; Peterson 1993.
74 Hawking 1993, p. 144.
75 Chapman and Morrison 1989, p. 150.
76 Zeeman 1992.
77 Casti 1990, pp. 307-18.
78 Mehta and Barker 1991.
79 Bak and Chen 1991.
80 Bak, Flyvbjerg and Sneppen 1994.
81 Cherfas 1994, pp. 39-40.
82 Coleman and De Luccia 1980.
83 Turner and Wilczek 1982.
84 Hut and Rees 1983.
85 Coleman and De Luccia 1980, p. 3314.
86 Lederman and Schramm 1989, p. 232.
87 Dawson 1989.
88 Weinberg 1993, pp. 187-8.
89 Burgess and Hutchinson 1993.
90 W. O'Neill 1993.
91 Crum and Roy 1994 ; Putterman 1995.
92 Dawson 1989.
93 Herman 1990, p. 179.
94 N. Brown 1990, p. 85.
95 Burgess and Hutchinson 1993, pp. 31-2.
96 Winston 1991.
97 Burgess and Hutchinson 1993, p. 33.
98 Ellis, Linde and Sher 1990, pp. 203-5.
99 Demaret and Lambert 1994, p. 165.
100 Flores and Sher 1983, p. 1682.
101 Sher 1989, pp. 335-6.

102 Veltman 1986, p. 78.
103 't Hooft 1980 ; Quigg 1985 ; Jackson et al. 1986, pp. 70-3 ; Veltman 1986 ; Leslie 1989a, pp. 54, 76-7.
104 Carr and Rees 1979 ; Davies 1982 ; Leslie 1982 ; 1983a and c, 1985, 1986a and b, 1987, 1988a and b, 1990a, 1992f, 1993d, 1994c and e, 1995a 'Cosmology' and 1996 ; Barrow and Tipler 1986 ; Polkinghorne 1986 も見よ。
105 Weinberg 1989, pp. 6-9.
106 たとえば Linde 1985 ; Linde 1990 の pp. 10, 26, 68-9, 152-8 ; Rozental 1988, pp. 66-124 を見よ。
107 Linde 1990, p. 26.
108 Weinberg 1993. とくに pp. 177-82 を見よ。
109 Leslie 1989a の7、8章、R. Swinburne 1990.
110 Ruthen 1993.
111 Rhodes 1986, p. 418.
112 Bethe 1991, pp. 30-3 に再録されたもの。
113 Koonin and Nauenberg, 1989.
114 Gupta and Westfall 1993, p. 35.
115 Ruthen 1993.
116 Lee and Wick 1974.
117 Farhi and Jaffe 1984, pp. 2389-90.
118 ibid., p. 2380.
119 Ruthen 1993.
120 Hut and Rees 1983, p. 508.
121 McCusker 1991, p. 23.
122 Close 1988, p. 187.
123 Shaw, Shin Dalitz and Desai 1989.
124 Desai and Shaw 1991, p. 210.
125 Guth 1981 and 1989 ; Guth and Steinhardt 1984 ; Linde 1985 and 1990.
126 Guth 1989, p. 135.
127 Linde 1985, p. 17.
128 Linde 1994, p. 53.
129 Farhi and Guth 1987, p. 149.
130 Farhi, Guth and Guven 1990.
131 Blau, Guendelman and Guth 1987.

132 Starobinsky and Zeldovich 1992, pp. 105-6.
133 Farhi and Guth 1987, p. 150.
134 Blau, Guendelman and Guth 1987, p. 1759.
135 Linde 1992, p. 439.
136 このことは、我々の宇宙が総エネルギーがゼロの量子的真空のゆらぎかもしれないという説を最初に唱えた物理学者であるE・P・トライオンによっても認められている（Tryon 1973を見よ）。彼は、その説は「厳密ではなく、厳密にすることもできない。宇宙の正味のエネルギーは、正確な定義を拒んでいるのだ」と書いている（Tryon 1984, p. 15）。

3 危険を判定する

1 Morgan 1993.
2 Dyson 1979a（あるいは、あまり専門的でないものとしては、Dyson 1988の6章を見よ）; Frautschi 1982; Linde 1988.
3 Islam 1983; Barrow and Tipler 1986（10章）; Tipler 1994(Leslie 1995bで論評している); Davies 1994.
4 G. O'Neill 1977.
5 Barrow and Tipler 1986（9章）; Brand 1977; Close 1988, pp. 209-15; Davoust 1991（4章）; Dyson 1979b(21章), and 1988(9章); McDonough 1987（13章）; Rood and Trefil 1981（13章、14章）; Sagan 1980（8章）; Shklovskii and Sagan 1966（32章、34章）; Sullivan 1993（16章）; Tipler on pp. 155-73 of Rothman et al. 1985.
6 Drexler 1986, pp. 260-1. 客船をもっと軽い凍結した人間の受精卵を運ぶ宇宙船にして、養育・教育機械をいっしょに載せるということも考えられる。
7 Dyson 1968.
8 Matloff and Mallove 1981.
9 Dyson 1968; Finney and Jones 1985; Forward 1986.
10 Dyson 1966.
11 Tipler 1994, p. 55.
12 Barrow and Tipler 1986; 関係する引用について

は Leslie 1992f を見よ。

13 Hart 1982.

14 Brin 1983.

15 Nielsen 1989, p. 452.

16 Moravec 1988, p. 188.

17 Brin 1983, p. 302.

18 Moravec 1988, pp. 136-9.

19 Brin 1983, pp. 296-8.

20 「何かがまずくなったときにそれに責任のある人を指名できないのであれば、本当に責任のある人はいないことになる」。米海軍の原子力推進装置計画の主な設計担当者だったH・リコーヴァー提督の言ったことを、D・モージーが「制度的破綻」についての重要な議論を行っているときに引用したもの（Mosey 1990, p. 105）。

21 P. Kennedy, 1993.

22 Wallich 1995.

23 Myers 1991, p. 20.

24 Rohdes 1986, p. 511.

25 第一の委員がAがBよりよく、BがCよりいいとする。第二の委員はBがCよりよく、CがAよりいいとする。第三の委員はCがAよりよく、AはBよりいいとする。すると投票ではA対BではAが二対一で勝ち、BがCに二対一で勝ち、CがAに二対一で勝つ。

26 Brin 1983, p. 299.

27 Leslie 1979, pp. 84-9 で論じてある。

28 Hume 1748（Ⅷ節）；Mill 1867；Mackie 1977（9章）；Odegard 1984；Tipton 1988.

29 von Neumann 1955.

30 Salmon 1975, p. 356.

31 Bohm and Hiey 1993, pp. 157-8, 285；Hiley and Peat 1987, p. 13（編者による序論）.

32 Albert 1994, p. 67；Leslie 1994a.

33 Boyer 1975 and 1985；Puthoff 1989 and 1990；Haisch, Rueda and Puthoff 1994 も見よ。

34 Puthoff 1990, p. 54.

4　なぜ人間の歴史を引き延ばすのか

1　Putnam 1979, pp. 122-3.
2　もう少し大規模なものは、Leslie 1972, 1979（12章）、1986c を見よ。
3　Mackie 1977.
4　Mackie 1982.
5　とくに、Leslie 1972, 1979.
6　Leslie 1970, 1978b, 1979, 1980, 1986c, 1989a（8章）, 1993c, d.
7　とくに Leslie 1983b および d 、および 1989c.
8　Rawls 1971.
9　Black 1967, p. 467.
10　Narveson 1967.
11　Bennett 1978, pp. 64-5.
12　Parsons 1980.
13　Bennett 1978, p. 62.
14　Sikora and Barry 1978 の pp. 44-7.
15　Parfit 1984, p. 489.
16　Kneale 1950, 153.
17　たとえば Smart 1987 の第5部にある論文を見よ。
18　Anscombe 1958, p. 17.
19　Parfit 1984.
20　ここに挙げた例は Partridge 1981 のあちこちに出てくる。
21　やはり Partridge 1981 を見よ。あるいは Sikora and Barry 1978 を参照のこと。
22　Glover 1977, p. 70.
23　Partridge 1981, p. 201.
24　ibid., p. 283.

5　終末論法

1　本章は主に、Leslie 1992d、つまり「時間と人間原理」という論文に基づいている。
2　Carter 1974, p. 291.
3　Dicke 1961.
4　たとえば、Wheeler 1973.
5　Hawking and Israel 1979（編者による序論 p. 19）.

6　とくに Leslie 1989e, 1990b だが、1989a の p. 214 も見よ。

7　Nielsen 1989、とくに pp. 454-9。

8　Carter 1983, p. 363.

9　Nielsen 1989.

10　Leslie 1990b.

11　Leslie 1989a.

12　Marochinik 1983.

13　Dyson 1979a ; Frautschi 1982.

6　論法の検証

1　本章は主に Leslie 1993b と 1994b に基づいている。

2　自分が部屋の他のところではなく、その一角にいるとわかるのは「より難しい」――確率は低い――のは確かだ。しかしそこで新たに増える困難は、自分がまったく部屋の外にいるかもしれないかどうかとは関係なしに、等しい重みをもつ。ベイズの計算をすれば、このように細かくすることは何の影響ももたないことがわかる。

3　B理論は Leslie 1976 や、Leslie 1979 の9章で論じられている。

4　B理論はどうでもいいという筆者の確信の強さは、ある面では、競合するA理論が少なくとも論理的には正しい可能性がある（それを否定する人もいる）という確信によるところがある。

5　一方の封筒――どちらかはわからない――には、もう一方の封筒の二倍のお金が入っているという封筒の交換のパラドックスという場合と比べてみること。封筒を取り替えたいと思う気持ちに対抗して次のような論拠を出すことができるかもしれない。封筒を取り替えれば中身が倍になる可能性が半分あるが、それが倍になるのは自分が手にしているのが二つの封筒のうち額が少ない方をもっていればこそのことであり、中身が半分になるということは最初に額が大きい方をもっていたということだ〔aが2aになる可能性が半分と、2aがaになる可能性が半分ある――期待値は1.5aということ〕。したがって、自分の封筒の中にある額をxとすれば、もう一つの封筒の方が額が大きい、つまりxの二倍の可能性が半分とxの半分になる可能性が半分〔もう一つの封筒にあると期待される額は1.25xになる〕だと考えるのは間違いだ。〔この比較とそれが射撃室と関係することについてはデヴィッド・ルイスに教えてもらった〕

6 Delahaye 1994, p. 106.

7 Stapledon 1930.

8 Bernal 1969, p. 47.

9 この種の反応は、科学者や哲学者一般よりも、宇宙論者や科学哲学者の中でよく見られる。宇宙論のW・イスラエルとM・J・リーズや、科学哲学者のM・ロックウッドとJ・J・C・スマートは、そういう反応をする側の人々である。ここでは時間のB理論になじんでいることが大きな因子になっているらしい。スマートは、B理論を先頭に立って擁護しているが、うれしいことに、B理論を奉じているかどうかが終末論法に影響することはないという点で、筆者と一致している。しかし——ここではただ心の動き方を報告しているだけだ——実際面から言えば、それは確かに論法に対する反応に影響する。カーターの目的にとっては、それは時間の中での観測される位置を、空間での観測される位置を扱うのと同じように扱うのに役立つ。そこで、B理論はとくに科学哲学者や宇宙論者には人気がある（女性は終末論法を明らかに強く考えるのに対し、男性はそれを無視する傾向があるという顕著な発見にも言及させていただきたい。女は男が世界をめちゃくちゃにしたということを喜んで信じるということだろうか。それとも女は新しい考え方をあまり憎まないということだろうか。それとも何なのだろう）。

10 Jaynes 1976.

11 以前は筆者はこの説を真剣に考えていた。Leslie 1989a の pp. 84-91 と、Leslie 1982 の pp. 145-6 を見よ。

12 DeWitt and Graham 1973 にある、Everett、DeWitt、J. Wheeler の論文を見よ。

13 Deutsch 1985. とくに p. 20.

1　専門的な詳細の一部については、Leslie 1991 の「1石二鳥を確実にする法」（'Ensuring two bird deaths with one throw'）で詳述してある。

2　Lewis 1979. 筆者がそこから引き出す結論すべてにルイスが従うと言っているわけではない。

3　Gauthier 1990.

謝辞

九冊の著書の編集者や、『アメリカン・フィロソフィカル・クォータリー』誌、『ブレティン・オヴ・ザ・カナディアン・ニュークリア・ソサイエティ』誌、『インターチェンジ』誌、『ジャーナル・オヴ・アプライド・フィロソフィ』誌、『マセマティカル・インテリジェンサー』誌、『マインド』誌、『フィロソフィア』誌、『レリジャス・スタディーズ』誌などの雑誌の編集者の方々には、本書のアイデアを検証するためのスペースを提供していただいた。妻のジルには、いつも励ましてもらった。オーストラリア・ナショナル・ユニヴァーシティの社会科学研究科は、中心的なテーマについての研究が始まったときに客員研究員にしてくれていた。カナダの社会科学人文科学研究評議会には、研究費や、レニングラード（現サンクト・ペテルブルク）や、タルトゥや、サンフランシスコでの学会に出席するための飛行機代を認めてもらった。哲学、物理学、天体物理学、応用数学など、いろいろな学科が講演に呼んでくれ、旅費などの費用を出してくれた。ベルギーの国立科学研究財団は、リエージュ大学の天体物理学研究所で一学期間客員になる費用を出してくれた。ラウトレッジ社の諸氏、とくにエイドリアン・ドリスコル、ポーリン・マーシュ、マイケル・リーザーの諸氏には、熱心に、プロとして、てきぱきと仕事をしていただいた。

一〇〇人を超える人々が、本書の議論、とくにカーター＝レスリーの「終末論法《ドゥームズデイ・アーギュメント》」を論じる有益な——しばしば非常に大部の——手紙をくれた。とくに、J・D・バロウ、A・H・バッテン、B・J・カー、B・カーター、S・R・L・クラーク、P・C・W・デイヴィス、C・デイヴィス、J＝P・ドラエ、彼が『プル・ラ・シャンス』（『サイエンティフィック・アメリカン』のフランス語版）誌に出した論文に反応して筆者に手紙をくれたすべての人々、J・ドマレ、G・F・R・エリス、J・エリス、G・ゲイル、J・R・ゴット、A・グリュンバウム、W・イスラエル、R・L・ヤッフェ、D・ルイス、A・D・リンデ、M・ロックウッド、B・マカスカー、D・モージー、G・ネルリック、C・ノーモア、D・ベイジ、D・パーフィット、P・J・E・ピーブルス、J・C・ポーキングホーン、M・J・リーズ、N・レッシャー、J・J・スマート、R・シルヴァン、F・J・ティプラー、S・ワインバーグ、P・S・ウェッソンに感謝する。このうち何人かは、筆者が『複教宇宙』（*Universes*）を書くときにも力を貸してくれた。こちらの本でも終末論について短く触れている（p. 214）。もちろん、本書に欠陥があるからといって、これらの誰かのせいというわけではない。人類は、運がよければ、少なくともあと何年かは生存し、筆者よりすぐれた人々がいくらでも出てきてこの広い領域をカバーしてくれるだろう。

『ネイチャー』誌の一九九三年五月二七日号に出たリチャード・ゴットの論文「我々の将来についての見通しにコペルニクス原理がもつ意味」（'Implications of the Copernican principle for our future prospects'）は、一見して、人類はあまり長く生きられそうもないと見える議論をしている。もし生き延びられるとしたら、私もあなたも人類の歴史のきわめて早い時期にいたことになるからだという。この困った問題は、ブランドン・カーターが初めて立てたもので、本書全体の暗い基調ともなっている。本書は、我々がたゆみなく努力しなければ起こる可能性が高いことを警告する。ポール・デイヴィスは、最近出た著書『時間について』(*About Time*)の中で、やはりカーターが最初にそれを紹介した講演(一九八三年のロイヤル・ソサイエティにおけるもので、原子力潜水艦の艦長たちはこれについてよく考えるべきだというコメントがある)について述べ、この主題を擁護している。それは多くの人々にとって衝撃だったのだ。彼らは攻撃的に反応するかもしれない。誰よりもデヴィッド・ルイスは、それを真剣に取り上げる必要があると説いてくれ、R・M・セインズブリ(『マインド』誌を編集するパズルとパラドックスの専門家)は、彼に同意し、両人とも、筆者がそれを形にするのを助けてくれた。

ジョン・モーティマーが、彼の作品で最も有名な登場人物に与えた、「どんなに先を見ているつもりでも、人間は未来よりも過去の方にはるかに関心をもっている。クロード・アースキン゠ブラウンのような人間には、地球という惑星が燃えて灰になるのはあなたが死んで一〇〇年もたってからで、そのときにはあなたの目は輝きを失っているだろうと言ってやれば、彼はテーマを彼のアクトンでの自動車事故の裁判という過去の勝利に変えるだろう」というせりふは間違っていることを希望しよう。

本書は友人のイファン・モーリスの思い出に捧げる。

訳者あとがき

本書は John Leslie, *The End of the World : The Science and Ethics of Human Extinction*, Routledge, 1996 を訳出したものである（ただし、文中〔　〕で括った部分は訳者による補足である）。著者のレスリーはカナダの功利主義哲学者であり、とくに、人間が存在するということについて物理学の成果がもつ意味を論じてきた哲学者である。

といってもそれは、ひところ流行し、今も決して消えたわけではない、宗教的世界観と物理学の最先端が明らかにする「現実」との類似を見て、宗教的イデオロギーの正当性を立てるような議論とは、いささか趣を異にする。著者が提示するのは、「科学的事実」として受けいれるべき（イデオロギー的／倫理的）結論ではなく、様々な論理的な可能性の方である。仮にそこで何らかの立場が記されるとしても――さらに著者がそれを信じているとしても――それを言うことよりも、そのような結論がもたらされることになる論理的な可能性を検討することに力が注がれる。

＊

人類は危険に直面しており、それにもかかわらず生き延びるべきであり、そのために何事かをしなければならない――そんなことは言われるまでもないと思われるだろうか。もしそうだとしたら、自分が何となく信じこんでいたことに対する思いもよらない反論に出会うと思わず「目から鱗が落ちて」しまい、あっさり立場を変えてしまったり、あるいは自分の気に入らない議論をする輩の言うことなど聞く必要はないと耳を塞いだり、情緒的に否定しておしまいにしたりして、かえって現実から目をそらしてしまう結果にはならないようにと願うばかりだ——右往左往するにせよ、石頭を通すにせよ、現実にうまく対処できないという結果をまねき、そのことがまた人類の存続を危うくしてしまうかもしれない。

本章の1章と2章で、現代の人類が直面している可能性のある危険が細かく列挙される。よく言われるもの、確かに危険と思われるものだけでなく、荒唐無稽と思われかねないものもある。気をつけてもどうしようもないものすらある。もちろん、様々な危険を挙げることで、著者は我々の生存が危ういということを言っているのだが、それは黙示録的な世界のありようを提示し、わずかな危険にも怯えて生きよと言うためのものではない。逆にそれらの危険度を限定することさえする。彼が見せるのはあくまでも可能性であって、可能性をストレートな現実として見せているわけではない。本書の主題となる議論に必要な、危険についての「事前確率」を読者に抱かせるべく、様々な可能性を列挙するのだ。漠然と危ないと思いながら、でもさらに漠然と大丈夫と思いこむのではなく、自分がどの程度危ないと思い、どの程度大丈夫と思っているかということを意識することを求めている。

さらに4章では、人類は生き延びるべきかという問いが立てられる。これは、多くの人々にとっては、問うまでもないことだろう。しかし著者は、哲学あるいは倫理学の世界では、そうではないと考える人々の議論が一定の力をもっていることを紹介し、その考え方に反論を試みる。ここでも、一見すると荒唐無稽とさえ見える考え方も検討の対象になる。これもまた危険を読者それぞれがどう評価するかということに影響するだろう。人間が滅びる「危険」と言うが、それが本当に危険と言えるかどうかも振り返っておこうということである。

少々些末なことを言うと、当然正しいから正しいという論法は、もともとその正しさを共有している人々の間では共感できても、その正しさを共有できていない人々にとっては何の説得力もない。「他に考えようがない」というのは、往々にして、「他の考え方を試したことがない」でしかない。また、そのような形で共有されている信念は、硬直しているだけに、もろいところもある。大学で講義をしていると、学生がそれまで聞いたこともないような話を聞いたときに、多くの場合に示す反応は、無条件にそれを受けいれるか、無条件にそれを否定するか、いずれかであって、それをきっかけに、自分の信じていたことをあらためて検討しなおしてみるという姿勢がとれる人は、残念ながら少ない。

別の考え方を検討するということが、そのまま信じていることを放棄することになるわけではない。それまで自分が信じていたことは、そう教わっているとかみんながそう言っているという意味で大なり小なり常識であるかもしれないし、しかも常識は必ずしも間違っているわけではない。ただ重要なのは常識が非常識に対してもろい――頑なさも含めて――ところがあるということであり、だから、自分とは異なる考え方を見せられたときに、自分が信じていることはそれに対抗してでも信じられるかと、あらためて検討しなおすという動き方が必要となる。また、それがそこから得られる結果の信頼性を高めてくれる。いくら誰かと結果としての立場が似たものになっていても、その誰かの信じ方が危うい――正しいから正しいと言っているに等しいような――場合、その立場を共有できるかというと、必ずしもそうは言えないこともある。逆に、結果としての立場は共有できなくても、その結論や立場をとるまでの道筋で可能性を尽くそうとすることは、思考や議論の手順として共有できる。

とは言うものの、手順を共有することもそうたやすいことではない。とくに、本書の主題となっているような――数学的な表現は控えられているとはいえ――確率論的な議論をベースにする場合はとくにそうらしい。著者自身も指摘するように、人間の頭は確率論的な議論には向いていないようだ。ある意味で、直観的な確率というのは、自分の考えていることを事後的に追認するものであり、出される結論が肯定的なものであれ、否定的なものであれ、まずもって結論に都合のいい確率が想定され、さらには賦与されるものである。クイズに答えるとき、何もなければ当然こうだと思っていた解答が、いかにも正解然として選択肢に並んでいると、正解である確率が低くなったように感じても、別にその確率を、データ等に基づいて、正しく計算しているわけではない。

確率論を扱うというやっかいさがあるにもかかわらず、本書の議論がおもしろいのは、出発点としてとる確率は、根拠の有無には関係がないというところである(それでも数理が有効になりうるところがまたおもしろい。我々の思考には、そうと意識していないところにまで数理が行きとどいているということかもしれない)。漠然と考えていたところへ、しかじかの事実がわかったとしたら――本書では漠然と人類はずっと続くのだろうと考えていたところへ、そうなると自分は人類として極めて例外的なほど早い時期の存在ということになることがわかったとしたら――以前の想定(人類はずっと続く可能性が高い)がどう変わるかということに注目する。著者自身が何度も繰り返すように、「終末論法」という不吉な呼び名も、この想定の変動を表すものであって、終末が近いことを証明すると言っているわけではない。

繰り返しになるが、著者自身は、現在の状況を危険だと考え、しかも人類は存続すべきであるという立場をとっている。しかしそういう立場を訴えるためだけに本書が書かれたわけではない。本書に挙げられるような危険になりうる状況は、あなたにとって、私にとって、また著者にとって、しかじかの悲観や楽観や、何らかの行動への意志を伴うような意味をもつだろうが、本書の趣旨という点から言えば、そのこと自体には素材以上の意味があるわけではない。本書の第一の目的は、危機的な状況を扱うというような場合に典型的に浮かび上がってくる終末論法を解説し、よく考えるための一つの手順を示すことであり、それによって、その後にありうべき様々な議論の土台を提供することである。素材として挙げられる危険、結果としてとられる立場だけで本書を読み、危機感やそれに応じる立場を共有できるかどうかだけを考えないでいただきたい。結果として得られる危険評価や、それについてとられる立場に向かう手順をこそ読みとっていただきたい。様々な立場を超えて共有できるものがあるとしたら、まずは議論のための手順しかないのだから。

*

本書は青土社の清水康雄氏の勧めを受けて、完成するまでにこの世が終わっていなければという前提で翻訳することになった。まず、ともあれここまで世界が続いていたことを感謝する（本当に感謝すべきことかどうか、あらためて考える必要があるというのも、本書に含まれる重要な因子ではあるが）。訳者はこれまで、かなり雑多なことをしたり考えたりしていたが、本書の用いている素材には、それと重なる部分が多い。自分の見ていた素材から、こういう可能性が出てくるというのは驚きでもあり、励みでもある。そういう場を与えてもらったことにも感謝する。また、出版にあたっての実務は、青土社編集部の前田晃一氏に見てもらい、装幀は戸田ツトム氏にお願いして本を形にしていただいた。これも記して感謝したい。

一九九八年三月

訳者識

新装版訳者あとがき

二〇世紀がそろそろ終わるというところに重ねて本書を訳させてもらうことになってから二〇年、その世界も何とか二〇世紀の終わりを越えることができたが、その後も世界にはいろいろな終わりが予想され、そのたびに終わらずに続いている。

だからといって終わりについて考えることが無駄だということにはならない。これまで（幸い）終わらずにすんでいるというのは、だから大丈夫ということではないからだ。人類の大半は人類の最後の時期にいるという本書の目玉のひとつ、終末論法からしても、人類の一人としての私（私たち）は終わりの近くにいてあたりまえなのだから、いつも終わりや終わり方について考えているのはおかしくはないのだ（だから終わりが近いということにはならないのが、この論法のおもしろいところでもあるが）。

本書では、高エネルギー実験がもたらす制御不能の災厄、今や王道とも言うべき小惑星／彗星衝突、逆にナノマシンの増殖といった、人類に光明となるはずの技術が成功すればこそ起こりうる終わり、さらにはあまり考えつかないような意外な終わり方など、ありうる様々な終わり方の話が取り上げられ、検討されるが、それだけでなく、先述の終末論法や他にも人間原理といった、終わる以前にここにこうして存在している（そして終わることができる）ことの不思議さ、それを取り上げる考え方にも目が向けられていて、そのことも終わりについて語ることのおもしろみとなっている。

終わりや終わりをめぐる話はあちこちで語られてはいるが、終わるかもと半信半疑で心配するだけではない、終わり方の可能性を分析し、終わることの意味、その裏返しの今、ここにあることの意味まで含めた話を取り上げて一つにまとめることには今なお意義があるだろう。そういうわけで、初版から二〇年を経て、新装版として再刊することになった（必要な修正は施したが、内容には変わりはない）。本書に再び機会を与えていただいたことに感謝し、実務を担当してくださった青土社編集部の千葉乙彦氏にお礼申し上げる。

この終焉をめぐる本が、あらためて長く残ることを願いつつ、

訳者識

二〇一七年一〇月

世界の終焉
今ここにいることの論理
新装版

2017年11月20日　第1刷印刷
2017年11月30日　第1刷発行

著者――ジョン・レスリー
訳者――松浦俊輔
発行者――清水一人
発行所――青土社
東京都千代田区神田神保町1-29　市瀬ビル　〒101-0051
［電話］03-3294-7829（営業）　03-3291-9831（編集）
［振替］00190-7-192955

印刷・製本――モリモト印刷

装幀――戸田ツトム＋今垣知沙子

C0010
ISBN978-4-7917-7026-7

人名索引

タ行

ナ行

ハ行

マ行

ヤ行

ラ行

ワ行

事項索引

タ行

ナ行

ハ行

マ行

ラ行

参考文献

Adamson, D. (1990) *Defending the World*, London: Tauris.
Albert, D. Z. (1994) 'Bohm's alternative to quantum mechanics', *Scientific American*, May, 58–67.
Alper, J. (1994) 'Earth's near-death experience', *Earth*, January, 42–51.
Alvarez, L. W., Alvarez, W., Asaro, F. and Michel, H. (1980) 'Extra-terrestrial cause for the Cretaceous-Tertiary extinction', *Science*, June 6, 1095–1108.
Alvarez, W. and Asaro, F. (1992) 'The extinction of the dinosaurs', pp. 28–56 of J. Bourriau (ed.) *Understanding Catastrophe*, Cambridge: Cambridge University Press.
Amabilino, D. and Stoddart, F. (1994) 'Molecules that build themselves', *New Scientist*, February 19, 25–9.
Anscombe, G. E. M. (1958) 'Modern moral philosophy', *Philosophy*, January, 1–19.
Bader, J. and Dorozynski, A. (1993) 'La Grande Offensive des virus', *Science et Vie*, February, 63–70.
Bain, J. D., Switzer, C., Chamberlain, A. R. and Benner, S. A. (1992) 'Ribosome-mediated incorporation of a non-standard amino acid into a peptide through expansion of the genetic code', *Nature*, April 9, 537–9.
Bak, P. and Chen, K. (1991) 'Self-organized criticality', *Scientific American*, January, 46–53.
Bak, P., Flyvbjerg, H. and Sneppen, K. (1994) 'Can we model Darwin?', *New Scientist*, March 13, 36–9.
Ballard, M. (1986) 'Drug abuse in the military and its contribution to accidents', pp. 46–55 of I. Fenton (ed.) *The Psychology of Nuclear Conflict*, London: Coventure.
Barnaby, F. (ed.) (1988) *The Gaia Peace Atlas*, New York: Doubleday.
Barney, G. O. (ed.) (1989) *The Global 2000 Report to the President*, Cabin John, Md.: Seven Locks Press (revised edition of Vol. I of the three-volume report of the same name, Washington, D. C.: US Government Printing Office, 1980).

Barrow, J. D. and Tipler, F.. J. (1986) *The Anthropic Cosmological Principle*, Oxford: Clarendon Press.
Beardsley, T. (1994a) 'La Ronde', *Scientific American*, June, 26–9.
—— (1994b) 'Lethal legacy: Soviet reactor sites menace Eurasia', *Scientific American*, July, 20–2.
Begelman, M. C. and Rees, M. J. (1976) 'Can cosmic clouds cause climatic catastrophes?', *Nature*, May 27, 298–9.
Bell, M. (1994) 'Is our climate unstable?', *Earth*, January, 24–31.
Bennett, J. (1978) 'On maximizing happiness', pp. 61–73 of Sikora and Barry 1978.
Bernal, J. D. (1969) *The World, the Flesh, and the Devil*, Bloomington: Indiana University Press.〔1〕
Bethe, H. A. (1991) *The Road from Los Alamos*, New York: American Institute of Physics.
Bethe, H. A., Garwin, R. L., Gottfried, K., and Kendall, H. W. (1984) 'Space-based ballistic-missile defense', *Scientific American*, October; reprinted as pp. 113–31 of Bethe 1991.
Black, M. (1967) 'Probability', pp. 464–79 of P. Edwards (ed.) *The Encyclopedia of Philosophy*, New York: Macmillan.
Blair, B. G. (1993a) *The Logic of Accidental Nuclear War*, Washington, D.C. : Brookings Institution.
—— (1993b) 'Cold War relics: old risks from Russian and US doomsday machines', *The Globe and Mail*, Toronto, 11 October.
Blair, B. G. and Kendall, H. W. (1990) 'Accidental nuclear war', *Scientific American*, December, 53–8.
Blau, S. K., Guendelman, E. I. and Guth, A. H. (1987) 'Dynamics of false-vacuum bubbles', *Physical Review D*, March 15, 1746–66.
Blaustein, A. R. and Wake, D. B. (1995) 'The puzzle of declining amphibian populations', *Scientific American*, April, 52–7.
Bohm, D. (1990) 'A new theory of the relationship of mind and matter', *Philosophical Psychology* 3: 271–86.
Bohm, D. and Hiley, B. J. (1993) *The Undivided Universe*, London and New York: Routledge.
Boyer, T. (1975) 'Random electrodynamics: the theory of classical electrodynamics with classical electromagnetic zero-point radiation', *Physical Review*, February 15, 790–808.
—— (1985) 'The classical vacuum', *Scientific American*, August, 70–9.
Brand, S. (ed.) (1977) *Space Colonies*, Harmondsworth: Penguin.
Brennan, R. P. (1990) *Levitating Trains and Kamikaze Genes*, New York: Wiley.
Brin, G. D. (1983) 'The "Great Silence": the controversy concerning

extraterrestrial intelligent life', *Quarterly Journal of the Royal Astronomical Society* 24: 283–309.
Britten, S. (1986) 'The invisible event', pp. 132–77 of I. Fenton (ed.) *The Psychology of Nuclear Conflict*, London: Coventure.
Broad, W. J. (1985) *Star Warriors*, New York: Simon & Schuster. 〔2〕
Brown, J. (1994) 'Antarctic ozone going fast', *New Scientist*, September 10, 11.
Brown, L. (1992) 'Ten years to save the world', *New Scientist*, February 22, 8.
Brown, N. (1990) *New Strategy Through Space*, Leicester: Leicester University Press.
Brown, P. (1994) 'Mystery virus linked to asbestos cancer', *New Scientist*, May 21, 4.
Brown, W. (1994) 'Disabled "cancer genes" still pose a risk', *New Scientist*, February 12, 4.
Burgess, D. and Hutchinson, H. (1993) 'Stronger than atoms', *New Scientist*, November 20, 28–33.
Burgess, E. (1982) 'Venus: the twin that went wrong', *New Scientist*, June 17, 786–8.
Burrows, W. E. and Windrem, R. (1994) *Critical Mass: The Dangerous Race for Superweapons in a Fragmenting World*, New York: Simon & Schuster.
Carnesale, A., Doty, P., Hoffmann, S., Huntington, S. P., Nye, J. S. and Sagan, S. D. (1983) *Living with Nuclear Weapons*, New York: Bantam Books.
Carr, B. J. and Rees, M. J. (1979) 'The anthropic principle and the structure of the physical world', *Nature*, April 12, 605–12.
Carter, B. (1974) 'Large number coincidences and the anthropic principle in cosmology', pp. 291–8 of M. S. Longair (ed.) *Confrontation of Cosmological Theories with Observational Data*, Dordrecht: Reidel. Reprinted in Leslie 1990a, pp. 125–33.
—— (1983) 'The anthropic principle and its implications for biological evolution', *Philosophical Transactions of the Royal Society of London* A 310, 346–63.
—— (1989) 'The anthropic selection principle and the ultra-Darwinian synthesis', pp. 33–63 of F. Bertola and U. Curi (eds) *The Anthropic Principle*, Cambridge: Cambridge University Press.
Casti, J. L. (1990) *Searching for Certainty*, New York: William Morrow.
Chapman, C. R. and Morrison, D. (1989) *Cosmic Catastrophes*, New York: Plenum Press. 〔3〕
Charles, D. (1990) 'The sea's forgotten carbon enters climate debate', *New Scientist*, December 15, 10.

Charlson, R. J. and Wigley, T. M. L. (1994) 'Sulfate aerosol and climatic change', *Scientific American*, February, 48–50.
Cherfas, J. (1994) 'How many species do we need?', *New Scientist*, August 6, 37–40.
Clark, D., Hunt, G. and McCrea, W. (1978) 'Celestial chaos and terrestrial catastrophes', *New Scientist*, December 14, 861–3.
Close, F. (1988) *End*, Harmondsworth: Penguin.
Coghlan, A. (1993) 'Bacteria hold the key to genetic pollution', *New Scientist*, August 7, 14.
Coleman, S. and De Luccia, F. (1980) 'Gravitational effects on and of vacuum decay', *Physical Review D* 21, June 15, 3305–15.
Cook, J. (1989) *An Accident Waiting to Happen*, London: Unwin Hyman.
Courtillot, V. E. (1990) 'A volcanic eruption', *Scientific American*, October, 85–92.
Cross, M. (1995) 'The night clocks go back 100 years', *New Scientist*, April 15, 6.
Croswell, K. (1995) 'Gamma rays signal death knell', *New Scientist*, March 25, 19.
Crum, L. A. and Roy, R. A. (1994) 'Sonoluminescence', *Science*, October 14, 233–4.
Davies, P. C. W. (1982) *The Accidental Universe*, Cambridge: Cambridge University Press.〔4〕
—— (1994) *The Last Three Minutes*, New York: Basic Books.
—— (1995) *About Time: Einstein's Unfinished Revolution*, New York: Simon & Schuster.〔5〕
Davis, C. (1990) *Science for Good or Ill*, Santa Barbara: Nuclear Age Peace Foundation.
Davoust, E. (1991) *The Cosmic Water Hole*, Cambridge, Mass.: MIT Press.〔6〕
Dawson, J. M. (1989) 'Plasma particle accelerators', *Scientific American*, March, 54–61.
Delahaye, J.-P. (1993) 'Machines, prédictions et fin du monde', *Pour la science*, September, 96–103.
—— (1994) 'Désespérante espérance', *Pour la science*, November, 102–6.
Demaret, J. and Lambert, D. (1994) *Le Principe anthropique*, Paris: Armand Colin.
Desai, M. S. and Shaw, G. L. (1991) 'Technological implications of stable strange quark matter', *Nuclear Physics B* Proc. Suppl. 24B, 207–10.
Deutsch, D. (1985) 'Quantum theory as a universal physical theory', *International Journal of Theoretical Physics* 24: 1–41.
DeWitt, B. S. and Graham, N. (eds) (1973) *The Many-Worlds Interpretation of Quantum Mechanics*, Princeton: Princeton University Press.

Dicke, R. H. (1961) 'Dirac's Cosmology and Mach's principle', *Nature*, November 4, 440–1. Reprinted as pp. 121–34 of Leslie 1990a.

Doll, R. and Peto, R. (1981) *The Causes of Cancer: Quantitative Estimates of Avoidable Risks of Cancer in the United States Today*, New York: Oxford University Press.〔7〕

Drexler, K. E. (1986) *Engines of Creation*, New York: Doubleday.

—— (1989) 'Biological and nanomechanical systems: contrasts in evolutionary capacity', pp. 501–19 of C. G. Langton (ed.) *Artificial Life*, Redwood City: Addison-Wesley.

—— (1992) *Nanosystems*, New York: John Wiley & Sons.

Drexler, K. E., Peterson, C. and Pergamit, G. (1991) *Unbounding the Future: the Nanotechnological Revolution*, New York: Morrow.〔8〕

Durrell, L. (1986) *State of the Arc*, New York: Doubleday.

Dyson, F. (1966) 'The search for extraterrestrial technology', pp. 641–55 of R. E. Marshak (ed.) *Perspectives in Modern Physics*, New York: Wiley-Interscience.

—— (1968) 'Interstellar transport', *Physics Today*, October, 41–5.

—— (1979a) 'Time without end: physics and biology in an open universe', *Reviews of Modern Physics*, July, 447–60.

—— (1979b) *Disturbing the Universe*, New York: Harper & Row.〔9〕

—— (1988) *Infinite in All Directions*, New York: Harper & Row.〔10〕

Edwards, R. (1995) 'Cherry red and very dangerous', *New Scientist*, April 29, 4–5.

Ehrlich, P. (1968) *The Population Bomb*, New York: Ballantine.〔11〕

—— (1990) *The Population Explosion*, New York: Ballantine.〔12〕

Ellis, J. and Schramm, D. N. (1995) 'Could a nearby supernova explosion have caused a mass extinction?', *Proceedings of the National Academy of Sciences, USA*, January, 235–8.

Ellis, J., Linde, A. and Sher, M. (1990) 'Vacuum stability, wormholes, cosmic rays and the cosmological bounds on m_t and m_h', *Physics Letters B*, December 13, 203–11.

Erwin, D. H. (1993) *The Great Palaeozoic Crisis*, New York: Columbia University Press.

Ettinger, R. C. W. (1964) *The Prospect of Immortality*, New York: Doubleday.

Farhi, E. and Guth, A. H. (1987) 'An obstacle to creating a universe in the laboratory', *Physics Letters B*, January 8, 149–55.

Farhi, E., Guth, A. H. and Guven, J. (1990) 'Is it possible to create a universe in the laboratory by quantum tunneling?', *Nuclear Physics B*, July 30, 417–90.

Farhi, E. and Jaffe, R. L. (1984) 'Strange matter', *Physical Review D*, December 1, 2379–90.

Feynman, R. P. (1960) 'There's plenty of room at the bottom', *Engineering and Science*, February, 22–36.

Finney, B. R. and Jones, E. M. (eds) (1985) *Interstellar Migration and the Human Experience*, Berkeley: University of California Press.

Flores, R. A. and Sher, M. (1983) 'Upper limits to fermion masses in the Glashow-Weinberg-Salam model', *Physical Review D*, April 1, 1679–82.

Forward, R. L. (1986) 'Feasibility of interstellar travel: a review', *Journal of the British Interplanetary Society* 39: 379–86.

Franklin, H. B. (1988) *War Stars*, New York: Oxford University Press.

Frautschi, S. (1982) 'Entropy in an expanding universe', *Science*, August 13, 593–9.

French, H. F. (1994) 'Making environmental treaties work', *Scientific American*, December, 94–7.

Gauthier, D. (1990) 'Deterrence, maximization and rationality', pp. 298–321 of *Moral Dealing*, Ithaca: Cornell University Press.

Geissler, E. (ed.) (1986) *Biological and Toxin Weapons Today*, Oxford: Oxford University Press.

Glover, J. (1977) *Causing Death and Saving Lives*, Harmondsworth: Penguin.

Goldsmith, E. and Allen, R. (1972) *A Blueprint for Survival*, London: Penguin.

Goldsmith, E. and Hildyard, N. (eds) (1992) *The Earth Report 3*, London: Mitchell Beazley.

Gott, J. R. (1993) 'Implications of the Copernican principle for our future prospects', *Nature*, May 27, 315–19.

—— (1994) 'Future prospects discussed: Gott replies', *Nature*, March 10, 108.

Gottfried, K. and Blair, B. G. (eds)(1988) *Crisis Stability and Nuclear War*, New York: Oxford University Press.

Graedel, T. E. and Crutzen, P. J. (1989) 'The changing atmosphere', *Scientific American*, September, 58–68.

Greene, O., Percival, I. and Ridge, I. (1985) *Nuclear Winter*, Cambridge: Polity Press.

Gribbin, J. and Kelly, M. (1989) *Winds of Change*, Sevenoaks: Hodder & Stoughton.

Gupta, S. D. and Westfall, G. D. (1993) 'Probing dense nuclear matter in the laboratory', *Physics Today*, May, 34–40.

Guth, A. H. (1981) 'Inflationary universe: a possible solution to the horizon and flatness problems', *Physical Review D*, January 15, 347–56.

—— (1989) 'Starting the universe: the Big Bang and cosmic inflation', pp. 105–46 of J. Cornell (ed.) *Bubbles, Voids, and Bumps in Time*, Cambridge: Cambridge University Press.〔13〕

Guth, A. H. and Steinhardt, P. J. (1984) 'The inflationary universe', *Scientific American*, May, 116–28.

Haisch, B., Rueda, A. and Puthoff, H. E. (1994) 'Inertia as a zero-point-field Lorentz force', *Physical Review A*, February, 678–94.

Hardin, G. (1968) 'The Tragedy of the Commons', *Science*, December 13, 1243–8.

—— (1981) 'Who cares for posterity?', pp. 221–34 of Partridge 1981.

Harris, R. and Paxman, J. (1982) *A Higher Form of Killing: The Secret History of Chemical and Biological Warfare*, New York: Hill & Wang. [14]

Hart, G. and Goldwater, B. (1980) *Recent False Alerts from the Nation's Attack Warning System: Report to the Senate Committee on Armed Services*, October 9, Washington, D. C.: US Government Printing Office.

Hart, M. H. (1982) 'Atmospheric evolution, the Drake equation, and DNA: sparse life in an infinite universe', pp. 154–66 of M. H. Hart and B. Zuckerman (eds) *Extraterrestrials: Where Are They?*, New York: Pergamon Press. Reprinted as pp. 256–66 of Leslie 1990a.

Hassard, J. (1992) 'Arms and the ban', *New Scientist*, November 28, 38–41.

Hawking, S. W. (1993) *Black Holes and Baby Universes*, London: Bantam Press.

Hawking, S. W. and Israel, W. (eds) (1979) *General Relativity*, Cambridge: Cambridge University Press.

Heilbroner, R. L. (1975) 'What has posterity ever done for me?', *New York Times*, 19 January. Reprinted as pp. 191–4 of Partridge 1981.

Henbest, N. (1992) 'The "planet" that came in from the cold', *New Scientist*, November 14, 24–5.

Herbert, N. (1988) *Faster Than Light*, New York: New American Library. [15]

—— (1993) *Elemental Mind*, New York: Dutton.

Herman, R. (1990) *Fusion*, Cambridge: Cambridge University Press. [16]

Hiley, B. J. and Peat, F. D. (eds) (1987) *Quantum Implications*, London: Routledge & Kegan Paul.

Hodgson, D. (1991) *The Mind Matters*, Oxford: Clarendon Press.

Holmes, B. (1994) 'Super rice extends limits to growth', *New Scientist*, October 29, 4.

—— (1995) 'Arizona fights for the right to stay cool', *New Scientist*, April 29, 7.

Homer-Dixon, T. (1994) 'Is anarchy coming? A response to the optimists', *The Globe and Mail*, Toronto, May 10, A22.

't Hooft, G. (1980) 'Gauge theories of the forces between elementary particles', *Scientific American*, June, 104–38.

Horgan, J. (1990) 'Vapor trail', *Scientific American*, March, 24–6.

—— (1994) 'Biowarfare wars', *Scientific American*, January, 22.
Hume, D. (1748) *Enquiry concerning Human Understanding*, London.〔17〕
Hut, P. and Rees, M. J. (1983) 'How stable is our vacuum?', *Nature*, April 7, 508–9.
Islam, J. N. (1983) *The Ultimate Fate of the Universe*, Cambridge: Cambridge University Press.〔18〕
Jackson, F. C. (1982) 'Epiphenomenal qualia', *Philosophical Quarterly*, April, 127–36.
Jackson, J. D., Tigner, M. and Wojcicki, S. (1986) 'The superconducting supercollider', *Scientific American*, March, 66–77.
Jaynes, J. (1976) *The Origin of Consciousness in the Breakdown of the Bicameral Mind*, Boston: Houghton Mifflin.
Kaplan, R. D. (1994) 'The coming anarchy', *Atlantic Monthly*, February, 44–76.
Kates, R. W. (1994) 'Sustaining life on Earth', *Scientific American*, October, 114–22.
Keegan, J. (1987) *The Mask of Command*, New York: Viking Penguin.
Kennedy, P. (1993) *Preparing for the Twenty-First Century*, New York: Random House.〔19〕
Kennedy, R. (1968) *13 Days*, London: Macmillan.〔20〕
Kiernan, V. (1994a) 'A bomb waiting to explode', *New Scientist*, February 26, 14–15.
—— (1994b) 'Star Wars lives on in a Jumbo jet', *New Scientist*, June 18, 4.
Kissinger, H. (1979) *White House Years*, Toronto: Little, Brown.
Kneale, W. C. (1950) 'Objectivity in morals', *Philosophy*, April, 149–66.
Koonin, S. and Nauenberg, M. (1989) 'Calculated fusion rates in isotopic hydrogen molecules', *Nature*, June 29, 690–1.
Krimsky, S. (1982) *Genetic Alchemy: The Social History of the Recombinant DNA Controversy*, Cambridge, Mass.: MIT Press.〔21〕
Lederman, L. M. and Schramm, D. N. (1989) *From Quarks to the Cosmos*, New York: W. H. Freeman.〔22〕
Lee, T. D. and Wick, G. C. (1974) 'Vacuum stability and vacuum excitation in a spin-0 field theory', *Physical Review D*, April 15, 2291–316.
Leggett, J. (1992) 'Running down to Rio', *New Scientist*, May 2, 38–42.
Leslie, J. (1970) 'The theory that the world exists because it should', *American Philosophical Quarterly*, October, 286–98.
—— (1972) 'Ethically required existence', *American Philosophical Quarterly*, July, 215–24.
—— (1976) 'The value of time', *American Philosophical Quarterly*, April, 109–21.
—— (1978a) 'God and scientific verifiability', *Philosophy*, January, 71–9.

—— (1978b) 'Efforts to explain all existence', *Mind*, April, 181–94.
—— (1979) *Value and Existence*, Oxford: Basil Blackwell.
—— (1980) 'The world's necessary existence', *International Journal for Philosophy of Religion*, Winter, 207–23.
—— (1982) 'Anthropic principle, world ensemble, design', *American Philosophical Quarterly*, April, 141–51.
—— (1983a) 'Cosmology, probability and the need to explain life', pp. 53–82 of N. Rescher (ed.) *Scientific Explanation and Understanding*, Lanham and London: Center for Philosophy of Science and University Press of America.
—— (1983b) 'Why not let life become extinct?', *Philosophy*, July, 329–38.
—— (1983c) 'Observership in cosmology: the anthropic principle', *Mind*, July, 573–9.
—— (1983d) Review of E. Partridge (ed.) (1981), *Social Indicators Research* 12: 323–6.
—— (1985) 'Modern cosmology and the creation of life', pp. 91–120 of E. McMullin (ed.) *Evolution and Creation*, Notre Dame: University of Notre Dame Press.
—— (1986a) 'The scientific weight of anthropic and teleological principles', pp. 111–19 of N. Rescher (ed.) *Current Issues in Teleology*, Lanham and London: Center for Philosophy of Science and University Press of America.
—— (1986b) 'Anthropic explanations in cosmology', pp. 87–95 of A. Fine and P. Machamer (eds) *PSA 1986: Volume One*, Ann Arbor: Edwards Brothers (Proceedings of the 1986 Biennial Meeting of the Philosophy of Science Association).
—— (1986c) 'Mackie on neoplatonism's "replacement for God"', *Religious Studies*, September/December, 325–42 (A reply to chapter 13 of J. L. Mackie's *The Miracle of Theism*, Oxford: Clarendon Press, 1982, a chapter reacting to Leslie 1979).
—— (1987) 'Probabilistic phase transitions and the anthropic principle', pp. 439–44 of J. Demaret (ed.) *Origin and Early History of the Universe*, Liège: Presses of the University of Liège.
—— (1988a) 'No inverse gambler's fallacy in cosmology', *Mind*, April, 269–72.
—— (1988b) 'The prerequisites of life in our universe', pp. 229–58 of G. V. Coyne, M. Heller and J. Zycinski (eds) *Newton and the New Direction in Science*, Citta del Vaticano: Vatican Observatory.
—— (1988c) 'How to draw conclusions from a fine-tuned universe', pp. 297–311 of R. J. Russell, W. R. Stoeger and G. V. Coyne (eds) *Physics, Philosophy and Theology*, Citta del Vaticano: Vatican Observatory (Proceedings of the papal Newton Tercentenary workshop at Castel

Gandolfo; distributed by University of Notre Dame Press).
—— (1989a) *Universes*, London and New York: Routledge.
—— (1989b) 'The Leibnizian richness of our universe', pp. 139–46 of N. Rescher (ed.) *Leibnizian Inquiries*, Lanham and London: Center for Philosophy of Science and University Press of America.
—— (1989c) 'The need to generate happy people', *Philosophia*, May, 29–33.
—— (1989d) 'Demons, vats and the cosmos', *Philosophical Papers*, September, 169–88.
—— (1989e) 'Risking the world's end', *Bulletin of the Canadian Nuclear Society*, May, 10–15. Reprinted in *Interchange* (1990) 21, 1: 49–58.
—— (ed.) (1990a) *Physical Cosmology and Philosophy*, New York: Macmillan.
—— (1990b) 'Is the end of the world nigh?', *Philosophical Quarterly*, January, 65–72.
—— (1991) 'Ensuring two bird deaths with one throw', *Mind*, January, 73–86.
—— (1992a) 'Doomsday revisited', *Philosophical Quarterly*, January, 85–9.
—— (1992c) 'The doomsday argument', *Mathematical Intelligencer* 14, 2: 48–51.
—— (1992d) 'Time and the anthropic principle', *Mind*, July, 521–40.
—— (1992e) 'Bayes, urns and doomsday', *Interchange* 23, 3: 289–95.
—— (1992f) 'Design and the anthropic principle', *Biology and Philosophy*, July, 349–54.
—— (1993a) 'Is it all quite simple?' (review of S. Weinberg, *Dreams of a Final Theory*, London: Hutchinson, 1993, and P. W. Atkins, *Creation Revisited*, Oxford: Freeman, 1992), *The Times Literary Supplement*, 29 January, 3–4.
—— (1993b) 'Doom and probabilities', *Mind*, July, 489–91.
—— (1993c) 'A Spinozistic vision of God', *Religious Studies* 29, September, 277–86.
—— (1993d) 'Creation stories, religious and atheistic', *International Journal for Philosophy of Religion*, October, 65–77. Reprinted as pp. 337–51 of R. Varghese and C. Matthews (eds) *Cosmic Beginnings and Human Ends*, Chicago: Open Court, 1995.
—— (1993e) 'More about Doom', *Mathematical Intelligencer* 15, 3: 5–7.
—— (1994a) 'The absolute now' (review of D. Bohm and B.. J. Hiley, *The Undivided Universe*, London: Routledge, 1993, and S. W. Hawking, *Black Holes and Baby Universes*, London: Bantam Press, 1993), *London Review of Books*, May 12, 15–16.
—— (1994b) 'Testing the doomsday argument', *Journal of Applied Philosophy* 11, 1: 31–44.

—— (1994c) 'Anthropic prediction', *Philosophia*, July, 117–44.
—— (1994d) 'Fine tuning can be important', *Australasian Journal of Philosophy*, September, 383.
—— (1994e) 'Cosmology: a philosophical survey', *Philosophia*, December, 3–27.
—— (1995a) 'Cosmology', 'Cosmos', 'Finite/infinite', 'World', 'Why there is something', in J. Kim and E. Sosa (eds) *A Companion to Metaphysics*, Oxford: Basil Blackwell.
—— (1995b) 'Anyone for eternity?' (review of F. J. Tipler, *The Physics of Immortality*, London: Macmillan, 1995), *London Review of Books*, March 23, 7–8.
—— (1996) 'The anthropic principle today', in R. Hassing (ed.) *Final Causality in Nature and Human Affairs*, Washington, D. C.: Catholic University Press.
Levasseur-Regourd, A. (1992) '26 septembre 2000: la collision?', *Sciences et avenir*, October, 50–5.
Lewin, R. (1992) 'How to destroy the doomsday asteroid', *New Scientist*, June 6, 12–13.
Lewis, D. (1979) 'Prisoners' dilemma is a Newcomb problem', *Philosophy and Public Affairs*, Spring, 235–40.
Linde, A. D. (1985) 'The universe: inflation out of chaos', *New Scientist*, March 7, 14–18. Reprinted in Leslie 1990a, pp. 239–47.
—— (1988) 'Life after inflation', *Physics Letters B*, August 25, 29–31.
—— (1990) *Inflation and quantum cosmology*, San Diego and London: Academic Press.
—— (1992) 'Stochastic approach to tunneling and baby universe formation', *Nuclear Physics B*, March 16, 421–42.
—— (1994) 'The self-reproducing inflationary universe', *Scientific American*, November, 48–55.
Littlewood, B. and Strigini, L. (1992) 'The risks of software', *Scientific American*, November, 62–75.
Lockwood, M. (1989) *Mind, Brain and the Quantum*, Oxford: Blackwell.[23]
Lovelock, J. E. (1979) *Gaia*, New York: Oxford University Press.[24]
—— (1985) 'Are we destabilising world climate?', *The Ecologist* 15: 52–5.
—— (1986) 'Gaia: the world as living organism', *New Scientist*, December 18, 25–8.
McCrea, W. H. (1975) 'Ice ages and the galaxy', *Nature*, June 19, 607–9.
McCusker, B. (1991) 'The quarks that fell to Earth', *New Scientist*, July 20, 22–5.
McDonough, T. R. (1987) *The search for extraterrestrial intelligence*, New York: Wiley.[25]
MacGowan, R. A. and Ordway, F. I. (1966) *Intelligence in the Universe*,

Englewood Cliffs: Prentice-Hall.
Mackenzie, Deborah (1994) 'Will tomorrow's children starve?', *New Scientist*, September 3, 24–9.
MacKenzie, Donald (1990) *Inventing Accurary: A Historical Sociology of Nuclear Missile Guidance*, Boston: MIT Press.
Mackie, J. L. (1977) *Ethics: Inventing Right and Wrong*, Harmondsworth: Penguin.〔26〕
—— (1982) *The Miracle of Theism*, Oxford: Clarendon Press.
McNamara, R. (1985) 'Reducing the risk of nuclear war', *Atlantic Monthly*, July, reprinted as pp. 138–50 of Bethe 1991.
Maddox, J. (1972) *The Doomsday Syndrome*, London: Macmillan.〔27〕
Markov, M. A. (1989) *The Past and the Future of the Universe*, Moscow: Nauka.
Marochnik, L. S. (1983) 'On the origin of the Solar System and the exceptional position of the sun in the galaxy', *Astrophysics and Space Science* 89: 61–75.
Marshall, I. N. (1989) 'Consciousness and Bose–Einstein condensates', *New Ideas in Psychology* 7: 73–83.
Matloff, G. L. and Mallove, E. (1981) 'Solar sail starships: the clipper ships of the galaxy', *Journal of the British Interplanetary Society* 34: 371–80.
Matthews, R. (1992) 'Enemy from space replaces red menace', *New Scientist*, November 14, 4.
Meadows, D. H., Meadows, D. L., Randers, J. and Behrens, W. H. (1972) *The Limits to Growth*, New York: New American Library.
Meadows, D. H., Meadows, D. L. and Randers, J. (1992) *Beyond the Limits*, Post Mills: Chelsea Green.
Mehta, A. and Barker, G. (1991) 'The self-organising sand pile', *New Scientist*, June 15, 40–3.
Mill, J. S. (1867) Chapter 26 of *An Examination of Sir William Hamilton's Philosophy*, London: Longmans, Green & Co.
Mitchison, A. (1993) 'Will we survive? (As host and pathogen evolve together, will the immune system retain the upper hand?)', *Scientific American*, September, 136–44.
Moravec, H. P. (1988) *Mind Children: The Future of Robot and Human Intelligence*, Cambridge, Mass.: Harvard University Press.〔28〕
—— (1989) 'Human culture: a genetic takeover underway', pp. 167–99 of C. G. Langton (ed.) *Artificial Life*, Redwood City: Addison-Wesley.
Morgan, M. G. (1993) 'Risk analysis and management', *Scientific American*, July, 32–41.
Morone, J. G. and Woodhouse, E. J. (1986) *Averting Catastrophe*, Berkeley: University of California Press.

Mosey, D. (1990) *Reactor Accidents: Nuclear Safety and the Role of Institutional Failure*, Sutton: Nuclear Engineering International Special Publications and Butterworth Scientific.
Muller, R. (1988) *Nemesis*, New York: Weidenfeld & Nicolson.[29]
Murphy, S., Hay, A. and Rose, S. (1984) *No Fire, No Thunder: The Threat of Chemical and Biological Weapons*, New York: Monthly Review Press.
Murray, C. (1989) 'Is the Solar System stable?', *New Scientist*, November 25, 60–3.
Myers, N. (ed.) (1984) *Gaia: An Atlas of Planet Management*, New York: Doubleday.[30]
—— (1991) *The Gaia Atlas of Future Worlds*, New York: Doubleday.
Narlikar, J. (1984) *Violent Phenomena in the Universe*, Oxford and New York: Oxford University Press.
Narveson, J. (1967) 'Utilitarianism and new generations', *Mind*, January, 62–72.
Nelson, J. (1989) 'Fractility of soot smoke: implications for the severity of nuclear winter', *Nature*, June 22, 611–13.
Neumann, J., von (1955) *The Mathematical Foundations of Quantum Theory*, Princeton: Princeton University Press.[31]
—— (1966) *Theory of Self-Reproducing Automata* (edited and completed by A. W. Burks), Urbana: University of Illinois Press.[32]
Nielsen, H. B. (1989) 'Random dynamics and relations between the number of fermion generations and the fine structure constants', *Acta Physica Polonica B*, May, 427–68.
Odegard, D. (1984) 'Analytical approaches to determinism', *Dialogue*, June, 271–80.
O'Neill, G. (1977) *The High Frontier*, New York: William Morrow.[33]
O'Neill, W. (1993) 'Fusion at a pinch', *New Scientist*, February 6, 24–5.
Oort, J. H. (1977) 'The galactic center – structure and radiation characteristics', *Annual Review of Astronomy and Astrophysics* 15: 295–362.
Palmer, T. (1989) 'A weather eye on unpredictability', *New Scientist*, November 11, 56–9.
Parfit, D. (1984) *Reasons and Persons*, Oxford: Clarendon Press.
Parsons, T. (1980) *Nonexistent Objects*, New Haven: Yale University Press.
Partridge, E. (ed.) (1981) *Responsibilities to Future Generations*, Buffalo: Prometheus.
Pearce, F. (1990) 'Whatever happened to acid rain?', *New Scientist*, September 15, 57–60.
—— (1994a) 'All gas and guesswork', *New Scientist*, September 14, 14–15.
—— (1994b) 'Will global warming plunge Europe into an ice age?', *New Scientist*, November 11, 20–1.

Penrose, R. (1987) 'Minds, machines and mathematics', pp. 259–76 of C. Blakemore and S. Greenfield (eds) *Mindwaves*, Oxford: Basil Blackwell.
—— (1989) *The Emperor's New Mind*, Oxford: Oxford University Press.[34]
—— (1994) *Shadows of the Mind*, Oxford: Oxford University Press.
Perera, J. (1994) 'Can anyone control nuclear weapons?', *New Scientist*, April 2, 35.
Peterson, I. (1993) *Newton's Clock: Chaos in the Solar System*, New York: W. H. Freeman.[35]
Piel, G. (1994) 'AIDS and population "control"', *Scientific American*, February, 124.
Piller, C. and Yamamoto, K. R. (1988) *Gene Wars: Military Control over the New Genetic Technologies*, New York: William Morrow.
Polkinghorne, J. C. (1986) *One World: The Interaction of Science and Theology*, London: SPCK.
Puthoff, H. (1989) 'Source of vacuum electromagnetic zero-point energy', *Physical Review A*, November 1, 4857–62.
—— (1990) 'Everything for nothing', *New Scientist*, July 28, 52–5.
Putnam, H. (1979) 'The place of facts in a world of values', pp. 113–40 of D. Huff and O. Prewett (eds) *The Nature of the Physical Universe*, New York: John Wiley.
Putterman, S. J. (1995) 'Sonoluminescence: sound into light', *Scientific American*, February, 46–51.
Quigg, C. (1985) 'Elementary particles and forces', *Scientific American*, April, 84–95.
Rawls, J. (1971) *A Theory of Justice*, Cambridge, Mass.: Harvard University Press.[36]
Reid, G. C., McAfee, J. R. and Crutzen, P. J. (1978) 'Effects of intense stratospheric ionisation events', *Nature*, October 12, 489–92.
Rennie, J. (1993) 'Malignant mimicry: false estrogens may cause cancer and lower sperm counts', *Scientific American*, September, 34–8.
Rhodes, R. (1986) *The Making of the Atomic Bomb*, New York: Simon & Schuster.[37]
Rind, D. (1995) 'Drying out the tropics', *New Scientist*, May 6, 36–40.
Rood, R. T. and Trefil, J. S. (1981) *Are We Alone?*, New York: Scribners'.[38]
Ross, P. E. (1994) 'A new Black Death?', *Forbes*, September 12, 240–50.
Rothman, T. et al. (1985) *Frontiers of Modern Physics*, New York: Dover.
Rozental, I. L. (1988) *Big Bang, Big Bounce*, New York: Springer-Verlag.[39]
Ruthen, R. (1993) 'Strange matters: can advanced accelerators initiate runaway reactions?', *Scientific American*, August, 17.
Sagan, C. (1980) *Cosmos*, New York: Random House.[40]

Sagan, S. D. (1993) *The Limits of Safety: Organizations, Accidents, and Nuclear Weapons*, Princeton: Princeton University Press.
Salmon, W. C. (1975) 'Determinism and indeterminism in modern science', pp. 351–67 of J. Feinberg (ed.) *Reason and Responsibility*, 3rd edition, Encimo: Dickenson.
Schelling, T. C. (1960) *The Strategy of Conflict*, London: Oxford University Press.
Schilling, G. (1992) 'Black holes by the million litter the galaxy', *New Scientist*, July 11, 16.
Schneider, S. H. (1989) 'The changing climate', *Scientific American*, September, 70–9.
Schneider, S. and Thompson, S. (1988) 'Simulating the climatic effects of nuclear war', *Nature*, May 19, 221–7.
Schneiker, C. (1989) 'Nanotechnology with Feynman machines: scanning tunneling engineering and artificial life', pp. 443–500 of C. G. Langton (ed.) *Artificial Life*, Redwood City: Addison-Wesley.
Searle, J. R. (1984) *Minds, Brains and Science*, Cambridge, Mass. : Harvard University Press. 〔41〕
—— (1990) 'Is the brain's mind a computer program?', *Scientific American*, January, 26–31.
Shaw, G. L., Shin, M., Dalitz, R. H. and Desai, M. (1989) 'Growing drops of strange matter', *Nature*, February 2, 436–9.
Sher, M. (1989) 'Electroweak Higgs potentials and vacuum stability', *Physics Reports* 5 and 6: 273–418.
Shklovskii, I. S. and Sagan, C. (1966) *Intelligent Life in the Universe*, New York: Dell.
Sikora, R. I. and Barry, B. (eds) (1978) *Obligations to Future Generations*, Philadelphia: Temple University Press.
Simon, J. L. and Kahn, H. (eds) (1984) *The Resourceful Earth*, Oxford: Basil Blackwell.
Smart, J. J. C. (1984) *Ethics, Persuasion and Truth*, London: Routledge & Kegan Paul.
—— (1987) *Essays Metaphysical and Moral*, Oxford: Basil Blackwell.
Smith, G. (1992) 'Running out of time', *New Scientist*, February 29, 54.
Smith, J. V. (1986) 'The defence of the Earth', *New Scientist*, April 17, 40–4.
Stapledon, O. (1930) *Last and First Men*, London: Penguin.
Starobinsky, A. A. and Zeldovich, Y. B. (1992) 'The spontaneous creation of the universe', pp. 97–133 of Y. B. Zeldovich and M. V. Sazhin (eds) *My Universe*, Chur: Harwood Academic Publishers.
Stix, G. (1991) 'Golden screws: micromechanical devices edge towards commercial uses', *Scientific American*, September, 166–9.

—— (1992) 'Micron machinations', *Scientific American*, November, 106–17.
Strauss, S. (1990) 'Artificial life', *The Globe and Mail*, Toronto, April 28, D1 and D4.
Sullivan, W. (1993) *We Are Not Alone* (revised edition), New York: Dutton.〔42〕
Swinburne, N. (1993) 'It came from outer space', *New Scientist*, February 20, 28–32.
Swinburne, R. (1986) *The Evolution of the Soul*, Oxford: Clarendon Press.
—— (1990) 'Argument from the fine-tuning of the universe', pp. 154–73 of Leslie 1990a.
Sylvan, R. (1990) *Universal Purpose, Terrestrial Greenhouse and Biological Evolution*, Research Series in Unfashionable Philosophy, Research School of Social Sciences, Australian National University, Canberra.
The Economist (unsigned) (1993) 'The threat from space' (pp. 13–14) and 'The hard rain' (pp. 81–4), September 11.
Tipler, F. J. (1982) 'We are alone in our galaxy', *New Scientist*, October 7, 33–7.
—— (1994) *The Physics of Immortality*, New York: Doubleday.
Tipton, I. (1988) 'Freedom of the will', pp. 489–510 of G. H. R. Parkinson (ed.) *An Encyclopaedia of Philosophy*, London: Routledge.
Tirman, J. (ed.) (1984) *The Fallacy of Star Wars*, New York: Vintage.
Townes, C. H. and Genzel, R. (1990) 'What is happening in the center of our galaxy?', *Scientific American*, April, 46–55.
Tryon, E. P. (1973) 'Is the universe a vacuum fluctuation?', *Nature*, December 14, pp. 396–7. Reprinted as pp. 216–19 of Leslie 1990a.
—— (1984) 'What made the world?', *New Scientist*, March 8, 14–16.
Tucker, W. H. (1981) 'Astrophysical crises in the evolution of life in the galaxy', pp. 287–96 of J. Billingham (ed.) *Life in the Universe*, Cambridge, Mass.: MIT Press.
Turco, R., Toon, O. B., Ackerman, T. P., Pollack, J. B. and Sagan, C. (1983) 'Nuclear winter: global consequences of multiple nuclear explosions', *Science*, 23 December, 1283–92.
Turner, M. S. and Wilczek, F. (1982) 'Is our vacuum metastable?', *Nature*, August 12, 633–4.
Veltman, M. J. G. (1986) 'The Higgs boson', *Scientific American*, November, 76–84.
Wallich, P. (1995) 'Derivatives: not the real thing', *Scientific American*, January, 28.
Watson-Watt, R. (1961) *Man's Means to his End*, Toronto: McClelland and Stewart.

Weinberg, S. (1989) 'The cosmological constant problem', *Reviews of Modern Physics*, January, 1–23.
—— (1993) *Dreams of a Final Theory*, London: Hutchinson.[43]
Weiner, J. (1990) *The Next One Hundred Years*, New York: Bantam.[44]
Wesson, P. S. (1990) 'Cosmology, extraterrestrial intelligence, and a resolution of the Fermi–Hart Paradox', *Quarterly Journal of the Royal Astronomical Society* 31: 161–70.
Wheale, P. R. and McNally, R. M. (1988) *Genetic Engineering*, New York: St Martin's Press.
Wheeler, J. A. (1973) 'Beyond the end of time', pp. 1196–1217 of C. W. Misner, K. S. Thorne and J. A. Wheeler, *Gravitation*, San Francisco: W. H. Freeman. Reprinted as pp. 207–15 of Leslie 1990a.
White, R. M. (1990) 'The great climate debate', *Scientific American*, July, 36–43.
Wignall, P. (1992) 'The day the world nearly died', *New Scientist*, January 25, 51–5.
Wilson, E. O. (1989) 'Threats to biodiversity', *Scientific American*, September, 108–16.
Winston, R. (1991) 'Nonimaging optics', *Scientific American*, March, 76–81.
Wolfendale, A. (1978) 'Cosmic rays and ancient catastrophes', *New Scientist*, August 31, 634–6.
Zeeman, C. (1992) 'Evolution and catastrophe theory', pp. 83–101 of J. Bourriau (ed.) *Understanding Catastrophe*, Cambridge: Cambridge University Press.
Zimmerman, B. K. (1984) *Biofuture*, New York: Plenum Press.

邦訳文献

〔1〕『宇宙・肉体・悪魔——理性的精神の敵について』鎮目恭夫訳、みすず書房
〔2〕『ＳＤＩゲーム——スター・ウォーズの若き創造主たち』江畑謙介訳、光文社
〔3〕『コスミック・カタストロフィー——宇宙から見た地球環境』（上・下）山崎和夫他訳、吉岡書店
〔4〕『魔法の数10^{40}——偶然から必然への宇宙論』田辺健茲訳、地人書館
〔5〕『時間について——アインシュタインが残した謎とパラドックス』林一訳、早川書房
〔6〕『地球外文明をさがす』野本陽代訳、岩波書店
〔7〕『ガンはどれだけ避けられるか——今日のアメリカの研究成果から』青木国雄他訳、名古屋大学出版会
〔8〕『創造する機械——ナノテクノロジー』相沢益夫訳、パーソナルメディア
〔9〕『宇宙をかき乱すべきか——ダイソン自伝』鎮目恭夫訳、ダイヤモンド社
〔10〕『多様化世界——生命と技術と政治』鎮目恭夫訳、みすず書房
〔11〕『人口爆弾』宮川毅訳、河出書房新社
〔12〕『人口が爆発する！——環境・資源・経済の視点から』水谷美穂訳、新曜社
〔13〕『宇宙の発見』並木雅俊訳、丸善
〔14〕『化学兵器——その恐怖と悲劇』大島紘二訳、近代文芸社
〔15〕『タイムマシンの作り方——光速突破は難しくない』小隈黎他訳、講談社ブルーバックス
〔16〕『核融合の政治史』見角鋭二訳、朝日新聞社
〔17〕『人間知性の研究・情念論』渡部峻明訳、哲書房など
〔18〕『宇宙の未来はどうなるか』林一訳、岩波現代選書
〔19〕『21世紀の難問に備えて』（上・下）鈴木主税訳、草思社
〔20〕『ロバート・ケネディ13日間——キューバ・ミサイル危機回顧録』毎日新聞社外信部訳、毎日新聞社
〔21〕『生命工学への警告』木村利人訳、家の光協会
〔22〕『クォークから宇宙へ』平田光司訳、東京化学同人
〔23〕『心身問題と量子力学』奥田栄訳、産業図書
〔24〕『地球生命圏——ガイアの科学』スワミ・プレム・プラブッダ訳、工作舎
〔25〕『E. T. 諸君！　応答願います』野田昌宏訳、ＣＢＳソニー出版
〔26〕『倫理学——道徳を創造する』加藤尚武監訳、哲書房
〔27〕『人類に明日はあるか——反終末論』中山善之訳、佑学社
〔28〕『電脳生物たち——超ＡＩによる文明の乗っ取り』野崎昭弘訳、岩波書店
〔29〕『恐竜はネメシスを見たか』手塚治虫監訳、集英社
〔30〕『地球ウォッチング——50億人のためのガイアアトラス』西川治監修、平凡社
〔31〕『量子力学の数学的基礎』井上健他訳、みすず書房
〔32〕『自己増殖オートマトンの理論』高橋秀俊訳、岩波書店
〔33〕『宇宙植民島』木村絹子訳、プレジデント社

〔34〕『皇帝の新しい心』林一訳、みすず書房
〔35〕『ニュートンの時計——太陽系のなかのカオス』野本陽代訳、日経サイエンス社
〔36〕『正義論』矢島鈞次訳、紀伊国屋書店
〔37〕『原子爆弾の誕生——科学と国際政治の世界史』（上・下）神沼二真他訳、紀伊国屋書店
〔38〕『さびしい宇宙人——地球外文明の可能性』出口修至訳、地人書館
〔39〕『ビッグバン・ビッグバウンス——素粒子的宇宙像』池内了訳、シュプリンガー・フェアラーク
〔40〕『コスモス』（全2冊）木村繁訳、朝日文庫
〔41〕『心・脳・科学』土屋俊訳、岩波書店
〔42〕『われわれは孤独ではない——宇宙に知的生命を探る』上田彦二訳、早川書房
〔43〕『究極理論への夢——自然界の最終法則を求めて』小尾信弥他訳、ダイヤモンド社
〔44〕『次の百年・地球はどうなる？』根本順吉訳、飛鳥新社

＊なお、*Scientific American* に所載の論文とニュースの一部は、二月後の『日経サイエンス』に邦訳が掲載されている。